LAS SOCIEDADES SECRETAS DE TODAS LAS ÉPOCAS Y PAÍSES

I

Charles William Heckerthorn

SOCIEDADES SECRETAS

DE TODAS LAS ÉPOCAS Y PAÍSES

Una exposición completa de más de ciento sesenta organizaciones secretas —religiosas, políticas y sociales— desde las épocas más remotas hasta la actualidad

que abarca los misterios de la India, China, Japón, Egipto, México, Perú, Grecia y Escandinavia; los cabalistas, cristianos primitivos, herejes, asesinos, thugs, templarios, el tribunal de la Vehme y la Inquisición, místicos, rosacruces, iluminados, masones, skopzi, camorristas, carbonarios, nihilistas, fenians, franceses, españoles y otras sectas misteriosas.

EDICIÓN EN DOS VOLÚMENES

VOLUMEN I

| TEXTOS HISTÓRICOS Y CLÁSICOS |

MASONICA
Ediciones del Arte Real

Sociedades secretas de todas las épocas y países I
CHARLES WILLIAM HECKERTHORN

Título original:
The Secret Societies of All Ages and Countries

Traducción, revisión y presentación de:
Ignacio Méndez-Trelles Díaz

sobre el texto original de la edición de
George Redway
(Londres, 1897)

Diseño y maquetación:
EЯA | ALTA RESOLUCIÓN EDITORIAL

EDITORIAL MASONICA®
Colección «Textos históricos y clásicos»
www.masonica.es

EntreAcacias, S.L.
[Sociedad editora]
Covadonga, 8
33002 Oviedo - Asturias (España)
info@masonica.es

Primera edición: julio, 2025

ISBN (volumen I): 979-13-87560-35-5
ISBN (colección completa dos volúmenes): 979-13-87560-37-9
Depósito Legal: AS 00489-2025

«Por la naturaleza extraordinaria de los efectos puede inferirse la naturaleza, grandeza y permanencia extraordinarias de las causas; pero su conexión, su predominio variable y su atracción mutua escapan a todo análisis. Un velo de misterio rodea sus orígenes oscuros. Las sectas extraen su vigor de los sentimientos más opuestos. Los elementos más elevados, así como los más bajos, concurren en la formación de este gigante: una fusión ciclópea y sombría de todo lo que hierve, bulle y fermenta en las entrañas mismas del cuerpo social».

G. De Castro[1]

[1] Giovanni De Castro (1837-1897) fue el autor italiano cuya obra original *Il Mondo Secreto: Società segrete e scuole iniziatiche dal medioevo al secolo XIX* inspiró la versión inglesa extensa revisada de Heckethorn que aquí se presenta.

ÍNDICE

PRESENTACIÓN DE LA OBRA

Charles William Heckethorn: un erudito cosmopolita

Desde las antiguas sociedades de misterios en Egipto y Grecia hasta las conspiraciones políticas del siglo XIX, las llamadas sociedades secretas han cautivado por igual la imaginación y el temor del público. En este contexto, *Las sociedades secretas de todas las épocas y países* de Charles William Heckethorn se erige como un estudio pionero y monumental sobre estas organizaciones ocultas. Publicada originalmente en Londres en 1875, esta extensa obra ofreció por primera vez una visión de conjunto de más de ciento sesenta sociedades secretas a lo largo de la historia mundial.

Charles William Heckethorn (1829-1902) fue un escritor erudito nacido en Suiza y naturalizado británico. De formación cosmopolita, pasó su juventud en Basilea (Suiza) y se trasladó a Inglaterra siendo todavía un hombre joven, donde trabajó como profesor de idiomas y más tarde como autor y traductor. Su carrera literaria fue ecléctica: publicó desde manuales educativos hasta poesía y relatos infantiles, así como estudios históricos sobre Londres. Sin embargo, Heckethorn es conocido sobre todo por su exhaustiva investigación sobre las sociedades secretas, tema al que consagró buena parte de su vida intelectual.

La época en que Heckethorn vivió -la segunda mitad del siglo XIX, en la era victoriana británica- estuvo marcada por un vivo interés hacia lo oculto y las sociedades discretas. En aquellos años proliferaban tanto organizaciones esotéricas (como ciertos grupos neotemplarios, rosacruces o paramasónicos) como sociedades políticas secretas que conspiraban por ideales nacionalistas o revolucionarios (por ejemplo, los carbonarios en Italia o los grupos anarquistas y nihilistas en la Europa oriental). Al mismo tiempo, la erudición decimonónica empezó a estudiar estas organizaciones desde una perspectiva histórica. El propio Heckethorn, hombre de pensamiento liberal y espíritu crítico, se sintió fascinado por «uno de los aspectos más curiosos de la historia de la humanidad» -según sus palabras: el fenómeno de las asociaciones secretas de todo tipo a través de los siglos.

Conviene señalar que la personalidad intelectual de Heckethorn tenía ciertos matices que luego se reflejarían en su obra. Por un lado, era un librepensador con postura anticlerical en algunos temas: en un libro de viajes que publicó paralelamente en 1875 (*Italian Lights and Shadows*, sobre Italia) criticó con dureza la influencia de la Iglesia, lo que no pasó desapercibido para los críticos de la época. Del mismo modo, en *Las sociedades secretas* condenó abiertamente los excesos de la Santa Inquisición, calificándola poco menos que de instrumento de pillaje y represión religiosa, lo que le valió más tarde acusaciones de sesgo anticatólico por parte de algunos comentaristas. Por otro lado, Heckethorn era miembro del Londres intelectual y cosmopolita. Manejaba fuentes en varios idiomas, viajaba con frecuencia al continente europeo (particularmente a Italia) y mantenía contacto con otros estudiosos. Todo ello contribuyó a que su gran obra sobre sociedades secretas tuviese un carácter amplio, comparativo y bien documentado.

Sociedades secretas y siglo XIX: el contexto de una obra singular

Cuando Heckethorn emprendió la tarea de escribir *Las sociedades secretas de todas las épocas y países*, no partía de cero. Existía ya cierta bibliografía sobre sociedades secretas, especialmente en Europa continental. En particular, un escritor italiano llamado Giovanni De Castro había publicado una extensa serie titulada *Il Mondo Secreto* (*El mundo secreto*) en la década de 1860, abarcando múltiples volúmenes sobre la historia de sociedades iniciáticas y clandestinas. De hecho, fue la reseña de esta obra italiana en una revista londinense (el *Athenæum*) lo que originalmente llamó la atención de Heckethorn sobre el tema. Inicialmente, nuestro autor pensó en traducir el trabajo de De Castro al inglés; sin embargo, pronto decidió ir mucho más allá de una simple traducción.

Heckethorn detectó en *Il Mondo Secreto* ciertos desequilibrios y sesgos: por ejemplo, De Castro -escribiendo en pleno contexto del Risorgimento italiano- mostraba simpatías por algunas sociedades políticas de su país que, en palabras de Heckethorn, «en muchos casos no eran más que hordas de bandoleros». Determinado a ofrecer una visión más objetiva y amplia, Heckethorn decidió reestructurar y ampliar el material. Omitió contenidos del original italiano que estaban demasiado teñidos de parcialidad política, añadió numerosas secciones completamente nuevas aprovechando fuentes inglesas y alemanas desconocidas para De Castro, y sumó al compendio una serie de sociedades secretas de las que el autor italiano ni siquiera había tratado. Heckethorn comentó que, a pesar de conservar «la armazón» de la obra de De Castro, el libro resultante podía reclamar el mérito de ser «esencialmente original» y, de hecho, «el relato más exhaustivo de las sociedades secretas» disponible en las principales lenguas europeas hasta ese momento.

El contexto histórico e intelectual de la década de 1870 favorecía este ambicioso proyecto. Por un lado, la sociedad victoriana mostraba un gran apetito por las obras de divulgación histórica y enciclopédica. Por otro lado, las sociedades secretas estaban de plena actualidad: la prensa europea hablaba de grupos como la Internacional de Trabajadores, las logias *fénians* irlandesas, los revolucionarios nihilistas en Rusia o incluso el Ku-Klux-Klan en Estados Unidos, todos ellos vistos como amenazas clandestinas al orden establecido. Además, seguía viva la fascinación por las hermandades esotéricas y órdenes ocultistas de antaño, alimentada por el auge del espiritismo, la Teosofía (fundada también en 1875) y el renovado interés por la masonería y los rosacruces. Heckethorn, consciente de estos intereses, menciona en el prólogo de su libro que «las sociedades secretas, religiosas y políticas, vuelven a brotar por doquier» en su tiempo, algunas sin mayor trascendencia y otras con el objetivo declarado de derribar gobiernos y alterar el orden social. Así pues, su obra aspiraba no solo a narrar el pasado remoto de las sociedades secretas, sino también a arrojar luz sobre los movimientos de su propia época.

Una obra monumental: estructura y contenido

El resultado del esfuerzo de Heckethorn fue una obra verdaderamente monumental en su alcance. *Las sociedades secretas de todas las épocas y países* apareció inicialmente en dos volúmenes que juntos sumaban alrededor de 700 páginas de apretada información histórica. El propio autor la describe modestamente como una «colección» o compendio, pero no duda en afirmar que constituye una auténtica enciclopedia de las sociedades secretas, fruto de veinticinco años de estudio e investigación. En efecto, Heckethorn se dedicó durante décadas a reunir datos de una multitud de fuentes, acumulando una impresionante bibliografía multilingüe sobre el tema. Para no abrumar al lector general con erudición excesiva, optó por no incluir notas al pie en el cuerpo del texto; en su lugar, al comienzo de cada sección temática incluyó listas de las obras consultadas[2], de modo que el lector especializado «sepa a qué obra recurrir para verificar» cualquier información. Esta decisión editorial mantuvo el libro legible para el público no académico, sin sacrificar la rigurosidad: Heckethorn asegura que pocas afirmaciones se hacen sin apoyo de «autoridades numerosas y de peso» detrás.

En cuanto a la estructura, Heckethorn ideó un sistema híbrido muy logrado para organizar la ingente materia recopilada. En lugar de relatar simplemente la historia de estas sociedades en orden cronológico estricto -lo que hubiera dispersado a grupos similares a lo largo del texto-, decidió combinar criterios temáticos, geográficos y cronológicos. Así, dividió su obra en una serie de grandes capítulos o «libros» dedicados cada uno a un tipo de sociedad secreta, y dentro de ellos agrupó a las organizaciones por áreas culturales y épocas. Por ejemplo, el Libro I abarca los *Antiguos Misterios religiosos*, abriendo con las sociedades iniciáticas de Oriente (como los magos persas y los ritos mistéricos en India, China y Egipto) y pasando luego a las de Occidente (los misterios grecorromanos, los druidas celtas, etc.), todo ello en sucesión temporal desde las más antiguas a las más tardías. Otros bloques temáticos de la obra se centran en categorías como: las doctrinas de emanación mística (por ejemplo, la Cábala judía y sectas gnósticas); las sociedades heréticas medievales (cátaros, templarios y similares); las hermandades de justicia secreta (tribunales clandestinos como la Santa Vehme alemán); los místicos y ocultistas de distintas eras (alquimistas, rosacruces, iluminados, etc.); las temibles sociedades criminales o «antisociales» (casos como la secta de los *thugs* estranguladores de la India, la Garduña y la Camorra en el mundo hispano-italiano, o los *Skopzi* de Rusia); y finalmente las sociedades de corte político-social de la era moderna (clubes revolucionarios, sociedades de obreros y estudiantes, la Masonería, la orden de los Illuminati, entre otras). En total, el libro ofrece descripciones concisas pero

[2] En esta edición se encuentran al final del libro *(N. del T.)*

sustanciosas de más de 160 organizaciones secretas de naturaleza religiosa, política o social, «desde las edades más remotas hasta la actualidad» (es decir, hasta finales del siglo XIX). Esta amplitud temporal y geográfica es uno de los grandes méritos de la obra: el lector pasa de los enigmas del Antiguo Egipto a los ritos de los chamanes americanos, de las intrigas de los *assassins* medievales en Oriente a las logias conspirativas de la Europa ilustrada, todo ello guiado por la pluma informada de Heckethorn.

En cuanto al contenido específico, cada capítulo suele presentar el origen de la sociedad en cuestión, sus fundadores o figuras clave, los ritos de iniciación y símbolos que la caracterizan, así como un resumen de sus acciones históricas e influencia. Por ejemplo, al describir a los Caballeros Templarios, Heckethorn repasa su fundación en Tierra Santa, sus ceremonias semiclandestinas que dieron pie a rumores heréticos, y el trágico final de la orden a manos de Felipe IV de Francia. Al tratar de los Iluminados de Baviera (Illuminati), expone las ideas ilustradas radicales de Adam Weishaupt y cómo esta sociedad secreta fue disuelta a fines del siglo XVIII, aunque dejando un aura de misterio que perduraría en teorías de la conspiración posteriores. En algunos casos, el autor no se limita a relatar hechos, sino que ofrece interpretaciones y juicios de valor. Así, elogia el espíritu de búsqueda de conocimiento de grupos esotéricos como los rosacruces, pero condena la crueldad fanática de instituciones como la Inquisición o critica la deriva criminal de sectas como la mencionada Garduña. No obstante, en general Heckethorn adopta un tono sobrio, más próximo al del historiador divulgador que al del panfletario. Como él mismo explica, la vastedad del tema le obligó a «exponer los hechos de forma concisa» e intercalar solo los comentarios imprescindibles para aclarar puntos oscuros o conectar cabos sueltos de la narración. El propósito central fue compilar informaciones dispersas en múltiples fuentes y presentarlas de manera accesible y coherente para el lector medio de su época.

Aunque el título de la obra proclama abarcar únicamente «sociedades secretas», lo cierto es que Heckethorn adopta una definición amplia y flexible del término. En muchos casos, el autor incluye agrupaciones que, estrictamente hablando, no eran verdaderamente secretas ni operaban con clandestinidad, sino que funcionaban como asociaciones públicas, hermandades religiosas, gremios o incluso movimientos filosófico-políticos sin carácter iniciático. En palabras del propio Heckethorn, su intención no era restringirse a sociedades con juramentos, símbolos ocultos y ritos iniciáticos, sino ofrecer una panorámica de todas aquellas organizaciones que, en algún momento de su existencia, tuvieron una estructura cerrada, prácticas reservadas o influencia social velada. Por esta razón, en el libro aparecen descripciones de sociedades que no pueden considerarse secretas en sentido estricto, como los esenios del judaísmo antiguo, los gnósticos primitivos, ciertas ramas del anabaptismo radical o incluso agrupaciones como los *shakers* en Estados Unidos. También incluye organizaciones contemporáneas que, si bien contaban con jerarquías internas y doctrinas particulares, no actuaban en la sombra ni con fines conspirativos, como la Compañía de Jesús (jesuitas), los quintos-monarquistas del siglo XVII, o los socialistas utópicos del siglo XIX. En algunos casos, se presentan cofradías religiosas o asociaciones culturales que no ocultaban su existencia, pero que cultivaban formas de enseñanza o de transmisión interna que las hacían próximas, en ciertos aspectos, al ideal de una sociedad secreta. Esta amplitud conceptual convierte el libro en una enciclopedia no solo del mundo secreto, sino también de las formas de organización doctrinal, simbólica o disidente que han influido en la historia desde fuera del poder establecido.

Recepción, controversias y legado

La publicación de *Las sociedades secretas de todas las épocas y países* fue recibida con interés en 1875, cubriendo como cubría un vacío en la literatura en lengua inglesa. Hasta entonces, apenas existían en inglés estudios generales sobre sociedades secretas: un pequeño libro de 1836, *Secret Societies of the Middle Ages* (*Sociedades secretas de la Edad Media*), se limitaba a cuatro casos históricos. La obra de Heckethorn, mucho más ambiciosa, ofrecía por primera vez al mundo anglosajón un panorama amplio de estas herméticas organizaciones. Si bien no tenemos registro detallado de las reseñas iniciales en prensa, es evidente que el libro halló su público entre lectores cultos interesados por la historia oculta. Prueba de ello es que más de veinte años después, en 1897, el propio Heckethorn lanzaría una segunda edición revisada de la obra, señal de que seguía habiendo demanda y novedades que incorporar.

Esta nueva edición de 1897 no fue una simple reimpresión, sino casi una *reescritura ampliada*. En el prólogo a dicha edición, Heckethorn señala que numerosas sociedades habían cobrado mayor desarrollo histórico desde 1875 y merecían ahora un tratamiento más completo. Por ejemplo, los nihilistas rusos –objeto de un breve apartado en la primera versión– protagonizaron importantes atentados y eventos en las dos décadas siguientes, por lo que el autor añadió «muchas páginas» con los detalles de sus actividades recientes. Otros grupos que seguían activos, como los fenianos irlandeses, también requirieron actualizaciones hasta fines del siglo XIX. Heckethorn aprovechó asimismo para incluir sociedades nuevas o previamente omitidas: menciona específicamente que incorporó capítulos sobre la misteriosa iniciación egipcia *Crata Repoa,* sobre la secta afgana de los *Rosheniah* y sobre los excéntricos *Skopzi* de Rusia, entre otros, que no figuraban en la primera edición. Incluso en algunos temas ya tratados, decidió ofrecer más detalles que antes, así lo hizo, por ejemplo, con la historia de la Compañía de Jesús (los jesuitas), añadiendo información que anteriormente había dejado en el tintero o descubierto después. Por otro lado, temas que habían perdido vigencia inmediata (como la Comuna de París de 1871, mencionada en la edición de 1875 aún fresca, pero menos relevante en 1897) fueron reducidos en extensión. Con todos estos cambios, Heckethorn afirma que la edición tardía de *Las sociedades secretas* era «casi una obra enteramente nueva» más que una mera segunda edición.

A lo largo del tiempo, esta obra ha generado también debate y críticas desde distintas perspectivas. Llama la atención que las objeciones provengan de polos opuestos del espectro ideológico. Por un lado, como ya se señaló, algunos comentaristas católicos acusaron a Heckethorn de tener un enfoque anticatólico, debido a su severa condena de instituciones como la Inquisición y su énfasis en tramas de corrupción eclesiástica en ciertas sociedades secretas de corte religioso. Estas críticas consideraban que el autor mostraba un sesgo protestante o ilustrado, poco favorable a la Iglesia. Por otro lado, en tiempos más recientes, ciertos autores conspiracionistas han cuestionado a Heckethorn justamente por lo contrario: le reprochan *minimizar* la maldad o el peligro real de las sociedades secretas. Un editor moderno señala, por ejemplo, que Heckethorn tiende a restar gravedad al «carácter diabólico» de las organizaciones ocultas y retrata con relativa simpatía a grupos como los iluminados de Baviera, los templarios o los propios masones. Desde esa óptica, se ha llegado a sugerir –no sin tono de suspicacia– que Heckethorn simpatizaba con la existencia de sociedades secretas e incluso que podría haber estado involucrado en alguna, a juzgar por las cosas que «omite» o suaviza en su relato.

Lo cierto es que, examinando la obra, se advierte que Heckethorn mantiene en general un enfoque descriptivo y crítico a la vez, sin caer en la demonización conspirativa pero tampoco en la apología. Él mismo advierte al lector que, tratándose de sociedades cuyo actuar se oculta deliberadamente, siempre quedarán zonas oscuras donde «lo que es historia y lo que es misterio» pueden mezclarse. Aun así, procura basarse en documentos y fuentes comprobables siempre que es posible. Su libro no busca escandalizar gratuitamente, sino informar y quizás fascinar con la riqueza narrativa de estas crónicas secretas. Esa seriedad equilibrada explica en parte que *Las sociedades secretas de todas las épocas y países* haya perdurado como obra de referencia. De hecho, tras la edición de 1897 (publicada por George Redway en Londres), la fama del libro trascendió el mundo anglosajón: en el año 1900 se lanzó una traducción autorizada al alemán, editada en Leipzig por F. A. Renger, acercando el compendio de Heckethorn al público germanoparlante. Con dos ediciones inglesas y versión en otra lengua europea, *Las sociedades secretas* consolidó su lugar en la bibliografía básica sobre el tema a inicios del siglo XX.

Durante el siglo XX, la obra de Heckethorn siguió siendo citada y reeditada en múltiples ocasiones. Autores posteriores dedicados a estudiar sociedades secretas -desde historiadores académicos hasta escritores más sensacionalistas- le han debido una innegable deuda como pionero. Es cierto que, con el avance de la investigación histórica, algunas informaciones de *Las sociedades secretas* quedaron desactualizadas o se descubrieron inexactitudes en detalles menores; asimismo, la falta de un aparato crítico en el texto (derivada de la decisión consciente de Heckethorn de no usar notas) hizo que los estudiosos modernos recurrieran a sus propias fuentes originales para profundizar. Pero nada de ello le resta valor a la obra como panorama general. Incluso en pleno siglo XXI, el libro ha continuado encontrando lectores: se han publicado ediciones facsimilares y versiones en un solo volumen, presentándolo como un clásico «definitivo» sobre sociedades secretas cuya vigencia se relaciona con el interés contemporáneo en teorías de conspiración y novelas de misterio histórico. La influencia cultural del trabajo de Heckethorn es sutil pero perceptible, habiendo alimentado la imaginación de generaciones de aficionados a los enigmas históricos. Su legado principal es haber establecido un canon inicial de las sociedades secretas más destacadas, un mapa del mundo clandestino que otros explorarían después con nuevas preguntas y enfoques.

De 1875 hasta hoy: historia editorial y nueva edición en español

En términos de historia editorial, *Las sociedades secretas de todas las épocas y países* vivió diversas etapas. La primera edición vio la luz en Londres en 1875, de la mano de la editorial Richard Bentley & Son, en dos tomos que cubrían desde la Antigüedad hasta el siglo XIX. Posteriormente, la segunda edición (denominada «nueva edición») fue publicada -también en Londres- en 1897, por George Redway, incorporando las ampliaciones y revisiones ya comentadas. Esta edición de 1897, igualmente en dos volúmenes, es considerada la versión definitiva realizada por el propio Heckethorn, y sobre ella se basarían la mayoría de las reimpresiones subsiguientes. Poco después, en 1900, el periodista Leopold Katscher preparó la traducción alemana autorizada, titulada *Geheime Gesellschaften, Geheimbünde und Geheimlehren,* que se editó en Leipzig y contribuyó a difundir la obra en Europa Central. Curiosamente, no consta que en aquella época se realizase ninguna traducción al francés u otros idiomas, lo que hace suponer que el público interesado en otros países solía leerla en inglés o en alemán.

Durante el siglo XX, con la obra ya en dominio público, diversas editoriales lanzaron reimpresiones y ediciones facsímiles en inglés. Por ejemplo, en Estados Unidos se publicó una edición combinada en un solo tomo ya en las primeras décadas del siglo (la editorial neoyorquina New Amsterdam Book Company distribuyó la obra en 1897, contemporáneamente a la inglesa, y es probable que hubiera tiradas posteriores). Más adelante, editoriales especializadas en temas esotéricos o históricos -desde pequeñas imprentas británicas en los años 1920 hasta sellos modernos de libros «clásicos»- mantuvieron disponible *Las sociedades secretas.* En 1966, por ejemplo, la prestigiosa editorial University Books (Nueva York) incluyó el libro de Heckethorn en su catálogo de obras sobre ocultismo reeditadas, dándole nueva difusión en círculos masónicos y rosacruces de habla inglesa. Ya en el siglo XXI, casas como Cosimo Classics reimprimieron la obra (2011), reflejo del interés persistente que suscita esta curiosa joya bibliográfica. Sin embargo, pese a su renombre internacional, *Las sociedades secretas de todas las épocas y países* permaneció durante casi 150 años inédita en idioma español. Si bien autores e investigadores hispanos la citaron ocasionalmente -por ejemplo, en estudios sobre masonería o en artículos históricos sobre sociedades clandestinas-, el lector de habla castellana no disponía de una traducción completa de la obra. Es por ello un acontecimiento editorial relevante que, finalmente, *Las sociedades secretas de todas las épocas y países* vea la luz en español en una cuidada edición a cargo de Editorial MASONICA. La presente versión en castellano ofrece por primera vez al público hispanohablante la posibilidad de adentrarse directamente en las páginas de Heckethorn. Se ha tomado como base el texto de la edición revisada de 1897, para asegurar que el lector disponga del contenido más completo y actualizado que dejó el autor. La traducción ha sido realizada con esmero, buscando un equilibrio entre fidelidad y fluidez, de modo que el estilo decimonónico de Heckethorn resulte accesible al lector moderno sin traicionar el matiz erudito y ameno del original.

Con esta publicación, la Editorial MASONICA continúa su labor de rescatar grandes obras clásicas del pensamiento esotérico y la tradición iniciática. *Las sociedades secretas de todas las épocas y países* no es solo un catálogo histórico, sino también una ventana a cómo se concebían estas hermandades en pleno siglo XIX victoriano. La introducción de Heckethorn -así como sus comentarios dispersos en el texto- nos dejan entrever la mentalidad de un intelectual decimonónico, ilustrado y crítico, ante fenómenos tan variados como los ritos mistéricos de Eleusis, las logias carbonarias del Romanticismo o las sociedades revolucionarias que agitaban Europa en la sombra. Esperamos que esta introducción y la obra en su conjunto sirvan para contextualizar y enriquecer la lectura de los interesados en la historia oculta. Sociedades secretas ha habido en todas las épocas y culturas, y gracias al minucioso trabajo de Charles William Heckethorn -ahora accesible en nuestra lengua- podemos explorarlas con una guía excepcional. Invitamos al lector a sumergirse en este fascinante recorrido por los arcanos de la historia, con la certeza de que descubrirá conocimientos sorprendentes y reflexiones valiosas sobre el eterno impulso humano hacia el secreto, el símbolo y la hermandad.

¡Bienvenido, pues, al mundo secreto de todas las épocas y todos los países!

IGNACIO MÉNDEZ-TRELLES DÍAZ

PRÓLOGO A LA NUEVA EDICIÓN

Esta no es tanto una segunda edición de mi libro sobre las sociedades secretas, publicado en 1875, como una obra casi completamente nueva. Cuando apareció la primera edición, algunas de las sociedades apenas contaban con una historia propiamente dicha. De los nihilistas, por ejemplo, el relato que ahora se presenta, recogiendo sus actividades de los últimos dieciocho años, ocupa muchas páginas de esta obra. La historia de otras sociedades, ya activas entonces, como los fenianos, ha debido actualizarse y ha ofrecido abundante material nuevo.

He considerado oportuno ofrecer detalles más extensos sobre ciertas sociedades de los que incluí en la primera edición; tal es el caso de los jesuitas, por ejemplo: la nueva información procede bien de investigaciones posteriores, bien de materiales anteriormente no incluidos.

En esta edición también se encontrarán reseñas de sociedades que no figuraban en la edición anterior. A modo de ejemplo, pueden citarse la «Crata Repoa», los «Rosheniah» y los «Skopzi».

Algunos artículos de la primera edición han sido reducidos; por ejemplo, el relativo a la Comuna de París, que ya no posee el interés inmediato que le confería entonces su reciente actualidad.

Se han introducido también importantes cambios en la organización del contenido. Las sociedades secretas pueden clasificarse según tres criterios: cronológicamente, geográficamente o por temática. Cada sistema presenta sus ventajas e inconvenientes. Las ventajas del orden cronológico son evidentes; los inconvenientes pueden resumirse así: al organizar las sociedades por orden temporal, aquellas que están relacionadas temáticamente o incluso son idénticas en su esencia pueden quedar separadas por una gran distancia, lo cual perjudica la continuidad del interés. Si se agrupan según su localización geográfica, se pierde la perspectiva cronológica; y si se agrupan por temas o materias, el lector no obtiene una visión clara de la secuencia de los acontecimientos. He procurado, por tanto, combinar los tres métodos en la representación de este gran drama que constituyen las sociedades secretas, tomando como base la organización temática y ordenando en torno a ella, primero según la localización, y por último según el tiempo.

Así, en el primer libro de esta obra el tema es el de los Misterios Antiguos y las Sociedades Religiosas; estas se agrupan por regiones geográficas, y el tercer criterio considerado es el tiempo. Por tanto, las sociedades orientales aparecen en primer lugar, en orden cronológico; luego vienen las occidentales, también en su orden temporal; de manera que los magos de Persia abren la lista, y los Drottes escandinavos de Europa la cierran.

Se ofrece al final de la obra una lista completa de las fuentes consultadas, por lo que no se ha considerado necesario recargar el texto con notas al pie: el lector general no las requiere, y el estudioso sabrá a qué obra acudir para verificar la información.

La obra que ahora se presenta al público es el resultado de veinticinco años de estudio e investigación, que han implicado la adquisición y comparación de literatura inglesa y extranjera sobre el tema. Por ello, aspira a ser una enciclopedia de las sociedades secretas, ofreciendo detalles concisos, pero esenciales, de todo lo que merece ser recordado, y omitiendo únicamente aquellas agrupaciones cuya existencia fue efímera y cuya actividad fue insignificante.

C. W. H.
Octubre, 1896

PRÓLOGO A LA PRIMERA EDICIÓN

Durante muchos años, el fascinante tema de las sociedades secretas ha atraído mi atención, y desde hace tiempo había sido mi intención reunir en una obra comprensiva toda la información posible procedente de numerosas fuentes —a menudo remotas, y en ocasiones casi inaccesibles— sobre una de las fases más curiosas de la historia de la humanidad: aquellas organizaciones secretas, de carácter religioso, político o social, que han existido desde los tiempos más remotos hasta la actualidad.

Sin embargo, antes de haber ordenado y asimilado completamente mis materiales, una reseña en el *Athenæum* (n.º 2196) atrajo mi atención hacia la obra italiana *Il Mondo Secreto*, del señor De Castro, a quien desde entonces he tenido el placer de conocer en Milán. Conseguí el libro, y en un principio tenía la intención de ofrecer una traducción de él; pero, aunque comencé como traductor, mis trabajos pronto adoptaron una forma mucho más independiente.

Comprobé que era necesario omitir numerosos pasajes del original, influido por cierto sesgo político y excesivamente indulgente con diversas sectas políticas italianas que, en muchos casos, apenas eran algo más que bandas de salteadores. Por otro lado, fue necesario añadir mucha información procedente de fuentes -principalmente inglesas y alemanas- desconocidas para el autor italiano; también fue necesario reorganizar muchos contenidos sobre bases distintas y presentarlos bajo una nueva luz. Asimismo, hubo que incluir numerosas sociedades que no figuraban en la obra del señor De Castro, como la Garduña, los Chauffeurs, los Fenianos, la Internacional, los O-Kee-Pa, el Ku-Klux-Klan, la Inquisición, o los Wahabíes; de manera que, con estas adiciones y la ampliación de muchas secciones del original italiano -que en muchos casos dieron lugar a artículos completamente nuevos–, la obra que ahora se presenta al público inglés, aunque conserva en su estructura elementos del prototipo extranjero, puede sin duda reclamar el mérito de ser no solo esencialmente original, sino también el estudio más completo sobre sociedades secretas existente en inglés, francés, alemán o italiano, las principales lenguas europeas. Todo cuanto se ha escrito sobre el tema en cualquiera de estas lenguas ha sido consultado y utilizado.

En inglés no existe ninguna obra que pueda compararse con esta; el pequeño libro publicado en 1836 por Charles Knight, titulado *Secret Societies of the Middle Ages*, trata únicamente de cuatro sociedades. El estudioso que desee una información más extensa encontrará una lista de fuentes al comienzo de cada libro, ya que se consideró preferible no sobrecargar el texto con notas al pie, lo que habría duplicado su extensión actual. El lector puede tener la certeza de que pocas afirmaciones se hacen que no puedan ser sustentadas por autoridades numerosas y de peso; si bien, al tratar aquí con sociedades cuya existencia misma dependía del secreto, y que por tanto, como medida de prudencia, dejaron tras de sí el menor número posible de pruebas documentales, cobra especial sentido el viejo pareado: «Lo que se sabe es historia, y lo que se oculta, es misterio».

Teniendo en cuenta, una vez más, que la naturaleza imperativa de esta obra exigía una exposición concisa de los hechos –tratándose de un tema que abarca una extensión tan vasta–, he procurado interrumpir la narración solo con aquellos comentarios y reflexiones que resultasen casi indispensables para esclarecer oscuridades o suplir eslabones históricos ausentes.

A primera vista podría parecer que algunas sociedades han sido incluidas de manera impropia en esta obra como «sociedades secretas»; los francmasones, por ejemplo. Podría objetarse que los miembros de asociaciones secretas no suelen proclamar su pertenencia al mundo, mientras que ningún francmasón se avergüenza ni teme declararse como tal; más bien al contrario, se siente orgulloso del hecho, y tiende incluso a proclamarlo de forma algo ostentosa. En cambio, el más exaltado patriota celta, que desea contribuir a la regeneración de su tierra natal ingresando en la hermandad feniana, tiene al menos el sentido común de mantener su afiliación en el más profundo secreto ante los no iniciados.

Sin embargo, la regla que he seguido al seleccionar las sociedades incluidas bajo la categoría de «secretas» ha sido incluir en mi recopilación todas aquellas que poseían o poseen «ritos y ceremonias secretas» ocultos al mundo exterior, aunque la existencia de la sociedad misma no sea, en modo alguno, un secreto. De hecho, ninguna asociación humana puede permanecer secreta durante mucho tiempo, pues por más empeño que pongan sus miembros en envolverse en tinieblas y mantener el anonimato, el propósito por el cual se agrupan acaba por delatarse a través de algún acto manifiesto; y donde hay un acto, el mundo deduce la existencia de un agente; y si no puede hallarse uno visible, se sospecha la presencia de uno secreto.

Los Thugs, por ejemplo, tenían todo el deseo de permanecer desconocidos; sin embargo, la existencia de tal sociedad fue sospechada mucho antes de que se descubriera a alguno de sus miembros. Bajo este mismo principio —el de ser proponentes de doctrinas secretas, o doctrinas envueltas en un lenguaje comprensible únicamente para los iniciados—, los alquimistas y místicos también han encontrado cabida en esta obra. Incluso la Inquisición, aunque fuese un tribunal estatal, contaba con agentes secretos y procedimientos reservados, por lo que puede incluirse con justicia en la categoría de las Sociedades Secretas.

Las sociedades secretas, tanto religiosas como políticas, vuelven a surgir por muchos frentes. Las de carácter religioso pueden descartarse sin mayor comentario, ya que suelen carecer de novedad o relevancia; pero aquellas que persiguen fines políticos no deberían ser desdeñadas como carentes de importancia. La Internacional, los Fenianos, los Comunistas, los Nihilistas, los Wahabíes, persiguen en secreto el derrocamiento de los gobiernos existentes y del orden actual de las cosas. Los asesinatos de ingleses perpetrados por nativos en la India apuntan a las maquinaciones de sociedades secretas en la India británica. Antes del estallido del gran motín indio, los corresponsales de prensa ingleses hablaban con cierto desdén de una ceremonia religiosa observada por toda la India británica que consistía en llevar pequeños panes de un pueblo a otro; sin embargo, esta ceremonia era en realidad una convocatoria al pueblo para que se preparara para el levantamiento general. Por ello, las acciones de los nativos deben ser observadas con atención.

C. W. H.
Noviembre, 1896

INTRODUCCIÓN

«Ignis ubique latet, naturam amplectitur omnem;
Cuncta parit, renovat, dividit, urit, alit».

> (El fuego yace oculto en todas partes, abraza toda la naturaleza; todo lo engendra, lo renueva, lo divide, lo quema, lo alimenta.)

1. *Inteligibilidad y naturaleza de las sociedades secretas.* Las Sociedades Secretas fueron antaño tan necesarias como las sociedades abiertas: el árbol presupone una raíz. Junto al imperio del Poder, los ídolos de la fortuna, los fetiches de la superstición, debió existir en cada época y estado un lugar donde el imperio del Poder llegaba a su fin, donde los ídolos ya no eran adorados, donde los fetiches eran ridiculizados. Tal lugar era el armario del filósofo, el templo del sacerdote, la cueva subterránea del sectario.

2. *Clasificación de las sociedades secretas.* Las sociedades secretas pueden clasificarse bajo los siguientes epígrafes: 1. Religiosos: como los misterios egipcios o eleusinos. 2. Militares: Caballeros Templarios. 3. Judiciales: *Vehmgerichte.* 4. Científicos: alquimistas. 5. Civiles: francmasones. 6. Políticos: carbonarios. 7. Antisociales: Garduña.

Pero la línea divisoria no siempre está estrictamente definida; algunas que tenían objetivos científicos combinaban dogmas teológicos con ellos, como los rosacruces, por ejemplo; y las sociedades políticas deben influir necesariamente en la vida civil. Por lo tanto, podemos clasificar más convenientemente las sociedades secretas en las dos divisiones globales de religiosas y políticas.

3. *Las sociedades religiosas.* La religión ha tenido sus sociedades secretas desde los tiempos más antiguos; datan, de hecho, del período en que el verdadero conocimiento religioso -que, entiéndase bien, consistía en el conocimiento de la constitución del universo y del Poder Eterno que lo había producido, y de las leyes que lo mantenían- poseído por los primeros hombres comenzó a decaer entre la masa general de la humanidad. El conocimiento genuino se conservó en gran medida en los antiguos «Misterios», aunque incluso estos estaban ya un grado alejados de la primera sabiduría nativa primigenia, ya que representaban sólo el tipo, en lugar del arquetipo; es decir, los fenómenos de la Naturaleza temporal exterior, en lugar de las realidades de la Naturaleza eterna interior, de la que este universo visible es la manifestación exterior. Puesto que la definición de este conocimiento genuino ahora recuperado es necesaria para comprender mucho de lo que se enseñaba en las sociedades religiosas de la antigüedad, entraremos, más adelante, en detalles más completos al respecto.

4. *Sociedades políticas.* Políticamente, las sociedades secretas fueron los providentes atemperadores y las válvulas de seguridad del presente y las poderosas palancas del futuro. Sin ellas, sólo el monólogo del absolutismo ocuparía el drama de la historia, presentándose, además, sin objetivo y sin producir efecto alguno, si no hubiera

ejercido la voluntad del hombre induciendo la reacción y provocando la resistencia.

Toda sociedad secreta es un acto de reflexión, por tanto, de conciencia. Porque la reflexión, acumulada y fijada, es la conciencia. En este sentido, las sociedades secretas son en cierto modo la expresión de la conciencia en la historia. Porque todo hombre tiene en sí mismo un *algo* que le pertenece y que, sin embargo, parece como si no fuera una cosa dentro de él, sino, por así decirlo, fuera de él. Este oscuro Algo es más fuerte que él, y no puede rebelarse contra su dominio ni retirarse, o volar, de su búsqueda. Esta parte de nosotros es intangible; el acero del asesino, el hacha del verdugo no pueden alcanzarla; los halagos no pueden seducir, las oraciones no pueden ablandar, las amenazas no pueden aterrorizarla. Crea en nosotros un dualismo, que se hace sentir como remordimiento. Cuando el hombre es virtuoso, se siente uno, en paz consigo mismo; ese *algo* oscuro no le oprime ni le tortura: igual que en la naturaleza física las potencias del cuerpo del hombre, cuando trabajan en armonía, no se sienten; pero cuando sus acciones son malas, su parte mejor se rebela.

Ahora bien, las sociedades secretas son la expresión de este dualismo reproducido a gran escala en las naciones; son ese algo oscuro de la política que actúa en la conciencia pública y produce un remordimiento, que se manifiesta como «sociedad secreta», un remordimiento vengador y purificador. Regenera a través de la muerte, y hace surgir la luz a través del fuego, de las tinieblas, según leyes eternas. Nadie la discierne, pero todo hombre puede sentirla. Puede compararse a una estrella invisible, cuya luz, sin embargo, nos alcanza; al calor que proviene de una región donde ningún pie humano se posará jamás, pero que sentimos y podemos demostrar con el termómetro.

En efecto, uno de los sentimientos más evidentes que da origen a las sociedades secretas es el de la venganza, pero una venganza buena y sabia, distinta del rencor personal, desconocida, cuando están en juego los intereses populares; que desea castigar a las instituciones y no a los individuos, golpear las ideas y no a los hombres: la gran venganza colectiva, la herencia que los padres transmiten a sus hijos, un piadoso legado de amor, que santifica el odio y engrandece la responsabilidad y el carácter del hombre. Porque hay un odio legítimo y necesario, el del mal, que constituye la salvación de las naciones. ¡Ay del pueblo que no sabe odiar, porque la intolerancia, la hipocresía, la superstición, la esclavitud son el mal!

5. *Objetivos de las sociedades políticas.* El objetivo de los sectarios es la erección del templo ideal del progreso; fecundar en el seno de los pueblos dormidos o esclavizados los gérmenes de una libertad futura, como están haciendo ahora los nihilistas en Rusia. Este glorioso edificio, es cierto, aún no está terminado, y tal vez nunca lo esté; pero el intento en sí inviste a las sociedades secretas de una grandeza moral; mientras que, sin tal objetivo, su lucha se degradaría hasta convertirse en una mísera lucha egoísta de partidos. También explica y justifica la existencia de las sociedades secretas. Y a ellas deben muchos Estados no sólo sus libertades, sino su propia existencia. Como ejemplos modernos, puedo mencionar a Grecia e Italia.

6. *Las sociedades secretas religiosas.* Pero las primeras sociedades secretas no se formaron con fines políticos, sino religiosos, abarcando todas las artes y ciencias; por lo que la religión ha sido llamada verdaderamente la arqueología del conocimiento humano. La mitología comparada reduce todos los credos aparentemente contradictorios y opuestos a una comprensión primigenia, fundamental y verdadera de la Naturaleza y sus leyes; todas las metamorfosis de uno o más dioses, registradas en los libros sagrados de los hindúes, los parsis, los egipcios y de otras naciones, se fundan en realidad en simples hechos físicos, desfigurados y tergiversados, intencionada o accidentalmente. La verdadera comprensión de la Naturaleza era prerrogativa de la más desarrollada de todas las razas de hombres, es decir, la raza aria, cuyo asiento estaba en el punto más alto de la región montañosa de Asia, al norte del Himalaya. Al sur de estos se encuentra el valle de Cachemira, cuyo manantial eterno, maravillosa riqueza de vegetación y características naturales generales, lo adaptan mejor para representar el paraíso terrenal y la residencia dichosa de los seres humanos más altamente favorecidos.

7. *El tipo humano más perfecto.* Tan altamente favorecido, precisamente porque la Naturaleza en un lugar tan favorecido sólo podía desarrollar con el tiempo un tipo superior; el cual siendo, por así decirlo, la quintaesencia de esa copión Naturaleza, era uno con ella, y por lo tanto capaz de aprehenderla a ella y a su plenitud. Pues así como los poderes de la Naturaleza han dado a luz plantas y animales de diferentes grados de desarrollo y perfección, así también han producido varios tipos de hombres en diversas etapas de desarrollo; siendo el más perfecto, como ya se mencionó, el tipo ario o caucásico, el único que tiene una historia, y el que merece nuestra atención al indagar en la historia mental de la humanidad. Pues incluso allí donde el caucásico entra en contacto y se entremezcla con una raza

oscura, como en la India y Egipto, es el hombre blanco con el que comienza el desarrollo superior e histórico.

8. *Causas del alto desarrollo mental.* Ya he insinuado que las circunstancias climáticas y otras circunstancias externas son favorables a un desarrollo elevado. Se sabe universalmente que esto es cierto para las plantas; pero el hombre no es más que una planta dotada de conciencia y movilidad, y por lo tanto debe ser cierto para él; y, de hecho, la experiencia lo demuestra. Los órganos, y especialmente el cerebro del caucásico, alcanzan la más alta perfección, y por ello es el más plenamente capaz de aprehender la Naturaleza y comprender su funcionamiento.

En cuanto al tiempo que tardó el hombre en llegar a un elevado estado de desarrollo mental, es una pura pérdida de tiempo e ingenio especular -¿cuánto tardó la araña en aprender a construir su tela tan hábilmente?-, como es un vano intento descubrir el momento de la primera aparición y condición del hombre sobre la tierra; ni siquiera el rancio repollo del protoplasma, calentado por Darwin, nos ayudará a resolver el enigma. La única certeza que tenemos a partir de restos monumentales y cuasiliterarios, es que hace muchos miles de años el hombre poseía elevados conocimientos científicos, que, surgidos originalmente en Oriente, viajaron gradualmente hacia Occidente, y en el viaje se perdieron en gran medida. Puede parecer extraño que tal conocimiento se perdiera; pero como tenemos un ejemplo sorprendente de tal pérdida en tiempos históricos, el extraño fenómeno se hace creíble. ¿Qué sucedió a los esplendores de la erudición clásica, la ciencia y el arte, sino la noche mental conocida como la Edad Oscura? El resultado del prejuicio sacerdotal, la opresión y el oscurantismo. Bastará con citar un hecho en apoyo de nuestro argumento. Miles de años antes de nuestra era, los caldeos conocían la redondez de la Tierra, y que su extensión de este a oeste era mayor que la de norte a sur; también conocían su circunferencia, que fijaban diciendo que un hombre, si caminaba con paso firme, podía dar una vuelta alrededor de ella en un año de 365 días. Ahora bien, calculando la circunferencia en 24.900 millas, se ve fácilmente que un hombre, caminando a unas tres millas por hora, realizaría el recorrido en poco menos de un año. ¿Qué había sido de este conocimiento cuando los frailes doctos, disputando en Salamanca con Colón, sostuvieron que la tierra era plana?

Tengo ante mí un mapa de África, impreso en 1642 (en el *Atlas Novus* de Blaeu), en el que se establecen con precisión los lagos del interior de ese continente, junto con sus ríos, ciudades y aldeas, que se supone fueron descubiertos sólo en este siglo: ¿cómo se perdió este conocimiento de más de 250 años de antigüedad? Pero se perdió, porque en los mapas publicados a principios de este siglo el interior de África está en blanco.

Por lo tanto, estoy justificado al afirmar que en tiempos prehistóricos el hombre poseía un verdadero conocimiento de la Naturaleza y de su funcionamiento, y que esta es la razón por la que los misterios de las naciones más distantes tenían tanto en común, dogmática e internamente, y por la que en todas se concedía tanta importancia a ciertas figuras e ideas, y por la que todas eran fúnebres. La santidad atribuida en todas las épocas y en todos los países al número siete no ha sido correctamente explicada por ningún escritor conocido; las elucidaciones que ofreceré sobre este punto, mostrarán que la conformidad entre sí de las doctrinas religiosas y científicas de naciones muy distantes entre sí debe deberse a su transmisión a partir de una fuente común, aunque las formas enigmáticas y místicas, en las que se conservó este conocimiento, fueron gradualmente tomadas por los hechos mismos.

El lector verá ahora que estas observaciones, cuyo objeto puede no haber percibido al principio, no son irrelevantes; no podemos comprender el origen y el significado de lo que se enseñaba en los misterios sin una clara aprehensión de la cultura y los conocimientos primitivos del hombre.

9. *La cultura primitiva.* Por regla general, las épocas prehistóricas parecen oscuras, y los hombres piensan que, a cada paso atrás, deben adentrarse en una mayor oscuridad. Pero si procedemos con los ojos abiertos, la oscuridad retrocede como el horizonte, a medida que parece que nos acercamos a él; se añade nueva luz a nuestra luz, se iluminan nuevos soles, surgen nuevas auroras ante nosotros; la oscuridad, que no es más que luz compactada, se disuelve en su original, a saber, la luz; y como la exterioridad implica multiplicidad, y la interioridad unidad -hay muchas ramas, pero una sola raíz-, así todos los credos religiosos, incluso los más disfrazados de ritos y supersticiones absurdos y degradantes, cuanto más nos acercamos a su fuente, aparecen con mayor y mayor pureza y nobleza, con puntos de vista, doctrinas y objetivos más exaltados. Pues como dice Tegnér: »... känslans grundton är densamma». (El tono fundamental del sentimiento es siempre el mismo).

Y como el mismo poeta expresa, la antigüedad es: »... det Atlantis som gick under med högre kraft, med ädlare begär» (... esa Atlántida que pereció con fuerzas más elevadas y aspiraciones más nobles).

Así, los códigos éticos de Buda y Zoroastro han sido considerados como anticipaciones de las enseñanzas del cristianismo; incluso San Agustín señaló: «Lo que ahora se llama religión cristiana existía entre los antiguos, y no estuvo ausente desde el principio de la raza humana hasta que vino Cristo, momento a partir del cual la verdadera religión, que ya existía, empezó a llamarse cristiana».

Una vez más, a través de todos los credos más elevados recorrían ciertas ideas fundamentales que, aunque diferentes e incluso a veces deformadas en su forma, pueden considerarse en cierto sentido como comunes a todos. Tales eran la creencia en una Trinidad; el dogma de que el «Logos», o Palabra omnificadora, creó todas las cosas al manifestar la Nada; la adoración de la luz; la doctrina de la regeneración mediante el paso por el fuego, entre otras.

10. *Las verdaderas doctrinas de la naturaleza y del ser.* Pero ¿cuál era el conocimiento en el que se fundaba la enseñanza de los misterios? Nada menos que el de la raíz y el origen de todas las cosas; el estado total, el surgimiento, los mecanismos y el desarrollo de toda la Naturaleza, junto con la unidad que impregna el cielo y la tierra. Hace unos pocos años se proclamó esto, con gran estruendo de trompetas, como un descubrimiento nuevo, aunque ya un autor tan antiguo como Homero habla, en el libro VIII de la *Ilíada*, de la cadena de oro que une el cielo y la tierra: la cadena dorada de la simpatía, la influencia oculta, omnipresente y unificadora, conocida bajo una variedad de nombres, como *anima mundi, mercurius philosophorum*, la escalera de Jacob, la serie magnética vital, el fuego del mago, etc. Este conocimiento, con el paso del tiempo y por amor humano al cambio, fue distorsionado por interpretaciones erróneas, y recubierto o adornado, por decirlo así, con creaciones fantásticas surgidas del propio intelecto humano; así nacieron sistemas supersticiosos, que se convirtieron en el credo de la multitud irreflexiva, y que aún hoy no han perdido su poder sobre la mente pública, manteniendo en esclavitud espiritual a miríadas que tiemblan ante mil fantasmas invocados por el sacerdocio y por su propia ignorancia, mientras...

Felix qui potuit rerum cognoscere causae;
Atque metus omnes et inexorabile fatum
Subjecit pedibus, strepitumque Acherontis avari
(Feliz aquel que pudo conocer la causa de las cosas,
y puso bajo sus pies todos los temores,
el inexorable destino y el clamor del avaro Aqueronte)

11. *Principios fundamentales del verdadero conocimiento que poseían los Antiguos.* Por lo que se enseñaba en los misterios, estamos justificados para creer que hace miles de años los hombres sabían lo que sigue; aunque el conocimiento ya está atenuado y pervertido en los misterios, ya que en ellos sólo se presentan los fenómenos de la Naturaleza exterior, en lugar de las verdades espirituales interiores simbolizadas.

(i) A nuestro alrededor contemplamos las evidencias de una vida que impregna todas las cosas; por lo tanto, debemos admitir necesariamente que existe una vida universal, todopoderosa y que todo lo sustenta.

(ii) Detrás o por encima de la vida primigenia que es la base de este sistema puede contemplarse al «Movedor Inmóvil», el único ente sobrenatural que, por medio de la Palabra o «Logos», ha hablado todas las cosas desde sí mismo; lo cual no implica ningún panteísmo, pues las palabras del hablante, aunque proceden de él, no son el hablante mismo.

(iii) La vida universal es eterna.

(iv) La materia es eterna, porque la materia es el vestido con el que la vida se reviste y se manifiesta.

(v) Que la materia es luz, pues la sustancia más oscura se reduce o puede reducirse a ella.

(vi) Todo lo que se manifiesta exteriormente debe haber existido idealmente, desde toda la eternidad, en una figura arquetípica, reflejada en lo que la mitología india llama la Libertad Eterna, el espejo Maya, de donde se derivan los términos «magus», «magia», «imagen», «imaginación», todos implicando la fijación de la materia viva primigenia, sin estructura, imperceptible, , en una forma, figura o criatura. En la teosofía moderna, al espejo Maja se le llama el Espejo Eterno de las Maravillas, la Virgen Sophia, siempre dando a luz, pero siempre virgen: el análogo y prototipo de la Virgen María.

(vii) La vida eterna que así se manifiesta en este universo visible se rige por las mismas leyes que rigen el mundo invisible de las fuerzas.

(viii) Estas leyes, según las cuales se manifiesta la vida, son las siete propiedades de la Naturaleza eterna, seis propiedades operativas y la séptima, en la que las seis, por así decirlo, descansan o se combinan en un equilibrio o armonía perfectos, es decir, el paraíso. Estas siete propiedades, fundamento de todos los números septenarios que recorren los fenómenos naturales y todos los conocimientos antiguos y modernos, son: (1) Atracción; (2) Reacción o Repulsión;

(3) Circulación; (4) Fuego; (5) Luz; (6) Sonido; (7) Cuerpo, o comprensivo de todo.

(ix) Este septenario es divisible en dos ternarios o polos, con el fuego (simbolizado por una cruz) en medio. Estos dos polos constituyen el dualismo o antagonismo eterno en la Naturaleza: los tres primeros forman la materia o la oscuridad y producen dolor y angustia, es decir, el infierno, cósmicamente invierno; los tres últimos están llenos de luz y deleite, es decir, el paraíso, cósmicamente verano.

(x) El fuego es el gran químico, o purificador y transmutador de la Naturaleza, que convierte la oscuridad en luz. De ahí la excesiva veneración y el culto universal que le rindieron las naciones antiguas, siendo ejemplo de ello los sacerdotes de Zoroastro, quienes llevaban un velo sobre la boca para no contaminar el fuego con su aliento. Por fuego se entiende aquí, por supuesto, el fuego empíreo o eléctrico, cuya existencia y naturaleza eran razonablemente bien conocidas por los antiguos. Estos distinguían entre el principio que mueve y la cosa movida, y llamaban al primero éter ígneo o espíritu, el principio de la vida, la Divinidad: Júpiter, Vulcano, Ptah, Kneph (18, 24).

(xi) Toda luz nace de la oscuridad y debe atravesar el fuego para manifestarse; no hay otro camino que no sea a través de la oscuridad, o de la muerte, o del infierno: una idea que encontramos enunciada y representada en todos los misterios. Así como una planta no puede desplegar la belleza de sus flores, hojas y frutos sin haber pasado por el estado oscuro de la semilla y haber sido enterrada en la tierra, donde es transmutada químicamente por el fuego, del mismo modo la mente no puede alcanzar la plenitud del conocimiento y la iluminación sin haber atravesado una etapa de oscurecimiento y encierro, en la que sufre tormento, angustia, como en un horno, en los dolores del alumbramiento.

12. *Clave para la enseñanza mística.* Que los primeros hombres poseían el conocimiento de los hechos anteriormente expuestos es algo cierto, no solo por las enseñanzas explícitas o inferidas en los misterios, sino también por los monumentos de la antigüedad, que en grandeza de concepción y pureza de propósito ideal superan todo lo que el arte, la industria o incluso la fe moderna han logrado. Teniendo esto en cuenta, el lector podrá alcanzar una comprensión más profunda del verdadero significado de los dogmas de iniciación que la que tenían incluso los propios *epoptai.* Comprenderá también que la razón de tanta uniformidad en la enseñanza de los misterios radica en que los dogmas enunciados eran

explicaciones de fenómenos naturales universales, comunes a todas las regiones del mundo. Por ello, al describir las ceremonias de iniciación, me abstendré de añadir comentarios o exégesis, y me limitaré a remitir al lector a los párrafos de esta introducción, como clave interpretativa.

13. *La enseñanza mística resumida.* Era teológica, moral y científica. Teológicamente, se mostraba a los iniciados el error del politeísmo vulgar y se les enseñaba la doctrina de la Unidad y de un estado futuro de recompensa y castigo; moralmente, los preceptos se resumían en las palabras de Confucio: «Si dudas si una acción es correcta o incorrecta, abstente de ella por completo»; científicamente, los principios eran los que hemos detallado anteriormente (11), con sus deducciones, consecuencias y resultados naturales y necesarios.

14. *Cómo llegó a perderse el verdadero Conocimiento.* Aunque ya he aludido en varias ocasiones al hecho de que el verdadero conocimiento de la Naturaleza, poseído por los primeros hombres, se corrompió con el tiempo y se mezcló con errores, no estará de más mostrar el proceso por el cual esto ocurrió. Es bien sabido que los ritos religiosos más antiguos de los que tenemos registros escritos eran de tipo sabaico o helio-arquita. Sin embargo, el sol, la luna y las estrellas eran, para los verdaderos *epoptai* originales, meras manifestaciones externas y símbolos de las fuerzas interiores de la Vida Eterna. Pero tales verdades abstractas no podían hacerse inteligibles para la mente vulgar de la multitud, necesariamente más ocupada en la satisfacción de necesidades materiales; y de ahí surgió la personificación de los cuerpos celestes y de las estaciones terrestres que dependían de ellos. Gradualmente, la figura humana -que en un principio había sido solo un símbolo- pasó a ser considerada como la representación de un ser individual que realmente había vivido en la tierra. Así, el sol, para los hombres primitivos, era la manifestación exterior de la Vida Eterna, sustentadora y salvadora; en distintos países y épocas, este poder fue personificado bajo los nombres de Krisna, Fo, Osiris, Hermes, Hércules, y otros tantos; y con el tiempo se supuso que estos últimos habían sido hombres reales que existieron y fueron divinizados por los beneficios que se creía que habían conferido a la humanidad.

Se mostraban las tumbas de estos supuestos dioses -como la Gran Pirámide, que se decía era la tumba de Osiris-, se celebraban fiestas cuyo objetivo parecía ser renovar cada año el dolor ocasionado por su pérdida. El paso del sol a través de los signos del zodiaco dio origen a los mitos de las encarnaciones de Vishnú, los trabajos de

Hércules, etc.; su aparente pérdida de poder durante el invierno, y su restauración en el solsticio de invierno, dieron lugar a las historias de la muerte, descenso a los infiernos y resurrección de Osiris y de Mitra.

De hecho, lo que fue sabiduría natural pura en una época se convirtió en mitología en la siguiente, y en romance en la tercera, adoptando las características del país donde prevalecía. El número siete, presente en todas partes, y cuyo predominio era consecuencia necesaria de las siete propiedades de la Naturaleza (ya olvidadas), pasó a interpretarse únicamente como una referencia a los siete planetas entonces conocidos.

15. *Espíritu original de los misterios y resultados de su decadencia.* En los misterios todo era astronómico, pero un significado más profundo se ocultaba bajo los símbolos astronómicos. Mientras lamentaban la pérdida del sol, los *epoptai* estaban, en realidad, llorando la pérdida de aquella luz cuya influencia es la vida; mientras que la acción de los elementos, conforme a las leyes de la afinidad electiva, produce únicamente fenómenos de decadencia y muerte.

Los iniciados se esforzaban por pasar del dominio de la sierva, la Noche, a la gloriosa libertad de la mujer libre, Sofía o la Luz; buscaban ser absorbidos mentalmente en la Deidad, es decir, en la Luz. Los dogmas de la antigua sabiduría de la Naturaleza se presentaban al discípulo, pero su comprensión debía surgir como inspiración en su alma. No se entregaba al *epopta* el cuerpo muerto de la ciencia, dejando al azar si cobraba vida o no, sino que se le infundía el espíritu viviente mismo. Pero precisamente por esta razón–porque más debía ser aprehendido desde el interior, por inspiración, que desde el exterior, por instrucción oral–los misterios se fueron descomponiendo gradualmente; el ideal cedió ante lo realista, y los elementos puramente físicos–el sabismo y el arkismo–pasaron a ser sus rasgos dominantes.

Los frecuentes emblemas y recuerdos en el santuario de la muerte y la resurrección, que apuntan al misterio de que los momentos de mayor goce psíquico son los más destructivos para la existencia corporal -es decir, que el deleite más intenso es un atisbo del paraíso–, estos emblemas y recuerdos se aplicaron finalmente sólo a la Naturaleza exterior, y su malentendido condujo a todos los credos o supersticiones que han llenado la tierra de crímenes y desgracias, guerras sanguinarias, crueldades intestinas y persecuciones de todo tipo. Fanáticos sedientos de sangre, disputando sobre palabras cuyo significado no comprendían, manteniendo dogmas antagónicos, falsos por ambas partes, han inventado las torturas más diabólicas para obligar a sus oponentes a adoptar sus propios puntos de vista.

Mientras que las dos sectas mahometanas de Omar y Alí lucharán entre sí para decidir si la ablución debe comenzar en la muñeca o en el codo, se unirán para matar o convertir a los cristianos. Es más, incluso estos últimos, divididos en sectas sin número, se han distinguido por persecuciones tan crueles como cualquiera jamás practicada por las llamadas naciones paganas. No satisfecha con intentar exterminar a sangre y fuego a turcos y judíos, una secta cristiana estableció un tribunal como la Inquisición; mientras que sus oponentes, apenas menos crueles, cuando tuvieron el poder, privaron a los católicos romanos de sus derechos civiles, y ocasionalmente los ejecutaron.

Su odio mutuo los acompaña incluso en sus esfuerzos misioneros, muy pobres en resultados, pese a los informes sensacionalistas fabricados por las sociedades en sus países de origen para extraer dinero del público. Por mencionar solo un caso: un destacado misionero trató de predisponer a los polinesios contra la llegada de unos misioneros católicos romanos traduciendo el *Libro de los mártires* de Foxe a su lengua e ilustrando sus escenas con la ayuda de una linterna mágica.

16. *Los Misterios bajo su aspecto astronómico*. Pero dado que los misterios, tal como han llegado hasta nosotros, y aún se perpetúan, de manera corrompida y sin rumbo, en la masonería, tienen principalmente un aspecto astronómico, unas pocas observaciones generales sobre los principios rectores de todos ahorrarán muchas repeticiones innecesarias al describirlos por separado.

En el credo indio más antiguo tenemos la historia de la caída de la humanidad al probar el fruto del árbol del conocimiento, y su consiguiente expulsión del Paraíso. Esta alegoría fue tomada por los ignorantes judíos por un registro de sucesos reales, y como tal interpolada en el Génesis, unos 900 años después de la composición de ese libro, y después de que se hubieran escrito todos los demás libros del Antiguo Testamento, de donde resulta evidente por qué, en contra de toda expectativa, no se alude ni una sola vez a la Caída del Hombre en esos libros. Leída en su aspecto misterioso y astronómico, la narración de la Caída, tal como se da en el Libro del Génesis, asumiría alguna forma como la siguiente: Adán, que no significa un individuo, sino el hombre universal, la humanidad, y su compañera, Eva, que significa la vida, habiendo pasado la primavera y el verano en el Jardín del Edén, llegaron necesariamente a la estación en que la serpiente, Tifón, símbolo del invierno, señala en la esfera celeste que se aproxima el reinado del Mal, del invierno. La ciencia alegórica, que se insinuó por todas partes, hizo que *malum*, «mal», significara también una «manzana», el producto del otoño, que indica que la cosecha ha terminado y que el hombre, con el sudor de su frente, debe volver a labrar la tierra. Llega la estación fría y debe cubrirse con la alegórica hoja de higuera.

La esfera gira, y el hombre de la constelación de Bootes -el mismo que Adán–, precedido por la mujer, la Virgen, que lleva en la mano la rama otoñal cargada de frutos, parece ser seducido o engañado por ella. Una simple observación de un globo celeste hace esto bastante evidente. Una rama sagrada o planta aparece en todos los misterios. Tenemos el loto indio y egipcio, la higuera de Atys, el mirto de Venus, el muérdago de los druidas, la rama dorada de Virgilio, el rosal de Isis; en *El asno de oro*, Apuleyo recupera su forma humana comiendo rosas–, la palma del Domingo de Ramos y la acacia de la masonería. La rama en la ópera *Roberto el Diablo* es la rama mística de los misterios.

17. *Continuación de los aspectos astronómicos*. Los Misterios funerarios. En todos los misterios encontramos a un dios, un ser superior o un hombre extraordinario que sufre la muerte para comenzar una existencia más gloriosa; por todas partes, el recuerdo de un acontecimiento grandioso y doloroso sumerge a los pueblos en la tristeza y el luto, seguidos inmediatamente por una alegría vivísima. Osiris es asesinado por Tifón, Urano por Saturno, Sousarman por Sudra, Adonis por un jabalí salvaje; Ormuzd es vencido por Ahrimán; Atis, Mitra y Hércules se dan muerte a sí mismos; Abel es asesinado por Caín, Balder por Loke, Boco por los gigantes; los asirios lloran la muerte de Tamuz, los escitas y fenicios la de Acmón, toda la Naturaleza la del gran Pan, los masones la de Hiram, y así sucesivamente. El origen de esta creencia universal ya ha sido señalado.

18. *Uniformidad de los dogmas*. La doctrina de la Unidad y la Trinidad se inculcaba en todos los misterios. En los credos religiosos más antiguos encontramos el prototipo del dogma cristiano, en el que se ve a una virgen dando a luz a un salvador y, sin embargo, permaneciendo siempre virgen. En el sentido más externo, esa virgen es el Virgo del zodíaco, y el salvador traído al mundo es el sol; en el sentido más interno, es el ideal eterno, en el que la vida y la inteligencia eternas, el poder de la electricidad y la virtud de la tintura, el primero el sustentador, el segundo el embellecedor de la existencia aprehensible, están, por así decirlo, corporificados en las innumerables criaturas que llenan este universo, sí, en el universo

mismo. Y la virgen sigue siendo virgen, y su propia naturaleza no se ve afectada por ello, al igual que el aire produce sonidos, la luz colores, la mente ideas, sin que ninguno de ellos se vea intrínsecamente alterado por la producción. Ciertamente, no encontramos estos principios enunciados tan completa y distintamente en la enseñanza de los antiguos mistagogos, pero puede inferirse un conocimiento primitivo de ellos a partir de lo que sí enseñaron.

En todos los misterios, la luz era representada como nacida de la oscuridad. Así reaparece la Divinidad, llamada ahora Maja Bhawani, ahora Kali, Isis, Ceres, Proserpina; Perséfone, la Reina del Cielo, es la noche de cuyo seno brota la vida y en la que la vida retorna: una secreta unión de vida y muerte. Además, se la llama la Rosada, y en los mitos germánicos, la Rosada es considerada el principio restaurador de la vida. No es sólo la noche, sino que, como madre del sol, es también la aurora, detrás de quien brillan las estrellas. Cuando simboliza la tierra como Ceres, se la representa con espigas de trigo. Como la triste Proserpina, es bella y resplandeciente, pero también melancólica y oscura. Así une la noche con el día, la alegría con la tristeza, el sol con la luna, el calor con la humedad, lo divino con lo humano. Los antiguos egipcios representaban a menudo a la Divinidad mediante una piedra negra, y la piedra negra Kaaba, adorada por los árabes -descrita como originalmente más blanca que la nieve y más brillante que el sol- encarna la misma idea, con la insinuación adicional de que la luz fue anterior a la oscuridad.

En todos los misterios nos encontramos con la cruz como símbolo de purificación y salvación; los números tres, cuatro y siete eran sagrados; en la mayoría de las mitologías nos encontramos con dos pilares; los banquetes místicos eran comunes a todos, así como las pruebas por el fuego, el agua y el aire; el círculo y el triángulo, simple y doble, representaban en todas partes el dualismo o polaridad de la Naturaleza; en todas las iniciaciones, el aspirante representaba el principio bueno, la luz, vencido por el mal, las tinieblas; y su tarea consistía en recuperar su antigua supremacía, nacer de nuevo o regenerarse, atravesando la muerte y el infierno y sus terrores, que se representaban escénicamente durante el paso del neófito por siete cuevas, o el ascenso de siete escalones.

Todo esto, en su significado más profundo, representaba la eterna lucha de la luz por liberarse del estorbo de la materialidad que se ha puesto en su paso por las tres primeras propiedades de la Naturaleza eterna; y en su significado secundario, cuando el más profundo se perdió para la humanidad, el progreso del sol a través de los siete signos del zodíaco, de Aries a Libra, como se muestra en la masonería del Arco Real, y también en la escalera con siete etapas del Caballero de Kadosh. En todos los misterios los oficiales eran los mismos, y personificaban fenómenos astronómicos o cósmicos; en todos, los iniciados se reconocían entre sí por signos y contraseñas; en todos, las condiciones para la iniciación eran las mismas: madurez de edad y pureza de conducta.

Nerón, por este motivo, no se atrevió, cuando estuvo en Grecia, a ofrecerse como candidato para la iniciación en los Misterios Eleusinos. En muchos de ellos, el hierofante principal se veía obligado a llevar una vida retirada de celibato perpetuo, para poder dedicarse con entera libertad al estudio y la contemplación de las cosas celestiales. Y para llevar a cabo esta abstracción, era costumbre que los sacerdotes, en los primeros periodos de su historia, mortificaran la carne mediante el uso de ciertas hierbas, que tenían fama de poseer la virtud de repeler todas las excitaciones pasionales; para protegerse contra las cuales incluso adoptaban ocasionalmente precauciones más severas y decididas. En todos los países donde existían los misterios, la iniciación llegó a considerarse tan necesaria como después el bautismo entre los cristianos; ceremonia que, por cierto, se había practicado en todos los misterios.

A los iniciados se les llamaba *epoptai*, es decir, los que ven las cosas como son; mientras que antes se les llamaba *mistai* (*mystes*), que significaba todo lo contrario. En todos encontramos misterios mayores y menores, una doctrina exotérica y otra esotérica, y tres grados. Traicionar los misterios se consideraba en todas partes infame, y se le imponían las penas más severas; de ahí también que, en todas las iniciaciones, el candidato tuviera que prestar los juramentos más terribles de que guardaría los secretos que se le habían confiado. Alcibíades fue desterrado y consignado a las Furias por haber revelado los misterios de Ceres; Prometeo, Tántalo, Edipo, Orfeo, sufrieron diversos castigos por la misma razón.

19. *La sociedad secreta más antigua*. El contenido mismo de esta obra muestra que los registros de las sociedades secretas antiguas han llegado hasta nosotros con un grado considerable de detalle. Sin embargo, al observar un mapa del mundo antiguo, nos encontramos con un hecho que sólo puede explicarse suponiendo la existencia -en un período remoto- de una sociedad secreta de la que no queda ningún registro salvo el testimonio que ofrece dicho mapa. Esta sociedad secreta, cuya existencia solo puede probarse de forma inferencial, habría sido la de Benjamín y sus diez hijos.

Sabemos, por Génesis 47, que José delegó en los benjaminitas la custodia de todo el ganado de Egipto, lo que les otorgó una autoridad considerable, que su temperamento guerrero supo aprovechar para su propio engrandecimiento. Que actuaron de manera coordinada lo prueba -nuevamente de forma inferencial- la nomenclatura de numerosos países europeos y otras regiones.

La base de esta afirmación es de índole etimológica. Esta ciencia, si bien no es siempre concluyente cuando solo contamos con una o dos raíces para establecer relaciones, adquiere gran fuerza probatoria cuando se identifican cinco o más coincidencias significativas. En tales casos, la posibilidad de una mera casualidad debe ser razonablemente descartada.

La comparación entre los nombres de Benjamín y sus diez hijos con los de diversos países o localidades -que parecerían derivar de aquellos- arroja luz sobre esta cuestión, y será abordada a continuación con mayor detalle.

Benjamín o Benymn | Panonia (antigua Austria)
Geras | Grecia
Achi | Acaya
Adeiel | Italia
Apphein | Apeninos
Adar | Etruria
Saophein | España
Adam | Numidia
Bacher | Picardía
Bela | Polonia
Bos | Bussia (Rusia)

Que todos estos países tengan nombres benjaminitas prueba una identidad de propósito en algún periodo muy remoto; y dado que jamás se ha proclamado una soberanía benjamita sobre Europa, es evidente que el resultado antes mencionado debió ser obra de una poderosa sociedad secreta, cuyos líderes fueron Benjamín y sus diez hijos. Para llevar a cabo su plan -y hacerlo sin que los reyes y políticos ajenos a dicha sociedad descubrieran su origen- debieron valerse de signos y palabras de pase conocidos únicamente por los iniciados. Es indiscutible que *pneuma*, la palabra griega para espíritu o fantasma, deriva de *Benymn* o *Benjamín*, del mismo modo que *Cristo* deriva de *Geras*; de ahí que se diga que Cristo fue engendrado por el Espíritu Santo.

20. *Las sociedades secretas ya no son necesarias.* Gracias a las propias sociedades secretas, ahora ya no son necesarias, al menos no en el ámbito del pensamiento. En política, sin embargo, surgirán circunstancias en cada época para llamarlas a la existencia; y aunque rara vez alcanzan su objeto directo, no dejan de tener influencia en las relaciones entre gobernantes y gobernados, ventajosa para estos últimos a largo plazo, aunque no inmediatamente. Pero el pensamiento -religioso, filosófico y político- es libre -si no lo es aún en todos los países, lo es sin duda en las tierras habitadas por las razas sajonas. Y aunque el fanático y el necio lo aplastarían, el primero porque socava su absolutismo, y el segundo porque interfiere con su comodidad, no hará sino fortalecerse por la oposición. La ciencia se convierte en el poderoso baluarte contra la invasión de los absurdos dogmáticos; y está creciendo una iglesia científica, en la que el conocimiento, y no la humildad, el trabajo, y no la penitencia y el ayuno, se consideran esenciales. Varios fenómenos de la vida moderna son prueba de ello. El hombre durante las épocas de penumbra intelectual se aniquilaba a sí mismo en nombre del gran Todo divinizado; ahora se estudia y se respeta a sí mismo, destruye los fetiches y combate por la Verdad, que es la verdadera divinidad.

En la antigüedad, la mente ascendió de la religión a la filosofía; en nuestros tiempos, por una reacción violenta, ascenderá de la filosofía a la religión. Y los hombres a cuya religión se ha llegado de este modo, cuya simpatía universal ha expulsado el miedo, tales hombres son los verdaderos regeneradores de la humanidad, y no necesitan ni signos secretos ni contraseñas para reconocerse unos a otros; de hecho, se oponen a todos esos artificios, porque saben que la libertad consiste en la publicidad. En un país gobernado despóticamente, como Rusia, por ejemplo, las sociedades secretas son incluso ahora el único medio de incitar al pueblo a luchar por la libertad; pero allí donde gobierna la libertad, el secreto ya no es necesario para llevar a cabo ninguna obra buena y útil; antes necesitaba sociedades secretas para triunfar, ahora quiere la unión abierta para mantenerse. No es que haya llegado el momento en que toda verdad pueda pronunciarse sin temor a la calumnia y la cavilación y la oposición, especialmente en asuntos religiosos; ni mucho menos, como han demostrado algunos casos notables recientes. Las palabras de Fausto aún tienen su aplicación:

¿Quién se atreve a llamar al niño por su verdadero nombre?
Los pocos que sabían algo de él

Y que neciamente abrieron su corazón,
Revelando al vulgo sus ideas,
Fueron siempre crucificados o quemados.

Ciertamente, hoy en día están fuera de cuestión la crucifixión o la hoguera corporales, pero el arte del Estado -y, sobre todo, el arte sacerdotal- aún conservan algunos tornillos de tortura y hierros al rojo vivo con los que sujetar las manos de un hombre o marcar su reputación. Por ello, aunque dudo de la conveniencia, y en la mayoría de los casos del éxito, de las asociaciones secretas, no puedo sino rendir mi homenaje de admiración a quienes han actuado o actúan de acuerdo con las palabras del poeta Lowell:

Son esclavos quienes no se atreven a hablar
Por los caídos y los débiles;
Son esclavos quienes no eligen
El odio, el escarnio y el ultraje,
Antes que encogerse en silencio
Frente a la verdad que no pueden negar;
Son esclavos quienes no se atreven a estar
Del lado justo, aunque sólo sean dos o tres.

LIBRO I
MISTERIOS ANTIGUOS

«De la relación original del hombre con la Naturaleza, de la que partimos para hacer comprensibles en su más íntima profundidad las esencias de la ciencia física y de la Naturaleza, no encontramos más que oscuros indicios. En los misterios y las santas iniciaciones de aquellas naciones que aún estaban más próximas al pueblo primigenio, la mente aprehende unos pocos sonidos apenas inteligibles que, surgiendo de lo más profundo de la naturaleza de nuestro ser, la conmueven poderosamente. Ahora nuestros corazones son retorcidos por los sonidos lastimeros de la primera raza humana y de la Naturaleza; ahora son conmovidos por un culto exaltado a la Naturaleza, y penetrados por el aliento de una inspiración eterna. Oiremos ese sonido reprimido en el templo de Isis, en los pilares parlantes de Thot, en los himnos de los sacerdotes egipcios. En la solitaria costa bajo las negras rocas de Islandia, el Edda nos transmitirá un sonido desde las tumbas, y la fantasía nos pondrá cara a cara con aquellos sacerdotes que con un severo silencio han ocultado a las edades futuras la santa ciencia de su culto. Sí, el ojo descubrirá aún los rasgos perdidos del noble pasado en los altares de México, y en la pirámide que vio la sangre y lágrimas de miles de víctimas humanas».

-V. Schubert

I. Los Reyes Magos

21. *Derivación del término Mago. Mago* proviene de *Maja*, el espejo en el que Brahma, según la mitología india, se contempla a sí mismo desde toda la eternidad, junto con todo su poder y maravillas. De ahí también derivan nuestros términos *magia, magic, imagen, imaginación,* todos ellos implicando la fijación -en una forma, figura o criatura (palabras sinónimas entre sí)- de las potencias de la materia viva primordial, informe y estructuralmente indeterminada. El Mago, por tanto, es aquel que hace del funcionamiento de la Vida Eterna su objeto de estudio.

22. *Antigüedad de los Reyes Magos.* Los Reyes Magos, como se llamaba a los antiguos sacerdotes de Persia, no constituían sólo una doctrina o una religión; constituían una monarquía; su poder era verdaderamente el de los reyes. Y este hecho todavía se conmemora por la circunstancia de que los Reyes Magos de los que se tiene constancia que fueron guiados por la estrella hasta la cuna de Jesús son llamados con la misma frecuencia reyes que magos. Como sabios, eran reyes en el sentido de Horacio:

> *Ad suma, sapiens uno minor est Jove, dives,*
> *Liber, honoratus, pulcher, rex denique regum.*
> (En resumen, el sabio sólo es superado por Júpiter:
> es rico, libre, honrado, hermoso, en suma, un rey entre reyes)
>
> Horacio, *Epístolas,* I, 1, vv. 106-107.

Su reinado pontificio precedió al ascenso de Asiria, Media y Persia. Aristóteles afirma que fue más antiguo que la fundación del reino de Egipto; Platón, incapaz de calcularlo por años, lo computa por miríadas. En la actualidad, la mayoría de los escritores coinciden en fechar el surgimiento del reino de los Reyes Magos cinco mil años antes de la guerra de Troya.

23. *Zoroastro.* El fundador de la orden fue Zoroastro, que no fue, como algunos pretenden, contemporáneo de Darío, sino que vivió casi cincuenta siglos antes de nuestra era. Tampoco tenía su hogar en la India, sino en Bactriana, que se encuentra más al este, más allá del mar Caspio, cerca de las montañas de la India, a lo largo de los grandes ríos Oxus y Laxartes; de modo que los brahmanes, o sacerdotes de la India, pueden llamarse descendientes de los Magos.

24. *Doctrina de Zoroastro.* Su doctrina fue la más perfecta y racional de todas las que en la antigüedad fueron objeto de iniciación, y ha sobrevivido más o menos en todas las teosofías sucesivas. Se

pueden encontrar rastros de ella en el antiguo Zendavesta -no el libro que ahora lleva ese nombre, que no es más que una especie de breviario-, que entraba en todos los detalles de la Naturaleza.

Esta doctrina no proclama la existencia de dos principios opuestos pero igualmente poderosos, como a veces se ha afirmado; pues Ahrimán, el principio del mal, no es igual a Oromazes, que representa el bien. El mal no es increado ni eterno; más bien es transitorio y limitado en su poder. Plutarco recoge una opinión -que más adelante veremos confirmada- según la cual Ahrimán y sus ángeles serán aniquilados: el dualismo no es eterno; su vida está ligada al tiempo, del que constituye el gran drama y la causa perpetua del movimiento y la transformación. Esta es la doctrina de los «evangélicos eternos» (*Everlasting Gospellers*), tan enérgicamente combatida por la Iglesia, pues suponía la abolición del diablo. ¿Qué no implicaría ello? El Ser Supremo, o la Vida Eterna, es también llamado el Tiempo sin límites, pues no se le puede asignar origen alguno; envuelto en su gloria y poseedor de propiedades y atributos incomprensibles para nuestro entendimiento, a él le corresponde la adoración silenciosa.

La creación tuvo un comienzo mediante la emanación. La primera emanación del Eterno fue la luz, de la cual surgió el Rey de la Luz, Oromazes. Por medio del Verbo, Oromazes creó el mundo puro, del cual es preservador y juez. Oromazes es un ser sagrado y celeste, inteligencia y conocimiento.

Oromazes, el primogénito del Tiempo sin límites, comenzó creando, a su imagen y semejanza, seis genios llamados *amshaspands*, que rodean su trono y actúan como mensajeros suyos ante los espíritus inferiores y los hombres, siendo para estos últimos modelos de pureza y perfección.

La segunda serie de creaciones de Oromazes fue la de los veintiocho *izads*, guardianes de la felicidad, la inocencia y la conservación del mundo; modelos de virtud e intérpretes de las oraciones de los hombres.

La tercera hueste de espíritus puros es más numerosa, y está formada por los *farohars*, los pensamientos de Oromazes, o las ideas concebidas por él antes de proceder a la creación de las cosas. No solo los *farohars* de los hombres santos e infantes inocentes están ante Oromazes, sino que él mismo posee su propio *farohar*, la personificación de su sabiduría y su idea benéfica, su razón, su *logos*. Estos espíritus flotan sobre la cabeza de cada hombre; y esta idea pasó a los griegos y romanos, reapareciendo en el espíritu familiar de Sócrates, el genio maligno de Bruto y el *genius comes* de Horacio.

La triple creación de espíritus buenos fue la consecuencia necesaria del desarrollo contemporáneo del principio del mal. El segundo nacido del Eterno, Ahrimán, emanó como Oromazes de la luz primitiva, y era puro como ella, pero siendo ambicioso y altivo, se volvió celoso. Para castigarle, el Ser Supremo le condenó a morar durante doce mil años en la región de las tinieblas, tiempo que debía bastar para poner fin a la lucha entre el bien y el mal; pero Ahrimán creó innumerables genios malignos, que llenaron la tierra de miseria, enfermedad y culpa. Los espíritus malignos son la impureza, la violencia, la codicia, la crueldad; los demonios del frío, el hambre, la pobreza, la delgadez, la esterilidad, la ignorancia; y el más perverso de todos, Peetash, el demonio de la calumnia.

Oromazes, tras un reinado de tres mil años, creó el mundo material en seis periodos, en el mismo orden en que se encuentran en el Génesis, llamando sucesivamente a la existencia la luz terrestre (que no debe confundirse con la celeste), el agua, la tierra, las plantas, los animales y el hombre. Ahrimán asistió a la formación de la tierra y el agua, porque la oscuridad ya había invadido esos elementos y Oromazes no podía ocultarlos. Ahrimán también participó en la creación y posterior corrupción y destrucción del hombre, al que Oromazes había producido por un acto de su voluntad y por la Palabra. De la semilla de aquel ser Oromazes sacó después la primera pareja humana, Meshia y Meshiane; pero Ahrimán sedujo primero a la mujer y después al hombre, induciéndoles al mal principalmente por la ingestión de ciertos frutos. Y no sólo alteró la naturaleza del hombre, sino también la de los animales, oponiendo insectos, serpientes, lobos y toda clase de alimañas a los animales buenos, extendiendo así la corrupción sobre la faz de la tierra. Pero Ahrimán y sus espíritus malignos serán finalmente vencidos y expulsados de todo lugar; y en el severo combate los hombres justos y laboriosos no tienen nada que temer, pues según Zoroastro, el trabajo es el exterminador del mal, y ese hombre obedece mejor al justo juez de todos que labra asiduamente la tierra y la hace producir cosechas y árboles frutales. Al cabo de doce mil años, cuando la tierra deje de estar afligida por los males que le han traído los espíritus de las tinieblas, aparecerán tres profetas que ayudarán al hombre con su poder y sus conocimientos, devolviendo a la tierra su prístina belleza, juzgando a los buenos y a los malos, y conduciendo a los primeros a una región de dicha inefable. Ahrimán, y los demonios y hombres cautivos, serán purificados en un mar de metal líquido, y la ley de Oromazes regirá en todas partes.

Apenas es necesario señalar al lector la relación astronómica de la teogonía de Zoroastro. Los seis genios buenos representan los seis meses de verano, mientras que los genios malos representan los meses de invierno. Los veintiocho izads son los días de un mes lunar. Pero teosóficamente, los seis periodos durante los que se creó el universo se refieren a las seis propiedades de funcionamiento de la Naturaleza.

25. *La Luz adorada.* Hemos visto que Zoroastro enseñaba que la luz era la primera emanación de la Vida Eterna; de ahí que en los escritos parsis, la luz, la llama perenne, sea el símbolo de la Deidad o de la Vida increada. De ahí que los magos y los parsis hayan sido llamados adoradores del fuego. Pero los primeros veían y los segundos ven en el fuego no una divinidad, sino simplemente la causa del calor y del movimiento, anticipándose así a los descubrimientos más recientes de la ciencia física, o más bien, recordando algunos de los conocimientos perdidos. Los parsis no formaron ningún Dios, para llamarlo el único Dios verdadero; no invocaron ninguna autoridad extrínseca a la vida; no se apoyaron en ninguna tradición incierta; sino que, en medio de todas las fuerzas recónditas de la Naturaleza, eligieron la que las gobierna a todas, la que se revela por los efectos más tremendos. Los Guebres modernos son los descendientes de los antiguos Magos.

26. *Origen de la palabra Deus, Dios.* En este sentido, los Magos, al igual que los chinos, no tenían una teología, o bien poseían una que se distingue de todas las demás. Aquellos Magos que dieron su nombre a la ciencia oculta (*magia*) no practicaban hechicería ni creían en milagros. En el seno de la inmovilidad asiática no condenaban el movimiento, sino que más bien lo consideraban como el glorioso símbolo de la Causa Eterna. Mientras otras castas buscaban empobrecer al pueblo y someterlo al yugo de la ignorancia y la superstición, gracias a los Magos, el Olimpo indio, poblado de criaturas monstruosas, cedió su lugar a la concepción de la unidad de Dios, lo que siempre indica progreso en la historia del pensamiento.

El texto de la literatura más antigua del Zend reconoce a un solo ser creador de todas las cosas, cuyo nombre, *Dao,* significa «luz» y «sabiduría», y se explica a partir de la raíz *daer,* «brillar», de la cual derivan palabras como *deus, dies,* etc. La concepción de la Deidad fue en efecto, en su origen, la del «resplandeciente», de ahí también el sánscrito *dyaus,* «cielo», que dio lugar a tantas fábulas mitológicas. Pero la idea original se fundaba en una percepción correcta del origen y la naturaleza de las cosas, pues la luz es en verdad la sustancia de todo: toda materia no es más que una compactación de luz.

Así fue como los Magos fundaron un sistema moral y un imperio; tenían una literatura, una ciencia y una poesía. Cinco mil años antes de la *Ilíada*, ya habían dado al mundo el *Zend-Avesta*, compuesto por tres grandes poemas: el primero ético, el segundo militar y el tercero científico.

27. *Modo de iniciación.* El candidato a la iniciación era preparado mediante numerosas lustraciones con fuego, agua y miel. El número de pruebas por las que debía pasar era muy grande, y terminaba con un ayuno de cincuenta días de duración. Estas pruebas debían soportarse en una cueva subterránea, donde se le condenaba a un silencio perpetuo y a una soledad total. En algunos casos, este noviciado tenía efectos fatales; en otros, el candidato quedaba parcial o totalmente trastornado; los que superaban las pruebas podían optar a los más altos honores. Al término del noviciado, el candidato era conducido a la caverna de la iniciación, donde su guía, que era el representante de Simorgh, un grifo monstruoso y un agente importante en la maquinaria de la mitología persa, le armaba con una armadura encantada y le proporcionaba talismanes para que estuviera preparado para enfrentarse a todos los monstruos horribles que los espíritus malignos levantaban para impedir su progreso. Introducido en un apartamento interior, fue purificado con fuego y agua, y sometido a las siete etapas de la iniciación. En primer lugar, contempló una bóveda profunda y peligrosa desde el precipicio donde se encontraba, en la que un solo paso en falso podía arrojarle al «trono de la espantosa necesidad»: las tres primeras propiedades de la Naturaleza.

Avanzando a tientas por los laberintos de la sombría caverna, pronto vio que el fuego sagrado destellaba a intervalos a través de sus recovecos e iluminaba su camino; también oyó el lejano griterío de bestias voraces: el rugido de los leones, el aullido de los lobos, el ladrido feroz y amenazador de los perros. Pero su ayudante, que guardaba un profundo silencio, le hizo avanzar a toda prisa hacia el barrio de donde procedían estos sonidos, y al abrirse repentinamente una puerta se encontró en una guarida de fieras, débilmente iluminada con una sola lámpara. Inmediatamente fue atacado por los iniciados en forma de leones, tigres, lobos, grifos y otras bestias monstruosas, de las que rara vez escapaba ileso. De allí pasó a otra caverna, envuelta en tinieblas, donde oyó el terrorífico rugido de los truenos y vio vívidos y continuos relámpagos, que en láminas de fuego hacían visibles las sombras revoloteantes de los genios vengadores, resentidos por su intrusión en sus moradas elegidas.

Para restablecer un poco al candidato, a continuación se le condujo a otro apartamento, donde sus excitados sentimientos fueron calmados con melodiosa música y el sabor de agradecidos perfumes. Al expresar su disposición a seguir con las ceremonias restantes, su conductor hizo una señal e inmediatamente aparecieron tres sacerdotes, uno de los cuales le arrojó una serpiente viva en el pecho como señal de regeneración; y, al abrirse una puerta privada, se oyeron tales aullidos y gritos de lamento y consternación, que le produjeron nuevas e indescriptibles emociones de terror. Al volver los ojos hacia el lugar de donde procedían estos ruidos, contempló exhibidos en toda forma espantosa los tormentos de los malvados en el Hades.

Así fue conducido a través del intrincado laberinto compuesto por siete amplias criptas, conectadas por galerías serpenteantes, cada una con un estrecho portal de piedra, escenario de alguna aventura peligrosa, hasta que alcanzó el *Sacellum*, o Santo de los Santos, que se hallaba brillantemente iluminado y resplandecía con oro y piedras preciosas. Un espléndido sol y un sistema estelar giraban al compás de una música deliciosa. El *archimago* se hallaba sentado en el oriente, sobre un trono de oro bruñido, coronado con una rica diadema adornada con ramas de mirto, y vestido con una túnica de un vivo color cerúleo; en torno a él se reunían los *preesules* y dispensadores de los misterios.

Por estos [oficiantes] el iniciado era recibido con felicitaciones, y, tras haber contraído los compromisos habituales de guardar secreto sobre los ritos de Zoroastro, se le confiaban las palabras sagradas, entre las cuales la Tétraktys, o nombre de Dios, ocupaba el lugar principal. La Tétraktys de Pitágoras es análoga al Tetragrámaton judío, o nombre de la Divinidad en cuatro letras. El número cuatro era considerado el más perfecto, porque en las primeras cuatro propiedades de la Naturaleza están contenidas e implicadas todas las demás; por lo cual también la suma de los primeros cuatro números da como resultado la década, después de la cual todo es mera repetición.

28. *El mito de Rustam*. Este progreso se denominaba ascender por la escalera de la perfección, y de él ha surgido el cuento de Rustam, el Hércules persa, que, montado en el monstruo Eakshi, que es el nombre árabe de Simorgh, emprende la conquista de Mazendaraun, celebrado como un paraíso terrenal perfecto. Tras abrirse paso entre muchos peligros por un camino de siete etapas, llega a la caverna

del Gigante Blanco, que hiere de ceguera a todos los que le asaltan. Pero Rustam le vence y con tres gotas de la sangre del gigante devuelve la vista a todos sus cautivos. Las simbólicas tres gotas de sangre tenían sus homólogos en todos los misterios del mundo antiguo. En Gran Bretaña el emblema eran tres gotas de agua; en México, como en esta leyenda, tres gotas de sangre; en la India, un cinturón compuesto por tres hilos triples; en China, los tres trazos de la letra Y, etc. La ceguera con la que son golpeados los que buscan al gigante se refiere, por supuesto, a la emblemática ceguera mental del aspirante a la iniciación.

II. Los Mitraicos

29. *Misterios de Mitra.* Sobre el tronco de una religión profundamente espiritual y hostil a la idolatría -que emprendió expediciones iconoclastas en Babilonia, Asiria, Siria y Libia, que reivindicó el culto puro a Dios, destruyendo mediante la espada de Cambises al sacerdocio egipcio, que derribó templos e ídolos de Grecia, que dio a los israelitas a los fariseos, que aparece tan sencilla y pura como para haber conferido a los parsis el apelativo de «los puritanos de la antigüedad» y a Ciro el de «el Ungido del Señor»-, sobre ese tronco, se injertaron posteriormente ramas idolátricas, como quizá el culto brahmánico y, con certeza, el mitraico, cuyo origen Dupuis sitúa en 4500 años antes de Cristo.

30. *Origen del culto mitraico.* Mitra es un genio benefactor que preside sobre el sol, el más poderoso de los veintiocho *izads* o espíritus de luz, invocados junto con el sol, y no confundido con él en un principio; el principal mediador e intercesor entre Oromazes y el hombre. Pero con el tiempo, la concepción de este Mitra se pervirtió, y usurpó los atributos de la divinidad. Tal usurpación del rango de la Deidad superior por parte de una inferior es un fenómeno frecuente en la mitología; basta con mencionar a Siva y Visnú en la India, Serapis en Egipto o Júpiter en Grecia. La confusión fue facilitada por el hecho de identificar el símbolo con lo simbolizado: el genio del sol con el sol mismo, que fue lo único que permaneció en el lenguaje, ya que el nombre moderno persa del sol (*mihr*) representa la evolución fonética regular del *Mithras* zend.

El Mitra persa no debe confundirse con el de la India, pues es indudable que otro Mitra, distinto del zend, fue objeto desde tiempos antiquísimos de un culto misterioso específico, y que los iniciados lo conocían como el sol. Tomando las letras de la palabra griega

Meithras según su valor numérico, se obtiene el número 365, los días del año. Lo mismo ocurre con «Abraxas», el nombre que Basilides daba a la Divinidad, y también con «Belenos», el nombre dado al sol en la Galia.

31. *Dogmas, etc.* En los monumentos mitraicos encontramos representaciones del globo solar, la maza y el toro, símbolos de la verdad suprema, de la más alta actividad creadora y del máximo poder vital. Tal trinidad concuerda con la de Platón, que consiste en el Bien Supremo, el Logos y el Alma del Mundo; con la de Hermes Trismegisto, compuesta de Luz, Inteligencia y Alma; y con la de Porfirio, formada por el Padre, el Verbo y el Alma Suprema.

Según Heródoto, Mitra llegó a ser la Mylitta de Babilonia, la Venus asiria, a quien se rendía un culto obsceno como principio femenino de la creación, diosa de la fecundidad y de la vida, probablemente identificada con Anaitis, la diosa armenia.

El culto persa de Mitra -o Apolo- se extendió por Italia (en Roma, de hecho, suplantó a los dioses griegos y romanos), la Galia, Germania y Britania. Y el politeísmo agonizante opuso al Cristo solar el sol de Mitra.

> [NOTA: Bajo la iglesia de San Clemente, en Roma, se descubrió hace algunos años un templo de Mitra singularmente bien conservado. Cuando el monje que me había mostrado la iglesia superior me dijo que ahora me llevaría al templo pagano de Mitra, no pude evitar pensar: «¡Si tan solo supiera que Mitra está tanto arriba como abajo!». Un templo bien conservado de Mitra fue también descubierto en Ostia en 1886, con mosaicos que representan todos los símbolos del culto al dios solar persa.]

32. *Ritos de iniciación.* Los santuarios de este culto eran siempre subterráneos, y en cada uno de ellos se colocaba una escalera de siete peldaños, mediante la cual se ascendía a las mansiones de la felicidad. Las iniciaciones a este grado eran similares a las detalladas en la sección anterior, pero, si cabe, más severas que cualquier otra, y pocos superaban todas las pruebas. El festival del dios se celebraba hacia mediados del mes de Mihr (octubre), y el candidato debía someterse a pruebas largas y rigurosas antes de ser admitido al conocimiento pleno de los misterios.

El primer grado comenzaba con lustraciones purificadoras, y se marcaba un signo en la frente del neófito, mientras ofrecía al dios un pan y una copa de agua. Se le presentaba una corona en la punta de una espada, y él se la colocaba en la cabeza diciendo: «Mitra es mi corona».

En el segundo grado, el aspirante se vestía con una armadura para enfrentarse a gigantes y monstruos, y tenía lugar una cacería salvaje en las grutas subterráneas. Los sacerdotes y oficiales del templo, disfrazados de leones, tigres, leopardos, osos, lobos y otras bestias salvajes, atacaban al candidato con aullidos feroces. En estas luchas simuladas, el aspirante corría un gran peligro personal, aunque a veces los sacerdotes se encontraban con un adversario formidable. Así, se cuenta que el emperador Cómodo, durante su iniciación, llevó la broma demasiado lejos y mató a uno de los sacerdotes que lo había atacado disfrazado de fiera.

En el grado siguiente, el iniciado se vestía con un manto en el que estaban pintados los signos del zodíaco. Luego, un velo lo ocultaba a la vista de todos; pero al retirarse este, aparecía rodeado de espantosos grifos. Tras superar otras pruebas -si su valor no lo abandonaba- era proclamado «León de Mitra», en alusión al signo zodiacal en el que el sol alcanza su mayor potencia. La misma idea se encuentra en el grado de Maestro Masón. Entonces se le revelaba el gran secreto. ¿Cuál era? A esta distancia en el tiempo, resulta difícil precisarlo, pero podemos suponer que los sacerdotes le comunicaban las tradiciones sacerdotales más auténticas, las teorías más acreditadas sobre el origen del universo y los atributos, perfecciones y obras de Oromazes. En efecto, los misterios mitraicos representaban el paso de la oscuridad a la luz. Según Guignault, Mitra es el amor: con respecto al Eterno, es el hijo de la misericordia; con respecto a Oromazes y Ahrimanes, es el fuego del amor.

33. *Thammuz*. Las ceremonias relacionadas con el mito de Thammuz, el dios solar caldeo, constituían otra forma de culto solar. M. Lenormant fue el primero en demostrar, a partir de las tablillas asirias, que Thammuz fue el prototipo de Adonis y de todos los dioses solares posteriores adorados en distintas regiones bajo diversos nombres. En esas tablillas también aparece la historia de Istar, prototipo de Astarté, Isis y otras deidades femeninas que, con diferentes nombres, simbolizaron cósmicamente el principio femenino y, en términos astronómicos, la luna.

El gran festival de Thammuz se celebraba en el solsticio de verano (incluso hoy, en el calendario judío, el mes de julio se llama Tamuz); duraba seis días, y las funciones atribuidas a cada día revelan una notable correspondencia con las propiedades de la Naturaleza eterna. El primer día era de reposo absoluto, inmóvil e inactivo; el segundo y el tercero simbolizaban la lucha de la vida aprisionada por liberarse, días de aflicción y sufrimiento; el cuarto se dedicaba a la victoria sobre leones y serpientes, es decir, al fuego: la cuarta propiedad comenzaba a dominar a las tres primeras, o propiedades oscuras; el quinto se consideraba favorable para los sacrificios, pues ya se percibía la influencia benéfica del sol renacido, o de la luz; y el sexto día celebraba la conjunción del Sol con Istar mediante cantos alegres.

El capítulo 8 de *Ezequiel* menciona tanto el día de duelo como el de alegría por el regreso de Tammuz (cf. Ez 8,14).

Hay un episodio relacionado con la historia de Istar que, aunque no encaje estrictamente dentro del marco de esta obra, es tan significativo que vale la pena mencionarlo. Se trata del breve poema titulado «El descenso de Istar al infierno», cuyas líneas iniciales dicen:

> Hacia la tierra sin retorno,
> la tierra de la descomposición,
> Istar, hija de Sin, ha dirigido su pensamiento.
> Hacia la morada a la que se entra
> y de la que jamás se vuelve.
> Hacia el camino del que no hay regreso.
> Hacia la morada cuya entrada absorbe toda luz.

¿Quién, al leer estas líneas, no recuerda inevitablemente el «Infierno» de Dante, quien, por supuesto, nunca había oído hablar de este poema caldeo?

Otra observación, que cabe introducir aquí, hace referencia a Tammuz. En chino su nombre es Tomos; y a esta circunstancia se debe la fábula de que Santo Tomás había estado en la India y en China. Los primeros misioneros católicos romanos tomaron a Tomos por Tomás, que había predicado allí el Evangelio; por eso los primeros cristianos de esos países se llamaban a sí mismos los cristianos de Santo Tomás, y contaban historias maravillosas de las hazañas de Santo Tomás, y de que al final fue condenado a muerte por los brahmanes, cuyo comercio echó a perder.

III. Brahmanes y gimnosofistas

34. *Credo Vulgar de la India.* La religión india, ya sea que la consideremos como una adulteración del Magismo, o como el tronco común de toda la teosofía asiática, ofrece una riqueza tan ilimitada de deidades, que ninguna otra en este aspecto puede acercársele.

Esta riqueza es un signo infalible de la pobreza mental y la grosería del pueblo, que, ignorante de las leyes de la Naturaleza y aterrorizado ante sus fenómenos, reconocía tantos seres sobrenaturales como misterios había para él. Los brahmanes cuentan hasta 300.000 dioses, una hueste espantosa que ha mantenido la vida india servil y estancada, ha perpetuado las divisiones de casta, ha sostenido la ignorancia y ha pesado como un íncubo sobre los pechos de sus engañadas incautas, convirtiendo la existencia en una pesadilla de dolor y servidumbre.

35. *Doctrinas secretas.* Pero en el santuario secreto estos vanos fantasmas desaparecen, y a los iniciados se les enseña a considerarlos como innumerables accidentes y manifestaciones externas de la Causa Primera. Los brahmanes no consideraban al pueblo apto para aprehender y preservar en su pureza la religión del espíritu, de ahí que la velaran con estas figuras, y también que inventaran un lenguaje incomprensible para el vulgo, pero que las investigaciones de los eruditos orientales nos han permitido leer, y percibir que el credo de la India es uno de los más puros jamás conocidos por el hombre. Así, en el segundo capítulo de la primera parte del Visnú Purana, está escrito: «Dios es sin forma, epíteto, definición o descripción; libre de defecto, incapaz de aniquilación, cambio, pena o dolor. Sólo podemos decir que Él, es decir, el Ser Eterno, es Dios. Los hombres vulgares piensan que Dios está en el agua; los más ilustrados, en los cuerpos celestes; los ignorantes, en la madera y la piedra; pero los sabios, en la mente universal».

El Mahanirvana dice: «Numerosas figuras, correspondientes con la naturaleza de diversos poderes y cualidad, fueron inventadas para el beneficio de aquellos que carecen de suficiente entendimiento». De nuevo, «No tenemos noción de cómo debe describirse al Ser Eterno; está por encima de todo lo que la mente puede aprehender, por encima de la Naturaleza... Ese Único que nunca fue definido por ningún lenguaje, y dio al lenguaje todo su significado, él es el Ser Supremo... y ninguna cosa parcial que el hombre adora... Este Ser se extiende sobre todas las cosas. Él es mero espíritu sin forma corpórea; sin extensión de ningún tamaño, inimpresionable, y sin ningún órgano; él es puro, perfecto, omnisciente, omnipresente, el gobernante del intelecto... él es el alma de todo el universo».

36. *La cosmogonía hindú.* La cosmogonía hindú es ciertamente la más antigua que poseemos; las leyes de Menu, que la encarnan, fueron escritas antes de que naciera Moisés, y pueden describir así la Creación.

«Este universo existía sólo en la primera idea divina, aún no expandida, como si estuviera envuelta en la oscuridad... Entonces el único poder autoexistente apareció con gloria intacta, expandiendo su idea».

«Él, habiendo querido producir diversos seres a partir de su propia sustancia divina, creó primero las aguas».

«De aquello que Es, la primera causa, fue producido el divino varón».

«Formó el cielo arriba y la tierra abajo; en medio colocó el éter sutil».

«Formó todas las criaturas».

«Él también fue quien asignó por primera vez nombres distintos a todas las criaturas».

«Dio existencia al tiempo, y a las divisiones del tiempo, a las estrellas y también a los planetas».

«Habiendo dividido su propia sustancia, el poder supremo se volvió mitad varón, mitad hembra».

«Él, habiendo creado este universo, fue absorbido nuevamente en el espíritu, cambiando el tiempo de la energía por el tiempo del reposo».

Puede verse que el autor del Génesis nos ha transmitido un tenue eco de estas grandiosas declaraciones, como un niño que intenta repetir débilmente las enseñanzas de un sabio.

37. *El budismo.* En el budismo surgió un peligroso antagonista del sacerdocio brahmánico y de la literatura y las tradiciones en las que apoyaban sus pretensiones de poder. Buda predicó la igualdad de todos los hombres y negó el valor, mucho más la necesidad, del sistema védico. El nuevo evangelio de la caridad y la fraternidad universales fue recibido con entusiasmo por los hombres, que gemían bajo el yugo de la tiranía brahmánica, y encontró un aliado en el escepticismo a medias expresado de algunas de las escuelas filosóficas védicas. Fue especialmente en el sur de la India donde las doctrinas de Buda encontraron una pronta acogida, mientras que Ceilán se convirtió al budismo ya en el año 240 a.C. En la India, el budismo fue exterminado por su sanguinaria persecución por parte de los brahmanes. Ceilán es ahora la única parte de la India en la que aún sobrevive la religión de Buda.

38. *La enseñanza budista.* Se dice que Buda, o para darle su verdadero nombre, Sakyamuni -pues Buda es un título, y significa un «Sabio»- nació en el siglo VI a.C. Pero de su existencia real no hay pruebas; las investigaciones más recientes muestran que la historia de Buda es un mito solar, contado primero de Krishna, y transferido después a Buda. Los símbolos budistas más sagrados, y los símiles

budistas más frecuentes, tienen sus analogías védicas, con la distinción de que el brahmanismo resuelve al individuo en un dios (personal), el budismo en la Nada (universal), o Nirvana. Pues el budismo enseña que la materia original, o *prakriti*, es lo único divino existente *per se*. En esta materia hay inmanentes dos fuerzas, que producen dos estados diferentes: la quiescencia y la actividad. En un estado permanece quiescente con conciencia en una vacuidad inactiva absoluta, y este es el estado de dicha de la Nada original.

En otro estado, la materia sale de sí misma por su actividad y se moldea en formas limitadas. Al hacerlo pierde su conciencia, que readquiere al convertirse en hombre, y existe de este modo una conciencia original y una nacida. El objetivo del hombre es reproducir la conciencia original. Al llegar a ella aprende que no hay nada real aparte de la materia original; su espíritu se vuelve entonces idéntico a la Nada consciente original; es decir, su alma individual, liberada del cuerpo en el que estaba aprisionada, vuelve al alma universal, igual que la luz solar, aprisionada en un trozo de madera, cuando este se quema, vuelve al océano universal de luz. Sobre esta doctrina se injertó después la falsa creencia en la metempsicosis o transmigración de las almas, y el sistema misántropo de la autorrenuncia, que en la India condujo a las autotorturas de los faquires y otros fanáticos; y que encuentra sus analogías en las comunidades cristianas en el ascetismo de los ayunos, las penitencias, las maceraciones, la soledad, la flagelación y todas las prácticas locas de monjes, anacoretas y otros fanáticos religiosos.

39. *El ascetismo*. Este ascetismo, fundado en la noción anterior, es decir, que el Absoluto o Todo es la existencia real, y que los fenómenos individuales, especialmente la materia en todas sus formas, no son realmente nada, es decir, meros fantasmas, y que deben evitarse, ya que aumentan la distancia con el Absoluto, y que la absorción en la Deidad debe obtenerse, incluso en esta vida, mediante la maceración del cuerpo, fue y sigue siendo prevalente en la India, donde se llevó, en miles de casos, más allá de la mera autotortura, incluso hasta la muerte. Cuando, en la fiesta de la temible diosa Bhovani, esposa de Siva, su pesada imagen era llevada en un carro, con ruedas cortantes, hasta el Ganges, una multitud de seres frenéticos, coronados de flores, alegres como si fueran al altar nupcial, se arrojaban bajo las ruedas del carro, ofreciéndose, en medio del sonido de las trompetas, como sacrificios voluntarios, para ser despedazados por las ruedas. Y en diversas sectas el ascetismo ha llevado a la adopción de muchas prácticas extrañas. En los *Cuentos de la*

reine de Navarra hay un pasaje que se refiere con cierta extensión a un modo especial adoptado por los monjes y otros hombres para la mortificación de la carne.

40. *Los gimnosofistas.* Tenemos muy pocas noticias de los gimnosofistas, los magos del brahmanismo, los más severos custodios de la ley primitiva, y originalmente los más libres de impostura. Se extendieron por África; en Etiopía vivieron como solitarios y revivieron en las orillas del Nilo muchas fases de la teosofía asiática, cuyas huellas abundan en las doctrinas de los derviches. Sacerdotes-errantes, se decía que llevaban consigo una doctrina secreta, de la que la sencillez de su vida y la pureza de su moral podían considerarse la manifestación externa; aunque en épocas posteriores se convirtieron en una de las sectas más libertinas e inmorales de la India.

Iban casi desnudos (de ahí su nombre -desnudos*, sabios*-) y vivían a base de hierbas; pero su propia austeridad no los hacía severos con los demás hombres, ni injustos en cuanto a otras condiciones comunes de la vida. Creían en un único Dios, en la inmortalidad del alma y en su transmigración, y cuando la vejez o la enfermedad los postraban, ascendían a la pila funeraria, considerando ignominioso dejar que los años o los males los afligieran. Alejandro vio a uno de ellos cerrar su vida de esta manera.

Los colegios sacerdotales de Etiopía y Egipto mantenían relaciones constantes. Osiris es una divinidad etíope. Cada año, las dos familias de sacerdotes se reunían en las fronteras de ambos países para ofrecer sacrificios comunes a Amón -otro nombre de Júpiter- y celebrar la festividad que los griegos llamaban *heliotrapeza,* o Mesa del Sol. En medio del fetichismo predominante de África, provocado en parte por el clima y en parte por las mismas circunstancias que dieron origen al fetichismo indio, no podemos dejar de admirar aquella colonia de pensadores que resistió durante largo tiempo el avance del despotismo, y cuya destrucción fue la venganza de la intolerancia y la tiranía.

41. *Lugares de celebración de los misterios.* Los misterios, como en otros países, se celebraban en cavernas subterráneas, aquí excavadas en la roca maciza, y que superan en grandeza de concepción y acabado de ejecución a todo lo que pueda verse en otros lugares. Destacan especialmente los templos de Elefanta, Ellora y Salsette, que consisten en grandes salas y palacios, capillas, pagodas, celdas para miles de sacerdotes y peregrinos, adornados con pilares y columnas, obeliscos, bajorrelieves, gigantescas estatuas de deidades, elefantes y otros animales sagrados, todo ello tallado en la roca viva.

En el *sacellum,* sólo accesible a los iniciados, la Deidad suprema estaba representada por el *lingam,* que fue utilizado en mayor o menor medida por todas las naciones antiguas para representar Su poder creador, aunque en la India también estaba tipificado por el pétalo y el cáliz del loto.

42. *La iniciación.* Los periodos de iniciación estaban regulados por el aumento y la disminución de la luna, y los misterios se dividían en cuatro grados, pudiendo el candidato ser iniciado en el primero a la temprana edad de ocho años. Entonces era preparado por un brahmán, que se convertía en su guía espiritual para el segundo grado, cuyas ceremonias de prueba consistían en una ocupación incesante en oraciones, ayunos, abluciones y el estudio de la astronomía. En la estación calurosa se sentaba expuesto a cinco fuegos, cuatro ardiendo a su alrededor, con el sol por encima; en las lluvias permanecía al descubierto; en la estación fría vestía ropas mojadas.

Para participar en los altos privilegios que se creía que conferían los misterios, fue santificado con el signo de la cruz y sometido a la prueba de las pastas, la tumba del sol, el ataúd de Hiram, la oscuridad, todo simbólico de las tres primeras propiedades. Completada su purificación, fue conducido por la noche a la caverna de la iniciación. Esta estaba brillantemente iluminada, y allí se sentaron los tres principales hierofantes, en el este, oeste y sur, representando a los dioses Brahma, que estaba pintado de rojo para representar la sustancia, Visnú, pintado de azul para simbolizar el espacio, Siva, pintado de blanco, en contraste con la negra noche de la eternidad, rodeados de mistagogos asistentes, vestidos con los ornamentos apropiados.

La iniciación se iniciaba con un apóstrofe al sol, al que se dirigía con el nombre de *Pooroosh,* que aquí significa el alma vital, o porción del espíritu universal de Brahma; y al candidato, tras algunas ceremonias preliminares más, se le hacía circunvalar la caverna tres veces, y después se le conducía a través de siete cavernas oscuras, durante las cuales los lamentos de Mahadeva por la pérdida de Siva se representaban mediante aullidos lúgubres. Se produjo la parafernalia habitual de destellos de luz, de sonidos lúgubres y de horribles fantasmas, para aterrorizar y confundir al aspirante. Al llegar a la última caverna, se soplaba la caracola sagrada, se abrían de par en par las puertas plegables y el candidato era admitido en un apartamento lleno de luces deslumbrantes, ornamentado con estatuas y figuras emblemáticas ricamente adornadas con gemas y perfumadas con los perfumes más fragantes. Este *sacellum* pretendía representar el Paraíso, y de hecho así se llamaba en el templo de Ellora. Con los ojos clavados en el altar, se enseñaba al candidato a esperar el descenso de la Deidad en el brillante fuego piramidal que ardía sobre él; y en un momento de entusiasmo, así producido artificialmente, el candidato podía en efecto persuadirse de que realmente contemplaba a Brahma sentado en el loto, con sus cuatro cabezas y brazos, representando los cuatro elementos y las cuatro cuartas partes del globo, y llevando en sus manos los emblemas de la eternidad y el poder, el círculo y el fuego. El símbolo de la iniciación era un cordón de siete hilos anudados tres veces tres.

El lector habrá notado que en un caso digo Brahma y en el otro Brahma; este último es el cuerpo del primero, que es la vida Eterna. Los términos se corresponden con los de Deidad Abisal y Sophia Virgen de la teosofía cristiana.

43. *El inefable nombre Aum.* El candidato se consideraba ahora regenerado, y se le investía con la túnica blanca, la tiara y el cinturón sagrado; se le marcaba una cruz en la frente y una tau en el pecho; se le entregaba el *salagram* o piedra negra marginal, para asegurarle la perfección de Visnú, y la piedra-serpiente, un antídoto contra la mordedura de serpientes; y, por último, se le confiaba el nombre sagrado, que significaba el fuego solar y que, en su sentido abarcador, unía la gran Trimurti, o principio combinado sobre el cual se funda la existencia de todas las cosas. Esta palabra era OM, o en forma trilítera AUM, para representar el poder creador, preservador y destructor de la Deidad, personificado en Brahma, Visnú y Siva, cuyo símbolo era un triángulo equilátero. A este nombre, como los masones del Real Arco al de *Jabulon,* se le atribuían los más maravillosos poderes; y no podía ser objeto sino de contemplación silenciosa pero gozosa, pues se decía que su pronunciación hacía temblar la tierra y el cielo, y estremecer incluso a los ángeles del cielo. Entonces se explicaban los emblemas circundantes y los *aporreta* de los misterios, y se instruía al candidato que, mediante el conocimiento de OM, debía llegar a ser uno con la Deidad. Para los persas, la sílaba HOM significaba el árbol de la vida, un árbol y un hombre al mismo tiempo, la morada del alma de Zoroastro; y entre ellos, como entre los indios, también estaba prohibido revelarla bajo pena de muerte. En este nombre secreto, que implicaba el rechazo del politeísmo y comprendía el conocimiento de la Naturaleza, hallamos el hilo de oro que une a las antiguas y modernas sociedades secretas.

44. *El lingam.* Uno de los emblemas que se encuentran en el *sacellum,* y que de hecho se encuentra por todas partes en las paredes de los templos indios, era el *lingam,* que representaba el principio

masculino, y que pasó de la India a Egipto, Grecia y Escandinavia. El culto a este símbolo no podía sino conducir a grandes abusos, especialmente en lo que se refiere a los gimnosofistas.

45. *El loto*. El loto, el lirio del Nilo, considerado sagrado también en Egipto, era el gran amuleto vegetal de las naciones orientales. Los dioses indios se representaban siempre sentados sobre él. Era un emblema de la libertad del alma cuando se libera de su tabernáculo terrenal, el cuerpo; pues echa raíces en el lodo depositado en el fondo de un río, vegeta desde el germen hasta convertirse en una planta perfecta y, después, elevándose orgullosa por encima de las olas, flota en el aire, como si fuera independiente de cualquier ayuda ajena. Se coloca sobre una mesa dorada, como símbolo de Siva, en la cima del monte Meru, la montaña sagrada de la India, el centro de la tierra, adorada por hindúes, tártaros, manchurianos y mongoles. Se supone que está en el norte de la India, que tiene tres picos, compuestos de oro, plata y hierro, sobre los que reposa la deidad trina Brahma, Visnú y Siva. Geográficamente, esta montaña es evidentemente la meseta de Tartaria, cuyo límite meridional está formado por el Himalaya.

Esta costumbre de considerar sagrada una montaña de tres picos no se limitaba sólo a la India, sino que prevalecía también entre los judíos. Así, el Olivar, cerca de Jerusalén, tenía tres picos, que se consideraban la residencia de la Deidad: Chemosh, Milcom y Astoret (2 Reyes 23.13). En Zacarías (14.4) se colocan los pies del Todopoderoso sobre los dos picos exteriores de esta montaña durante la destrucción amenazada de Jerusalén; mientras que se hace que la montaña misma se parta en dos en el pico central de este a oeste, dejando un gran valle entre las partes divididas.

46. *Los jainistas*. Forman una secta budista, pero difieren de los budistas por haber conservado la división de castas; coinciden, sin embargo, con ellos en negar la autoridad divina de los Vedas. Los jainistas se dividen en cuatro castas, la primera de las cuales es la de los brahmanes, o sacerdotes, que pasan por una ceremonia de *upanayana*, o iniciación, pero de lo que consiste no tenemos información fiable. El término *jain*, o *jina*, significa conquistador, y es utilizado por los budistas genuinos en ese sentido; pero con estos últimos el hombre se convierte en jina a través de la meditación, mientras que con los jainistas se convierte en «conquistador» a través de la austeridad. Tienen un templo magnífico, el más soberbio de todos los templos de la India, situado en el monte Abu, en el territorio de Serohee, en Rajputana. Está construido en mármol, con planta en

forma de cruz, y se dice que su edificación duró catorce años y costó 18.000.000 de libras. Es un célebre lugar de peregrinación para los jainistas, quienes también poseen un gran templo rupestre en Karlee, en la Presidencia de Bombay.

IV. Misterios egipcios

47. *Antigüedad de la civilización egipcia.* Todo Egipto es una iniciación. Una larga y estrecha franja de tierra, regada por inmensas inundaciones y rodeada de inmensas soledades, así es Egipto. Rocas muy altas y escarpadas lo protegían de las incursiones de las tribus nómadas, y así un valle, un río y una raza bastaron para crear, si no la más antigua, al menos una de las culturas más antiguas e ilustres, un mundo de maravillas, en una época en la que los europeos iban desnudos y se teñían la piel, como encontró César a los antiguos británicos, y en la que los griegos, armados con arcos y flechas, llevaban una existencia nómada. Los egipcios, muchos miles de años antes de la guerra de Troya, habían inventado la escritura, como prueba, por ejemplo, el papiro hierático de la época de Ramsés II, lleno de recetas e indicaciones para el tratamiento de una gran variedad de enfermedades, y que ahora se encuentra en el Museo de Berlín. También conocían muchas comodidades de la vida, que nuestro orgullo llama modernas; y los escritores griegos, a quienes los sacerdotes egipcios llamaban hijos, están llenos de recuerdos de aquella tierra misteriosa, registrando el padre Nilo, Tebas con sus cien puertas, las Pirámides, el lago Meroe, el Laberinto, la Esfinge y la estatua de Memnon saludando al sol naciente.

48. *Templos del Antiguo Egipto.* La cronología egipcia, reprobación y parangón de todas las demás, está grabada en monumentos imperecederos. Pero esos obeliscos, sagrados al sol, por su forma cónica como la de la llama; esos laberintos; esas aves con cabeza humana, que tipifican el alma inteligente; esos *escarabeos,* que significan el poder creador; esas esfinges, que representan la fuerza, el león o el sol, y el hombre; esas serpientes, que expresan la vida y la eternidad (70); esas extrañas combinaciones de formas; esos jeroglíficos –que durante mucho tiempo permanecieron secretos para nosotros, y quizá siempre lo fueron para el pueblo egipcio que en el temor y el silencio erigió las pirámides–, todos estos símbolos constituyeron el lenguaje de una de las sociedades secretas más vastas y elaboradas que jamás hayan existido.

Al penetrar en esos templos gigantescos que parecen obra de una raza extinguida, diferente de la nuestra, como los cuadrúpedos fósiles son diferentes de los que viven ahora; al atravesar esos claustros, que tras muchas vueltas conducen al santuario más recóndito, nos asalta un pensamiento singular: el del silencio y la soledad que siempre reinaron en esos edificios en los que no se permitía penetrar al pueblo; sólo se admitía a unos pocos, y nosotros, los modernos, somos los primeros profanos que hemos puesto el pie en los recintos sagrados. El templo de Luxor es el más vasto de la tierra: seis propileos con largas hileras de columnas, y colosos y obeliscos y esfinges; seis claustros; cada nueva generación de reyes durante setenta siglos añadía alguna nueva porción e inscribía en las paredes la historia de sus hazañas, y cada nueva adición alejaba más a los fieles de la sede del dios; la maravilla y el misterio aumentaban. El sexto propileo no está terminado; es un capítulo de la historia roto por la mitad, y nunca se completará. Las paredes y los pilares de los templos estaban cubiertos de representaciones religiosas y astronómicas, y por el hecho de que muchas de estas imágenes muestran a seres humanos en diversos estados de sufrimiento y bajo tortura, se ha supuesto que el ritual egipcio era cruel, como el mexicano; pero no es así; las imágenes son sólo representaciones de los castigos que se dice que se infligirán a los malvados en otra vida.

49. *Sacerdotes y reyes egipcios.* La casta sacerdotal, poseedora de todo el saber, gobernaba en primer lugar y en solitario; pero en su propia defensa armaba a una parte de la población; al resto lo mantenía sometido por la superstición, o lo desarmaba y debilitaba por la corrupción. A Platón, que lo vio desde lejos, este gobierno le pareció estupendo, y lo idealizó; era para él la «ciudad de Dios», la república modelo. Sin embargo, como era inevitable, la fuerza se rebeló contra la doctrina, la soldadesca rompió el reinado del sacerdocio, y al lado de los pontífices surgieron los reyes, o para hablar con más propiedad, las dos series procedieron paralelamente; la de los sacerdotes no fue dejada de lado, tenía sus palacios, los templos, fuertes como fortalezas, a lo largo del Nilo, que eran al mismo tiempo espléndidas moradas, establecimientos agrícolas, depósitos comerciales y estaciones de caravanas; sus miembros nombraban y gobernaban a los propios reyes, regulando los actos más minuciosos de su conducta diaria; eran los depositarios de los más altos cargos, y como sabios eruditos, magistrados y médicos, disfrutaban de los primeros honores. Sus principales colegios estaban en Tebas, Menfis, Heliópolis y Sais; poseían una gran parte de la tierra, que hacían cultivar; no pagaban im-

puestos, sino que recaudaban diezmos. Formaban de hecho la porción elegida, privilegiada y única libre de la nación.

50. *Doctrinas exotéricas y esotéricas*. Los sacerdotes no eran seguidores de la fe idolátrica del pueblo; pero haber desengañado a este último habría sido peligroso para ellos mismos. La verdadera doctrina de la unidad de Dios, por tanto, que era su secreto, sólo se impartía a aquellos que tras muchas pruebas habían sido iniciados en los misterios. Sus doctrinas, como las de todos los demás sacerdocios, eran por tanto exotéricas y esotéricas; y los misterios eran de dos clases, los mayores y los menores, siendo los primeros los misterios de Osiris y Serapis, y los segundos los de Isis. Los misterios de Osiris se celebraban en el equinoccio de otoño; los de Serapis, en el solsticio de verano; y los de Isis, en el equinoccio de primavera.

51. *Mitología egipcia*. Aunque la falta de espacio no me permite entrar de lleno en el vasto tema de la mitología egipcia, sin embargo unas pocas palabras al respecto son necesarias para dejar clara su relación con los misterios, y también para mostrar su conexión con muchos de los ritos de la masonería moderna.

Que todos los símbolos y ceremonias de todos los credos antiguos tenían originalmente un significado cósmico profundo y universal, ya se ha demostrado; pero en la época en que los misterios estaban más florecientes ese significado se perdió en gran medida, y se sustituyó por uno meramente astronómico, como se verá en las siguientes explicaciones.

Osiris, representado en Egipto por un cetro coronado por un ojo, para significar al que gobierna y ve, simboliza el sol. Osiris deriva evidentemente de *Iswara*, un epíteto de Brahma, y significa el Señor Supremo; es por tanto un título y no un nombre propio. Se atribuyen a Osiris las mismas aventuras que se relatan de Brahma. Osiris es asesinado por Tifón, una serpiente engendrada por el lodo del Nilo. Pero Tifón es una transposición de Pitón, derivada de la palabra griega [*], «putrefacto», y no significa otra cosa que los vapores nocivos que surgen del lodo humeante, y que ocultan así al sol; por eso en la mitología griega se dice que Apolo -otro nombre del sol- mató a Pitón con sus flechas, es decir, disipó los vapores con sus rayos.

Habiendo muerto Osiris a manos de Pitón, a lo que, sin embargo, se atribuyó el significado más amplio de la desaparición o muerte imaginaria del sol durante la estación invernal, Isis, su esposa, o la luna, va en su busca, y por fin encuentra su cuerpo, cortado en catorce pedazos, es decir, en tantas partes como días hay entre la luna llena y la nueva. Ella recoge todos los trozos, con una importante excepción, por la que hizo una sustitución, que dio lugar a un culto parecido al del *lingam* en la India, y que en Egipto se llamó el del falo. Entre los sidonios, Isis se llamaba Astarot, que significaba «rebaños», «riquezas», es decir, la abundancia de la tierra; y de ahí que con tanta frecuencia encontremos «Asherah» y «Astarot» mencionados juntos. En la Biblia *asherah* se traduce como «arboleda», pero esto es un error; *asherah* significa «columna», o el falo, el mástil de la nave de Isis, que se llevaba en procesión en las fiestas religiosas egipcias.

Pero aunque para la muchedumbre vulgar Isis sólo era la Luna, para los iniciados era Hathor, la Madre Universal, la armonía y la belleza primordiales, llamada en egipcio «Iophis», que los griegos convirtieron en «Sophia», de donde la Virgen Sophia de la teosofía. De ahí también los muchos nombres por los que se conocía a Isis, indicando los múltiples aspectos que necesariamente asumía. Su imagen era venerada en Sais bajo el emblema de «Isis velada», con esta inscripción «Soy todo lo que ha sido, todo lo que es y todo lo que será, y ningún mortal ha descorrido mi velo».

Apis, o el Toro, era objeto de culto en todo el mundo antiguo, porque antiguamente el signo zodiacal del Toro abría el equinoccio de primavera.

52. *El Fénix*. Los egipcios comenzaban el año con la salida de la estrella-perro o Sirio. Pero sin tener en cuenta el cuarto de día con que termina el año, el año civil comenzaba cada cuatro años un día antes de tiempo, y así el comienzo del año recorría sucesivamente cada uno de los días del año natural en el espacio de cuatro veces 365, lo que hace 1460 años. Creían que bendecían y hacían prosperar todas las estaciones haciéndolas disfrutar así, una tras otra, de la fiesta de Isis, que se celebraba junto con la de Sirio, aunque con frecuencia estaba muy alejada de esa constelación; por eso introdujeron la imagen de perros, o incluso de animales reales y vivos, precediendo a los carros de Isis. Cuando en el año 1461 la fiesta volvió a coincidir con la salida de la estrella Sirio, la consideraron una estación de abundancia, y la simbolizaron mediante un ave de singular belleza, a la que llamaron Fénix *(deliciis abundans)*, diciendo que vino a morir sobre el altar del sol, y que de sus cenizas surgió un gusanillo, que dio a luz un ave perfectamente igual a la precedente.

53. *La Cruz*. Entre los símbolos astronómicos no debemos omitir la Cruz. Este signo significa realmente el fuego, como hemos visto (11, ix.), pero en Egipto era simplemente el Nilómetro, consistente en un poste erguido con una barra transversal, que se elevaba o descendía según la crecida o decrecida del río. Con frecuencia esta-

ba coronado por un círculo, tipificando a la deidad que gobierna esta importante operación. Ahora bien, el desbordamiento del Nilo se consideraba la salvación de Egipto, y de ahí que el signo llegara a ser contemplado con gran veneración y a atribuírsele virtudes ocultas, como el poder de alejar el mal; por lo que los egipcios colgaban pequeñas figuras de la cruz, o más bien la letra T, con un anillo unido a ella, la *crux ansata,* alrededor del cuello de sus hijos y de los enfermos; la aplicaban al cordel o filetes con los que envolvían a sus momias, donde aún la encontramos; se convirtió, de hecho, en un amuleto *(amolitio malorum).* Otras naciones adoptaron la costumbre, y de ahí que la cruz o la letra T, con la que se simbolizaba en todo el mundo antiguo, se supusiera que era un signo o letra de significado más que ordinario. En los misterios, la *crux ansata* era el símbolo de la vida eterna. Pero la cruz era venerada como signo astronómico en otros países. Hemos visto que en la India el neófito era santificado por el signo de la cruz, que en la mayoría de las naciones antiguas era un símbolo del universo, señalando como lo hace los cuatro cuartos del compás; y la erección de templos sobre el principio cruciforme es tan antigua como la propia arquitectura. Las dos grandes pagodas de Benarés y Mathura están erigidas en forma de vastas cruces, de las que cada ala es igual en extensión, como también lo es el templo piramidal de New Grange en Irlanda. Pero el significado más antiguo y profundo de la cruz se muestra en (11); se refiere al fuego, y a la doble cualidad observable en todas partes en la Naturaleza. La triple tau es la insignia de los masones del Arco Real.

54. *Lugares de iniciación.* En Egipto y otros países (India, Media, Persia, México) el lugar de iniciación era una pirámide erigida sobre cavernas subterráneas. Las pirámides, de hecho, pueden considerarse, teniendo en cuenta su tamaño, forma y solidez, como montañas artificiales. Su forma no sólo representaba simbólicamente la llama ascendente, sino que también tenía un origen más profundo en la forma cónica, que es la figura primitiva de todos los productos naturales. Y la Gran Pirámide, la tumba de Osiris, fue erigida en tal posición y a tal altura que en los equinoccios de primavera y de otoño el sol aparecía exactamente al mediodía sobre la cúspide de la pirámide, pareciendo descansar sobre este inmenso pedestal, cuando sus adoradores, extendidos en la base, contemplaban al gran Osiris tanto cuando descendía a la tumba como cuando se levantaba triunfante de ella.

55. *Proceso de iniciación.* El candidato, conducido por un guía, era conducido a un pozo profundo y oscuro de la pirámide y, provisto de

una antorcha, descendía a él por medio de una escalera fijada a un lado. Llegado al fondo, veía dos puertas, una de ellas enrejada y la otra que cedía al tacto de su mano. Al atravesarla, contemplaba una galería serpenteante, mientras que la puerta situada tras él se cerraba con un estruendo que reverberaba por las bóvedas. Inscripciones como las siguientes salían su encuentro «Quien pase solo por este camino, y sin mirar atrás, será purificado por el fuego, el agua y el aire; y venciendo el temor a la muerte, saldrá de las entrañas de la tierra a la luz del día, preparando su alma para recibir los misterios de Isis».

Siguiendo adelante, el candidato llegaba a otra puerta de hierro, custodiada por tres hombres armados, cuyos brillantes cascos estaban coronados por animales emblemáticos, los Cerberos de Orfeo. Aquí al candidato se le había ofrecido la última oportunidad de regresar, si así lo deseaba. Eligiendo seguir adelante, se sometía a la prueba del fuego, atravesando una sala llena de sustancias inflamables en estado de combustión, y formando una enramada de fuego. El suelo estaba cubierto con una reja de barras de hierro al rojo vivo, dejando, sin embargo, estrechos intersticios donde podía poner los pies con seguridad. Superado este obstáculo, tenía que enfrentarse a la prueba por el agua. Un canal ancho y oscuro, alimentado por las aguas del Nilo, detenía su avance. Colocando la lámpara parpadeante sobre su cabeza, se sumergía en el canal y nadaba hasta la orilla opuesta, donde le esperaba la mayor prueba, la del aire. Aterrizaba en una plataforma que conducía a una puerta de marfil, delimitada por dos paredes de latón, en cada una de las cuales se insertaba una inmensa rueda del mismo metal. En vano intentaba abrir la puerta, cuando, al ver dos grandes anillos de hierro fijados a ella, se agarraba a ellos; pero de repente la plataforma se hundía bajo él, una escalofriante ráfaga de viento apagaba su lámpara, las dos ruedas de bronce giraban con una rapidez formidable y un ruido aturdidor, mientras él permanecía suspendido por los dos anillos sobre el abismo insondable. Pero antes de que se agotara, la plataforma regresaba, la puerta de marfil se abría, y veía ante él un magnífico templo, brillantemente iluminado, y lleno de los sacerdotes de Isis vestidos con las místicas insignias de sus oficios, con el hierofante a la cabeza.

Pero las ceremonias de iniciación no cesaban aquí. El candidato era sometido a una serie de ayunos, que aumentaban gradualmente durante nueve veces nueve días. Durante este periodo se le imponía un riguroso silencio, y si lo conservaba inviolado, era al fin plenamente iniciado en las doctrinas esotéricas de Isis. Era conducido ante la estatua triple de Isis, Osiris y Horus -otro símbolo del sol- donde juraba no publicar nunca las cosas que le habían sido reveladas en el santuario, y bebía primero el agua de Leteo, que le presentaba el sumo sacerdote, para olvidar todo lo que había oído en su estado no regenerado, y después el agua de Mnemosyne, para recordar todas las lecciones de sabiduría que le habían sido impartidas en los misterios. A continuación se le introducía en la parte más secreta del edificio sagrado, donde un sacerdote le instruía en la aplicación de los símbolos que allí se encontraban. Entonces se le anunciaba públicamente como una persona que había sido iniciada en los misterios de Isis, el primer grado de los ritos egipcios.

56. *Misterios de Serapis.* Estos constituían el segundo grado. Sabemos muy poco de ellos, y Apuleyo sólo los menciona ligeramente. Cuando Teodosio destruyó el templo de Serapis se descubrieron pasadizos subterráneos y objetos en los que y con los que los sacerdotes probaban a los candidatos. Porfirio, al referirse a los misterios mayores, cita un fragmento de Cheremones, un sacerdote egipcio, que imparte un significado astronómico a toda la leyenda de Osiris, confirmando así lo dicho anteriormente. Y Heródoto, al describir el templo de Minerva, donde se celebraban los ritos de Osiris, y hablar de una tumba situada en el recoveco más secreto, como en las iglesias cristianas hay calvarios detrás del altar, dice: «Es la tumba de un dios cuyo nombre no me atrevo a mencionar». Calvario deriva de la palabra latina *calvus,* «calvo», y figuradamente «árido», «seco»; señalando la decadencia de la Naturaleza en la estación invernal.

57. *Misterios de Osiris.* Estos formaban el tercer grado o cumbre de la iniciación laica egipcia, pues aún existía la iniciación superior en el sacerdocio, descrita en la sección siguiente. En ellos se representaba la leyenda del asesinato de Osiris por su hermano Tifón, y el dios era personificado por el candidato. Como veremos más adelante, los francmasones copian exactamente este procedimiento en el grado de maestro, sustituyendo a Osiris por Hiram Abiff, uno de los tres grandes maestros en la construcción del Templo de Salomón. El candidato perfectamente iniciado era llamado Al-om-jak del nombre de la Deidad, y el dogma de la unidad de Dios era el principal secreto que se le impartía. Lo grande y peligroso que era este secreto puede verse fácilmente si se tiene en cuenta que, siglos después de la institución de los misterios, Sócrates perdió la vida por promulgar la misma doctrina. Según Jámblico, todos los iniciados en los más altos misterios esotéricos se convertían, por así decirlo, en muertos para sí mismos; quedaban absorbidos en la Deidad;

disfrutaban de la visión beatífica. Ni el fuego ni el acero podían herirles; ningún obstáculo natural podía interponerse en su camino; el aura del espíritu divino les envolvía. Tenemos, de hecho, en esas antiguas imaginaciones paganas todos los fantasiosos privilegios de los místicos cristianos, todos los raptos de los santos canonizados de la Iglesia católica romana.

58. *Isis.* Ya se ha hecho alusión a los muchos nombres que asumía Isis. También se la representaba con distintos emblemas, todos ellos alusivos a sus múltiples atributos. El disco luminoso, la serpiente, las espigas de trigo y el sistro representan a las deidades titulares de los misterios Hecateos (Hécate, diosa de la noche), báquicos, eleusinos e iónicos; es decir, los ritos místicos en general, en cuyo favor se inventó la alegoría. El manto negro en que está envuelta, bordado con una luna de plata y estrellas, indica la época en que se celebraban los misterios: en plena noche.

Sus nombres, volviendo a ellos, se nos ofrecen en las siguientes palabras que Apuleyo pone en su boca en *El asno de oro,* obra que describe los misterios bajo la apariencia de una fábula:

> Mira, Lucio, yo, movida por tus plegarias, estoy presente ante ti; yo que soy la Naturaleza, madre de todos los seres, reina de todos los elementos, progenie primordial de los siglos, divinidad suprema, soberana de los espíritus de los muertos, la primera de los celestiales, sustancia primera y universal, aspecto único y múltiple de la esencia increada; yo que gobierno con un gesto las cumbres luminosas del cielo, los soplos del mar y el silencio de los mundos subterráneos, y cuya única divinidad es venerada por toda la faz de la tierra bajo formas múltiples, mediante ritos diversos y con variedad de nombres. Así, los antiguos frigios me llaman Pessinúntica, madre de los dioses; los aborígenes áticos, Minerva Cecropia; los chipriotas errantes, Venus Pafia; los cretenses armados con flechas, Diana Dictynna; los sicilianos de triple lengua, Proserpina Estigia; y los eleusinos, la antigua diosa Ceres. Algunos me llaman Juno, otros Belona, otros Hécate, y otros Euménides. Los etíopes, los arios y los egipcios, expertos en la sabiduría antigua, me honran con ritos especialmente apropiados y me llaman por mi verdadero nombre: Reina Isis.

De todo ello se desprende claramente que, para los iniciados, Isis no era simplemente la luna. En el santuario, las formas múltiples se reducían a una sola; los muchos ídolos se fundían en una única divinidad: es decir, en el poder e inteligencia primigenios.

V. Crata Repoa, o el grado más alto de la iniciación egipcia

59. *Preparación.* Pero existía un grado aún más elevado al que solo eran admitidos los reyes y sacerdotes egipcios. Era conocido por el título mencionado arriba. Quien deseaba acceder a este grado debía contar con la recomendación especial de alguno de los ya iniciados. Esto solía hacerse mediante la presentación directa del aspirante por parte del propio rey ante los sacerdotes. Estos lo dirigían primero desde Heliópolis hacia los sacerdotes de Menfis; desde allí era enviado a Tebas. Eventualmente, se le practicaba la circuncisión; luego se le prohibía consumir legumbres, pescado y vino, aunque en los grados más altos ocasionalmente se le concedía permiso para hacerlo. Después se le dejaba durante varios meses en una cueva subterránea, entregado a sus propias reflexiones, las cuales se le invitaba a escribir. Posteriormente, era conducido a un pasaje sostenido por las columnas de Hermes, sobre las cuales estaban grabadas sentencias morales que debía memorizar.

Tan pronto como las conocía, se le acercaba el *Tesmóforo,* o introductor, portando en la mano un fuerte látigo para mantener alejados a los profanos de la puerta por la que el aspirante debía pasar. Se le vendaban los ojos y se le ataban las manos con cuerdas.

60. *Primer Grado.* Habiendo sido conducido el candidato a la *Puerta de los Hombres,* el *Tesmóforo* tocaba el hombro de un *Portóforo,* o aprendiz que custodiaba la entrada; este entonces llamaba a la puerta, la cual se abría. Al ingresar, el aspirante era interrogado por el *Hierofante* sobre diversos asuntos. Luego, el *Birantha* lo conducía en medio de una tormenta artificial de viento, lluvia, truenos y relámpagos; y si no mostraba signos de temor, *Monies,* el expositor, le explicaba las leyes de la *Grata Repoa,* a las que debía dar su asentimiento.

A continuación, lo llevaban ante el *Hierofante,* ante quien se arrodillaba sobre las rodillas desnudas y, con una espada apuntando a su garganta, pronunciaba un juramento de fidelidad y secreto, invocando como testigos al sol, la luna y las estrellas. Después, le retiraban la venda de los ojos y lo colocaban entre dos pilares auxiliares, llamados *Betilias,* donde yacía una escalera de siete peldaños, tras la cual se encontraban ocho puertas de diferentes metales, de pureza creciente.

El *Hierofante* se dirigía entonces a los presentes como *Mene Musae,* o Hijos del Trabajo de Investigación Celestial, y los exhortaba a gobernar sus pasiones y a fijar sus pensamientos en Dios. Al candidato se le explicaba que la escalera, cuyos peldaños debía ascender, simbolizaba los extravíos del alma. También se le instruía en las causas del viento, el trueno y el relámpago, así como en anatomía, medicina, el lenguaje simbólico y la escritura jeroglífica ordinaria.

El *Hierofante* le entregaba la palabra de paso por la que los iniciados se reconocían entre sí -Amoun, que significaba «secreto»-, junto con el saludo ritual, un gorro en forma de pirámide y un mandil llamado *Xylon*. Alrededor del cuello llevaba un collar ajustado al pecho. No vestía ninguna otra prenda, y su deber consistía en custodiar la *Puerta de los Hombres* siempre que le correspondía.

61. *Segundo Grado*. Una vez que el *Portóforo* daba pruebas de suficiencia, era llevado, tras un prolongado ayuno, a una cámara oscura llamada *Endimion*, que significaba gruta de invitación. En ese momento, se le elevaba al grado de *Neocoris*. Mujeres hermosas le ofrecían manjares exquisitos; eran las esposas de los sacerdotes, quienes procuraban despertar en él el deseo amoroso. Si resistía la tentación, el *Tesmóforo* volvía a visitarlo y, después de haberlo catequizado, lo conducía a la asamblea, donde el *Stolista*, o portador de agua, vertía agua sobre él.

Luego, el *Tesmóforo* arrojaba una serpiente viva sobre su cuerpo y, acto seguido, la retiraba de debajo del mandil. Además, toda la estancia se hallaba llena de serpientes, con el fin de poner a prueba el valor del *Neocoris*. Posteriormente, era conducido ante dos altos pilares, entre los cuales se encontraba un grifo que empujaba una rueda. Los pilares simbolizaban el oriente y el occidente; el grifo, al sol; y la rueda de cuatro radios, las cuatro estaciones.

En esa etapa, se le enseñaba el uso del nivel, y se le instruía en geometría y arquitectura. Recibía una vara enroscada por serpientes, junto con la palabra de paso *Heve*, que significaba «serpiente», y se le narraba la historia de la caída del hombre. El signo distintivo del grado consistía en cruzar los brazos sobre el pecho. Su deber era lavar los pilares.

62. *Tercer Grado, o La Puerta de la Muerte*. Cuando era iniciado en este grado, el *Neocoris* pasaba a recibir el nombre de *Melanóforo*. Se le conducía a una antesala, sobre cuya entrada se leía: «Puerta de la Muerte». La sala se hallaba llena de representaciones de cuerpos embalsamados y ataúdes. Y como era el lugar donde se recibían los cadáveres, el *Melanóforo* encontraba allí a los *Paraskistes*, o disectores, y a los *Heroi*, o embalsamadores, realizando su labor. En el centro se alzaba el sarcófago de Osiris.

Al *Melanóforo* se le preguntaba si había participado en el asesinato de su maestro. Al negar la acusación, dos *Tapixeítas,* enterradores, lo apresaban y lo llevaban a una sala donde se hallaban los demás *Melanóforos,* todos vestidos de negro. El propio rey, que siempre asistía a estas ceremonias, se dirigía a él con aparente amabilidad, rogándole que, si no tenía el valor suficiente para afrontar la prueba que iba a imponérsele, aceptara la corona de oro que le ofrecía. Pero el nuevo *Melanóforo* ya había sido instruido para rechazar la corona y pisotearla. El rey exclamaba entonces: «¡Insulto! ¡Venganza!» y, alzando su hacha ritual, tocaba levemente la cabeza del *Melanóforo.* Los dos *Tapixeítas* lo arrojaban al suelo, y el *Paraskistes* lo envolvía con vendas de momia. Todos los presentes fingían llorar. Luego se le conducía ante una puerta en la que se leía: «Santuario de los Espíritus».

Cuando se abría, truenos y relámpagos caían sobre el aparente difunto. *Caronte* lo recibía, como alma, en su barca y lo transportaba ante los jueces del Hades. *Plutón* se encontraba en el tribunal, mientras que *Radamantis, Minos, Thon, Nycreus, Aláster* y *Orfeo* lo rodeaban. Se le sometía entonces a un severo interrogatorio sobre su vida anterior, y finalmente era condenado a permanecer en aquellas criptas subterráneas.

Se le retiraban las vendas y se le instruía a no desear jamás la sangre, a no dejar sin enterrar ningún cadáver, y a creer en la resurrección de los muertos y en el juicio venidero. Luego debía aprender a pintar, para poder decorar sarcófagos, y se le enseñaba una escritura peculiar, llamada hierogramática, en la cual estaban redactadas las crónicas de Egipto, junto con tratados de cosmografía y astronomía. La señal del grado era un tipo especial de abrazo que simbolizaba el poder de la Muerte. Las palabras sagradas eran: *Monarch caron mini* («Cuento los días de la ira»). Permanecía en esas cámaras subterráneas hasta que demostraba ser digno de un grado superior.

63. *Cuarto Grado, o la Batalla de las Sombras.* Cuando los días de la ira -que solían durar alrededor de un año y medio- llegaban a su fin, el *Tesmóforo* se presentaba ante el *Melanóforo* para invitarlo a seguirle, entregándole al mismo tiempo una espada y un escudo. Juntos atravesaban pasajes oscuros, hasta encontrarse con ciertas figuras de aspecto aterrador, que portaban antorchas y serpientes, y que los atacaban mientras gritaban «¡Panis!». El *Tesmóforo* animaba al candidato a defenderse con valentía.

Finalmente, era hecho prisionero por aquellas sombras, se le vendaban los ojos y se le colocaba una cuerda al cuello. Luego lo arrastraban hasta la sala donde iba a ser iniciado en un nuevo grado, y entonces los espectros desaparecían. Se le conducía a la asamblea, se le quitaban las vendas, y contemplaba un magnífico salón adornado con espléndidas pinturas. Estaban presentes el rey y el *Demiurgo,* o máximo dignatario. Todos llevaban su *Alydei,* una insignia egipcia que simbolizaba la Verdad y consistía en una figura formada con zafiros.

A su alrededor se encontraban sentados los *Stolistas,* el *Hierostolista* (secretario), el *Zacoris* (tesorero), y el *Komastis* (maestro de banquetes). Entonces el *Odos,* u orador, pronunciaba un discurso para felicitar al nuevo iniciado, que ahora recibía el nombre de *Christóforo,* por su determinación. A continuación se le ofrecía una bebida llamada *Cyce* (probablemente la misma que el *kykeon,* hecha de gachas, agua, vino, leche o miel), la cual debía beber hasta la última gota. Luego se le entregaba el escudo de Isis, se calzaba las botas de Anubis y se le vestía con la capa y el gorro de Orcus. Se le daba una espada, con la que debía decapitar a la figura que encontraría en una cueva y llevar la cabeza ante el rey. Todos los presentes exclamaban: «¡Niobe, allí está la cueva del enemigo!».

En la cueva se hallaba una mujer de extraordinaria belleza, que parecía viva pero estaba formada artificialmente con finas pieles. El *Christóforo* debía sujetarla por el cabello y cortarle la cabeza, que después entregaba al rey. Este lo elogiaba por su audacia y le explicaba que había decapitado a la *Gorgona,* esposa de Tifón y causa de la muerte de Osiris.

Recibía entonces el privilegio de vestir permanentemente la indumentaria que se le había concedido, y su nombre quedaba inscrito en un libro como uno de los jueces del país. Se le permitía comunicarse libremente con el rey y recibía su sustento diario de la corte. Además, se le confería una orden que solo podía portar durante la iniciación de un nuevo *Christóforo,* y que representaba a Isis en forma de lechuza.

También se le revelaba que el nombre del gran legislador era *Joa,* que servía como contraseña. Los *Christóforos* celebraban capítulos llamados *Pyxon,* en los cuales la palabra secreta era *Sasychis,* nombre de un antiguo sacerdote egipcio. Debía estudiar la lengua amonita, la lengua secreta, pues ya se encontraba muy cerca de adquirir el secreto completo.

64. *Quinto Grado: Balahate.* El *Christóforo* tenía derecho a acceder a este grado: no se le podía negar. Era conducido a una sala donde se desarrollaba una representación teatral, en la cual él era el único espectador. Un Balahate, llamado Orus, junto a otros balahates, to-

dos portando antorchas, recorrían la sala como si buscaran algo oculto o perdido.

Al cabo de un tiempo, Orus desenvainaba su espada. En una caverna, rodeado de llamas, se veía a Tifón, sentado en actitud amenazante. Este se alzaba al acercarse Orus; tenía cien cabezas, su cuerpo estaba cubierto de escamas, y sus brazos eran de una longitud desproporcionada. A pesar de su aspecto monstruoso, Orus lograba vencerlo y lo abatía con su espada.

Al nuevo Balahate se le explicaba entonces que Tifón representaba al fuego, uno de los elementos más temibles, aunque imprescindible para toda actividad humana sobre la tierra. La palabra de paso en este grado era *Chymia,* ya que la instrucción se centraba en los principios fundamentales de la química.

65. *Sexto Grado: Astrónomos en la Puerta de los Dioses.* El candidato, al ingresar en la sala de asamblea, era atado con cuerdas o cadenas. El *Tesmóforo* lo conducía de nuevo a la Puerta de la Muerte, la cual tenía numerosos peldaños que descendían hacia una caverna llena de agua. Allí, el aspirante contemplaba los cuerpos de antiguos traidores a la sociedad, sumergidos como advertencia silenciosa. Se le amenazaba con sufrir el mismo destino si llegaba a faltar a sus juramentos, y luego era llevado de regreso para prestar un nuevo voto de fidelidad.

Tras este solemne momento, se le instruía en astronomía, siendo advertido expresamente contra la astrología y la horoscopía, que eran detestadas como fuentes de idolatría y superstición. Los practicantes de esas artes erróneas utilizaban como palabra secreta el término *Fénix,* lo que provocaba la burla entre los verdaderos astrónomos, que despreciaban esas prácticas engañosas.

El candidato era entonces guiado hasta la Puerta de los Dioses, que al abrirse revelaba un recinto donde se hallaban representadas, pintadas en las paredes, todas las divinidades. El Demiurgo le relataba su historia y le mostraba un registro de todos los miembros de la orden dispersos por el mundo conocido.

Se le enseñaba también una danza sacerdotal, cuya coreografía simbolizaba el movimiento de los cuerpos celestes, reforzando así la conexión entre el saber astronómico y la liturgia sagrada. La palabra de reconocimiento en este grado era *Ibis,* ave símbolo de la vigilancia y del saber reservado.

66. *Séptimo Grado: Profeta.* El último y más alto grado, en el que se revelaban todos los secretos, no podía conferirse sin el consentimiento del rey y de todos los miembros superiores de la orden. Se

celebraban procesiones públicas llamadas *Pamylach*, que representaban la circuncisión de Osiris, es decir, de la lengua. Cuando estas concluían, los miembros abandonaban secretamente la ciudad durante la noche y se retiraban a unas casas construidas en una plaza, rodeadas de pilares, junto a los cuales se colocaban alternativamente un escudo y un ataúd. Las habitaciones de estas casas estaban decoradas con representaciones de la vida humana. Se las llamaba *maneras*, pues el pueblo creía que eran visitadas por las *manes*, o espíritus de los difuntos.

Al llegar a estas casas, al nuevo miembro -entonces llamado profeta, o *Saphenath Pancah*, es decir, «un hombre que conoce los secretos»- se le ofrecía una bebida llamada *oimellas* (probablemente compuesta de vino y miel), y se le decía que todas las pruebas habían terminado. Recibía una cruz de significado particular, que debía llevar siempre consigo. Se le vestía con una túnica amplia de rayas blancas, llamada *etangi*. Su cabeza permanecía afeitada, y usaba un gorro cuadrado. El signo habitual consistía en cruzar los brazos dentro de sus anchas mangas.

Podía hojear todos los libros sagrados escritos en lengua amonita, a los cuales tenía acceso mediante una llave simbólica llamada *Rayo Real*. Su mayor privilegio consistía en tener voto en la elección del rey. La palabra de paso era *Adon*.

67. *Observaciones finales*. Así se presentaba el relato fantasioso de la *Grata Repoa*. Debo confesar que se desconocía el significado de esas dos misteriosas palabras. La orden misma no parecía haber sido conocida antes del año 1785, cuando se publicaba el relato que el lector acababa de recorrer en un opúsculo alemán de 32 páginas (30 de texto), en formato 12°, sin indicación de lugar ni nombre del impresor. Ragon, quien ofrecía una traducción francesa del texto en su *Franc-Maçonnerie: Rituel du grade de Maître*, París, s.f., la denominaba como un extracto de un folleto de 114 páginas en 8°, tomado de un extenso manuscrito alemán del Hermano Koppen, con traducción interlineal al francés, adquirido por el Hermano Antoine Boilleul y editado por el Hermano Ragon en 1821. Pero dado que la traducción de Ragon coincidía palabra por palabra con el opúsculo alemán publicado en 1785, el manuscrito alemán del Hermano Koppen debía de ser o bien la composición original, o una copia directa de ella.

Ragon suponía que la *Grata Repoa* constituía una elaboración de sabios alemanes que recopilaban todo lo que se encontraba en los antiguos escritores sobre iniciaciones. Las autoridades en las que se basaban las afirmaciones del folleto alemán de 1785 se indicaban allí mismo, y eran: Porfirio, Heródoto, Jámblico, Apuleyo, Cicerón, Plutarco, Eusebio, Arnobio, Diodoro Sículo, Tertuliano, Heliodoro, Luciano, Rufino, entre algunos otros.

VI. Metamorfosis de la leyenda de Isis

68. *Difusión de los Misterios Egipcios.* Las irradiaciones de los misterios de Egipto brillan y animan las doctrinas secretas de Fenicia, Asia Menor, Grecia e Italia. Cadmo e Inaco los introdujeron en toda Grecia, Orfeo en Tracia, Melampo en Argos, Trofonio en Beocia, Minos en Creta, Cinyras en Chipre y Erecteo en Atenas. Y así como en Egipto los misterios estaban dedicados a Isis y Osiris, en Samotracia eran sagrados a la madre de los dioses, en Beocia a Baco, en Chipre a Venus, en Creta a Júpiter, en Atenas a Ceres y Proserpina, en Anfissa a Cástor y Pólux, en Lemnos a Vulcano, y así a otros en otros lugares; pero su fin, así como su naturaleza, era el mismo en todos: enseñar el monoteísmo y un estado futuro.

69. *Misterios dionisíacos o báquicos.* Se dividían en mayores y menores. Estos últimos se celebraban cada año en el equinoccio de otoño, y a ellos eran admitidas las mujeres, que llevaban el emblema creativo suspendido alrededor del cuello. Terminaban con el sacrificio de un animal impuro, que era comido por los adoradores. A continuación, aspirantes e iniciados se dirigían con danzas sagradas hacia el templo. Los Canephoroi, portando jarrones dorados llenos de las frutas más selectas, eran seguidos por los portadores del emblema creativo, que iban provistos de largas varas y coronados con hiedra, una hierba sagrada para Baco, o el sol personificado. Luego llegaban otros celebrantes vestidos de mujer, pero realizando todas las acciones repulsivas de los hombres borrachos. La noche siguiente se llevaban a cabo las ceremonias de iniciación, en las que se representaba escénicamente la fábula de Baco asesinado por los Titanes, actuando el aspirante en el papel de Baco.

Los misterios mayores se celebraban cada tres años en el equinoccio de primavera, en las proximidades de un pantano, como la fiesta de Sais, en Egipto. La noche anterior a la iniciación, la esposa del hierofante sacrificaba un carnero. Representaba a la esposa de Baco, y cuando estuvo sentada como tal en el trono, los sacerdotes e iniciados de ambos sexos exclamaron: «¡Salve esposa, salve nueva luz!». La aspirante era purificada por el fuego, el agua y el aire, pasando por pruebas similares a las descritas en otros lugares (p. ej.,

42), y finalmente, era introducida en el santuario coronada de mirto y vestida con la piel de un cervatillo.

70. *Misterios de Sabacio.* Sabacio era un nombre de Baco, probablemente derivado de Siva, cuyo significado astronómico es el sistema planetario de innumerables soles y estrellas. Los misterios se realizaban por la noche y representaban los amores de Júpiter, en forma de serpiente, y Proserpina. Una serpiente dorada -otros dicen que viva- era introducida en el seno de la candidata, que exclamaba: «¡Evoe! ¡Sabai! ¡Bacchi! ¡Anes! ¡Attes! Hues!» Evoe o Eva en la mayoría de las lenguas de la antigüedad significaba tanto serpiente como vida; de ahí que la esposa de Adán fuera llamada así, y de ahí el origen del culto a la serpiente del mundo antiguo. Cuando Moisés levantó una serpiente de bronce en el desierto, los afligidos hebreos sabían que era un signo de preservación. Sabai ya ha sido explicado; Hues y Attes eran otros nombres de Baco. Estos misterios siguieron celebrándose hasta los últimos días del paganismo y, en tiempos de Domiciano, sólo en Roma había 7.000 iniciados.

71. *Misterios de los Cabiri.* El nombre de los Cabiri procedía originalmente de Fenicia; la palabra significa «poderoso». Había cuatro dioses: Aschieros, Achiochersus, Achiochersa y Cashmala, que responden a los Ceres, Plutón, Proserpina y Camillus de los griegos. Este último fue asesinado por sus tres hermanos, que se llevaron consigo los órganos reproductores; y este asesinato alegórico se celebraba en los ritos secretos. Camilo es el mismo que Osiris, Adonis y otros, todos sometidos a la misma mutilación, todos simbolizando la pérdida del poder generativo del sol durante el invierno. Los principales lugares de celebración de estos misterios eran las islas de Samotracia y Lemnos. Los sacerdotes se llamaban Corybantes. Hay mucha perplejidad relacionada con este tema; ya que, además de lo mencionado anteriormente, también se dice que los misterios se instituyeron en honor de Atys, el hijo de Cibeles. Atys significa el sol, y los misterios se celebraban en el equinoccio de primavera, por lo que no cabe duda de que, como todos los demás misterios en su periodo de decadencia, representaban la enigmática muerte del sol en invierno y su regeneración en primavera. Las ceremonias de duraban tres días. El primer día era de tristeza: se talaba un pino cruciforme con la imagen de Atys unida a él, habiéndose descubierto el cuerpo mutilado de Atys al pie de dicho árbol; el segundo día era el de las trompetas, que se tocaban para despertar al dios de su sueño de muerte; y el tercer día, el de la alegría, era el de la iniciación y la celebración de su vuelta a la vida.

72. *Misterios Eleusinos*. Los misterios eleusinos se celebraban en honor de Ceres, la Isis de Grecia; mientras que Osiris aparece como Proserpina, ya que la muerte de Osiris y el traslado de Proserpina a las regiones infernales simbolizan lo mismo, es decir, la desaparición del sol durante la estación invernal. Los misterios se celebraban originalmente sólo en Eleusis, una ciudad del Ática, pero con el tiempo se extendieron a Italia e incluso a Britania. Como todos los demás misterios, se dividían en mayores y menores, y estos últimos, al igual que los ritos báquicos y cabíricos, duraban nueve días y eran meramente preparatorios, consistentes en lustraciones y sacrificios. Las ceremonias de iniciación a los misterios mayores las abría el heraldo exclamando: «Retiraos, profanos». Un trozo plano de madera, como el que en Inglaterra se llama *whizzer*, o *bull-roarer*, o una rueda, se hacía girar al mismo tiempo para producir un sonido rugiente. (Para un curioso paralelismo, véase «Sociedades diversas»).

El aspirante se presentaba desnudo, en señal de su total indefensión y dependencia de la Providencia. Se le vestía con la piel de un ternero. Entonces se le imponía un juramento de secreto, y se le preguntaba: «¿Has comido pan?» La respuesta era: «No». Proserpina no podía regresar a la tierra porque había comido del fruto de los infiernos; Adán caía cuando probaba el fruto terrenal. «Había bebido la mezcla sagrada, había sido alimentado del cesto de Ceres; había trabajado; había entrado en el lecho». Es decir, se le había colocado en las *pastas*, en las que el aspirante a la iniciación quedaba encerrado durante el periodo de su prueba.

A continuación, se le hacía atravesar una serie de pruebas, similares en su naturaleza a las adoptadas en otros misterios, tras lo cual se le introducía en el templo interior, donde contemplaba la estatua de la diosa Ceres, rodeada de una luz deslumbrante. El candidato, que hasta ese momento era llamado *mystes* o novicio, pasaba entonces a ser denominado *epoptes*, es decir, testigo ocular, y se le revelaba la doctrina secreta.

La asamblea se cerraba entonces con las palabras sánscritas *Konx om pax*. Según el capitán Wilford, estas palabras eran una corrupción griega de *Canscha om Pacsha*, que aún se empleaban en las reuniones religiosas y ceremonias de los brahmanes, constituyendo otra prueba más, si es que hacía falta, del origen oriental de los misterios. *Canscha* significaba el objeto de nuestros más ardientes deseos; *om* era la sílaba monolítica empleada al comienzo y fin de una plegaria, equivalente a nuestro «amén»; y *pacsha* correspondía al término latino arcaico *vix*, con el sentido de cambio, giro o fortuna.

Poco se sabía de los misterios del antiguo Yucatán, pero por lo que había llegado a nosotros a través del maya o lengua nativa, se conocía un hecho notable: los sacerdotes despedían a sus congregaciones místicas con las palabras *Con-ex Omon Fault!*, que significaban «¡Forasteros, retiraos!» Resultaba igualmente digno de mención que empleaban símbolos del antiguo Egipto, y que las puertas de sus templos dedicados a los misterios -como los de Labná y Uxmal- presentaban la misma forma que las de los templos caldeos o la Gran Pirámide de Guiza. Se advertía que, al estar cerrados los dos extremos por puertas, se obtenía un recinto con siete superficies planas, sin contar el suelo.

73. *Puertas de cuerno y marfil.* El sexto libro de la *Eneida,* y el *Asno de Oro* de Apuleyo, contienen descripciones de lo sucedido en la celebración de los Misterios Eleusinos. En la primera obra, Eneas y su guía, habiendo terminado su avance por las regiones infernales, son despedidos por la puerta de marfil de los sueños. Pero había otra puerta de cuerno por la que entraba el aspirante; pues todas las cavernas de iniciación tenían dos puertas, una llamada el descenso a los infiernos, la otra el ascenso de los justos. Los antiguos poetas decían que por la puerta de cuerno salían las visiones verdaderas, y por la puerta de marfil las falsas. Ahora bien, de esto, y del hecho de que Eneas y su guía salgan por ella, han deducido algunos críticos que Virgilio quiso dar a entender que todo lo que había dicho sobre las regiones infernales debía considerarse una fábula. Pero tal no podía ser la intención del poeta. Lo que realmente daba a entender era que el estado futuro era un estado real, mientras que las representaciones del mismo en los misterios eran sólo sombras. La propia puerta de marfil no era otra cosa que la suntuosa puerta del templo, por la que salían los iniciados cuando terminaba la ceremonia.

74. *Supresión de los Misterios Eleusinos.* Estos misterios sobrevivieron a todos los demás; brillaron con gran esplendor cuando el culto secreto de los cabiri, e incluso de Egipto, ya había desaparecido, y no fueron suprimidos hasta el año 396 de nuestra era por el despiadado Teodosio el Grande, quien, en su celo por la religión cristiana, cometió las mayores crueldades contra los infieles.

75. *La Tesmoforia.* La Tesmoforia era una festividad legislativa, y su nombre aludía especialmente a los ritos simbólicos que formaban parte del festival consagrado a Ceres, de quien se decía que había dado a los griegos leyes justas, fundadas en la agricultura y la propiedad. En memoria de ello, mujeres escogidas llevaban en las procesiones solemnes de la Tesmoforia, en Eleusis, las tablillas donde

se hallaban escritas dichas leyes. Por eso la festividad se llamaba así: era un festival de legislación y de siembra. De estas celebraciones solo se conservaban noticias fragmentarias, aunque se obtenía algo de información a partir de *Las Tesmoforias* de Aristófanes, aunque esta era muy escasa, ya que resultaba peligroso para él referirse a estos misterios utilizando más que denominaciones generales y simples. Se sabía, sin embargo, que se celebraban en el mes de octubre y que duraban tres o cuatro días. Solo las mujeres participaban en ellas, y la entrada de un hombre al templo se castigaba con la muerte. Cada tribu de Atenas elegía a dos mujeres nacidas en matrimonio legítimo, casadas y distinguidas por su virtud. Los hombres que poseían un capital de tres talentos estaban obligados a entregar a sus esposas el dinero necesario para sufragar los gastos del festival.

Durante nueve días, además, se prescribía una total abstinencia entre los cónyuges, ya que la Tesmoforia no solo hacía referencia a la agricultura, sino también a las relaciones íntimas entre el hombre y la mujer. Así como Ceres, es decir, la Tierra, lloraba la ausencia de Proserpina, o del Sol, del mismo modo las mujeres atenienses guardaban luto durante la celebración, por la ausencia de la luz del amor.

6. *Objetivo de los Misterios Griegos: más moral que religioso.* El objetivo de la iniciación en los Misterios de Grecia era más moral que religioso, diferenciándose en esto de los misterios indios y egipcios, que eran religiosos, científicos y políticos. Pues en el momento de su introducción en Grecia la ciencia había dejado de ser prerrogativa de unos pocos; la vida política de aquel país había despertado la energía del pueblo y lo había convertido en artífice de su propia grandeza. Contemplamos en ello ya el amanecer de una nueva era, la decadencia del antiguo culto a la Naturaleza, y una tendencia y un empeño de la humanidad por la indagación y el libre esfuerzo por superar la Naturaleza, diametralmente opuestos al espíritu de la antigüedad, que consistía en la total resignación y entrega del individuo a las influencias del Todo.

Pitágoras fue uno de los primeros representantes de esta nueva tendencia. Dividió a sus seguidores en exotéricos y esotéricos. Tras su muerte, estos últimos se unieron a la liga órfica, llamada así por el fabuloso cantor Orfeo. Los himnos que se le atribuyen fueron compuestos probablemente por Onomakritos (ca. 516 a.C.). Respiran el espíritu de lo que en fraseología moderna se llamaría pietismo, aunque representando el culto a Dionisio en lugar del de Cristo. Los Orpheothelestes, como se denominaba a los sacerdotes itinerantes de la liga, se habían vuelto notorios como charlatanes y embaucadores.

VII. Misterios chinos y japoneses

77. *Metafísica china.* En la cosmogonía china descubrimos vestigios del conocimiento que una vez prevaleció universalmente sobre las propiedades de la Naturaleza eterna. Se supone que la materia -el primer principio material- actúa sobre sí misma y, por tanto, desarrolla los poderes duales. Este primer principio material se denomina *Tai-Keik,* y se describe como el primer eslabón de la cadena de causas; es el límite máximo en medio de la ilimitabilidad, aunque en medio de la no entidad siempre existió un *Le* infinito, o «principio de orden». La *Le* se llama infinita, porque es imposible representarla mediante ninguna figura, ya que es la «Nada Eterna». Esta indudable tradición fragmentaria del sistema metafísico más antiguo del mundo ha sido ridiculizada por muchos escritores modernos; pero cualquier lector verá que, por imperfectamente que esté expresada, es la doctrina teosófica. Aparece muy llamativamente en la gran veneración con que los chinos tienen el número siete, que es el número de la muerte, de la destrucción, como el fin material, y el principio celeste.

78. *Introducción de los misterios chinos.* Los chinos practicaron el budismo en su forma más simple, y adoraban a un Dios invisible, hasta unos siglos antes de la era cristiana. De las enseñanzas de Confucio, que vivió cinco siglos antes de esa era, se desprende que en su época no había misterios; sólo se hicieron necesarios cuando los chinos se convirtieron en una nación idólatra. El fin principal de la iniciación era entonces la absorción en la deidad O-Mi-To Fo. *Omito* derivaba del sánscrito *Armida,* «inconmensurable», y Fo no era más que otro nombre para Buda. La letra T representaba al Dios trino, y era de hecho el nombre inefable de la Deidad, el Tetractys de Pitágoras y el Tetragrámaton de los judíos. El arco iris era un símbolo célebre en los misterios, pues tipificaba la reaparición del sol; y esto no sólo en China, sino incluso en México.

79. *Paralelismo entre el budismo y el cristianismo.* La semejanza general entre el budismo y el romanismo es tan marcada, que es reconocida por los propios romanistas, quienes explican este hecho por la suposición de que Satanás falsificó la verdadera religión. Esta correspondencia se mantiene en detalles minuciosos.

Buda descendió, según cuenta la leyenda, del cielo para nacer como hombre, con el propósito declarado de dar paz y descanso a toda criatura, eliminar el dolor y la pena del mundo, y predicar la verdad. En el momento de su nacimiento una luz brillante iluminó el universo, y los *devas* que anunciaron su entrada en el mundo saludaron a su madre con estas palabras: «¡Gozo a ti, Reina Maya! Alégrate y regocíjate, pues el niño que has dado a luz es santo». Como vimos anteriormente, Maya es virgen, el culto a Simón en el Templo también encuentra su reflejo en la adoración rendida por el venerable Axite al niño Buda. Además, tanto la Iglesia budista como la cristiana (católica romana) cuentan con una cabeza suprema e infalible; en ambas encontramos el celibato del clero, monasterios y conventos, oraciones en lengua desconocida, plegarias a santos e intercesores y, de modo especial y central, una virgen con un niño; también oraciones por los difuntos, repetición de oraciones con rosario, obras meritorias y de supererogación; austeridades autoimpuestas y castigos corporales; un servicio litúrgico diario compuesto de cantos, encendido de velas, aspersión de agua bendita, inclinaciones, postraciones; días de ayuno y de fiesta, procesiones religiosas, imágenes, pinturas y leyendas fabulosas, culto a reliquias, el sacramento de la confesión, el purgatorio, etc. En algunos aspectos, sus ritos se asemejan a los judíos: aplacan a la Deidad Suprema con la sangre de toros y cabras, y también ofrecen holocaustos. Esta semejanza tiene fácil explicación: el romanismo y otras creencias no son sino budismo modernizado; y muchas religiones no son más que perversas supersticiones nacidas del conocimiento deformado de fenómenos naturales. La tradición sobre el Preste Juan tiene su origen en esta semejanza entre el budismo y un cristianismo corrompido. En el siglo XII existía en China una gran tribu mongola que profesaba el budismo, y los viajeros la tomaron erróneamente por una religión cristiana oriental. Los cristianos nestorianos, que vivían entre los mongoles, llamaban a su jefe Juan el Sacerdote, y de ahí surgió la tradición de que en el corazón de Asia existía una Iglesia cristiana cuyos pontífices ostentaban el título de Preste Juan.

80. *Lao-Tze*. Confucio fue el legislador religioso de China, pero Lao-Tze fue su filósofo. Superó al primero en profundidad e independencia de pensamiento. La palabra *Lao* o *Le*, es difícil de traducir; el propio chino la define como «una cosa indefinida, impalpable, y sin embargo en ella hay formas». El propio Lao-Tze parece hacerla equivalente a «inteligencia». Su filosofía es pacífica y amorosa, y en este sentido presenta varios puntos encomiables de semejanza con la doctrina cristiana.

81. *Misterios japoneses*. Los japoneses sostenían que el mundo estaba encerrado en un huevo antes de la creación, cuyo huevo fue roto por un toro, alegoría astronómica siempre recurrente, que aludía al toro del zodíaco, que antiguamente abría las estaciones, el equi-

noccio de primavera. Es el mismo toro Apis que Egipto adoraba, y que los judíos en el Yermo adoraban como el becerro de oro; también el toro que, sacrificado en los misterios de Mitra, derramaba su sangre para fertilizar la tierra. Los japoneses adoraban a una deidad a la que llamaban el Hijo del Dios Desconocido, considerada la creadora del sol y la luna, y a la que llamaban Tensio-Dai-Sin. Los aspirantes a la iniciación eran conducidos a través de esferas artificiales, formadas por círculos móviles, que representaban las revoluciones de los planetas. El espejo era un emblema significativo del ojo que todo lo ve de su deidad principal. En la ceremonia final de preparación, el candidato era encerrado en las pastas, cuya puerta se decía que estaba custodiada por una terrible divinidad, armada con una espada desenvainada. En el transcurso de su probación, el aspirante adquiría a veces un grado de entusiasmo tan elevado que se negaba a abandonar su encierro en las pastas y permanecía allí hasta perecer literalmente de hambre. A este martirio voluntario iba unida la promesa de una felicidad sin fin en el más allá. Su credo, en efecto, es el budismo ligeramente modificado. «Diabolo ecclesiam Christi imitante!» exclamó Javier, al ver cómo las prácticas de los japoneses se parecían a las de los romanistas en Europa; y, como se ha observado del budismo en China y Tíbet, todas las prácticas del ritual japonés están tan teñidas del color del romanismo, que bien podrían justificar la exclamación de Javier, que no era ni un sabio ni un filósofo.

82. *Doctrinas japonesas*. El dios Tensio-Dai-Sin tiene doce apóstoles, y el sol, el héroe planetario, lucha con los monstruos y los elementos. Los ministros del Templo del Sol visten túnicas del color del fuego, y celebran anualmente cuatro festivales, el tercer día del tercer mes, el quinto día del quinto, el séptimo día del séptimo y el noveno día del noveno mes respectivamente; y en uno de estos festivales representan un mito similar al de Adonis, y la Naturaleza es personificada por un sacerdote vestido de muchos colores. Los miembros de esta sociedad se llaman *Jammabos* y a los iniciados se les ordena durante mucho tiempo abstenerse de comer carne y prepararse mediante muchas purificaciones.

83. *El Lama*. El Gran Lama, el dios del Tíbet, se encarna en el hombre; así lo revelan los sacerdotes al pueblo. Pero la verdadera religión, que consiste en la doctrina del supuesto origen del mundo, sólo se da a conocer en los misterios casi inaccesibles. El hombre en el que el Gran Lama se ha encarnado por el momento, y que es el pontífice, es tenido en tal veneración, que el pueblo come *pastillas*,

consideradas sagradas, y hechas con los restos impuros de los alimentos que habían contribuido al sustento de su cuerpo. Esta repugnante práctica, sin embargo, con ellos es simplemente el resultado de su creencia en la metempsicosis, paralela con la doctrina india de la corrupción y la reproducción, simbolizada por el uso de estiércol de vaca en la purificación del aspirante; y su verdadero significado es mostrar que todas las partes del universo son incesantemente absorbidas, y pasan a la sustancia de las demás. Sigue el modelo de la serpiente que devora su cola. La dignidad del Lama data del siglo XIII. En el XIV una parte del clero se separó y formó una secta rival; los dos cuerpos religiosos se distinguen y se conocen por los títulos de los Borlas Rojas y los Gorros Amarillos, por sus tocados.

VIII. Misterios mexicanos y peruanos

84. *Los aborígenes americanos.* Los etnólogos aún no pueden decirnos nada sobre el origen de los primeros habitantes del continente americano; pero si el lector acepta la teoría expuesta en la introducción de esta obra (6-9), no le será difícil responder a la pregunta. Así como en Asia la Naturaleza engendró las razas caucásicas, en el hemisferio occidental dio origen a las diversas razas que lo poblaron. Que una de ellas era una raza altamente civilizada en tiempos prehistóricos lo prueban las ruinas de hermosas ciudades descubiertas en América Central; y todos los restos de la antigüedad demuestran que la religión de México y Perú era sustancialmente la misma que la practicada por las diversas naciones de Oriente; y naturalmente así era, pues las leyes morales y físicas del universo son en todas partes las mismas y, obrando de la misma manera, producen los mismos resultados, sólo modificados por las condiciones climáticas y locales.

85. *Deidades mexicanas.* El sistema religioso de los mexicanos tenía un carácter sombrío y severo. Rendían culto a numerosas deidades, entre las cuales destacaban Teotl, el ser supremo e invisible; Viracocha, el creador; Vitzliputzli o Heritzilopochtli, el dios de la misericordia, a quien, paradójicamente, se ofrecían los ritos más sangrientos (lo cual demuestra que los sacerdotes mexicanos eran tan inconsistentes en este aspecto como los fanáticos religiosos de Europa, que en nombre del Dios de la misericordia torturaron, atormentaron y quemaron a millones de personas por disentir del credo ortodoxo y legalizado); Tescalipuca, el dios de la venganza; Quetzalcóatl, el Mercurio mexicano, cuyo nombre significa «la serpiente

vestida de plumas verdes»; Mictlaneiheratl, la diosa del infierno; Tlaloc-teatli, o Neptuno; e Ixciana, o Venus.

A Vitzliputzli se le atribuía la renovación del mundo, y su nombre se relacionaba con el sol. Se decía que era hijo de una virgen fecundada por una pluma que descendió del cielo hasta su pecho, investida de todos los colores del arcoíris. Era representado con forma humana y aspecto imponente. Se le mostraba sentado sobre un globo azul, elevado sobre un gran altar que era transportado en procesión durante la celebración de los misterios, sobre una litera de color azul celeste. Su frente y su rostro estaban marcados con tonalidades azules, lo cual recuerda que el azul era también el color predominante en el tabernáculo judío, mostrando en ambos casos una posible significación astronómica. Ya hemos visto que Vishnú también era representado de color azul.

En su mano derecha sostenía una serpiente, símbolo de la vida, y representaciones de este reptil se encuentran en todos los templos de México y del Perú. Huellas del culto a la serpiente en el mundo occidental se hallan también en los estados de Ohio e Iowa, donde aún existen montículos con forma de serpiente, construidos en tierra, de más de mil pies de longitud.

La función de Tescalipuca era castigar los pecados de los hombres mediante plagas, hambre y pestilencia. Su ira solo podía ser apaciguada mediante sacrificios humanos: miles de personas eran frecuentemente inmoladas en un solo día.

86. *La crueldad del culto mexicano.* Los templos de México estaban llenos de horribles ídolos, todos ellos bañados y lavados con sangre humana. La capilla de Vitzliputzli estaba decorada con los cráneos de los desdichados que habían sido muertos en sacrificio; las paredes y el suelo tenían centímetros de espesor de sangre, y ante la imagen del dios podían verse a menudo los corazones aún palpitantes de las víctimas humanas que le habían sido ofrecidas, cuyas pieles servían a los sacerdotes como vestiduras. La repugnante costumbre, según cuenta una leyenda, surgió del hecho de que Tozi, la «Gran Madre», era de extracción humana. Vitzliputzli le procuró los honores divinos ordenando a los mexicanos que la reclamaran a su padre como reina; hecho esto, también le ordenaron que la matara, que después la desollara y que cubriera a un joven con su piel. Fue en de esta manera como fue despojada de su humanidad, para ser colocada entre los dioses. Más adelante se mencionará otra práctica repugnante derivada de esta leyenda.

87. *Iniciación a los Misterios.* El candidato tenía que atravesar todos los terrores, sufrimientos y penitencias practicadas en el mundo oriental. Era flagelado con cuerdas anudadas, su carne se cortaba con cuchillos, y se introducían cañas en las heridas para que la sangre fluyera más abundantemente, o bien se cauterizaban con brasas al rojo vivo. Muchos perecían durante estas pruebas. Las lustraciones no se realizaban con agua, sino con sangre, y el hábito del candidato no era blanco, sino negro. Antes de la iniciación, se le daba una bebida que, según se decía, disipaba el miedo, lo que quizá lograba en parte, al alterar el funcionamiento del cerebro.

Luego, el candidato era conducido a las oscuras cavernas de iniciación, excavadas bajo los cimientos del enorme templo piramidal de Vitzliputzli, en México, y atravesaba los misterios que representaban simbólicamente las peregrinaciones de sus dioses, es decir, el recorrido del sol por los signos del zodiaco. Estas cavernas se llamaban «el camino de los muertos».

Todo lo que pudiera espantar la imaginación y poner a prueba su valor se le hacía aparecer ante los ojos. Escuchaba gritos de desesperación y gemidos de moribundos; se le conducía por delante de las mazmorras donde se encerraba a las víctimas humanas que estaban siendo cebadas para el sacrificio, y a través de cavernas resbaladizas con sangre medio coagulada. A veces se encontraba con el cuerpo convulso de un hombre agonizante, cuyo corazón acababa de ser arrancado y ofrecido a su sangriento dios; y al alzar la vista veía en el techo la abertura por la que las víctimas habían sido arrojadas, pues se encontraba ahora justo bajo el altar de Vitzliputzli.

Finalmente, llegaba a una grieta estrecha o fisura en la piedra, al final de esta extensa red de cavernas, por la que era empujado ceremonialmente y recibido por una multitud que gritaba, como alguien regenerado o nacido de nuevo.

Las mujeres, despojándose de su escasa vestimenta, bailaban desnudas como las frenéticas bacantes, y tras repetir la danza tres veces, se entregaban a una desenfrenada licenciosidad.

88. *Los Misterios Mayores.* Al igual que las naciones orientales, los mexicanos tenían, además de las doctrinas religiosas generales comunicadas a los iniciados, una doctrina esotérica, sólo alcanzable por los sacerdotes, y ni siquiera por ellos hasta que se hubieran cualificado para ello mediante el sacrificio de una víctima humana. Los grados más inefables de conocimiento les eran impartidos a medianoche y bajo severas obligaciones, cuyo incumplimiento conllevaba la muerte sin remisión. La verdadera doctrina enseñada era astro-

nómica y, al igual que las naciones orientales, en sus grandes festivales lamentaban la desaparición del sol y se alegraban de su reaparición en el festival del fuego nuevo, como se le llamaba. Habiéndose extinguido todo el fuego, incluso el fuego sagrado del templo, la población de México, con los sacerdotes a la cabeza, marchaba a una colina cercana a la ciudad, donde esperaban a que las Pléyades ascendieran a la mitad del cielo, momento en el que sacrificaban una víctima humana. El instrumento utilizado por los sacerdotes para encender el fuego se colocaba sobre la herida hecha en el pecho del prisionero destinado a ser sacrificado; y, cuando el fuego se encendía, se colocaba el cuerpo sobre una enorme pila ya preparada y se prendía fuego a esta última. El nuevo fuego, recibido con gritos de júbilo, era llevado de pueblo en pueblo, donde se depositaba en el templo, desde donde se distribuía a cada vivienda particular. Cuando el sol aparecía en el horizonte se renovaban las aclamaciones. A los sacerdotes se les enseñó además la doctrina de la inmortalidad, de una deidad trina, de la población original, que -guiados por el dios Vitzliputzli, que sostenía en la mano una vara formada como una serpiente y estaba sentado en un arca cuadrada- se asentaron finalmente sobre un lago, en el que abundaba el loto, donde erigieron su tabernáculo. Este lago era el lago en medio del cual se alzaba originalmente la ciudad de México.

89. *Sacrificios humanos.* Ningún sacerdote podía considerarse plenamente iniciado en los misterios de la religión mexicana hasta que no hubiera sacrificado a una víctima humana. Este rito espantoso -que los españoles, conquistadores del país, presenciaron en numerosas ocasiones realizado sobre sus propios compatriotas prisioneros- se practicaba del siguiente modo:

El sumo sacerdote llevaba en la mano un cuchillo grande y afilado, hecho de pedernal; otro sacerdote portaba un collar de madera; y los otros cuatro asistentes se colocaban en torno a la piedra piramidal, cuyo remate era convexo, de modo que el hombre que iba a ser sacrificado, al ser acostado sobre ella boca arriba, quedaba curvado de tal manera que el vientre se abría con la más leve incisión del cuchillo. Dos sacerdotes sujetaban sus pies y otros dos sus manos, mientras el quinto le colocaba en torno al cuello el collar de madera. Entonces, el sumo sacerdote abría su abdomen con el cuchillo y, arrancándole el corazón, lo alzaba hacia el sol antes de arrojarlo ante el ídolo, situado en una de las capillas de la cima de la gran pirámide, donde se llevaba a cabo el rito. El cuerpo, finalmente, se arrojaba escaleras abajo por los peldaños que rodeaban la estructura.

Cuarenta o cincuenta víctimas eran sacrificadas de este modo en el transcurso de pocas horas. Los prisioneros de alto rango o de valor probado podían evitar esta muerte horrenda luchando contra seis guerreros mexicanos sucesivamente. Si lograban vencerlos, se les concedía la vida y la libertad; pero si caían bajo los golpes de sus adversarios, eran arrastrados -muertos o vivos- hasta la piedra del sacrificio, donde se les arrancaba el corazón.

90. *Vestidos con pieles ensangrentadas.* Ya hemos visto que los sacerdotes se vestían con las pieles ensangrentadas de sus víctimas. La misma horrible costumbre se practicaba en otras ocasiones. En ciertos festivales vestían a un hombre con la piel ensangrentada que acababa de supurar del cuerpo de una víctima. Los reyes y los grandes no consideraban despectivo para su dignidad disfrazarse de esta manera y correr arriba y abajo por las calles solicitando limosnas, que se aplicaban a fines piadosos. Esta horrible mascarada continuaba hasta que la piel empezaba a ponerse pútrida. En otro festival mataban a una mujer y vestían a un hombre con su piel, quien, así equipado, bailaba durante dos días junto con el resto de sus conciudadanos.

91. *Misterios peruanos.* Los incas, o gobernantes del Perú, se jactaban de descender del sol y de la luna, a los que por tanto rendían culto, así como al gran dios Pacha-Camac, cuyo propio nombre era tan sagrado que sólo se comunicaba a los iniciados; significa: «El que sostiene o da vida al universo». No se erigieron templos a esta deidad. También tenían un ídolo al que llamaban Tangatango, que significa «Uno en tres y tres en uno». Sus misterios secretos, de los que no sabemos casi nada, se celebraban en su gran fiesta anual, que tenía lugar el primer día de la luna de septiembre, la gente velaba toda la noche hasta la salida del sol; y cuando este aparecía, las puertas orientales del gran templo de Cuzco se abrían de par en par, para que el resplandor del sol pudiera iluminar su imagen de oro colocada enfrente. Las paredes y el techo de este templo estaban todos cubiertos de placas de oro, y la figura del sol, que representaba un rostro redondo, rodeado de rayos y llamas, como suelen dibujar el sol los pintores modernos, era de tal tamaño que casi cubría un lado de la pared. Tenía, además, el doble de grosor que las placas que cubrían las paredes.

Las Vírgenes del Sol, que, como las Vestales de la antigua Roma, tenían encomendada la custodia del fuego sagrado y habían hecho voto de celibato perpetuo, se paseaban entonces alrededor del altar, mientras los sacerdotes exponían las suaves y equitativas leyes del

Perú; pues, contrariamente a la práctica de sus vecinos cercanos, los mexicanos, los peruanos no tenían sus ritos sanguinarios; aunque algunos escritores españoles, que, por supuesto, no podían ver nada bueno en los no católicos y paganos, les acusaban de sacrificar niños pequeños de cuatro a seis años «en número prodigioso», y también de matar vírgenes. Los españoles, sin duda, aludían a algún rito simbólico mal comprendido. Pero los peruanos, en raras ocasiones, para celebrar un gran acontecimiento público, por ejemplo, inmolaban a seres humanos, siendo generalmente elegidos un niño o una joven doncella. ¡En todas partes encontramos al sacerdocio deleitándose con la sangre!

92. *La iniciación de los quichés.* En el punto 79 hemos visto que los pueblos que hablaban la lengua maya tenían sus misterios. Otra tribu de ese mismo pueblo, los quichés de Xibalba, en el corazón de las montañas de Guatemala, tenían una iniciación propia. El Popol-Vuh, su libro sagrado, dice que el aspirante tenía que pasar dos ríos, uno de lodo y otro de sangre, antes de llegar a los cuatro caminos que conducían al lugar donde le esperaba el sacerdote. Entonces le dijeron que se sentara, pero el asiento estaba ardiendo de calor. En la Casa Oscura pasó la noche y se sometió a dos pruebas; la tercera la pasó en la Casa de las Lanzas, donde tuvo que producir flores sin traerlas y luchar contra lanceros; la cuarta prueba tuvo lugar en la Casa del Hielo, la quinta en la Casa del Tigre, la sexta en la Casa Ardiente y la séptima en la Casa de los Murciélagos, la Casa de Camazotz, dios de los Murciélagos, donde el propio dios apareció y decapitó al aspirante si bajaba la guardia.

IX. Los druidas

93. *Los druidas, Magos de Occidente.* Las doctrinas secretas de los druidas eran muy parecidas a las de los gimnosofistas y brahmanes de la India, los magos de Persia, los sacerdotes de Egipto y de todos los demás sacerdotes de la antigüedad. Como ellos, tenían dos conjuntos de doctrinas religiosas, la exotérica y la esotérica. Sus ritos se practicaban en Gran Bretaña y en la Galia, aunque llegaron a una perfección mucho mayor en el primer país, donde la isla de Anglesey era considerada su sede principal. Generalmente se supone que la palabra druida deriva de [una palabra gala] para «un roble», cuyo árbol era particularmente sagrado entre ellos, aunque su etimología también puede encontrarse en la palabra gaélica *Druidh,* «sabio» o «mago».

94. *Templos.* Sus templos, donde se conservaba el fuego sagrado, estaban situados generalmente en eminencias y en densas arboledas de robles, y asumían diversas formas: circular, porque un círculo era un emblema del universo; ovalada, en alusión al huevo mundano, del que, según las tradiciones de muchas naciones, salió el universo o, según otras, nuestros primeros padres; serpentina, porque una serpiente era el símbolo de Hu, el Osiris druídico; cruciforme, porque una cruz es un emblema de regeneración; o alada, para representar el movimiento del espíritu divino. Su único dosel era el cielo, y estaban construidos con piedras sin labrar, cuyos números hacían referencia a cálculos astronómicos. En el centro se colocaba una piedra de mayores dimensiones que las demás, y venerada como representante de la Deidad. Los tres principales templos de esta descripción en Gran Bretaña fueron sin duda los de Stonehenge y Abury en el sur, y el de Shap en Cumberland. Donde escaseaba la piedra, se sustituían por rudos bancos de tierra, y el templo estaba formado por un alto *vallum* y un foso. En su construcción se realizaron las labores más hercúleas; Stukeley afirma que costaría, en la actualidad, 20.000 libras levantar un montículo como Silbury Hill.

95. *Lugares de iniciación.* El adytum o arca de los misterios se denominaba *cromlech* o *dolmen,* y se utilizaba como *pastos* sagrado, es decir, como lugar de regeneración. Consistía en tres piedras verticales que sostenían una piedra plana y ancha colocada encima de ellas, formando así una pequeña celda. La Casa de Kit Cotey, en Kent, era uno de estos *pastos.*

Sin embargo, se requería un espacio considerable para albergar el conjunto completo del aparato iniciático en su forma más amplia y compleja. Por ello, el *Coer Sidi,* donde se llevaban a cabo los misterios del druidismo, estaba compuesto por una serie de edificaciones adyacentes al templo, que incluían habitaciones de todos los tamaños, celdas, criptas, baños y largos pasadizos ingeniosamente dispuestos, provistos de todo el aparato de terror que se utilizaba en tales ocasiones. Con frecuencia, estos lugares eran subterráneos; y muchas de las cavernas de Gran Bretaña fueron escenario de iniciaciones druídicas. La sobrecogedora gruta de Castleton, en Derbyshire, conocida por Stukeley como la *Cueva Estigia,* así como las cavernas de los gigantes en Luckington y Badminster, en Wiltshire, fueron sin duda utilizadas con este fin.

96. *Ritos.* El sistema del druidismo abarcaba todas las búsquedas religiosas y filosóficas conocidas entonces en estas islas. Los ritos tenían una indudable referencia a los hechos astronómicos. Sus dei-

dades principales se reducían a dos: un varón y una hembra, el gran padre y la gran madre, Hu y Ceridwen, distinguidos por las mismas características que pertenecían a Osiris e Isis, Baco y Ceres, o cualquier otro dios y diosa supremos que representaran los dos principios de todo ser. Los grandes periodos de iniciación eran trimestrales y estaban determinados por el curso del sol y su llegada a los puntos equinocciales y solsticiales. Pero el momento de celebración anual era la víspera de mayo, cuando se encendían hogueras en todos los cairns y cromlech de la isla, que ardían toda la noche para introducir los deportes del día de mayo, de donde datan todos los deportes nacionales practicados antiguamente o todavía. Alrededor de estos fuegos se interpretaban danzas corales en honor del sol, que, en esta estación, se decía figuradamente que salía de su tumba.

El festival era licencioso, y continuaba hasta que la luminaria había alcanzado su altura meridiana, cuando los sacerdotes y asistentes se retiraban a los bosques, donde se perpetraban las orgías más vergonzosas. Pero las iniciaciones solemnes se realizaban a medianoche, y contenían tres grados, siendo el primero o más bajo el de los Eubates, el segundo el de los Bardos y el tercero el de los Druidas. El candidato era colocado primero en el lecho de pastos, o ataúd, donde su muerte simbólica representaba la muerte de Hu, o el sol; y su restablecimiento en el tercer grado simbolizaba la resurrección del sol. Debía someterse a pruebas de valor similares a los practicados en los misterios de otros países (por ej., 27), y que, por tanto, no es necesario detallar aquí.

La fiesta del 25 de diciembre se celebraba con grandes hogueras encendidas en las cimas de las colinas, para anunciar el día del nacimiento del dios Sol. Era el momento en que, tras el supuesto solsticio de invierno, comenzaba a aumentar y a ascender gradualmente. Esta fiesta, en efecto, no era celebrada sólo por los druidas, sino en todo el mundo antiguo, desde la India hasta Thule. Los fuegos, por supuesto, eran típicos del poder y el ardor del sol, mientras que los árboles de hoja perenne utilizados en la ocasión presagiaban los resultados de la renovada acción del sol sobre la vegetación. La fiesta del solsticio de verano se celebraba el 24 de junio. Ambos días siguen celebrándose como festivales en la Iglesia cristiana, el primero como Navidad, el segundo como el día de San Juan; porque los primeros cristianos adoptaron juiciosamente no sólo los días festivos de los paganos, sino también, en la medida en que podía hacerse con propiedad, su modo de celebrarlos; sustituyendo, sin embargo, las alusiones astronómicas por un significado teológico. El uso de hojas perennes en las iglesias en Navidad es la perpetuación cristiana de una antigua costumbre druídica.

97. *Doctrinas.* Los druidas enseñaban la doctrina de un ser supremo, un estado futuro de recompensas y castigos, la inmortalidad del alma y una metempsicosis. Era una máxima entre ellos que el agua era el primer principio de todas las cosas, y existía antes de la creación en pureza inmaculada, lo que parece una contradicción con su otra doctrina de que el día era el vástago de la noche, porque la noche o el caos existía antes de que se creara el día. Enseñaban que el tiempo era sólo un fragmento interceptado de la eternidad, y que había una sucesión interminable de mundos. De hecho, sus doctrinas eran principalmente las de Pitágoras. Sentían gran veneración por los números tres, siete, diecinueve (el ciclo metónico) y ciento cuarenta y siete, producido al multiplicar el cuadrado de siete por tres. También practicaban la vaticinación, pretendiendo predecir acontecimientos futuros a partir del vuelo de los pájaros, sacrificios humanos, por caballos blancos, la agitación del agua y suertes. No obstante, parece que poseían considerables conocimientos científicos.

98. *Poder político y judicial.* Su autoridad excedía en muchos casos a la del monarca. Eran, por supuesto, los únicos intérpretes de la religión, y en consecuencia supervisaban todos los sacrificios; pues a ningún particular se le permitía ofrecer un sacrificio sin su sanción. Poseían el poder de la excomunión, que era el castigo más horrible que podía infligirse junto al de la muerte, y de cuyos efectos no estaba exento el más alto magistrado. El gran consejo del reino no era competente para declarar la guerra o concluir la paz sin su concurrencia. Determinaban todas las disputas mediante una decisión final e inalterable, y tenían el poder de infligir el castigo de la muerte. Y, en efecto, sus altares manaban sangre de víctimas humanas. A veces se sacrificaban holocaustos de hombres, mujeres y niños, encerrados en grandes torres de mimbre, como holocausto a sus supersticiones, que pretendían, al mismo tiempo, aumentar la consideración de los sacerdotes, que eran una raza ambiciosa que se deleitaba con la sangre. Se dice que los druidas preferían a los que habían sido culpables de hurto, robo u otros crímenes, como los más aceptables para sus dioses; pero cuando había escasez de criminales, no tenían escrúpulos en suplir su lugar con personas inocentes. Estos terribles sacrificios eran ofrecidos por los druidas, para el público, en vísperas de una guerra peligrosa, o en la época de cualquier calamidad nacional; y también para personas particulares de alto rango, cuando estaban afligidas por cualquier enfermedad peligrosa.

99. *Sacerdotisas.* Las sacerdotisas, vestidas de blanco y con una faja de metal, predecían el futuro a partir de la observación de los fenómenos naturales, pero más especialmente de los sacrificios humanos. Para ellas estaba reservada la espantosa tarea de dar muerte a los prisioneros tomados en guerra y a los individuos condenados por los druidas; y sus augurios se extraían de la forma en que la sangre salía de las numerosas heridas infligidas, y también de las entrañas humeantes. Muchas de estas sacerdotisas mantenían una virginidad perpetua, otras se entregaban a los excesos más lujosos. Moraban en rocas solitarias, batidas por las olas del océano, que los marinos contemplaban como templos rodeados de prodigios indecibles. Así, la isla de Sena o Liambis, Los Santos, cerca de Ushant, donde se dice que nació Merlín, era la residencia de nueve de estas sacerdotisas, que entregaban oráculos a los marineros; y no había poder que no se les atribuyera. Otras, que vivían cerca de la desembocadura del Loira, una vez al año destruían su templo, esparcían sus materiales y, tras reunir otros, construían uno nuevo, en una ceremonia por supuesto simbólica; y si a una de las sacerdotisas se le caía alguno de los materiales sagrados, las demás caían sobre ella con gritos feroces, la despedazaban y esparcían sus miembros sangrantes.

100. *Abolición.* A medida que los romanos ganaban terreno, el poder de los druidas declinaba gradualmente; y finalmente fueron asaltados por Suetonio Paulino, gobernador de Britania bajo Nerón, en el año 61 d.C., en su bastión, la isla de Anglesey, y enteramente derrotados, consumiendo el conquistador a muchos de ellos en las hogueras que habían encendido para quemar a los prisioneros romanos que habían esperado para tomar una represalia muy justa contra estos sanguinarios sacerdotes. En la Galia, los druidas se mantuvieron en sus bosques sagrados cerca de la isla de Sena y en el promontorio de Finisterre durante quizá dos siglos más. El progreso del cristianismo acabó por abolirlos. Pero aunque su dominio fue así destruido, muchas de sus prácticas religiosas continuaron mucho más tiempo; y hasta el siglo XI, en el reinado de Canuto, fue necesario prohibir al pueblo que rindiera culto al sol, a la luna y a los fuegos. Ciertamente, muchas de las prácticas de los druidas aún se mantienen en la masonería, que no es más que el culto al sol y a las estrellas; y algunos escritores sobre esta orden se esfuerzan por demostrar que se estableció poco después del edicto de Canuto, y que como de este modo el culto druídico se prohibió in toto, se requirieron los juramentos más fuertes para obligar a los iniciados al secreto.

X. Misterios escandinavos

101. *Los Drottes.* Los sacerdotes de Escandinavia eran llamados *Drottes*, y, según se dice, fueron instituidos por Sigge, un príncipe escita que posteriormente habría asumido el nombre de Odín. Su número era de doce, y ejercían tanto funciones sacerdotales como judiciales; de este orden derivaría más tarde la institución de los jurados en Gran Bretaña.

Su poder alcanzaba los límites más extremos, pues gozaban del privilegio discrecional de elegir a las víctimas humanas para el sacrificio, privilegio del cual ni siquiera el monarca estaba exento. De ahí surgía la necesidad de procurar el favor de estos sumos pontífices. Y dado que esta orden, al igual que el sacerdocio israelita, estaba restringida a una sola familia, llegó a acumular una riqueza inmensa, volviéndose con el tiempo tan tiránica que llegó a infundir terror en toda la comunidad.

El cristianismo, que prometía liberar al pueblo de este yugo, fue recibido con entusiasmo; y los habitantes de Escandinavia, movidos por un deseo de venganza ante tanto sufrimiento acumulado, respondieron con feroz severidad contra sus antiguos opresores, derribando palacios y templos, estatuas de sus dioses y todo el aparato de la superstición gótica. De todo ello no quedan más que unos pocos *cromlech* -monumentos colosales de piedra tosca que la furia humana no pudo destruir-, algunas series de cavernas talladas en la roca sólida, y ciertas grutas naturales que se utilizaban para los ritos de iniciación.

102. *El ritual.* Todo el ritual tenía una vertiente astronómica. Los lugares de iniciación, como en otros misterios, se encontraban en cavernas, naturales o artificiales, y el candidato debía someterse a pruebas tan espantosas como los sacerdotes pudieran hacerlas. Pero en lugar de tener que atravesar siete cuevas o pasadizos, como en los misterios mitraicos y otros, descendía a través de nueve -el cuadrado del número místico tres- pasadizos subterráneos, y se le ordenaba que buscara el cuerpo de Balder, el Osiris escandinavo, asesinado por Loke, el principio de las tinieblas, y que empleara todos sus esfuerzos en resucitarlo. Entrar en detalles sobre el proceso de iniciación implicaría repetir lo que ya se ha dicho antes; por lo tanto, puede bastar con observar que al llegar al *sacellum*, al candidato se le administraba un juramento solemne sobre una espada desnuda, y lo ratificaba bebiendo hidromiel de un cráneo humano. Se le impri-

mió el signo sagrado de la cruz y se le entregó un anillo de virtudes mágicas, regalo de Balder el Bueno.

103. *Significado astronómico demostrado*. El primer canto de la Edda, que aparentemente contiene una descripción de las ceremonias realizadas en la iniciación de un aspirante, dice que este busca conocer las ciencias que poseen los Aesas o dioses. Descubre un palacio, cuyo techo de dimensiones ilimitadas está cubierto de escudos dorados. Se encuentra con un hombre que se dedica a lanzar hacia arriba siete flores. Aquí descubrimos fácilmente el significado astronómico: el palacio es el mundo, el techo el cielo; los escudos dorados son las estrellas, las siete flores los siete planetas. Se pregunta al candidato cuál es su nombre, y responde Gangler, es decir, el errante, el que realiza una revolución, distribuyendo lo necesario a la humanidad; pues el candidato personifica al sol. El palacio es el del rey, el epíteto que los antiguos mistagogos daban a la cabeza del sistema planetario. Entonces descubre tres asientos; en el más bajo está el rey llamado Har, sublime; en el central, Jafuhar, el igual del Sublime; en el más alto, Tredie, el número tres. Estos personajes son los que el neófito contemplaba en la iniciación eleusina, el hierofante, el daduchus o portador de la antorcha, y el epibomita o asistente en el altar; los que ve en la masonería, el Venerable Maestro, y los Primer y Segundo Vigilante, personificaciones simbólicas del sol, la luna y los demiurgos, o Gran Arquitecto del Universo. Pero la tríada escandinava suele estar representada por Odín, la deidad principal; Thor, su primogénito, el reputado mediador entre el dios y el hombre, poseedor de un poder ilimitado sobre el universo, por lo que su cabeza estaba rodeada por un círculo de doce estrellas; y Freya, una hermafrodita, adornada con una variedad de símbolos significativos del dominio sobre el amor y el matrimonio.

En las instrucciones dadas al neófito, se le dice que el mayor y más antiguo de los dioses se llama Alfader (el padre de todos), y tiene doce epítetos, que recuerdan los doce atributos del sol, las doce constelaciones, los doce dioses superiores de Egipto, Grecia y Roma. Entre los dioses de la teogonía escandinava se encuentra Balder el Bueno, cuya historia, como ya se ha insinuado anteriormente, constituía el objeto de las ceremonias iniciáticas. Balder es Mitra, el amor del sol. Prevé el peligro que le amenaza; sueña con él por la noche. Los otros dioses del Valhalla, el Olimpo escandinavo, a los que revela sus tristes presentimientos, le tranquilizan y, para protegerse de cualquier daño que pueda ocurrirle, exigen un juramento de todo lo que hay en la Naturaleza en su favor, excepto del muérdago, que se omitió por sus cualidades aparentemente inofensivas.

A modo de experimento y como deporte, los dioses lanzan a Balder toda clase de proyectiles, sin herirle. Hoder el ciego (es decir, el Destino), no toma parte en la diversión; pero Loke (el principio del mal, la oscuridad, la estación del invierno) pone una ramita en manos de Hoder, y le persuade para que la lance contra la devota víctima, que cae atravesada por heridas mortales. Por esta razón, esta planta era recogida en el solsticio de invierno por los druidas de Escandinavia, Galia y Britania, con un cuchillo curvo, cuya forma simbolizaba el segmento del círculo zodiacal durante el cual tuvo lugar el asesinato de Balder. En la Edda de Snorro tenemos otra leyenda de Odín y Freya, la Isis o Venus escandinava, que da cuenta de las andanzas de esta última en busca de aquél, que, por supuesto, tienen el mismo significado astronómico que la búsqueda de Isis por Osiris, de Ceres por Proserpina, etc. Uno de los principales festivales del año, como en el caso de los druidas, era el solsticio de invierno; y siendo esta la noche más larga del año, los escandinavos le asignaron la formación del mundo a partir de la oscuridad primigenia, y la llamaron «Noche Madre». Esta fiesta se denominaba «Yule», una corrupción de la palabra griega *helios*, el sol, y era una estación de festividad universal.

LIBRO II
EMANACIONISTAS

«Una lucha cambiante,
una vida ardiente,
tejo en el telar zumbante del Tiempo
las vestiduras vivientes de la Deidad».

Goethe, *Fausto*

I. La Cábala

104. *Su origen.* La Cábala (derivada del hindú *Kapila,* considerado el inventor de la filosofía de los números) es el compendio de los trabajos de las sectas del judaísmo, centrado en la interpretación mística de las Escrituras y en especulaciones metafísicas acerca de la divinidad y de los mundos visibles e invisibles. Los judíos afirman que fue comunicada a Moisés por el mismo Dios. Ahora bien, aunque no resulta improbable que el personaje al que la historia atribuye el nombre de Moisés dejara a sus sucesores ciertas doctrinas secretas, las enseñanzas fantásticas de la Cábala sobre ángeles y demonios son puramente caldeas; en Babilonia los judíos injertaron en el monoteísmo la doctrina de los Dos Principios. Daniel, pontífice de los magos y profeta de los judíos, puede considerarse como el principal fundador de la Cábala, concebida en Babilonia y recibida como el fruto prohibido de la mujer extraña.

Los antiguos judíos tenían alguna noción de los ángeles, pero no les atribuían funciones específicas, aunque asignaban a cada patriarca un espíritu familiar particular. La Escuela de Alejandría realizó numerosas adiciones a esa importación extranjera; Filón complementó a Daniel. La parte especulativa de la Cábala, cuya base se halla en la doctrina de la emanación, fue desarrollada en dicha escuela; los sistemas filosóficos de Pitágoras y Platón se combinaron con la filosofía oriental, y de ahí surgieron el gnosticismo y el neoplatonismo.

105. *Antigüedad de la Cábala.* A grandes rasgos, puede afirmarse que la primera promulgación documental de la Cábala tuvo lugar en el siglo anterior y medio siglo después de nuestra era. La mayor cultura del pueblo judío, la tiranía suprema de la letra de la ley y la minuciosidad rabínica, favorecieron la difusión de la teología ocultista, cuyos principales libros de texto son el *Sepher-yetzirah*», o Libro de la Creación, probablemente de Akiba, y el *Zohar*», el Libro de la Luz, atribuido a Simon-ben-Joachai, alumno de Akiba, que

consiste en comentarios fantásticos sobre los libros de Moisés. El fárrago que contiene el libro puede deducirse de la representación que hace de Dios. Su cabeza es la de un hombre muy anciano, vestido con mil millones y siete mil curis de lana blanca; su barba es tan blanca como la nieve, le llega hasta el ombligo, y tiene trece divisiones, cada una de las cuales comprende los mayores misterios. Los judíos no lo conocieron antes de finales del siglo XIII. Akiba fue un rabino judío y maestro de la Mishna (107). Fue ejecutado por haber participado en la insurrección de Bar-Cochba (Hijo de la Estrella, Numb. xxiv. 17) en el año 135 d.C.

106. *El Libro de la Creación*. En esta obra Adán considera el misterio del universo. En su monólogo declara las fuerzas y poderes de la razón, que intenta descubrir el vínculo que une en un principio común todos los elementos de las cosas; y en esta investigación adopta un método diferente del mosaico. No desciende de Dios a la creación, sino que estudiando el universo, buscando la unidad en la variedad y la multiplicidad, la ley en el fenómeno, asciende de la creación a Dios, un método prolífico, pero que lleva a los cabalistas a buscar analogías fantásticas entre los poderes superiores e inferiores, entre el cielo y la tierra, entre las cosas y los signos del pensamiento. De ahí surgieron todas las artes de adivinación y conjuración, y las supersticiones más absurdas.

Según la concepción cabalística, el universo, que para Pitágoras es un símbolo de las virtudes misteriosas de los números, es sólo una página maravillosa en la que todas las cosas existentes fueron escritas por el artífice supremo con los diez primeros números y las veintidós letras del alfabeto hebreo. Los diez números abstractos son las formas generales de las cosas, las «categorías supremas de las ideas». Así, el número uno representa el espíritu del Dios viviente, el poder generador universal; el número dos es el aliento del espíritu animador; el tres es el principio acuoso y el cuatro el ígneo. La huella de las letras en el universo es indestructible, y es el único carácter que puede permitirnos descubrir la Causa Suprema, recomponer el nombre de Dios, el Logos, escrito sobre la faz del mundo. Tampoco todas las letras son de igual Virtud; tres, llamadas las madres, tienen la precedencia, y se refieren a las tríadas que se encuentran en diversos órdenes físicos y mentales; otras siete se llaman dobles, porque de ellas surgen las cosas constantemente opuestas entre sí; las doce restantes se llaman simples, y se refieren a doce atributos del hombre.

107. *Diferentes tipos de cábala*. Existen dos clases principales de Cábala: la teórica y la práctica. Esta última se ocupa de la confección

de talismanes y amuletos, razón por la cual no merece, en absoluto, nuestra atención. No obstante, puede resultar interesante para los creyentes en el charlatanismo moderno saber que esta Cábala práctica fue empleada desde muy temprano para producir fenómenos espiritistas; las mesas adivinatorias, provistas de un aparato de escritura, eran comunes ya en tiempos de Tertuliano, como se aprende de su *Apología*. Un tal Federico Brentz, judío convertido al cristianismo en 1610, explicó -o intentó explicar- en un libro contra sus antiguos correligionarios cómo los judíos lograban levantar mesas con piedras de varios cientos de kilos sobre ellas, mediante conjuros cabalísticos. La Cábala teórica se divide en literal y dogmática. La dogmática es el resumen de las doctrinas metafísicas enseñadas por los doctores cabalísticos; la literal es un modo místico de explicar las cosas sagradas mediante un uso peculiar de las letras de las palabras. Esta Cábala literal, llamada la Mishna, se subdivide de nuevo en tres ramas, la primera considera las palabras según el valor numérico de las letras que las componen. Esta rama se denomina Gematría, y para un ejemplo de ella se remite al lector a Mitra, el nombre del sol, cuyas letras componen el número 365, el número de días durante los que el sol realiza su recorrido. La segunda rama se denomina Notaricón, y es un modo de construir una palabra a partir de las iniciales o finales de muchas. Así, de la frase de Deuteronomio xxx. 12, «¿Quién subirá por nosotros al cielo?», en hebreo, se toman las letras iniciales de cada palabra para formar la palabra «circuncisión». El tercer modo se denomina Temurá, o permutación de letras, tal como se conoce familiarmente como anagrama.

108. *Visiones de Ezequiel.* Los términos e invenciones cabalísticos, no desprovistos de ideas poéticas, se prestaban a las exigencias de los místicos, sectarios y alquimistas. Basta considerar la parte del sistema cuyo objeto es el estudio de las visiones de Ezequiel, para formarse una idea de la riqueza fantástica y mitológica de la Cábala. Esta rama de la Cábala se denomina la Marcava.

En las visiones de Ezequiel, Dios está sentado en un trono, rodeado de extrañas figuras aladas: el hombre, el toro, el león y el águila, cuatro signos zodiacales, como «la gloria que vio junto al río de Chebar», es decir, entre los caldeos, famosos por sus conocimientos astronómicos. Los rabinos llaman a las visiones la descripción del carro celeste, y descubren en ellas profundos misterios. Maimónides redujo esas visiones a las ideas astronómicas de su época; la Cábala las rodeó de sus innumerables huestes de ángeles. Además de los ángeles que presiden las estrellas, los elementos, las virtudes, los vicios, las pasiones, el mundo inferior está poblado por genios de ambos sexos, que ocupan una posición intermedia entre los ángeles y los hombres: los espíritus elementales de los rosacruces. Los ángeles buenos están bajo el mando de Metatrón, también llamado Sar Happanim, el ángel del semblante divino. Los ángeles malos están sometidos a Samual, o Satán, el ángel de la muerte. Además de la metempsicosis india, los cabalistas admiten otra, que llaman «impregnación», consistente en la unión de varias almas en un solo cuerpo, que tiene lugar cuando algún alma necesita la ayuda de otras para alcanzar la visión beatífica.

109. *La Creación a partir de la Nada.* El Ser primitivo es llamado el Anciano de los Días, el antiguo Anillo de Luz, incomprensible, infinito, eterno, un ojo cerrado. Antes de manifestarse todas las cosas estaban en él, y fue llamado *La Nada*, el *Mundo Cero.* Antes de la creación del mundo, la luz primitiva de Dios, la Nada, lo llenaba todo, de modo que no había vacío; pero cuando el Ser Supremo determinó manifestar sus perfecciones, se replegó en sí mismo y dejó salir la primera emanación, un rayo de luz, que es la causa y el principio de todo lo que existe, y combina las fuerzas generativas y conceptivas. Comenzó formando un punto imperceptible, el punto-mundo; luego con ese pensamiento construyó una forma santa y misteriosa, y finalmente la cubrió con un rico ropaje: el universo.

De las fuerzas generativa y conceptiva emanaba el primogénito de Dios, la forma universal, el creador, preservador y principio animador del mundo: Adam Kadmon, llamado el macrocosmos; mientras que el hombre, nacido de él y viviendo en él, y que comprende de hecho lo que el hombre típico o celestial comprende en potencia, es llamado el microcosmos. Pero antes de que el Ensoph, o Infinito, se revelara en esa forma del hombre primitivo, otras emanaciones, otros mundos, se habían sucedido unos a otros, los cuales eran llamados «chispas», que se debilitaban cuanto más alejadas estaban del centro de emanación. Alrededor de Adam Kadmon se formaban los incontables círculos de emanaciones posteriores, que no eran seres con vida propia, sino atributos de Dios, vasos de omnipotencia, tipos de la creación. Las diez emanaciones de Adam Kadmon son llamadas Sephiroth, las «potencias» de Filón y los «aeones» de los gnósticos.

110. *Renacimiento de las doctrinas cabalísticas.* Al igual que entre los cristianos el Apocalipsis, entre los judíos la Cábala siempre ha tenido sus devotos estudiantes. Uno de ellos fue Lobele (m. 1609), que fue rabino jefe en Praga, y considerado tan santo, que ningún ser nacido de mujer se creía apto para atenderle; le asistía un sir-

viente producido por arte de magia, o un esclavo formado de arcilla. Profundamente versado en todos los misterios de la Cábala, estaba dotado de poderes sobrenaturales, pero él, sabiamente quizás, guardaba sus conocimientos para sí mismo; ni siquiera tenía alumnos. Pero hacia mediados del siglo pasado Jacob Franck, originalmente un destilador de Polonia, reunió a su alrededor a una multitud de seguidores judíos en Podolia que, abjurando del dogmatismo rabínico, adoptaron la enseñanza mística de la Cábala. El libro Zohar (105) era la base de sus doctrinas, de ahí que se les llamara zoharistas, los iluminados. El clero católico romano, que veía en estas doctrinas un acercamiento al cristianismo, les protegió al principio; pero a la muerte del obispo de Podolia fueron perseguidos por los rabinos, por lo que tuvieron que dispersarse, y el propio Franck fue encarcelado hasta 1773, cuando fue liberado por los rusos. Intentó entonces establecerse en Viena, pero al ser expulsado de allí encontró refugio en Offenbach, cerca de Frankfort, donde reunió a muchos seguidores y vivió a lo grande, ya que recibía subsidios liberales de los judíos. Murió en 1791, año en que se disolvió la sociedad; aún pueden encontrarse algunos restos en Polonia, donde se les conoce como judíos cristianos. Forman una especie de orden religiosa, practican ciertos ritos judíos y profesan doctrinas místicas, mantenidas en secreto para los forasteros.

Otra secta cabalística fue formada por la misma época (1740) por Israel de Podolia, llamándose a sí mismos los «Nuevos Santos»; profesaban obrar milagros mediante utilizando el nombre cabalístico de Jehová. Israel tuvo un gran éxito y dejó cuarenta mil seguidores.

Frederick Bahrdt y C. Frederick Nicolai, el primero en su *Introducción* a la *Cábala* de Cornelio Agrippa, y el segundo en su obra *Viajes por Alemania y Suiza* (1781), mencionaban ambos la Cábala del Padre Capuchino Tertius de Ratisbona, escrita en latín, que este utilizaba para la adivinación. Una Cábala algo similar se publicó hacia 1790 en el *Oráculo Délfico,* editado por el profesor K. [¿Anne?].

> «Pues el embuste nunca mengua
> cuando la necedad lo ayuda».

La Cábala fue valorada en su justa medida por el jesuita Pererius (1535-1610), quien en su obra *De Magia* la calificaba como un «sistema no científico, tonto y ridículo». Y sin embargo, en el último cuarto de este siglo, Alphonse Louis Constant–quien escribió bajo el seudónimo de Eliphas Levi Zahed varios libros que gozan de gran estima entre los modernos estudiosos de lo «oculto»–realizó mediante el poder cabalístico una evocación ceremonial de Apolonio de Tiana, y fue incluso patrocinado, entre otras figuras notables, por Lord Lytton, ¡quien lo recibió en Knebworth! Algunas formas de superstición, ciertamente, mueren con dificultad.

II. Hijos de la Viuda

111. *Origen de la Religión del Amor.* Un esclavo persa, cuya poderosa imaginación hizo surgir una doctrina desoladora, pero extraordinaria por la originalidad de la invención y la variedad de los episodios, tres siglos después de la aparición de Cristo, y cuando el orientalismo estaba a punto de desaparecer de Occidente, fundó una teogonía e instituyó una secta que reavivó la influencia oriental en Europa, y por medio de las Cruzadas propagó el cisma y la revuelta por todo el mundo católico. La acción de este discípulo rebelde de Zoroastro, de este restaurador de la antigua fe de los Magos, mezclada con formas cristianas y símbolos gnósticos, tuvo una extensión y una duración que, aunque puestas en duda por el pasado, la crítica moderna descubre en la filosofía intrínseca de gran parte de las sectas formadas en el seno del catolicismo. A la cabeza de este gigantesco movimiento de la inteligencia y la conciencia, que se entregó a las supersticiones más singulares para sacudirse el yugo de Roma, se encuentran el gnosticismo y el maniqueísmo, sectas orientales, último y glorioso avance de una teogonía que, viendo alejarse de sí el dominio de una porción tan grande de la tierra, emprendió su recuperación con misterios y la evocación de fantasmas poéticos.

112. *Manes.* Manes, redimido de la esclavitud por una rica viuda persa, por lo que se le llamó «hijo de la viuda», y a sus discípulos «hijos de la viuda», de aspecto prepotente, docto en la filosofía alejandrina, iniciado en los misterios mitraicos, recorrió las regiones de la India, tocó los confines de China, estudió las doctrinas evangélicas, y así vivió en medio de muchos sistemas religiosos, obteniendo luz de todos y sin sentirse satisfecho por ninguno. Nació en un momento propicio, y su temperamento le capacitaba para arduas y fantásticas empresas y planes. Poseedor de una gran penetración y una voluntad inflexible, comprendió la fuerza expansiva del cristianismo y resolvió sacar provecho de ello, enmascarando las ideas gnósticas y cabalísticas bajo nombres y ritos cristianos. Para establecer esta revelación cristiana, se llamó a sí mismo el Paráclito anunciado por Cristo a sus discípulos, atribuyéndose, a la manera gnós-

tica, una gran superioridad sobre los Apóstoles, rechazando el Antiguo Testamento, y permitiendo a los sabios de los paganos una filosofía superior al judaísmo. 270 D.C.

113. *Maniqueísmo*. Las concepciones funestas de un dualismo puro y simple, la eternidad y la maldad absoluta de la materia, la no resurrección del cuerpo, la perpetuidad del principio del mal, presiden el compuesto que tomó su nombre de él, y confunden a Mitra con Cristo, el Evangelio con el Zend-Avesta, el Magismo con el Judaísmo. El Padre Desconocido, el Ser Infinito, de Zoroastro, es totalmente rechazado por Manes, que divide el universo en dos dominios, el de la luz y el de las tinieblas, irreconciliables, de los que uno es superior al otro; pero, gran diferencia el primero, en lugar de conquistar al segundo en la bondad, lo reduce a la impotencia, lo vence, pero no lo suprime ni lo convence.

El Dios de la luz dispone de innumerables legiones de combatientes (eones), a cuya cabeza se encuentran doce ángeles superiores, que se corresponden con los doce signos del zodíaco. La materia satánica está rodeada de una hueste similar que, cautivada por los encantos de la luz, se esfuerza por conquistarla; por ello, el jefe del reino celeste, para obviar este peligro, infunde vida a una nueva potencia y la designa para vigilar las fronteras del cielo. Ese poder se llama la «Madre de la Vida», y es el alma del mundo, la «Divinidad», el pensamiento primitivo del *Ens Supremo*, la «Sophia» celestial de los gnósticos. Como emanación directa del Eterno es demasiado pura para unirse con la materia, pero le nace un hijo, el primer hombre, que inicia la gran lucha con los demonios. Cuando las fuerzas del hombre le fallan, el «Espíritu Viviente» acude en su ayuda y, habiéndole conducido de nuevo al reino de la luz, eleva por encima del mundo la parte del alma celeste no contaminada por el contacto con los demonios, un alma perfectamente pura, el Redentor, el Cristo, que atrae hacia sí y libera de la materia la luz y el alma del primer hombre.

En estas doctrinas abstrusas se oculta el culto mitraico al sol. Los seguidores de Manes se dividían en «Elegidos» y «Oyentes»; los primeros debían renunciar a todo goce corpóreo, a todo lo que pudiera oscurecer en nosotros la luz celeste; los segundos eran tratados con menos rigor. Ambos podían alcanzar la inmortalidad mediante la purificación en un amplio lago situado en la luna (el bautismo del agua celeste), y la santificación en el fuego solar (el bautismo del fuego celeste), donde residen el Redentor y los espíritus bienaventurados.

114. *Vida de Manes.* La vida de Manes fue azarosa y tormentosa, prefigurando las tempestades que más tarde se abatirían sobre su secta. Tras gozar del inestable favor de la corte y adquirir fama como gran médico, no logró salvar la vida de uno de los hijos del príncipe. Por ello fue exiliado y vagó por Turkestán, el Hindostán y el Imperio Chino. Habitó durante un año en una cueva, alimentándose de hierbas; en ese tiempo, sus seguidores, al no recibir noticias suyas, afirmaban que había ascendido al cielo, y fueron creídos no solo por los «Oyentes», sino también por el pueblo. El nuevo príncipe lo hizo llamar de nuevo a la corte, lo colmó de honores, le construyó un suntuoso palacio y lo consultaba en todos los asuntos de Estado. Pero Barahm, sucesor de este príncipe, instigado por los magos, le hizo pagar muy caro su breve felicidad: lo mandó a ejecutar de forma cruel, haciendo que lo desollaran vivo.

115. *Progreso del maniqueísmo.* El gobierno de la secta, ya estructurado con grados, ritos iniciáticos, signos y palabras de pase, fue mantenido por jefes astutos que, cada vez más, atraían a los cristianos mediante el uso de un lenguaje ortodoxo, haciéndoles creer que su propósito era devolver al cristianismo su pureza original. Pero la secta era odiosa para la Iglesia de Roma, pues procedía de la Persia rival, y durante dos siglos fue proscrita del Imperio, como lo atestiguan numerosas leyes recogidas en el Codex Theodosianus. Hacia finales del siglo IV se extendió por África y España, disfrutó de paz y prosperidad bajo la protección de la madre del emperador Anastasio (491-518), pero con Justiniano se reanudó la persecución. En el siglo IX, la emperatriz Teodora, esposa de Teófilo, mandó matar a más de cien mil maniqueos.

Sin embargo, cambiando de nombre, sede y lenguaje simbólico, el maniqueísmo se difundió por Bulgaria, Lombardía (Patarinos), Francia (Cátaros, Albigenses), etc.; se alió con los sarracenos y declaró la guerra abiertamente al emperador. Sus seguidores perecieron por millares en combate y en la hoguera, y de su tronco secular brotaron las llamadas herejías de los husitas y los wiclefitas, que abrieron el camino al protestantismo.

En esos oscuros siglos medievales surgieron, en efecto, incontables legiones de sectarios unidos por un pacto común, cuya existencia sólo se hacía patente cuando la siniestra luz de las hogueras iluminaba la oscuridad en que se ocultaban. Los francmasones, sin duda, heredaron no poca parte de su ritual a través de los templarios; eran muy numerosos en las cortes, e incluso en la cúpula de San Pedro, bautizados en sangre bajo nuevas denominaciones y ordenanzas.

116. *Doctrinas*. El lenguaje sagrado del maniqueísmo era de lo más brillante, y se fundaba en ese concierto de voces e ideas, llamado en fraseología pitagórica la «armonía de las esferas», que establecía una conexión entre los grados místicos y las esferas figuradas por medio de términos e imágenes convencionales; y se sabe que los albigenses y los patarinos se reconocían por signos. Un patarino provenzal, que había huido a Italia en 1240, encontró en todas partes una acogida amistosa, revelándose a los hermanos por medio de frases convencionales. En todas partes encontró la secta admirablemente organizada, con iglesias, obispos y apóstoles de la más activa propaganda, que invadieron Francia, Alemania e Inglaterra. El lenguaje maniqueo, además, era ascético, cariñoso y cristiano; pero el neófito, después de haber entrado una vez en la secta, era llevado más allá, y gradualmente alienado de la Iglesia papal.

Los misterios tenían dos objetivos principales: guiar al neófito, primero cambiando insensiblemente sus opiniones y disposiciones anteriores, y después instruirle gradualmente en el lenguaje convencional, que, al ser complicado y variado, requería mucho estudio y mucho tiempo. Pero no todos fueron admitidos en los grados más altos. Los que se echaban atrás, o no podían renunciar a las ideas anteriores, permanecían siempre en la Iglesia, y no eran introducidos en el santuario. Se trataba de cristianos sencillos y oyentes sinceros, que, puestos en celo por la reforma, a menudo encontraron la muerte, como, por ejemplo, los canónigos de Orleans, que fueron condenados a la hoguera por el rey Robert en 1022. Pero los que no retrocedieron fueron iniciados en todas aquellas cosas que era importante que conocieran los miembros más fieles de la secta. La destrucción de Roma y el establecimiento de la Jerusalén celestial de la que se habla en el Apocalipsis eran los principales objetivos perseguidos.

117. *Propagación de la religión del amor*. La religión del amor no terminó con la masacre de los albigenses, ni sus últimos ecos fueron los cantos de los trovadores; pues la encontramos en una secta alemana que en 1550 pretendía recibir una luz sobrenatural del Espíritu Santo. También en Holanda surgió en 1555 una secta de cristianos, llamada la «Familia del Amor», y que derivaba su origen de un tal Enrique Nicolás, de Westfalia. Enseñaba que la esencia de la religión consistía en los sentimientos del amor divino; que la unión del alma con Cristo la transforma en la esencia de la Deidad; que las Escrituras deben interpretarse de forma alegórica. No son herejías muy condenables, se podría pensar; pero cuando la secta hizo su

aparición en Inglaterra, alrededor del año 1580, sus libros fueron quemados públicamente y la secta se dispersó.

III. Los gnósticos

118. *Carácter del gnosticismo*. Las ideas rectoras del platonismo se encuentran también en los postulados de los gnósticos (es decir, «los que saben», *coloro che sanno*. Inf. iv. 131), y continuaron, durante los siglos II y III, las escuelas que levantaron una barrera entre la filosofía recóndita y la superstición vulgar. Bajo este aspecto, el gnosticismo es la herejía más universal, la madre de muchas herejías posteriores, incluso del arrianismo, y reaparece entre los alquimistas, los místicos y los trascendentalistas modernos.

119. *Doctrinas*. Los gnósticos concebían un Ser infinito e invisible, un abismo de tinieblas, que, incapaz de permanecer inactivo, se difundía en emanaciones que decrecían en perfección cuanto más alejadas estaban del centro del cual procedían. Tenían su gran tríada, cuyas personificaciones -la Materia, el Demiurgo y el Salvador-abarcaban y representaban la historia del hombre y del mundo. Las emanaciones superiores, partícipes de los atributos de la esencia divina, eran los «eones», distribuidos en clases según números simbólicos. Su conjunto formaba el *pleroma*, o plenitud de la inteligencia. La última y más imperfecta emanación del *pleroma*, según una de las dos grandes corrientes del gnosticismo, era el Demiurgo, un equilibrio de luz y tinieblas, de fuerza y debilidad, quien, sin el concurso del Padre desconocido, producía este mundo, aprisionando en él a las almas, pues era el mal primario, opuesto al bien primario. Cargaba a las almas con materia, de la que eran redimidas por Cristo, una de las sublimes potencias del *pleroma*, el pensamiento divino, la inteligencia, el espíritu. La humanidad estaba destinada a elevarse de nuevo desde la vida material a la espiritual; a liberarse de la Naturaleza, a dominarla y a vivir otra vez en una belleza inmortal.

Según la otra corriente del gnosticismo, el Demiurgo era el representante y órgano del Dios supremo, designado por la voluntad divina especialmente como Jehová sobre el pueblo judío. Los hombres se dividían en tres clases: los hombres terrenales, hechos de tierra y atados a la materia; los hombres espirituales, o *Pneumatikoi*, que alcanzaban la luz divina; y los *Psychikoi*, que solo se elevaban hasta el Demiurgo. Los judíos, sometidos a Jehová, eran *Psychikoi*; los paganos, hombres terrenales; los verdaderos cristianos, o gnósticos, eran *Pneumatikoi*.

120. *Desarrollo del gnosticismo.* Simón el Mago; Menandro, su sucesor; Cerinto, el apóstol del Milenio, y algunos otros que vivieron en el siglo I, son considerados los fundadores del gnosticismo, que pronto se dividió en tantas sectas como apóstoles surgieron. Este puede llamarse el periodo oscuro del gnosticismo. Pero a principios del siglo II surgió la secta de Basílides de Alejandría, y con ella varios centros de gnosticismo en Egipto, Siria, Roma, España, etc. Basílides, que corrompió el gnosticismo con fantasías indias y egipcias, supuso 365 eones o ciclos de la creación, que se expresaron con la palabra «abraxas», cuyas letras, según su valor numérico en griego, producen el número 365. Por «abraxas» se entendía, en su sentido más profundo, el Dios Supremo; pero el lector detectará enseguida el sentido astronómico, y recordará las palabras Mitra y Beleno, que también representan separadamente ese número, y el Dios Supremo, es decir, el sol.

Valentinus es también un famoso gnóstico, cuya doctrina fundamental es que todos los hombres serán restaurados a su estado primigenio de perfección; que la materia, refugio del mal, será consumida por el fuego -que es también la doctrina de Zoroastro-; y que los espíritus en perfecta madurez ascenderán al pleroma, para disfrutar allí de todas las delicias de una unión perfecta con sus compañeros. De los valentinianos surgieron los ofitas, que se llamaban así por la serpiente que al tentar a Eva trajo al mundo las bendiciones del conocimiento; y los cainitas, que sostenían que Caín había sido el primer gnóstico, en oposición a la fe ciega e irracional de Abel, y por ello perseguido por el Demiurgo, Jehová. Sobre esta idea se funda la Leyenda Masónica del Templo. Los adanitas (opositores a la ley), como los ismaelitas en un periodo posterior, enseñaron a sus adeptos el odio contra todas las religiones y leyes positivas. Los adanitas consideraban el matrimonio como el fruto del pecado; llamaban «paraíso» a su iniciación lasciva, consideraban lícita toda indulgencia en los deleites carnales y abogaban por la abolición del vestido. Los pepuzianos variaban sus iniciaciones con la aparición de fantasmas, entre los que había una mujer coronada con el sol y doce estrellas, y con la luna bajo sus pies: la Isis de Egipto y la Ceres de Grecia. Encontraron en el Apocalipsis toda su terminología iniciática. Una piedra gnóstica, representada en la obra de Chifflet, muestra siete estrellas de igual tamaño, con una más grande encima; estas significan probablemente los siete planetas y el sol. Además, hay figurados en ella un par de compases, un cuadrado y otros emblemas geométricos. Así, todas las iniciaciones religiosas son siempre reducibles a la astronomía y a los fenómenos naturales.

121. *Espíritu del gnosticismo.* Las ideas ampliamente opuestas del politeísmo, el panteísmo, el monoteísmo, los sistemas filosóficos de Platón, Pitágoras, Heráclito, junto con el misticismo y la demonología que tras el cautiverio judío crearon la Cábala, todo ello contribuyó a formar el gnosticismo. Y la aristocracia de la mente, poderosa y numerosa como nunca antes lo había sido, que surgió en los primeros siglos de nuestra era, incluso al adoptar la nueva fe, no pudo sino aborrecer la idea de compartirla por completo con la multitud de esclavos liberados y no liberados que les rodeaban, con los bajos y pobres de espíritu. El carácter excluyente del gnosticismo, que fue una de las causas por las que fue violentamente perseguido por los Padres de la Iglesia como herejía condenable, fue sin duda, junto al atractivo de sus dogmas, una de las principales razones de su rápida propagación y su duradera influencia en los sistemas religiosos modernos. Se dice que los gnósticos se reconocían unos a otros haciéndose unas ligeras cosquillas en la palma de la mano de la persona con la que se estrechaban.

IV. Los Esenios

122. *Conexión del judaísmo y el gnosticismo.* En el momento de la dispersión de los judíos en el corazón de Asia, se intentó descubrir analogías entre las doctrinas chinas de Lao-Tze (80) y las de los hebreos, que llegaban incluso hasta el nombre de Jehová; y es innegable que mientras los judíos, por una parte, asimilaban sus dogmas a los de Zoroastro, por otra difundían las ideas gnósticas y cabalísticas por todo el mundo. Y Lao-Tze ha sido considerado por algunos como un precursor del gnosticismo. Un fragmento de este maestro religioso dice así: «Antes del caos que precedió al nacimiento del universo, existía un único ser, ilimitado y silencioso, inmutable y sin embargo siempre activo, que puede llamarse la Madre del universo. Desconozco su nombre, pero puedo llamarla Inteligencia. El hombre tiene su modelo en la tierra, la tierra en el cielo, el cielo en la Inteligencia y la Inteligencia en sí misma».

123. *Esenios y terapeutas.* A su regreso a Judea, los judíos se dividieron en varias sectas, como los fariseos, cuyo nombre se supone que deriva de *parsis,* y los saduceos, *casidim* y *zadikim.* Con respecto a la ley mosaica, los fariseos eran *jasidim* (pietistas), mientras que los samaritanos, esenios y saduceos eran *zadikim.* Los primeros se

dividieron después en talmudistas, rabinos y cabalistas (no, secta de los «nuevos santos»). Pero en las que más predominó el elemento oriental fueron los esenios y los terapeutas. Estas dos sectas se han confundido a menudo, al suponerse que la última formaba el grado más elevado de la orden. Pero eran muy distintas, no tenían nada en común excepto sus preceptos morales. Sus prácticas no eran exclusivamente orientales, sino que, por medio de la escuela alejandrina, estaban conectadas con las tradiciones occidentales, y especialmente con las enseñanzas de Pitágoras. Los esenios, acercándose más a los principios de Zoroastro, que sostenía que el alma debía liberarse lo más posible de las influencias corpóreas, se sometían a ayunos y maceraciones; los terapeutas, que vivían en Egipto, se esforzaban por conciliar las doctrinas de Oriente con las antiguas tradiciones de Grecia, por lo que el retrato que Filón, que simpatizaba fuertemente con ellos, nos ha dejado de su sociedad, abunda en ideas orientales y pitagóricas.

Sin embargo, es dudoso que la obra fuera escrita realmente por Filón; muchos la suponen obra de un monje cristiano, como panegírico sobre el monaquismo ascético. Algunos escritores han intentado derivar a los esenios del sacerdocio efesio, y al rastrear cierta semejanza entre los órficos de Tracia, los curetes de Creta y los sacerdotes efesios, se sospechó la existencia de una antigua doctrina común, sumergida como una Atlántida filosófica, y se consideró a los griegos como un poderoso vástago; pero parece cierto que los esenios tenían muy poco de Grecia en sus rituales, mientras que los terapeutas tenían mucho. Los esenios pueden, con gran probabilidad, derivar de los asideos (i Mac. ii. 42), quienes, como consecuencia de la perfidia de Alcimo (i Mac. vii. 13-16), cortaron su conexión con el Templo. En nuestros apócrifos ingleses, los asideos son llamados (i Mac. ii 42) «hombres poderosos de Israel», pero el significado del original es «adherentes de la antigua fe». No eran guerreros, como se ha supuesto; fueron los primeros en buscar la paz (i Mac. vi. 13), pues formaban una comunidad religiosa y no militar.

124. *Sus principios y costumbres.* Los esenios eran célebres por su vida moral y virtuosa. Vivían en aldeas, lejos de las ciudades, cultivaban la tierra, no poseían esclavos y tenían todos sus bienes en común. No hacían votos de celibato, pero la mayoría se abstenía del matrimonio, temiendo la infidelidad y volubilidad de la mujer. Cultivaban las ciencias físicas, especialmente la medicina. Nadie era admitido en su comunidad sin haber pasado por pruebas graduales que duraban varios años.

Se les considera entre las sociedades secretas porque pueden entenderse como opositores del sacerdocio judío en una época en la que dicho sacerdocio era todopoderoso, y cualquier oposición implicaba un gran peligro. Ahora bien, las doctrinas de los esenios eran necesariamente contrarias a la fe hebrea, y para evitar la persecución que de otro modo habrían podido sufrir, adoptaron inicialmente un nombre destinado a desarmar la sospecha: esenios, derivado de *essen* o pectoral que llevaba el sumo sacerdote judío; además, tomaron toda precaución posible en la admisión de miembros a su orden secreta, la cual se dividía en cuatro grados. El proceso de iniciación estaba dispuesto de tal forma que un candidato, incluso después de haber alcanzado el tercer grado, no conocía el gran secreto, y si no se le consideraba digno de ingresar en el santuario más interno, permanecía completamente ignorante de su verdadera naturaleza, viendo en él solo a los rangos de gobierno, los más elevados en jerarquía, pero sin distinción doctrinal aparente. (Un paralelo perfecto de este sistema se encuentra en la masonería: los miembros de los tres primeros grados no son iniciados en el gran supuesto secreto de la masonería; solo en el Arco Real se les revela).

Los cuatro grados mencionados eran respectivamente llamados los «Fieles», los «Iluminados», los «Iniciados» y los «Perfectos». Los Fieles recibían al ser iniciados un nombre nuevo o bautismal, que era grabado con una marca secreta sobre una piedra blanca (probablemente aludida en Apocalipsis 2:17, la cual, como veremos más adelante, no tiene origen cristiano), que conservaban como prueba de su pertenencia. La señal usual era la cruz, aunque también se empleaban otros signos.

125. *Distinción entre las dos sectas*. Los terapeutas se inclinaban más hacia la contemplación y menos hacia el trabajo manual; podrían considerarse esenios especulativos. Eran menos reacios a la admisión de mujeres, y en algunas de sus festividades celebraban danzas en las que se permitía la participación del sexo femenino. Pero, si bien no se privaban de la compañía de mujeres, desterraban el vino de todas sus comidas; temían, al parecer, la conjunción de Baco y Venus. Solo ellos poseían –o afirmaban poseer– la clave de la verdadera interpretación de los escritos de Moisés, un conocimiento auténtico de la Cábala, y según la tradición, Cristo habría nacido de padres pertenecientes a esta sociedad, que lo habrían educado y preparado para el papel que debía desempeñar. Los esenios y los terapeutas residían principalmente en las cercanías del mar Muerto y en Egipto, y su existencia se prolongó hasta el siglo IV de nuestra era.

LIBRO III
INICIACIONES CRISTIANAS

126. *El mito de Horus cristianizado.* Cuando la historia del Horus egipcio fue, por una concatenación de circunstancias demasiado larga para describirse aquí, elaborada en Alejandría hasta convertirse en el mito de Cristo, este último fue inmediatamente dotado de misterios e iniciaciones. Se pueden hallar huellas de ellas en todos los evangelistas, pero especialmente en san Pablo; y algunos suponen que las pruebas de la iniciación cristiana se describen en Lucas 14, mientras que otros consideran que Mateo 17 contiene una declaración completa de los misterios hecha a los elegidos o iniciados. De ser así, están expresados en un lenguaje tan enigmático como el de los alquimistas. Pero el relato de la Transfiguración en el monte sería una descripción imperfecta de la celebración de una especie de logia cuasi masónica de asociación en el grado más elevado. Cuanto más se extendía la sociedad -principalmente por los ambiciosos planes de Cerinto-, más aumentaban dichas iniciaciones, y así surgió poco a poco en la Iglesia la disciplina secreta. El Cerinto mencionado, a quien irónicamente también se llamaba Merinto -es decir, «la cuerda»-, era en realidad un gnóstico. San Juan lo aborrecía tanto que, en una ocasión, se negó a bañarse con él en las termas de Éfeso por temor a que la bóveda se desplomara sobre el hereje. La Iglesia primitiva creía que el Evangelio de san Juan había sido escrito contra Cerinto, quien, para vengarse, atribuyó el Apocalipsis a san Juan.

127. *Misterios cristianos.* En los escritos de los Padres la mención de designaciones y distinciones misteriosas se hace más frecuente. San Agustín da la razón de por qué la disciplina secreta fue adoptada por los nuevos creyentes: En primer lugar, para que los misterios, tan incomprensibles para el intelecto humano, y sus sencillos ritos, no fueran objeto de burla por parte de los gentiles y los no plenamente iniciados; en segundo lugar, para asegurar una mayor veneración por esos ritos; y en tercer lugar, para que se excitara la santa curiosidad de los catecúmenos por obtener un conocimiento perfecto de los mismos.

128. *Similitud de los ritos cristianos con los paganos.* Al menos veinte diferentes dioses encarnados fueron celebrados en Oriente y Occidente, a cada uno de los cuales se le atribuyó una historia, similar en detalles generales a la del Mesías cristiano, y se suponía que estas diversas encarnaciones habían precedido todas a Cristo en punto de cronología; los milagros que se le atribuyeron habían sido esculpidos en templos envejecidos por la edad antes de la fecha asignada a su nacimiento. En todos los misterios antiguos hemos visto una representación de la muerte del sol; según algunos escri-

tores, esta ceremonia fue imitada en los misterios cristianos por el asesinato simbólico de un niño, que, en los grados inferiores, significaba por supuesto la muerte de Cristo. Podemos mencionar aquí, sólo para mostrar lo antigua que es la costumbre de los seguidores de una religión antigua de atribuir prácticas horribles a los profesantes de un nuevo credo, que los romanos afirmaban que, al ser iniciado en la fe cristiana, al aspirante se le ponía delante un niño varón, cubierto de harina, al que tenía que apuñalar hasta que moría, tras lo cual todos los presentes lamían con avidez la sangre, despedazaban el cuerpo y se los comían, por cuya ceremonia quedaban obligados a un silencio común.

Los iniciados se dividían en tres clases: oyentes, catecúmenos y fieles. Los oyentes formaban un noviciado y estaban preparados para ser instruidos en los dogmas cristianos. Una parte de estos dogmas se ocultaba a los catecúmenos, quienes, tras las purificaciones prescritas, recibían el bautismo o la iniciación en la teogénesis (generación divina); entonces se convertían en servidores de la fe, eran admitidos en los templos y se reconocían entre sí por el signo de la cruz. En todas las iniciaciones se realizaban danzas solemnes, y la expresión «venir del baile», que, por ejemplo, encontramos en Aelio Arístides, el retórico (circa 150 d.C.), significaba «traicionar los misterios».

129. *Símbolos cristianos tomados de símbolos paganos.* La mayoría de los jeroglíficos y símbolos del paganismo pasaron al cristianismo. La vid y los procesos de conversión de su fruto en la más universal de las bebidas, todos ellos pertenecientes entre los paganos a los ritos de Baco, fueron convertidos por los primeros cristianos en símbolos de los trabajos en la viña de la fe. La espiga de Ceres proporcionó el emblema del pan que Cristo repartió entre sus discípulos. La palma y la corona, que denotaban victorias mundanas, entre los cristianos significaban triunfos espirituales. Las alas de las palomas se dieron a los ángeles y querubines; la paloma de Venus se convirtió en el Espíritu Santo; el ciervo de Diana, el alma cristiana jadeante por el agua viva; el pavo real de Juno, esa alma después de la resurrección. La esfinge, el grifo y la quimera de la mitología fueron adoptados por los cristianos como poseedores del mismo poder de alejar los malos espíritus y la fornicación, que se suponía pertenecía a la cabeza de la Gorgona. Las llaves de Jano, con San Pedro, expresaban el poder supremo de liberar y atar. En la edad primitiva, el pontífice llevaba un cinturón del que dependían siete llaves y siete sellos, símbolos de los misterios que debía presidir y guardar en secreto. La cruz al principio era un símbolo que no

se mostraba abiertamente, y no fue hasta el siglo VI cuando se exhibió en ella el cuerpo de Cristo. El pez no era un símbolo cristiano del Salvador simplemente porque la palabra griega para pez contuviera las iniciales de Jesucristo, Hijo de Dios, Salvador, como generalmente se afirma, sino porque en todo el mundo antiguo el agua estaba relacionada con la idea de salvación: Isis estaba asociada con el pez, Moisés significa «sacado del agua», Josué era el sol de Nun, «el pez». La primera encarnación de Visnú en forma de pez y el Cannes de los caldeos tienen el mismo significado.

130. *Celebración de los Misterios*. Se dividían en dos partes. La primera se llamaba la «misa de los catecúmenos», porque se permitía a los miembros de ese grado estar presentes en ella, y abarcaba lo que se decía desde el comienzo del servicio hasta el Credo de los Apóstoles. La segunda se llamaba «misa de los fieles», y comprendía la preparación para el sacrificio, el sacrificio mismo y la acción de gracias. Cuando comenzaba esta última, un diácono indicaba a los catecúmenos que salieran, y la frase utilizada por él en esa ocasión sabe a poco de la pretendida mansedumbre y tolerancia de la Iglesia juvenil: *Sancta Sanctis foris canas*. Los fieles, al quedar solos, recitaron el Credo de los Apóstoles, con lo que se comprobó que todos los presentes habían sido plenamente iniciados y que se podía prescindir de todo lenguaje metafórico o enigmático.

131. *Significado astronómico del cristianismo*. Entonces se desveló el verdadero misterio y quedó al descubierto el significado astronómico del cristianismo, similar al de los antiguos misterios. Los límites de este trabajo no me permitirán entrar en todos los detalles, pero lo que sigue explicará suficientemente la naturaleza de las doctrinas secretas de los primeros cristianos. Así, para ellos, las Siete Iglesias de Asia eran los siete meses que van de marzo a septiembre, ambos inclusive, como lo prueban sus nombres. Cristo representaba el sol, y su primer milagro es convertir el agua en vino, cosa que el sol hace todos los años; su agonía en Getsemaní fue el zumo de la uva puesto en el lagar; su descenso a los infiernos fue el sol en la estación invernal; su crucifixión en el Calvario (*calvus* = calvo = rapado de sus rayos) su cruce del ecuador en otoño; y su crucifixión en Egipto (Ap. xi. 8) su cruce en primavera. La decapitación de Juan el Bautista se les mostró como Juan, Jano o Acuario, al que le cortaron la cabeza por la línea del horizonte el 29 de agosto, por lo que su fiesta tiene lugar ese día. Sabían que la Virgen María era la Virgo del zodíaco, la diosa Ceres, que tiende a Adán, o al hombre, el producto de la cosecha; la Virgen, desposada con José, astronómicamente

Bootes, cuya constelación siempre sale y se pone con ella. Estas analogías podrían proseguirse aún más, pero ya se ha dicho lo suficiente para nuestro propósito actual.

132. *Prometeo encadenado.* El mito de Cristo había sido prefigurado 500 años antes de nuestra era en la tragedia de Esquilo *Prometeo encadenado.* De ahí la reticencia de los atenienses, a quienes esta tragedia era familiar, a creer en un Jesús crucificado en medio de los fenómenos terrestres y astronómicos más asombrosos, del que, sin embargo, nadie excepto los propugnadores de la nueva doctrina había oído hablar jamás.

El nombre Prometeo merece atención; es una palabra compuesta: *Proma-theos,* es decir, *Brahma-theos.* En el tamul, una lengua derivada del sánscrito, Brahma se pronuncia *Prahma.* La *a* india también se ha convertido en *o,* pues *navam,* nueve, es sin duda el etimónimo de *novem; pada, poda,* etc. La inversa del cambio de B en P se encuentra en *Baphomet,* de *Papa* y *Mahomet.* Volviendo a Prometeo: él y Cristo perecen en una colina; ambos se someten a la ley de otro dios para salvar a la humanidad; ambos tienen el costado derecho atravesado, Prometeo por un buitre, Jesús por una lanza, el primero sobre una roca, el segundo en una cruz; y en el momento de la muerte ambas víctimas expiatorias pronuncian los mismos sentimientos, es decir, los Evangelios repiten las palabras puestas en boca de Prometeo 500 años antes de Cristo. Lo que refuerza la identidad es el hecho de que Prometeo tiene un amigo llamado Oceanus, que en las mitologías antiguas también se llama Piereus (Pierre), Pedro. Ahora bien, en la tragedia de Esquilo leemos que Oceanus renegó de su amigo en el momento en que la cólera de Dios lo convirtió en víctima por los pecados de la raza humana. San Pedro, que vivía junto al océano o al mar, hizo lo mismo en circunstancias similares.

133. *Abolición de los misterios.* Habiendo aumentado enormemente el número de fieles -los cristianos de perseguidos habían pasado a ser perseguidores, y ello del tipo más avaro y bárbaro-, la Iglesia instituyó en el siglo VII las órdenes menores, entre las que se encontraban los porteros, que ocuparon el lugar de los diáconos. En 692 se ordenó que en adelante todos fueran admitidos al culto público de los cristianos, se suprimió por completo su enseñanza esotérica de las primeras edades y lo que había sido cosmología y astronomía puras se convirtió en un panteón de dioses y santos. De los misterios no quedó más que la costumbre de recitar en secreto el canon de la misa. Sin embargo, en la Iglesia griega el sacerdote celebra el culto divino detrás de una cortina, que sólo se retira durante

la elevación de la hostia, pero como en ese momento los fieles se postran, se supone que no ven el santo sacramento.

II. El Apocalipsis

134. *El Apocalipsis.* Este libro, hasta ahora aceptado como uno de autoría genuinamente cristiana, es ahora por críticos competentes, recibido en su sustancia principal, y a lo largo de la mayor parte de él, como una composición puramente judía; de hecho, como un Apocalipsis judío puesto en un vestido cristiano después de la caída de Jerusalén, 70 d.C. Los tres primeros capítulos son cristianos, por supuesto, pero en el cuarto capítulo el libro comienza de nuevo, y desde ahí hasta el final, con la excepción de unos pocos pasajes cortos, que son interpolaciones, todo es puramente judío, o más bien un popurrí de doctrinas occidentales, judaicas y sectarias.

El grueso de la obra es una descripción de los misterios paganos, que el adaptador cristianizador transforma en los del mito cristiano; para este último es lo que el *Asno de Oro* de Apuleyo y el *Libro Sexto* de Virgilio son para los misterios paganos, de los que toma prestada toda su maquinaria. La mujer vestida de sol, de pie sobre la luna, y que simboliza la verdadera Iglesia, es la Isis egipcia; el ataque contra la mujer y su descendencia por parte de la serpiente diluviana, que se ve frustrado por la absorción del agua por parte de la tierra, es perfectamente análogo al ataque de la serpiente diluviana Pitón contra Osiris, o Latona, u Horus, que se ve igualmente frustrado por la destrucción de ese monstruo; la falsa Iglesia, llevando el nombre de Misterio -por supuesto, refiriéndose al misterio pagano- flotando sobre las aguas, o cabalgando sobre una bestia terrorífica, y finalmente sumergida en el lago infernal, exhibe el mismo aspecto que la Gran Madre del Paganismo navegando sobre el océano, cabalgando sobre el león, venerada con ciertos misterios, y durante su celebración sumergida en las aguas de un lago sagrado, denominado el lago de Hades.

El propio San Pablo personifica a un aspirante a punto de ser iniciado y, en consecuencia, las imágenes que se presentan al ojo de su mente se asemejan mucho a los desfiles de los misterios. El profeta contempla primero una puerta abierta en el magnífico templo del cielo, y en ella es invitado a entrar por uno que hace de hierofante. Aquí es testigo del desprecintado del libro sagrado, e inmediatamente es asaltado por una tropa de espantosas apariciones. Entre ellas destacan una inmensa serpiente, el conocido símbolo del Gran

Padre, y dos bestias salvajes que salen del mar y de la tierra. Tan horribles figuras se corresponden con los fantasmas caninos de las Orgías, y con las imágenes polimorfas del dios-héroe principal, al que universalmente se consideraba vástago del mar. Pasando estos monstruos terribles en seguridad, el profeta, constantemente asistido por su ángel-hierofante, es conducido a la presencia de una hembra, y, como Isis emergiendo del mar, y exhibiéndose a los ojos del aspirante Apuleyo, esta divinidad femenina, subida sobre la bestia salvaje marina, parece flotar sobre la superficie de muchas aguas. Se dice que es una ramera abierta y sistemática, igual que la Gran Madre era el principio femenino declarado de la fecundidad, y como a menudo se la propiciaba mediante la fornicación literal reducida a un sistema religioso; y como a los iniciados se les hacía beber un licor preparado de una copa sagrada, así se representa a esta ramera embriagando a los reyes de la tierra con la copa de oro de su prostitución. En su frente está inscrito el propio nombre de Misterio; su naturaleza se compromete a explicarla el hierofante oficiante. Al Gran Padre nacido en el mar se le atribuyó un triple estado; vivía, moría y revivía, y estos cambios de condición fueron debidamente exhibidos en los misterios. A la bestia salvaje nacida en el mar se le atribuye igualmente un estado triple; vive, muere y revive. Mientras está muerta yace flotando en el poderoso océano, igual que Horus, u Osiris, o Siva, o Visnú; cuando revive emerge de las aguas, y viva o muerta, lleva siete cabezas y diez cuernos, números que tienen sus prototipos en los misterios. Y así como los adoradores del Gran Padre llevaban su marca especial y se distinguían por su nombre, los adoradores de la bestia marítima llevan igualmente su marca y son igualmente designados por su apelativo. Por fin, la primera o triste parte de estos sagrados misterios llega a su fin, y la última o alegre se acerca rápidamente.

Después de que el profeta haya contemplado a los enemigos de Dios sumergidos en un espantoso lago o inundación de fuego líquido, que se corresponde con el lago o diluvio infernal de los misterios egipcios, se le introduce en una región espléndidamente iluminada y adornada expresamente con las características de ese paraíso que era el ámbito último de los antiguos aspirantes, mientras que fuera de la puerta santa de admisión se encuentra toda la multitud de los profanos, hechiceros, y puteros, y asesinos, e idólatras, y todo aquel que ama o hace la mentira; pero antes que todos los perros, *es decir,* los no iniciados, los *cowans* de la masonería. Para algunos pensadores modernos el Apocalipsis no tiene ni significado ni valor.

135. *Impostores paganos.* La difusión del cristianismo produjo también muchos opositores al mismo, ya fueran declarados o secretos; estos últimos, sin embargo, en la mayoría de los casos deseaban ver el paganismo reformado, no abolido; aunque rechazaban el cristianismo, intentaban formar una especie de paganismo cristianizado. Los astutos impostores de aquellos días recogieron una rica cosecha de la credulidad de la humanidad, y surgieron sectas sin fin. Dos de los líderes más exitosos de las mismas fueron Apolonio de Tiana y Alejandro de Abonoteichos. Sus doctrinas, ceremonias y artimañas mistéricas se basaban en gran medida en el charlatanismo religioso y filosófico de Pitágoras; tuvieron su momento y desaparecieron para resucitar constantemente.

LIBRO IV
ISMAELITAS

«Y él será hombre fiero;
su mano se alzará contra todos,
y la mano de todos contra él».

Génesis 16:12.

I. La Logia de la Sabiduría

136. *La leyenda del Mahdi.* Los árabes se habían convertido en los amos de Persia, pero ese país no soportaba de buen grado el yugo extranjero. En el cisma que, tras la muerte de Mahoma, dividió a sus seguidores, los persas tomaron partido por Alí, esposo de Fátima, hija de Mahoma, y sucesor del Profeta. A finales del siglo VIII, las dos grandes ramas del islam ya se habían escindido en numerosas sectas; pero todas compartían una creencia común: la venida de un Mesías, o, en su lengua, un *Mahdi* o guía.

Los Ghoolat, una secta extremista, habían difundido la doctrina -luego adoptada por otras sectas- de que el último *imán* visible, es decir, el supremo dirigente eclesiástico, había sido Ismael, contando a Alí como el primero; quienes así lo creían eran llamados ismaelitas. Otros, en cambio, sostenían que el último *imán* visible había sido Askeree, el duodécimo, quien habría desaparecido en una caverna en Hilla, a orillas del Éufrates, donde permanecería invisible hasta el fin del mundo, momento en el que reaparecería como el Mahdi. Sobre esta creencia, un audaz aventurero fundó su plan para liberar Persia y alzarse con el poder. Y en esta misma creencia se basa hoy el poder del Mahdi contemporáneo.

137. *Abdallah, el primer Pontífice.* El aventurero recién mencionado se llamaba Abdallah, hijo de Mamoon y nieto del famoso Haroon Er-Easheed. Los ismaelitas eran numerosos en Persia; se dirigió a ellos diciéndoles que Ismael había sido, en efecto, el último imam, pero que Mahoma, su hijo, era un profeta y el fundador de una nueva religión, que confirmaría la doctrina de Ismael y aseguraría a sus seguidores el imperio del mundo. Desde la creación, dijo a sus seguidores, ha habido seis periodos religiosos, cada uno distinguido por la encarnación de un profeta. Adán, Noé, Abraham, Moisés, Jesús y Mahoma fueron los profetas de esos periodos. Su misión era conducir a los hombres a grados ascendentes de perfección religiosa.

Los siete imanes descendientes de Alí son los siete intérpretes del sentido oculto de la religión de Mahoma, y los precursores de la doctrina más perfecta, cuya victoria está cercana: la doctrina de Mohammed, hijo de Ismael. Y así como siete imanes sucedieron a Mahoma, también hubo siempre siete pontífices tras cada profeta anterior, y así habrá siete pontífices después de Mahoma. Yo soy el primero de estos pontífices. La función del pontífice es explicar a los iniciados que toda religión posee dos significados: uno aparente, destinado a la multitud ignorante, y otro secreto, el único verdadero, que demuestra que todas las religiones no tienen más que un solo propósito.

138. *Origen de los Quarmatitas.* Mohammad-ben-Hosain, apodado Zaidán, un persa rico y patriota, quedó tan cautivado por el plan de Abdallah que le hizo un regalo de dos millones de piezas de oro. Pero, al ser perseguido por el gobernador de Susiana, Abdallah huyó a Siria, donde uno de sus misioneros convirtió, hacia el año 887, a un tal Hamdan, célebre bajo el nombre de Quarmat. Este fundó la secta conocida como los Quarmatitas, cuyo poder, desarrollado rápidamente durante dos siglos, hizo temblar en sus tronos a los califas.

139. *Origen de la dinastía fatimí.* A la muerte de Abdallah, le sucedió en el pontificado uno de sus hijos, Said-ben-Hosain-ben-Abdallah, quien afirmó ser el esperado Mesías fatimí, el Mahdi. Al ser informado de que numerosos partidarios lo esperaban con ansia en África, Said, adoptando el nombre de Obaid Allah el Mahdi, partió hacia ese continente, derrocó a la dinastía de los Aglabíes, que gobernaba en Trípoli y Túnez, y fundó la célebre dinastía de los fatimíes (año 909 d.C.). Su bisnieto, Moizz li-Dinillah, expulsó de Egipto a los califas de Bagdad y puso los cimientos de El Cairo, ciudad que convirtió en su capital.

140. *La Logia de El Cairo.* Allí fundó la Logia de El Cairo, que bien podría describirse como una universidad: albergaba numerosos libros e instrumentos científicos, y aunque se declaraba dedicada a la ciencia, su propósito real era muy distinto. El curso de instrucción estaba dividido en nueve grados.

El primero buscaba inspirar en el discípulo la duda, así como la confianza en su maestro, quien habría de resolverla. Para ello, se le planteaban preguntas capciosas destinadas a mostrarle lo absurdo del sentido literal del Corán, mientras insinuaciones veladas le hacían comprender que bajo esa cáscara se escondía un núcleo dulce y nutritivo. Pero la instrucción no continuaba a menos que el discípulo se comprometiera, mediante terribles juramentos, a una fe ciega y obediencia absoluta hacia su instructor. El segundo grado inculcaba el reconocimiento de los imanes, o directores, designados por Dios como fuentes de todo saber. El tercero le revelaba el número de esos imanes benditos o santos: el místico número siete. El cuarto le enseñaba que Dios había enviado al mundo siete legisladores, cada uno con siete colaboradores, llamados «mudos», mientras que los legisladores eran denominados «hablantes». El quinto grado le informaba de que cada uno de esos coadjutores tenía doce apóstoles. En el sexto, al iniciado que ya había avanzado hasta ese punto, se le presentaban los preceptos del Corán, enseñándole que todos los dogmas religiosos debían subordinarse a la regla de la filosofía; se le instruía además en los sistemas de Platón y Aristóteles. El séptimo grado introducía el panteísmo místico. El octavo volvía sobre los preceptos dogmáticos de la ley musulmana, evaluándolos en su justo valor. Finalmente, el noveno grado, como resultado lógico de los anteriores, enseñaba que nada debía creerse y que todo era lícito.

141. *El progreso de las doctrinas.* Estos eran los fines perseguidos: la responsabilidad y la dignidad humanas debían ser aniquiladas; el trono de los descendientes de Fátima debía ser rodeado de un ejército de asesinos, una formidable guardaespaldas; debía levantarse una milicia misteriosa que difundiera por todas partes la fama y el terror del califato de El Cairo e infligiera golpes mortales al aborrecido gobierno de Bagdad. Los misioneros se extendieron ampliamente, y en Arabia y Siria se ganaron partidarios para quienes los designios de la orden eran desconocidos, pero que habían jurado con temerosa solemnidad obediencia ciega. Las labores nocturnas de la Logia de El Cairo duraron un siglo; y sus doctrinas, que terminaban por negar toda verdad, moralidad y justicia, produjeron necesariamente algo muy extraordinario. Tan terrible conmoción de la conciencia humana condujo a uno de esos fenómenos que dejan una huella sanguinaria e indeleble en la página de la historia.

Queda por señalar que Hakem Biamrillah, el fundador de la secta de los Drusos (157), era originalmente miembro de la Logia de El Cairo.

II. Los Asesinos

142. *Fundación del Orden.* Solo Arabia y Siria podían haber sido el escenario de los luctuosos hechos del Viejo -o más bien Señor- de la Montaña. Hassan Sabbah fue uno de los *dais* o misioneros de la Escuela de El Cairo, un hombre de espíritu aventurero que, tras haberse destacado notablemente, adquirió gran influencia en dicha ciudad. Sin embargo, esta influencia despertó la envidia de otros, que lograron su destierro. Fue embarcado para ser expulsado del país, pero durante la travesía se desató una tormenta que hizo temer por la vida de todos a bordo. Entonces Hassan, adoptando un tono autoritario, exclamó: «El Señor me ha prometido que ningún mal me sucederá». De pronto la tormenta cesó, y los marineros, gritando «¡Un milagro!», se convirtieron en sus seguidores.

Hassan recorrió Persia predicando y haciendo prosélitos, y tras apoderarse de la fortaleza de Alamut (año 1090), en los límites de

Irak y Dilem, a la que llamó la «Casa de la Fortuna», estableció allí su dominio.

143. *Influencia de Hassan.* ¿Qué clase de gobierno era el suyo? La historia de su tiempo está llena de su nombre. Reyes en pleno centro de Europa temblaban ante él; su brazo poderoso alcanzaba todos los rincones. Felipe Augusto de Francia le temía tanto que no se atrevía a moverse sin su guardia personal, y quizás el, por lo demás, implacable Señor de la Montaña lo perdonó precisamente por ese temor. En un principio, Hassan no mostraba otra intención que la de extender el poder del califato de El Cairo, pero no tardó en quitarse la máscara, pues su carácter feroz difícilmente se avenía con la astucia y la hipocresía. Redujo a siete los nueve grados en que se dividían los adeptos de la Logia de El Cairo, colocándose él mismo a la cabeza con el título de *Seydna* o *Sidna,* de donde derivan el *Cid* español y el *Signore* italiano.

El término *Asesinos* (*Assassins*) es una corrupción de *Hashishim,* derivado de *hashish* (la planta del cáñamo), con la cual el jefe embriagaba a sus seguidores antes de lanzarlos a alguna empresa desesperada.

144. *Grados de la Orden.* Para regular los siete grados compuso el Catecismo de la Orden. El primer grado recomendaba al misionero vigilar atentamente la disposición del candidato, antes de admitirlo en la orden. El segundo le instaba a ganarse la confianza del candidato, halagando sus inclinaciones y pasiones; el tercero, a envolverle en dudas y dificultades mostrándole lo absurdo del Corán; el cuarto, a exigirle un juramento solemne de fidelidad y obediencia, con la promesa de exponer sus dudas ante su instructor; y el quinto, a mostrarle que los hombres más famosos de la Iglesia y del Estado pertenecían a la orden secreta. La sexta, llamada «Confirmación», obligaba al instructor a examinar al prosélito sobre todo el curso precedente, y a establecerlo firmemente en él. El séptimo, finalmente, llamado «Exposición de la Alegoría», daba las claves de la secta.

145. *Devoción de los seguidores.* Los seguidores se dividían en dos grandes grupos: los «autosacrificados» y los «aspirantes». Los primeros, despreciando el cansancio, el peligro y la tortura, ofrecían alegremente sus vidas siempre que al Gran Maestro le placiera, ya fuera para protegerlo o para ejecutar sus órdenes de muerte. Una vez señalada la víctima, el fiel, vestido con una túnica blanca y un ceñidor rojo –colores que simbolizaban la inocencia y la sangre– partía en su misión, sin que la distancia ni el peligro lo disuadieran.

Una vez hallada la persona buscada, aguardaba el momento propicio para asesinarla, y rara vez fallaba el golpe de su daga.

Conrado de Montferrato, tras enemistarse con Raschid-ad-Din -entonces Señor de la Montaña- y haber provocado además la masacre de numerosos prisioneros musulmanes traídos desde Tiro, fue sentenciado a muerte por instigación de Saladino. Durante mucho tiempo se acusó a Ricardo Corazón de León de haber participado en la conspiración. Dos asesinos se hicieron bautizar y se colocaron cerca de Conrado, simulando estar únicamente dedicados a la oración; pero, llegada la ocasión propicia, lo apuñalaron. Uno de ellos se refugió en una iglesia. Al oír que el príncipe había sido llevado aún con vida, volvió a forzar su entrada hasta Montferrato y lo apuñaló una segunda vez. Luego expiró, sin una sola queja, en medio de refinadas torturas.

146. *El paraíso imaginario.* ¿Cómo se aseguraba tal devoción? Se cuenta, según Marco Polo, que siempre que el jefe necesitaba un hombre para llevar a cabo alguna empresa particularmente peligrosa, recurría a la siguiente estratagema. En una provincia de Persia, ahora llamada Sigistán, se encontraba el famoso valle Mulebat, que contenía el palacio de Alladin, otro nombre del Señor de la Montaña. Este valle era un lugar de lo más encantador, y estaba tan protegido por altas montañas que terminaban en acantilados perpendiculares, que desde ellos nadie podía entrar en el valle, y todos los accesos ordinarios estaban custodiados por fuertes fortalezas. El valle estaba cultivado como los jardines más lujosos, con pabellones espléndidamente amueblados, cuyos únicos ocupantes eran las mujeres más encantadoras y encantadoras. El hombre seleccionado por el señor para llevar a cabo la peligrosa hazaña fue primero emborrachado, y en este estado llevado al valle, donde se le dejó vagar a su antojo. Cuando recobró el juicio suficiente para apreciar el hermoso paisaje y disfrutar de los encantos de las criaturas semejantes a sílfides, que le mantenían todo el tiempo ocupado en devaneos amorosos, se le hizo creer que aquello era el Elíseo; pero antes de que se cansara o se saciara de amor y vino, se le emborrachó de nuevo y en este estado se le llevó de vuelta a su propia casa. Cuando se requirieron sus servicios, fue llamado de nuevo por el señor, quien le dijo que una vez le había permitido disfrutar del paraíso, y que si cumplía sus órdenes podría deleitarse con las mismas delicias durante el resto de su vida. El incauto, creyendo que su amo tenía el poder de hacer todo esto, estaba dispuesto a cometer cualquier crimen que se le exigiera.

147. *El carácter sanguinario de Hassan.* En aquel nido inaccesible, el alma de buitre de su amo se hallaba a solas con su ambición; y la misma soledad que constituía su poder debió, en ocasiones, pesarle profundamente. Se dice, por ello, que compuso obras teológicas y se entregó con frecuencia a ejercicios religiosos. Y esto no debe sorprendernos: los estudios teológicos no son obstáculo para la ferocidad, y la dulzura mística suele hallarse unida a la furia más sangrienta. Pero Hassan mataba con cálculo, para ganar fama y poder, para infundir temor y asegurar el éxito. Había inculcado en sus seguidores la creencia de que podía ver cosas a distancia, y, habiendo establecido un servicio de palomas mensajeras, recibía noticias de lugares remotos con sorprendente rapidez. Un califa persa que planeaba atacar y dispersar la secta encontró sobre su almohada una daga y una carta de Hassan que decía: «Lo que ha sido colocado junto a tu cabeza puede ser plantado en tu corazón».

Pese a los años, conservó su carácter sanguinario hasta el final. Con sus propias manos mató a sus dos hijos: al uno, por haber asesinado a un *dai*; al otro, por haber probado el vino. No aspiraba a fundar una dinastía ni un gobierno regular, sino una orden, secta o sociedad secreta; y acaso sus hijos perecieron por haber disimulado mal su deseo de sucederle.

148. *Otros casos de devoción en los seguidores.* La obediencia a los fieles no cesó con la muerte de Hassan, como demostrará lo siguiente. Enrique, conde de Champaña, tenía que pasar cerca del territorio de los Asesinos; uno de los sucesores de Hassan, Rishad-addin, le invitó a visitar la fortaleza, invitación que el conde aceptó. Al hacer la ronda de las torres, dos de los «fieles», a una señal del «Señor», se apuñalaron en el corazón, y cayeron a los pies del aterrorizado Conde; mientras que el señor dijo fríamente: «Di sólo una palabra, y a una señal mía los verás a todos así en el suelo». Habiendo enviado el Sultán a un embajador para que convocara a los Asesinos rebeldes a la sumisión, el señor, en presencia del embajador, dijo a uno de los fieles: «¡Mátate!», y este lo hizo; y a otro: «¡Tírate desde esta torre!», y este se arrojó. Luego, volviéndose hacia el embajador, le dijo: «Setenta mil seguidores me obedecen de la misma manera. Esta es mi respuesta a su señor». La única exageración en esto está probablemente en el número, ya que el número total de seguidores nunca se estimó por encima de los cuarenta mil, muchos de los cuales, además, no eran «fieles», sino sólo aspirantes.

149. *Asesinato del embajador de Raschid-addin.* Los Caballeros del Temple tenían posesiones en la vecindad de las de los asesinos,

y su poder superior les había permitido, en qué momento es incierto, hacer tributarios a estos últimos por un importe de 2000 ducados anuales. Raschid-addin, para quien todas las religiones eran iguales, concibió la idea de liberarse de este tributo convirtiéndose, junto con su pueblo, en cristiano. Por ello envió en 1172 un embajador a Amalarico, rey de Jerusalén, ofreciéndole abrazar el cristianismo, siempre que el rey comprometiera a los templarios a renunciar al tributo. El rey asintió de buen grado, y al mismo tiempo aseguró a los templarios que no saldrían perdiendo, ya que les pagaría los 2000 ducados anuales con cargo a su tesorería. Los templarios no pusieron ninguna objeción, pero en su camino de regreso a casa el embajador ismaelita fue asesinado por algunos caballeros del Temple, que, al parecer, actuaron por orden de su superior, quien probablemente no consideró buena la promesa real por el tributo. En cualquier caso, cuando Amalarico, lleno de indignación por la pérfida conducta de los templarios, insistió en que fueran castigados, Adode St. Amand, el Maestre del Temple, se contentó con decir que había impuesto penitencias a los asesinos. Sin embargo, el rey se apoderó de Du Mesnil, el cabecilla del asesinato, y lo metió en prisión; pero poco después de morir el rey, Du Mesnil recobró la libertad. Todas las esperanzas de conversión de los ismaelitas, sin embargo, habían llegado a su fin.

150. *Supresión de los asesinos*. Raschid-addin murió en 1192. Sus sucesores no tuvieron ni su genio ni su prestigio. Los días de la secta estaban contados. En 1256 Hoolagoo, el hermano de Mongoo, el Gran Khan de Mongolia, invadió Persia y exterminó a todos los asesinos que pudo apresar. Rokn-addin, el último maestre de Alamut, fue ejecutado; la mayoría de sus fortalezas cayeron en manos de Hoolagoo. Pero habiendo derrotado el sultán mameluco de Egipto en 1260 a los mongoles, las fortalezas fueron devueltas a los ismaelitas. Pero esto sólo fue un respiro; en 1265 se vieron obligados a pagar tributo al sultán de Egipto. Sarim, el entonces jefe de los Asesinos, en 1270 hizo un esfuerzo más para deshacerse del yugo egipcio, pero fue derrotado, y en 1273 los Asesinos habían rendido todas sus plazas fuertes a Baibars I., sultán de Egipto. Pero este gobernante no tenía intención, como Hoolagoo, de exterminar a los asesinos; su objetivo era hacerles rendir cuentas. Ibn Batoutah, el viajero, en 1326 los encontró residiendo en sus antiguas ciudades y lugares fortificados: son, dice, las flechas del Sultán, con las que alcanza a sus enemigos. Y por el prefacio a una colección de anécdotas relativas a Raschid-addin, hecha por Abou Firas hacia el año 1324, nos entera-

mos de que las doctrinas de los Asesinos seguían profesándose abiertamente.

151. *Asesinos modernos.* La secta sigue existiendo, tanto en Persia como en Siria. Los ismaelitas persas habitan principalmente en Roodbar, pero se les encuentra por todo Oriente, e incluso aparecen como comerciantes en las orillas del Ganges. A. Drummond, cónsul británico en Alepo, en sus *Viajes por varias partes de Asia* (Londres, 1754, fol.), dice (p. 217): «Algunos autores afirman que este pueblo [los Asesinos] fue totalmente extirpado en el siglo XIII por los tártaros... pero yo, que he vivido tanto tiempo en este lugar infernal, me atreveré a afirmar que todavía existe algo de su engendro en las montañas que nos rodean; pues no hay nada tan cruel, bárbaro y execrable que no sea actuado, e incluso glorificado, por estos malditos Gourdina».

Además, M. Rousseau, cónsul francés en Alepo, cuando viajó por Persia en 1810, descubrió que los asesinos reconocían como su jefe a un imán de la posteridad de Alí que residía en Kehk, una pequeña aldea entre Ispahan y Teherán. Se llamaba Shah Khaliloullah, era venerado casi como un dios y se le atribuía el poder de obrar milagros. Fraser, otro viajero, cuenta que los seguidores de Khaliloullah, cuando se cortaba las uñas, se peleaban por los recortes; el agua en la que se lavaba se convertía en agua bendita. Este jefe fue asesinado, durante una estancia temporal de en Yezd, en un motín contra el gobernador de la ciudad, y le sucedió su hijo.

152. *Un jefe asesino moderno.* En 1866 se decidió en Bombay un caso jurídico singular. Existe en esa ciudad una numerosa comunidad de comerciantes llamados Khodjas. Un persa, Aga Khan Mehelati, es decir, un nativo de Mehelat, un lugar situado cerca de Khek, había enviado un agente a Bombay para reclamar a los Khodjas el tributo anual que estos le debían y que ascendía a unos 10.000. La reclamación fue resistida y el Aga Khan recurrió al tribunal británico. Sir Joseph Arnold investigó su reclamación. El Aga probó su pedigrí, demostrando que descendía en línea directa del cuarto Gran Maestro de Alamut, y Sir Joseph lo declaró probado; y en el juicio se demostró además que los Khodjas eran miembros de la antigua secta de los Asesinos, a la que se habían convertido cuatrocientos años antes por un misionero ismaelita, que compuso una obra que ha permanecido como el libro sagrado de los Khodjas; está escrita en una jerga que sólo los iniciados pueden entender. En 1841-42, durante la guerra afgana, Aga Khan proporcionó al Gobierno británico un contingente de caballería ligera, levantado a sus expensas, por el

que se le concedió una pensión que, además de las 20.000 libras anuales que recibe de los Khodjas, le permite vivir a buen estilo en Bombay, o en Puna, o en Bangalore, donde se entrega a su pasatiempo favorito, la caza. Cuando el Príncipe de Gales estuvo en la India hizo una visita al Aga Khan, cuyo antepasado, Raschid-addin Sinan, había perdonado la vida a Richard Coeur de-Lion.

153. *Príncipes cristianos en liga con los asesinos.* Varios príncipes cristianos fueron sospechosos de connivencia con los hechos de los asesinos. Ricardo de Inglaterra es uno de ellos; pero hemos visto (145) que está libre de la acusación de haber instigado el asesinato de aquel Conrado de Montferrat del que se ha hablado más arriba. También existió durante mucho tiempo el rumor de que Ricardo había atentado contra la vida del rey de Francia a través de Hassan y sus Asesinos. El sobrino de Barbarroja, Federico II, fue excomulgado por Inocencio II por haber hecho que el duque de Baviera fuera asesinado por los Asesinos; y Federico II, en una carta al rey de Bohemia, acusa al duque de Austria de haber atentado contra su vida por medio de agentes similares. Los historiadores mencionan también a un árabe que, en 1158, fue descubierto en el campamento imperial durante el sitio de Milán, y a punto estuvo de apuñalar al emperador. ¿Quién había armado a ese asesino? No se sabe. Existía una desconfianza mutua entre los gobernantes de Europa, y el poder de Hassan y sus sucesores aumentaba en consonancia.

III. La Rosheniah

154. *La secta de los Rosheniah y su fundador.* Otra secta que surgió de la de los ismaelitas fue la de los *Rosheniah.* Fue fundada por Bayezid Ansari, hijo de Abdullah, un *ulema* de la tribu de Vurmud, en Afganistán. Aunque su padre deseaba que se dedicase al sacerdocio, Bayezid prefirió el comercio a los estudios, y se dedicó a ser comerciante ambulante de caballos. Durante una estancia en el distrito de Calinjir por motivos comerciales, conoció a un *malhed* -término con el que los escritores musulmanes suelen designar a los ismaelitas-, de quien adoptó un nuevo credo religioso, que comenzó a profesar e inculcar a su regreso. Pero ni su padre ni sus vecinos aceptaron su doctrina, por lo que abandonó su tierra natal y encontró refugio temporal junto a Ahmed, sultán de Ningashar, en Afganistán. Sin embargo, ante la fuerte oposición del pueblo, abandonó Ningashar y se estableció entre los afganos de Gharihel, cerca de Peshawar, donde no le costó mucho hacer prosélitos e iniciar a nuevos

seguidores en su doctrina. Su sistema de enseñanza se organizaba en ocho grados de conocimiento, llamados *zeker*, y sus discípulos se dividían también en ocho clases, denominadas *Khilwat*. Compuso formularios de instrucción para sus seguidores: a los afganos les enseñaba en lengua afgana, a los hindúes en hindi y a los persas en persa. Tal era la versatilidad de su genio, que incluso sus enemigos reconocían que sus escritos estaban compuestos en un estilo sumamente atractivo.

Cuando los discípulos alcanzaban el octavo grado místico, Bayezid les declaraba que habían alcanzado la perfección y que ya no estaban sujetos a las normas ni prohibiciones de la ley religiosa. Reunió entonces a sus seguidores más fieles, se estableció en las abruptas montañas de Afganistán, saqueó caravanas de comerciantes, impuso tributos y propagó su doctrina por medio de las armas. Se decía que las mujeres eran sus más fervientes devotas, y que las utilizaba para seducir a los jóvenes de las tribus afganas. En las primeras etapas de la iniciación, hombres y mujeres eran instruidos por separado, pero a medida que avanzaban en la «iluminación», estas restricciones se levantaban, permitiéndoseles mezclarse en asambleas promiscuas. A medida que crecía su poder, sus doctrinas se volvieron más audaces: negó por completo la existencia de una vida futura, y enseñó a sus discípulos más avanzados que debían entregarse al placer sin reserva ni escrúpulo. Además, inculcaba el derecho absoluto de disponer de la vida y los bienes de todos aquellos que no pertenecieran a su secta.

Finalmente se trasladó al distrito de Hashtnagar, considerado por los afganos como la región originaria de su asentamiento en Afganistán. Allí fundó una ciudad y asumió el título de *Pir Boshan*, que puede traducirse como «Padre de la luz», de donde sus seguidores tomaron el nombre de *Rosheniah*, o «Los Iluminados».

155. *Muerte de Bayezid*. El gobierno mogol se alarmó ante la difusión de las doctrinas de Bayezid. Mahsan Khan Ghazi, un oficial de gran mérito, que era entonces gobernador de Cabul, hizo una irrupción repentina en el distrito de Hashtnagar, y habiendo apresado a Bayezid, lo condujo a Kabul, donde lo exhibió como espectáculo al populacho, con el pelo rapado por un lado de la cabeza, y dejado intacto por el otro. Pero se dice que Bayezid sobornó al instructor religioso de Mahsan Khan, con lo que recuperó su libertad. Bayezid se retiró entonces con sus seguidores a la casi inaccesible región montañosa de Tirah, donde se propuso recuperar su difunta desgracia, y prosiguió sus planes con tal vigor y política, que su secta empezó a

asumir un carácter nacional, y sus doctrinas a ser consideradas como la religión peculiar de los afganos. Bayezid anunció su designio de conquistar Jorasán e Indostán, pero al descender con ese propósito a las llanuras de Ningashar, se encontró de nuevo con Mahsan Khan Ghazi, que derrotó a sus fuerzas irregulares, y el propio líder escapó con dificultad; pero las fatigas que padeció y las angustias que sufrió en pocos días pusieron fin a su vida.

156. *Extinción de la secta.* Pero sus seguidores eran numerosos y entusiastas; a su muerte, su hijo mayor se dirigió a ellos de este modo: «Vamos, amigos míos; vuestro Pir no ha muerto, sino que ha cedido su puesto a su hijo. Sheik Omar, y ha conferido a él y a sus seguidores el imperio de todo el mundo». Pero Omar fue asesinado poco después en una batalla con los Tusefzei, la más valiente y poderosa de todas las tribus afganas. De sus cuatro hermanos, Jalaleddin, el más joven, fue el único que quedó con vida, y también él, tras varios cambios de buena y mala fortuna, pereció por la espada de un soldado de la tribu Hazarah. Le sucedió Ahdad, su hijo; pereció por un disparo de mosquete cuando era asediado en su fortaleza de Meaghae por los mogoles (hacia 1650). Tras su muerte, los afganos se llevaron a Abdal Kader, su hijo, y se refugiaron en las montañas. Cuando el ejército del emperador entró en la fortaleza, la hija de Ahdad, que no había encontrado ninguna oportunidad de escapar, deambulaba por las murallas, cuando uno de los soldados intentó apresarla. Ella se echó el manto sobre la cara, se arrojó desde las almenas y pereció. Los descendientes de Ahdad continuaron gobernando hasta alrededor de 1700, cuando Cerimdad fue ejecutado por Said Khan de larakhan, tras haber renunciado al gobierno. Su hermano, Allah-da-Khani, fue nombrado comandante de cuatro mil en el Dakhin. Murió hacia 1730.

IV. Los drusos

157. *Origen de la secta de los drusos.* Los ismaelitas de Egipto y Siria pueden encontrarse aún hoy en algunas de las sectas del Islam. Su fisonomía primitiva no se revela sino débilmente; pero su perfil se ve en los lineamientos de algunas de las familias heréticas que vagan por el desierto o por el monte Líbano; objetos de inquietud para el Gobierno turco, de asombro para los viajeros y de estudio para la ciencia. De ellos, los drusos, que viven en el norte de Siria y poseen unas cuarenta ciudades y aldeas, son quizá los más notables. Puede decirse que su secta data su surgimiento de la supuesta en-

carnación de Dios en Hakem Biamr Allah, anunciada públicamente en El Cairo en 1020. Este Hakem era el sexto califa de Egipto; y Darazi, su confesor, tomó parte activa en la promoción de la impostura, que, sin embargo, al principio fue tan mal recibida que se vio obligado a refugiarse en los desiertos del Líbano, donde, recibiendo liberal apoyo pecuniario de Hakem, encontró oyentes entre los árabes, y pronto hizo conversos.

Según otros relatos, Darazi fue asesinado por predicar su doctrina, convirtiéndose así en el primer mártir de la nueva religión. Ganada así una base, se abrió la correspondencia con Egipto, y Hamze, un místico persa y visir de Hakem, que desde el principio había sido un celoso partidario de la divinidad de Hakem, se apresuró a aprovechar la favorable apertura. No transcurrieron diez años antes de que los dos astutos pícaros o fieros fanáticos hubieran convertido a casi todas las tribus árabes que habitaban el Líbano, mientras que una parte de ellas fue apartada e iniciada en los misterios de las doctrinas de Hakem. Pero este no dio su nombre a la secta; por una etimología natural los discípulos de Darazi, el primer maestro, obtuvieron el nombre de Drusos, aunque lo rechazan y se llaman a sí mismos Unitarios. Así pues, podemos considerar al califa fatimita Hakem, al persa Hamze y al turco Darazi como los fundadores del sistema druso, siendo Hakem su fundador político, Hamze su artífice intelectual y Darazi su expositor y propagador.

158. *Libros religiosos de los drusos.* Hamze asoció consigo a cuatro ayudantes, a los que, al igual que a sí mismo, dio nombres altisonantes. Se llamaba a sí mismo, por ejemplo: La Razón Universal, el Centro, el Mesías de las Naciones, Jesús, el Unido, es decir, Aquel que está siempre unido al dios Hakem. Tenía, además, 159 discípulos, que iban de un lado a otro predicando. Los drusos llaman a sus libros religiosos «Las sentadas de los gobernantes y sus sabios»; se componen de 9 volúmenes: el primero lleva por título *El diploma*; el segundo, *La refutación*; el tercero, *El despertar*; el cuarto, *La primera de las siete partes*; el quinto, *La escalera*; y el sexto, *Los reproches*. En 1817, los Drusos obtuvieron un séptimo volumen de un cristiano, que alegó haberlo encontrado en una escuela egipcia, y al que llaman *El Libro de los Griegos*.

159. *Asesinato de Hakem.* Hakem fue uno de los más crueles monstruos de la historia, un Nerón sarraceno. En medio de matanzas y persecuciones repugnantes, difundía su doctrina. Pero en Egipto, donde residía, su herejía ofendía a los verdaderos creyentes, y su barbarie indignaba a todo el pueblo. Sitt El Mulk, su propia

hermana, encabezó a los descontentos, y una tarde, cuando Hakem, según su costumbre, salía a cabalgar sobre un asno blanco, ella ordenó su asesinato a manos de seguidores leales. Estos, tras darle muerte con sus dagas, lo desnudaron y ocultaron cuidadosamente el cadáver. Luego volvieron a vestir su ropa con esmero, siguiendo las instrucciones de su hermana, que no quería destruir la creencia en la divinidad de Hakem.

Finalmente, al no regresar el califa y al volver los enviados con la noticia de que habían hallado sus vestiduras pero no su cuerpo, se difundió la versión de que Hakem se había hecho invisible para poner a prueba la fe de sus seguidores y castigar a los apóstatas a su regreso. Los drusos, para explicar el milagro, sostienen que Hakem poseía un cuerpo de sustancia más sutil que el cuerpo humano común, y que podía salir de sus ropas sin abrirlas ni desgarrarlas. Las incisiones de las dagas se interpretan como señales misteriosas de ciertos designios de su deidad.

160. *El sucesor de Hakem.* Hakem dejó dos hijos, pero la secta no los reconoció como tales. Se cuenta que Ali Ess Ssahir, que sucedió a su padre como califa, dijo a Hamze: «Adórame como adoraste a mi padre»; pero Hamze replicó: «Nuestro Señor, que sea alabado, ni engendró ni fue engendrado». Alí replicó: «¿Entonces yo y mi hermano somos ilegítimos?». Hamz respondió: «Lo has dicho y has dado testimonio contra ti mismo». Entonces el enfurecido Alí ordenó el asesinato al por mayor de los unitarios a menos que volvieran a la verdadera fe musulmana. Los que se negaron fueron asesinados o huyeron a Siria con sus correligionarios. Alí, para conciliar al pueblo, que por el despotismo y la opresión de su padre se había amargado enormemente contra su dinastía, renunció a todo título a los honores divinos y a los derechos que ello implicaba.

161. *Doctrinas.* Los drusos creen en la transmigración de las almas, pero probablemente no se trata de una creencia literal, sino de una figura simbólica, como lo era para los pitagóricos. Hakem es su profeta, y su doctrina se articula en torno a siete mandamientos, de carácter religioso y moral. El primero de ellos es la veracidad, entendida no como sinceridad universal, sino como fidelidad a la religión unitaria que profesan y rechazo absoluto de la mentira que representan, para ellos, el politeísmo, la incredulidad y el error. Entre hermanos drusos se debe verdad y confianza absolutas; pero frente a los de otra fe, la falsedad no solo es permitida, sino considerada un deber.

La secta se divide en tres grados: *profanos, aspirantes* y *sabios.* Un druso que haya alcanzado el segundo grado puede, si lo desea, volver al primero; pero si revela lo que ha aprendido, incurre en pena de muerte. En sus reuniones secretas, se dice que adoran la cabeza de un ternero; sin embargo, dado que sus libros religiosos condenan duramente toda forma de idolatría, y comparan el judaísmo, el cristianismo y el islam con un becerro, es más probable que dicha figura represente el principio del error y del mal, es decir, a Iblis, el rival y enemigo de Hakem. También se les ha acusado de orgías licenciosas y de incesto -como el matrimonio entre padres e hijas-, según escribe Bespier en sus *Observaciones sobre Bicaut* (diplomático inglés, fallecido en 1700). No obstante, según testimonios de cristianos residentes en la región, un joven druso, al ser iniciado, abandona toda conducta disoluta y se transforma, al menos en apariencia, en un hombre completamente nuevo, mereciendo el título -común en otros ritos iniciáticos- de *renacido*.

Los iniciados son conocidos como *Ockals*, y constituyen una especie de clero dentro de la población general. Según sus tradiciones, cuando Dios apareció bajo la forma de Hakem, el mundo tenía ya tres billones cuatrocientos treinta mil millones de años; y al igual que los milenaristas de Inglaterra y América, creen que el fin de los tiempos está cercano. Los sabios suelen retirarse a ermitas, lo que les confiere gran honor e influencia entre los suyos.

Al conversar con un musulmán, los drusos profesan compartir su credo; si hablan con un cristiano, se declaran cristianos. Justifican esta duplicidad alegando que no es lícito revelar dogmas de su fe a un «Negro» o incrédulo. Esta reserva extrema ha llevado a la adopción de signos y contraseñas similares a los usados por los masones y otras sociedades secretas.

Cuando dudan de si un desconocido pertenece o no a su secta, suelen preguntarle: «¿Se siembra semilla de bálsamo en tu región?» Si el interlocutor responde: «Sí, se siembra en los corazones de los fieles», es probable que sea correligionario, aunque quizá solo un aspirante, por lo que se le interrogará más a fondo sobre ciertos dogmas secretos. Si no comprende el sentido de las preguntas, se sabrá que no ha sido iniciado en los grados superiores.

Estos signos y frases clave debían cambiarse con frecuencia, pues su significado a veces era descubierto por los «Negros», especialmente tras la destrucción, en 1838, del gran poblado eremítico de *Bajjada*, cerca de Chasbaia, a manos de las tropas de Ibrahim Pachá, cuando los libros sagrados de los drusos fueron hechos públicos.

162. *Costumbres de los drusos*. Cada aldea tiene sus casas de reunión, donde se discuten los asuntos religiosos y políticos todos

los jueves por la noche, con la asistencia de los sabios, hombres y mujeres. Las resoluciones aprobadas en dichas reuniones se comunican a las reuniones de distrito, celebradas en la aldea principal de cada distrito, que a su vez informan a la asamblea general en la ciudad de Baklin, en el monte Líbano. Esta fue la sede fortificada del gobierno hasta que, en este siglo, se construyó Deir El-Kammar (el monasterio de la luna) como metrópoli del Líbano. En la asamblea general se discuten las cuestiones planteadas en las reuniones de distrito, y los diputados de los diferentes pueblos que han asistido, a su regreso a casa, anuncian las decisiones a las que se ha llegado; de modo que los drusos, de hecho, tienen un consejo familiar regular, al que, sin embargo, sólo son admitidos los Sabios, los no iniciados nunca son consultados en asuntos políticos o sociales. El gobierno civil de los drusos está en manos de los jeques, que a su vez están sometidos al emir o príncipe del Líbano. Son belicosos e industriosos, y dos rasgos de su carácter merecen ser destacados y elogiados; se niegan a abandonar a cualquier hombre que haya buscado refugio entre ellos, y detestan el sombrero alto europeo, al que comparan con una «olla de cocina» y del que se ríen.

En los días en que Burckhardt los visitó, una de sus maldiciones fue: «¡Que Dios te ponga un sombrero!». El número de drusos no supera los cincuenta o sesenta mil, ocupando exclusivamente en el Líbano más de cuarenta grandes ciudades y pueblos, y cerca de doscientos treinta pueblos con una población mixta de drusos y cristianos, mientras que en el Anti-Líbano poseen también cerca de ochenta pueblos exclusivamente drusos.

163. *Drusos y maronitas.* Los drusos estaban frecuentemente en guerra con los maronitas, una secta cristiana vecina, llamada así por Maro, su fundador (circa 400 d.C.), originalmente monotelitas fugitivos, que se habían establecido en el monte Líbano tras la ascensión de Anastasio II. (496-98), quien los persiguió mientras el Gobierno turco favoreció a los drusos, con el fin de mantener a raya la influencia de los maronitas. Los primeros, a pesar de ser el pueblo menos belicoso, se impusieron generalmente a los segundos, pero cuando el emir gobernante, Bence-Schihab, con su familia, se separó del mahometanismo y se convirtió en cristiano maronita, los maronitas fueron durante un tiempo dueños de la situación. Sin embargo, en 1860, cuando los maronitas, para promover el cristianismo, declararon la guerra a los drusos, Turquía volvió a ayudar a estos últimos. Es cierto que después la Puerta cambió de bando y apoyó a los maronitas, en parte porque Europa insistía en que se protegiera

a los cristianos y en parte porque convenía a la política turca protegerlos de ese modo; pues para entonces los maronitas se habían debilitado tanto que Turquía consideró favorable la oportunidad de romper también el poder de los drusos. Desde entonces, estos últimos están bajo un gobernador nombrado por la Puerta.

164. Los Ansaireeh o Nuseiriyeh. Esta es otra secta siria, que venera una tríada mística compuesta por Alí, Mahoma y un antiguo compañero de este último, Selman el Farsi. De sus nombres proviene su apelativo místico *Ams,* formado por las letras iniciales de los tres. Esta tríada, en última instancia, se interpreta como una manifestación de la Luz o de los cuerpos celestes: el Cielo, el Sol y la Luna; el primero sería infinito e incognoscible, el segundo emanaría del primero, y el tercero surgiría de los dos anteriores. Su religión incorpora una mezcla de elementos cristianos, judíos y musulmanes, aunque sin duda conserva vestigios de la antigua fe sabea.

Algunas doctrinas atribuidas a ellos promueven prácticas profundamente licenciosas, especialmente entre los sacerdotes y las mujeres de sus congregaciones. Invo-can a la divinidad con apelativos insólitos, como «Príncipe de las abejas», «León» o «Fin de los fines». Se les considera los aborígenes del norte de Siria, instalados desde antiguo en la cadena montañosa que va del monte Casio al Líbano, mientras que los valles a ambos lados eran barridos por sucesivas oleadas de conquistadores.

Resulta difícil determinar con precisión los detalles de su credo, tanto por el carácter reservado y fragmentario de su religión, como por el hecho de que muy pocos de sus miembros la comprenden realmente o coinciden en sus interpretaciones. Se calcula que suman unos doscientos mil y deben su nombre a un sectario llamado Nusairi. Burckhardt, en sus *Viajes por Siria y Palestina,* ofrece algunos datos curiosos sobre ellos, que no se reproducen aquí.

V. Los derviches

165. *Derviches.* También conocidos como *fakires,* los derviches forman una orden monástica dentro del Islam. Aunque Mahoma prohibió expresamente la vida monástica en su sistema religioso, unos treinta años después de su muerte comenzaron a aparecer monjes, y se estima que en la actualidad existen unas setenta y dos órdenes distintas. Sin embargo, doce de ellas son, sin lugar a dudas, anteriores al propio Islam.

Entre las principales órdenes se encuentran los Rifajeh, que portan banderas negras y visten turbantes negros o marrón oscuro, y son conocidos por sus trucos de prestidigitación, como tragarse dagas, comer fuego o encantar serpientes. Los Kaderijeh llevan banderas y turbantes blancos y, en su mayoría, se dedican a la pesca. Los Said Bidani, cuya figura fundadora es Said Achmed El Bidani -considerado el mayor santo del islam egipcio-, usan los colores rojo y blanco, están divididos en varias sectas, visten de forma extravagante y actúan como bufones en ciertas celebraciones. Finalmente, los Said Ibrahim se identifican por sus banderas y turbantes verdes, y lo único que se sabe con certeza de ellos es que tienen un monasterio en Alejandría.

166. *Chiitas y sunitas.* Los derviches se dividen, además, en dos grandes cuerpos: los chiitas y los sunitas, correspondiendo los primeros a los derviches egipcios y los segundos a los derviches turcos. Estos últimos son considerados los grandes enemigos de los intereses británicos en la India. Los peregrinos provenientes de aquel país propagan en Constantinopla el antagonismo hacia el dominio británico, y regresan a la India reforzados por las simpatías del mundo musulmán.

Es un hecho notable que, aunque los *ulemas* se oponen a los derviches -a quienes consideran heterodoxos-, hombres de gran intelecto, ortodoxos en sus principios y que ocupan cargos elevados en el Estado, se afilien sin embargo a estas órdenes. La única explicación posible se encuentra en su estudio de los poetas sufíes persas, cuya doctrina, coincidente con la de los derviches, constituye una forma de espiritualismo que desemboca en el panteísmo. Esta doctrina enseña que Dios es, o puede entrar en, todas las cosas espirituales, y se aproxima así a un materialismo de tipo místico, semejante al que representa el budismo.

167. *Doctrinas.* Los derviches tienen sus propios «Caminos», generalmente gobernados por doce oficiales, estando el «Círculo» más antiguo a cargo de los demás por derecho de antigüedad. El jefe de dicho círculo se denomina *sheik*, y cuenta con varios *califas* o sucesores, que pueden ser numerosos. La orden se divide en cuatro «columnas» o grados. El primero es el de la «Humanidad», que implica la «aniquilación en el sheik»; el segundo es el del «Camino», en el cual el *murid* o discípulo alcanza poderes espirituales y se aniquila a sí mismo en el *peer* o fundador del Camino. El tercer grado es el del «Conocimiento», y se supone que el *murid* alcanza la inspiración, lo que se denomina «aniquilación en el Profeta». El cuarto grado lo conduce hasta Dios mismo, momento en que se funde con

la divinidad y lo contempla en todas las cosas. Después de esto, el *sheik* le otorga el rango de *califa* o *maestro honorario,* pues, en su lenguaje mítico, «el hombre debe morir antes de que el santo pueda nacer, y cuando nace, no es más que un animal inútil y despreciable».

Existe en Oriente una creencia bastante extendida según la cual los masones estarían en conexión secreta con los derviches, aunque la idea carece de fundamento y es poco probable. Sin embargo, siempre se ha sospechado que, cuando entre la población musulmana -especialmente en la India- se agita alguna intriga contra el dominio británico, los derviches están en el origen. No se sabe con certeza a qué orden pertenecen los derviches a los que Gran Bretaña se enfrenta en África, pero está claro que, a diferencia de sus hermanos asiáticos, estos persiguen fines políticos y están movidos por un fanatismo feroz. Y dado que todo musulmán puede pertenecer a una orden religiosa sin que ello sea visible externamente -y puesto que tal pertenencia se mantiene siempre en secreto-, el Reino Unido no conoce en realidad el número exacto de enemigos que tiene en África.

LIBRO V
HERÉTICOS

«Los zorros herejes tienen muchos rostros,
pero todos cuelgan juntos por la cola».

Papa Geegoky IX

I. Antigüedad

168. *Transición de las iniciaciones antiguas a las modernas.* Un orden de hechos reclama ahora nuestra atención que en cierto modo señala la transición de las iniciaciones antiguas a las modernas. Se hace evidente un fenómeno extraordinario en las condiciones sociales, tan sorprendentemente diferente de lo que encontramos en la antigüedad, como para presentarse como un nuevo punto de partida. Hasta ahora hemos visto cómo el secreto se organizaba en las clases sociales superiores, para privar a la multitud de verdades, cuya revelación no habría podido tener lugar sin perjuicio y peligro para la jerarquía. En la base encontramos el politeísmo, la superstición; en la cumbre, el deísmo, el racionalismo, la filosofía más abstracta.

169. *El espíritu de las sociedades secretas antiguas y modernas.* Las sociedades secretas de la antigüedad eran teológicas, y la teología a menudo inculcaba la superstición; pero en lo más profundo del santuario había un lugar, donde se reía de sí misma y del pueblo engañado, y atraía hacia sí a las inteligencias que se rebelaban contra la servidumbre del miedo, iniciándolas en el único credo digno de un hombre libre. A esa teología, por lo tanto, por lo demás muy erudita y no cruel, y que promovía el arte y la ciencia, se le puede perdonar mucho, atribuyendo tal vez no al cálculo vil, sino a la convicción sincera y a la prudencia reflexiva, el disimulo con que ocultaba los tesoros de la verdad y del conocimiento, que constituían su poder, su gloria y, en cierto modo, su privilegio.

En los tiempos modernos, las altas esferas religiosas y políticas no tienen secretos, porque no tienen ningún privilegio de conocimiento, ni iniciación que confiera a los más elevados en conocimiento el derecho a sentarse en el asiento de los poderosos, y nadie, sin ser culpable de un anacronismo y preparar para sí mismo amargas decepciones, puede buscar la verdad donde no hay más que un engañoso espectáculo de ella. Quien persiste en hacer de cualquier altura ficticia el objeto de su ambición, aparta sus ojos del horizonte que, iluminado por la aurora, arroja luz alrededor de sus pies, mientras que su cabeza está aún en la oscuridad. De ahora en adelante las sociedades secretas son populares y religiosas, no en el sentido de la iglesia constituida y oficial, sino de una iglesia rebelde y sectaria; y puesto que en un periodo en el que la autoridad de la iglesia es suprema, y la religión circula por todas las venas del estado, ningún cambio puede efectuarse sin herejía, esta debe ser necesariamente el primer aspecto de la revuelta política e intelectual. Esta herejía se sirve de la negación y el rechazo de los dogmas oficiales para derrocar a la odiada clerocracia y abrirse un camino hacia la libertad civil.

170. *Los Circunceliones*. El Papado fue, necesariamente, la cuna primigenia de los nuevos conspiradores que surgieron de su seno en épocas tempranas. En el siglo II, los *adamitas* adquirieron notoriedad. Afirmaban que, gracias a la muerte de Cristo, eran tan inocentes como Adán antes de la Caída, y se les acusaba de orar desnudos en sus asambleas. Cabe mencionar de forma incidental que esta secta fue reactivada en el siglo XV por un tal Picard, natural de Flandes. Sin embargo, una secta de mayor importancia que surgió ya en el primer siglo del cristianismo fue la de los *circunceliones*, una rama de los donatistas -seguidores de Donato, obispo cismático de Cartago (año 311)-, quien ya en esa temprana edad predicaba contra las corrupciones de la Iglesia romana. A causa de las violentas persecuciones que sufrieron, algunos de sus adherentes se radicalizaron hasta el fanatismo, formando bandas que recorrían el campo (de ahí su nombre, derivado de *circum cellos*), predicando la reforma, corrigiendo agravios, liberando esclavos y cancelando deudas sin contar con el consentimiento de los directamente implicados, y llegando en ocasiones a cometer crímenes mayores.

Algunos de estos fanáticos, llevados por un fervor mal encauzado hacia el martirio, se arrojaban por precipicios, se lanzaban al fuego o se degollaban. La secta perduró durante unos trece o catorce años, hasta que fue finalmente suprimida por las autoridades civiles.

Una secta herética del mismo nombre reapareció en los siglos XII y XIII en Alemania, negando la autoridad de papas, obispos y sacerdotes, así como la validez de los interdictos eclesiásticos.

II. Cataríes y luciferinos

171. *Los albigenses*. Una de las herejías más extensas y activas fue la de los albigenses, llamados así por su ciudad principal, Albi, desde donde se extendieron por todo el sur de Francia. La secta era hija del maniqueísmo; fructificó a su vez los gérmenes de los templarios y los rosacruces, y de todas aquellas asociaciones que continuaron la lucha y combatieron la opresión eclesiástica y civil.

172. *Objetivos de los albigenses*. Conviene destacar que el objetivo de los albigenses difería en un aspecto fundamental del de todas las sectas posteriores: sus ataques estaban dirigidos exclusivamente contra la Roma papal, y la venganza que se ejerció contra ellos -mediante el brazo civil y con furia clerical- fue enteramente

papal. Los albigenses representaban el partido gibelino en Francia y se aliaban con todos aquellos que se oponían a Roma, en especial con Federico II y los aragoneses, en defensa de los derechos de los reyes frente a las pretensiones de la Santa Sede. Sus doctrinas ejercieron una influencia particular sobre la Universidad de Bolonia, enteramente afín al partido imperial. Dante, de orientación imperialista y en parte impregnado de esta doctrina, fue por ello odiado por los güelfos.

173. *Principios de los albigenses.* Toulouse era la Roma de aquella iglesia disidente, que contaba con sus propios pastores, obispos, concilios provinciales y generales, al modo de la Iglesia oficial, y que agrupaba bajo sus estandartes a los disidentes de gran parte de Europa, todos ellos comprometidos con la ruina de Roma y la restauración del reino de Jerusalén. El levantamiento en Provenza cobró fuerza por las circunstancias históricas en que se produjo. Las Cruzadas habían reavivado el maniqueísmo oriental, poniendo a Europa en contacto directo con la refinada Grecia, con Asia mahometana y panteísta. Oriente, además, aportó a Aristóteles y sus comentaristas árabes, así como las sutilezas de la cábala y el materialismo de las ideas. Filosofía, republicanismo e industria se alzaban juntos contra la Santa Sede. Diversas rebeliones aisladas habían revelado ya el espíritu general del descontento, y ni las matanzas masivas lograron reprimirlo. El racionalismo de los valdenses -llamados así por Pedro Valdo, fundador de la secta- se enlazaba con el misticismo alemán del Rin y de los Países Bajos, donde los obreros se sublevaban contra condes y obispos. Todo apóstol que predicaba la moral pura, la religión del espíritu y el retorno a la iglesia primitiva encontraba seguidores.

El siglo de Luis IX, llamado el Santo (1226-1270), fue también el siglo de la incredulidad en la Iglesia de Roma, y los *Impossibilia* de Sigero anunciaban ya las tesis de Strauss.

174. *Propósitos de los albigenses.* La herejía de los albigenses había alcanzado tal difusión a lo largo de las costas del Mediterráneo, que varios territorios parecían haberse desligado ya de Roma, mientras príncipes y emperadores le brindaban apoyo abiertamente.

No conformes con considerar a la impía Roma como ya derrocada, los albigenses dirigieron repentinamente su mirada hacia los cruzados -a quienes al principio observaban con indiferencia-, albergando la esperanza de hacer de Jerusalén una rival gloriosa y poderosa de Roma. Allí pretendían establecer la sede del movimiento albigense, restaurar el amor por la religión en su hogar primigenio, y fundar en la tierra la Jerusalén celestial, de la cual Godofredo de Bouillón fue proclamado rey. Este mismo Godofredo había llevado el fuego y la espada hasta Roma, matado el 15 de octubre de 1080 al anti-César Rodolfo -el «rey elegido por los sacerdotes»- y expulsado al papa de la ciudad santa. Por estos actos, así como por las esperanzas que despertaba, fue objeto de infinitos elogios por su piedad, pureza y castidad, especialmente en las composiciones alegóricas de los trovadores, aparecidas en el primer cuarto del siglo XII bajo el título de *El Caballero del Cisne*.

El proyecto de convertir Jerusalén en la nueva Roma asignaba un papel destacado a los templarios, quienes acaso tenían conocimiento del plan y formaban parte de él.

175. *Los cátaros*. Italia, aunque vigilada por Roma, es más, porque vigilada, apoyaba las nuevas doctrinas. Milán fue uno de los focos más activos de los cátaros (los puros); en 1166 esa ciudad era más herética que católica. En 1150 había cátaros en Florencia, y las mujeres especialmente fueron las más enérgicas en la difusión de los dogmas de la secta, que llegó a ser tan poderosa como para efectuar en la ciudad una revolución a favor de los gibelinos. En Orvieto el catarismo prevalecía en 1125, y fue perseguido en 1163; la persecución fue más feroz en Verona, Ferrara, Módena, etc. En 1224 se reunió un gran número de estos sectarios en Calabria y Nápoles, e incluso Roma estaba llena de ellos. Pero Lombardía y Toscana fueron siempre las sedes principales de esta revuelta.

176. *Doctrinas y creencias*. Contamos con noticias escasas sobre esta secta, ya que, a diferencia de otras asociaciones heréticas, procuraba ocultar cuidadosamente sus actividades. Guardaba gran semejanza con el maniqueísmo y con los dogmas de los albigenses; como estos últimos, ocultaban sus doctrinas no solo al mundo exterior, sino incluso a sus propios prosélitos de grados inferiores.

Creían en la metempsícosis, sosteniendo que para alcanzar la luz eran necesarias siete transmigraciones del alma; aunque, como en otros casos, esta idea probablemente representaba de forma simbólica los distintos grados de iniciación. Atribuían el origen del mundo visible y del invisible a diferentes creadores: el primero era obra del espíritu maligno, por lo que rechazaban la narración del Génesis, así como la encarnación de Cristo, el purgatorio, el infierno y otras doctrinas afines.

Mostraban tendencias comunistas y aversión al matrimonio; eran filántropos y, por encima de todo, llevaban una vida laboriosa, combinando hábitos de ahorro con la caridad. Fundaban escuelas y hospitales, cruzaban tierras y mares para hacer prosélitos, negaban a los magistrados el derecho a quitar la vida, no desaprobaban el suicidio, y precedieron a los templarios en el desprecio por la cruz. No comprendían cómo los cristianos podían adorar el instrumento de la muerte del Salvador, y sostenían que la cruz era la figura de la bestia mencionada en el Apocalipsis, una abominación colocada en un lugar santo.

Celebraban sus ritos en bosques, cavernas y valles apartados; por ello, quienes pertenecían a esta herejía y a otras derivadas de ella podrían bien responder, ante la pregunta de «¿Dónde se reunían nuestros antiguos hermanos antes de que existieran logias?», que lo hacían en todo lugar.

Fueron acusados de estrangular o dejar morir de hambre a los moribundos, e incluso de quemar niños; cargos que también se lanzaron contra mitraicos, cristianos, gnósticos, judíos y, en tiempos más recientes, contra los católicos irlandeses. Como en tantos otros casos, tales acusaciones probablemente se originaron en sacrificios simbólicos malinterpretados de forma literal por sus detractores.

Contaban con cuatro sacramentos, y la *consolación* consistía en la imposición de manos, o bautismo del Espíritu Santo, reservado solo a adultos, mediante el cual se perdonaban los pecados, se impartía el espíritu consolador y se garantizaba la salvación eterna. Durante las persecuciones, las ceremonias eran abreviadas y celebradas de noche y en secreto; las velas encendidas simbolizaban el bautismo de fuego.

En la ceremonia de iniciación, el sacerdote leía los primeros dieciocho versículos del Evangelio de San Juan, una práctica que aún se conserva en ciertos grados masónicos. Como recuerdo de la iniciación, el neófito recibía una prenda de lino fino y lana, que debía llevar bajo la camisa; las mujeres, por su parte, recibían un cinturón que llevaban ceñido junto a la piel, justo bajo el pecho.

177. Persecución de los cátaros. Lo siguiente puede bastar como ejemplo de la persecución a la que fueron sometidos los cátaros en aquellos días religiosos. Dolcino, el líder de una secta de los cátaros, que se llamaban a sí mismos los «Apostólicos», porque se esforzaban por restaurar el cristianismo de los Apóstoles, y que predijeron la caída del papado, entonces ya muy corrupto, fue perseguido por la Inquisición (1307). Con 1400 de sus seguidores, Dolcino se refugió en una colina del distrito de Vercelli. Dolcino y su esposa Margarita fueron despedazados, miembro a miembro, por orden de los santos padres, y los pedazos quemados después por el verdugo público.

Contra aquellos de los seguidores de Dolcino que no habían sido apresados con su líder, Clemente V. ordenó una cruzada, concediendo la absolución plenaria a todos los que tomaron parte en ella. Quince años después de la muerte de Dolcino, treinta de sus discípulos fueron quemados vivos en el mercado de Padua.

178. *Los Waldenos o Vaudois.* Esta secta surgió en el siglo XII y recibió su nombre de su fundador, Pedro Waldus, un acaudalado ciudadano de Lyon. Sus objetivos eran, en gran medida, semejantes a los de los albigenses: un retorno a la sencillez evangélica, la denuncia de la corrupción eclesiástica y la reivindicación de la autoridad de la Biblia frente a la jerarquía romana. Perseguidos por la Iglesia, los waldenos se dispersaron por gran parte de Europa. En el siglo XIII, el papa organizó una cruzada contra ellos, cuyos episodios forman parte de la historia general de las guerras religiosas en la Edad Media. Sin embargo, los principios de los vaudois resistieron al paso del tiempo, y con la Reforma fueron contados entre las filas del protestantismo, aunque diferían -y aún difieren- de otras iglesias reformadas en numerosos puntos doctrinales, conservando su identidad como una secta distinta en varias regiones europeas.

No fue sino hasta 1848 cuando el rey de Cerdeña les otorgó, por edicto, libertad religiosa e igualdad de derechos civiles y políticos con respecto a la población católica romana de su reino. Según Rulman Merswin, que escribió entre 1370 y 1380 en Estrasburgo, existía entonces una comunidad de vaudois oculta en las montañas de Suiza, que se autodenominaba «Amigos de Dios».

De esta tradición espiritual derivarían posteriormente otros movimientos reformistas y disidentes, como los anabaptistas, los lolardos, los begardos y las beguinas.

179. *Luciferinos.* Otra secta derivada de los cátaros fue la de los *luciferinos*, que no debe confundirse con la que llevaba ese mismo nombre por asociación con Lucifer, obispo de Cagliari, y que existió brevemente bajo el reinado de Teodosio el Grande. Los luciferinos a los que aquí se hace referencia -adoradores del demonio- surgieron entre los siglos XII y XIII, y sus principales centros se hallaban en el principado de Frisia Oriental. Los frisones, al negarse a pagar diezmos al arzobispado de Bremen, fueron declarados herejes. Konrad von Marburg, tristemente célebre por su hipocresía y crueldad, se puso del lado de la Iglesia. Pocas cosas ilustran mejor la ceguera mental del clero de la época que el informe que este inquisidor envió al papa Gregorio IX, el cual lo aceptó como verídico, como se evidencia en su bula publicada en 1233.

Según dicho informe -y tal como aparece en la bula papal-, al iniciarse un candidato, se le hacía aparecer una rana o sapo, que debía besar o cuya lengua y saliva debía introducir en su propia boca. Este animal solía aparecer de tamaño natural, aunque en ocasiones se decía que era tan grande como un ganso, e incluso del tamaño de un horno de panadero. Luego aparecía un hombre pálido, reducido a piel y huesos, que el iniciado debía besar; tras ello, se afirmaba que perdía todo recuerdo de la fe católica. A continuación, un gato negro descendía a través de una estatua -que siempre se hallaba en el lugar de reunión de los herejes-, y todos debían besarle las partes traseras. Entonces se apagaban las luces y se entregaban a prácticas lascivas. Una vez encendidas de nuevo las velas, aparecía un hombre cuya parte superior brillaba más que el sol, mientras que su mitad inferior tenía forma de gato. Este ser recibía un fragmento de la ropa del iniciado, como prenda de que desde ese momento le pertenecía. Estos herejes sostenían, además, que Dios había arrojado injustamente a Lucifer al infierno, y que el diablo sería finalmente restaurado a su gloria y felicidad originales.

180. *Origen de la adoración del Diablo.* Es un hecho que, durante los siglos oscuros -época en la que los hombres vivían aplastados por la superstición y la crueldad, en gran parte a causa de la opresión tanto clerical como secular, siendo muchas veces la primera más severa que la segunda-, la vida se volvió casi insoportable para siervos y esclavos. Abandonados por Dios y por los santos, estos recurrían de manera desesperada al Diablo en busca de protección, y de ahí surgió una forma embrionaria de adoración demoníaca. Por ello, puede aceptarse como verosímil la acusación hecha contra los luciferinos de creer en la restauración final del Diablo; y ni siquiera se trata de una doctrina especialmente grave: personas muy piadosas, como los *Evangelistas Eternos* (*Everlasting Gospellers*), también sostenían esa creencia. Sin embargo, otras acusaciones contra los luciferinos -como las fantasías grotescas de ranas gigantes, gatos parlantes o rituales sexuales oscuros- resultan demasiado absurdas como para requerir una refutación seria.

Se dice que los luciferinos contaban con signos de reconocimiento y que solían saludarse entre ellos con la frase: «Lucifer, el agraviado, te saluda». Para impedir la entrada de no iniciados a sus reuniones, usaban una pregunta clave: «¿Pinchan hoy las zarzas?», cuya respuesta no se ha conservado, pero que evidentemente era conocida solo por los iniciados. Los lugares de reunión eran llamados «sótanos del arrepentimiento».

La acusación de crímenes antinaturales -frecuente en los procesos- fue lanzada, como en tantos otros casos, contra todos los herejes, aunque los luciferinos no fueron acusados de ello sino ya muy tarde, hacia finales del siglo XIII, cuando la secta había dejado de existir, tras haber sido exterminada por la espada y el fuego de la Santa Madre Iglesia.

Existieron muchas otras sectas, cuyo nombre derivaba bien de sus fundadores, bien de los lugares donde surgieron: los mesalianos, los bogomilos (supuestamente derivados de los anteriores), los cainitas, los encratitas, entre otros. Ninguna alcanzó, sin embargo, la importancia de las tratadas anteriormente. Sea cual fuere su orientación o doctrina, los miembros de estas sectas alimentaron, a lo largo de los siglos, los calabozos y las hogueras de la Inquisición. La Iglesia, con habilidad, entretejía herejía con brujería, para legitimar su represión. Thomas Stapleton, que durante el reinado de Isabel I emigró a Holanda huyendo de la persecución católica, escribió un libro preguntándose por qué el clero y la brujería se propagaban simultáneamente, denominándolos «los hijos gemelos del Diablo». Stapleton murió en 1598. Incluso después de esa fecha, negar la existencia de la brujería seguía considerándose una herejía condenable.

En 1725, el principado de Hohenzollern-Hechingen, en Wurtemberg, emitió un decreto público ofreciendo cinco florines a quien entregase, vivo o muerto, a un duende, una *nixie* (espíritu acuático) u otro espectro de ese tipo.

III. Trovadores

181. *La religión de los trovadores.* Trovadores y albigenses se unieron más estrechamente bajo la persecución; su amistad se forjó en la escuela del dolor. Cantaban y luchaban los unos por los otros, y sus cantos se extinguieron sobre las piras ardientes. Por ello, resulta razonable considerar a los trovadores como los organizadores de aquella vasta conspiración dirigida contra la Iglesia de Roma: los campeones de una revuelta que no tenía como guía ni como fin intereses materiales ni ambiciones vulgares, sino una religión y una política fundadas en el amor. Aquí, el amor no se entiende como un simple afecto que todos, en mayor o menor grado, experimentan y comprenden, sino como un arte, una ciencia que se adquiere mediante el estudio y la práctica de ritos y leyes de carácter sectario. Los artistas de esta doctrina del amor, bajo diferentes nombres, aparecen dispersos por muchas regiones de Europa.

Resulta difícil delimitar con precisión los límites geográficos de la difusión de la *Gaya Ciencia*. Los cantores del amor se presentan bajo la forma de trovadores de *langue d'oc* y *langue d'oïl, minnesänger* y juglares, esparcidos por todo el continente.

182. *Dificultad para comprender a los trovadores.* Los cantores de Provenza -cuya lengua fue calificada por los papas como la lengua de la herejía- nos resultan casi ininteligibles, y no sabemos cómo justificar los elogios que hombres como Dante, Petrarca o Chaucer dedicaron a su poesía; ni nos atrevemos, puesto que no entendemos sus versos, a calificar de locura su inspiración, ni a negarles el éxito que sin duda alcanzaron. Parece más fácil y natural pensar que aquellos campeones libres de una herejía a los que no se les permitía expresar claramente sus ideas, preferían los giros oscuros de la poesía y las formas ligeras que ocultaban sus pensamientos, como las suntuosas y festivas cortes de amor ocultaban quizás las «Logias» de los albigenses a los ojos de la Inquisición papal. Lo mismo se hizo con fines políticos en diversas épocas. Así tenemos *La Chasse du Cerf des Cerfs* de Gringore (un juego de palabras que designa al papa Julio II, por alusión al *servus servorum)*, en la que se ridiculiza a ese papa. Pero algunos trovadores, como por ejemplo Walther von der Vogelweide, m. 1228, y Peter Cardinal, m. 1306, cantaron abiertamente contra los abusos de la Iglesia y la vida corrupta del clero.

183. *Poesía de trovadores.* Arnaldo Danielle era oscuro incluso para sus contemporáneos; según el monje de Montaudon, «nadie entiende sus canciones» y, sin embargo, Dante y Petrarca lo alaban por encima de cualquier otro poeta provenzal, llamándolo el «gran Maestro del Amor», tal vez un título de dignidad sectaria, y ensalzando su estilo, cosa que no habrían hecho si no hubieran sido capaces de descifrar su significado. Las efusiones de los trovadores siempre iban dirigidas a alguna dama, aunque no se atrevían a revelar su nombre; lo que dice Hugo de Brunet se aplica a todos: «Si me preguntan a quién van dirigidas mis canciones, lo mantengo en secreto. Pretendo tal, pero no es nada de eso». La amante invocada, no cabe duda, como la Beatriz de Dante, era la religión purificada del amor, personificada como la Virgen Sofía.

184. *Grados entre los trovadores.* Había cuatro grados, pero el «Romance de la Rosa» los divide en cuatro y tres, produciendo de nuevo el místico número siete. Este poema describe un castillo, rodeado de una muralla séptuple, que está cubierto de figuras emblemáticas, y nadie era admitido en el castillo que no pudiera explicar su misterioso significado. Los trovadores también tenían sus

signos secretos de reconocimiento, y se supone que los «juglares» se llamaban así porque eran los «ministros» de un culto secreto.

185. *Cortes del Amor.* Ya he aludido a ellas; probablemente dieron origen a las Logias de Adopción, a los Caballeros y Ninfas de la Rosa, etc. Los grados pronunciados en ellas con procedimientos pedantes, interpretados literalmente, son frívolos o inmorales, y por tanto incompatibles con la moral y las costumbres de los albigenses, que eran en conjunto puras y austeras. Por lo tanto, los tribunales de amor pueden haber ocultado objetos mucho más estrictos que la decisión de cuestiones de mera galantería; y es de notar que estos tribunales, así como la raza de los trovadores, se extinguieron con la extinción de los albigenses por la espada de De Montfort y las marañas de la Inquisición.

LIBRO VI
CABALLERÍAS

«La caballería era más un espíritu que una institución... el ceremonial no era más que la declaración pública de que aquel a quien se confería la orden era digno de ejercer los poderes con los que le investía; pero aun así, el espíritu era la caballería».

Historia de la caballería de James

I. Caballería

186. *Propósito original.* Una intención de conservación y de propagación espiritual dio origen a la asociación del *San Greal,* cuyos miembros afirmaban estar en busca del *vaso de la verdad,* aquel que una vez contuvo la sangre del Redentor; o, dejando de lado el lenguaje metafórico, aspiraban a restaurar la Iglesia cristiana a su estado apostólico primitivo, a la verdadera observancia de los preceptos evangélicos. En la *Tabla Redonda,* figura perfecta que no admitía ni primeros ni últimos, se sentaban los Caballeros, que solo alcanzaban ese rango tras superar numerosas pruebas rigurosas. Al principio, sus grados eran tres, luego se elevaron a siete, y finalmente -en la época de su presunta fusión con los albigenses, templarios y gibelinos- llegaron a ser treinta y tres.

No obstante, los grados esenciales fueron siempre los de paje, escudero y caballero. En aquella época, las tres órdenes militares más destacadas eran los templarios, los Caballeros Hospitalarios de San Juan de Jerusalén -luego llamados Caballeros de Rodas y más tarde Caballeros de Malta-, y la Orden Teutónica. Estas organizaciones no solo representaban una estructura de disciplina y combate, sino que también encarnaban un ideal de vida consagrada a la defensa de la fe y a la búsqueda de una cristiandad más pura y fiel a sus orígenes.

187. *Los caballeros como apóstoles militares de la Religión del Amor.* Esta asociación fue, ante todo, una orgullosa hermandad de apóstoles y misioneros de la *Religión del Amor* -trovadores armados- que, bajo los estandartes de la justicia y el derecho, luchaban contra los abusos monstruosos del régimen teocrático, consolaban a la «viuda» (quizá la Iglesia gnóstica), protegían a los «hijos de la viuda» (los seguidores de Manes), y derribaban gigantes y dragones -léase inquisidores y clérigos-. La poderosa voz del furioso Roldán, que abría brechas en los peñascos de las montañas, es la voz de esa supuesta herejía que penetró en España, anticipando así el célebre dicho de Luis XIV: «Ya no hay Pirineos». Esta afirmación puede parecer audaz, pero no por ello deja de ser cierta. No me refiero aquí a la caballería feudal, sino a la que existía incluso antes del siglo XI, surgida del seno del maniqueísmo y el catarismo, y radicalmente hostil a Roma.

Pero ya en esa época la Iglesia papal aplicaba un principio que los jesuitas desarrollarían más tarde con maestría: *dirigir lo que no se puede suprimir.* Y siendo el espiritualismo -ya fuera místico, platónico o caballeresco- lo que más temía, Roma, en lugar de oponerse abiertamente a su corriente, supo redirigirla con astucia hacia cauces donde, en vez de volverse destructiva para el papado, llegó a serle de utilidad incalculable.

188. *Principios y doctrinas*. Quienes compusieron los romances de la *Tabla Redonda* y del *San Greal* estaban bien familiarizados con las tríadas galas, los misterios de las doctrinas teológicas de los bardos y los mitos célticos. Estos relatos tienen su origen en los fenómenos del mundo natural, y el *San Greal* no sería sino una especie de Arca de Noé en miniatura.

A partir del *Testamento del Amor* de Chaucer -obra que parece inspirada en la *Consolación de la Filosofía* de Boecio- se ha tendido a suponer que el amor caballeresco era, en su forma más elevada y espiritualizada, el amor por la mujer. Sin embargo, en el periodo primitivo de la caballería, la dama del caballero no era otra que la *Virgen Sofía*, es decir, la Sabiduría personificada. La terminología empleada en los ritos de iniciación, los votos religiosos pronunciados en dichas ocasiones, la tonsura a la que se sometían los caballeros y otros elementos similares indican claramente que el amor al que se alude constantemente no hace referencia al amor terrenal. Esto se aplica sobre todo a los caballeros que podrían llamarse *Caballeros Voluntarios*, cuya carta de fundación se halla en el curioso libro *Las Siete Partidas*, atribuido a Alfonso XI de Castilla y León.

Sus estatutos guardaban gran semejanza con los de los templarios y hospitalarios: eran, más que ninguna otra, una orden de carácter religioso, sujetos a una vida rigurosa. Sus vestiduras eran de tres colores -coincidencia notable- análogos a los que Dante describe al contemplar a Beatriz, así como a los tres círculos que aparecen hacia el final del *Paraíso*. Tenían dos comidas al día y solo bebían agua, una disciplina difícilmente compatible con una milicia dedicada únicamente a labores espirituales. Pues además de sus deberes especiales, estaban obligados por todas las normas de la caballería: proteger al débil del fuerte, restaurar la paz donde se hubiese quebrado, servir a su cuerpo (*la Logia*) y defender la religión evangélica. Se dice que marcaban sus brazos derechos como signo de fraternidad, aunque probablemente se trate de una imagen simbólica del bautismo de fuego y del Espíritu, uno de los ritos esenciales de la *Religión del Amor*.

En la catedral de Génova se conserva un vaso de vidrio verde que se considera el *San Greal* original. Se dice que está hecho de una gigantesca esmeralda, pero durante el dominio napoleónico, los franceses -menos reverentes- lo llevaron a París y lo sometieron a pruebas químicas, demostrando que no era otra cosa que simple vidrio coloreado.

II. Los templarios

189. *Fundación de la Orden.* La orden fue fundada en 1118, aunque en parte parece derivar de una institución más antigua, como sugiere un manuscrito conservado en la biblioteca del Louvre, titulado *Hostes sur les Frères Mages, écristes par un contemporain des Chevaliers Templiers qui en estes.*

Ese año, nueve caballeros valientes y piadosos se agruparon en una asociación que combinaba las funciones del monje y del guerrero. Eligieron como patrona a «la dulce Madre de Dios» y se comprometieron a vivir según la regla de San Agustín. Juraron consagrar sus espadas, armas, fuerzas y vidas a la defensa de los misterios de la fe cristiana; obedecer sin reservas al Gran Maestro; afrontar los peligros del mar y de la guerra siempre que se les ordenara y por amor a Cristo; y no retirarse jamás, aun si se enfrentaban solos a tres enemigos infieles. Asimismo, asumieron los votos de castidad y pobreza, prometieron no unirse jamás a otra orden ni rendir jamás una muralla o palmo de tierra. El rey Balduino II les cedió una parte de su palacio, que se encontraba junto a la iglesia del Templo, y el abad les otorgó una calle que unía dicha iglesia con el palacio. Por ello, adoptaron el nombre de *Milicia del Templo* (*militia templi*), o más comúnmente, Caballeros Templarios.

190. *Progreso de la Orden.* Los primeros nueve años que transcurrieron tras la institución de la Orden, los templarios vivieron en una gran pobreza; Hugh des Payens y Godofredo de San Omer, los fundadores, no tenían más que un caballo de guerra entre los dos, un hecho conmemorado en el sello de la Orden, que representa a dos caballeros sentados en un corcel. Poco después, el papa Honorio confirmó la Orden y designó un manto blanco, al que Eugenio III fijó una cruz roja en el pecho, como vestimenta distintiva de los templarios. La Orden también asumió un estandarte formado de tela, a rayas blancas y negras, llamado *Beauseant* (en francés antiguo un caballo picazo), palabra que se convirtió en el grito de batalla de los caballeros. El estandarte llevaba una cruz y la inscripción: «Non nobis, Domine, sed nomini tuo da gloriam». A partir de entonces muchos caballeros se unieron a la Orden, y numerosos príncipes poderosos le otorgaron considerables posesiones. Alfonso, rey de Aragón y Navarra, incluso nombró a los templarios sus herederos, aunque el país se negó a ratificar el legado. Así se convirtieron en los propietarios más ricos de Europa, hasta poseer unas nueve mil enco-

miendas, situadas en diversos países de Europa y en Palestina, con una renta anual de ciento doce millones de francos.

191. *Recuento de las comandancias.* Sus encomiendas estaban situadas en sus provincias orientales y occidentales; las primeras abarcaban Jerusalén, Trípoli, Antioquía y Chipre; las segundas, Portugal, Castilla y León, Aragón, Francia, incluidos Flandes y los Países Bajos, Inglaterra, Escocia, Irlanda, Alemania, Italia y Sicilia. Mientras Jerusalén estuvo en manos de los cristianos, la sede principal de los templarios estuvo en esa ciudad; después se trasladó a París, donde erigieron el gran edificio hasta hace poco conocido como el Templo. Fue en este edificio donde Felipe el Hermoso se refugió con ocasión de un motín que tuvo lugar en 1306, donde los templarios le protegieron hasta que se calmó la furia del pueblo. Se dice que los Caballeros mostraron incautamente a la codicia real sus inmensos tesoros. En un levantamiento posterior, pero mucho más trascendental, el pilar que sirvió de asilo a un rey ingrato se convirtió en la prisión de un desafortunado sucesor. Recientemente este recuerdo de la perfidia real, y de un destino vengador que golpeó a los inocentes, ha sido arrasado.

192. *Imputaciones contra la Orden.* Hacia finales del siglo XII la Orden contaba con unos treinta mil miembros, en su mayoría franceses, y el Gran Maestro era generalmente elegido entre los franceses. Gracias al gran número de sus miembros afiliados podían levantar un gran ejército en cualquier parte del mundo oriental, y su flota monopolizaba el comercio del Levante. De ahí que se apartaran de su humildad y piedad originales. Perdieron Palestina y no se esforzaron por recuperarla, sino que desenvainaron con frecuencia la espada -que sólo debía utilizarse al servicio de Dios, según ellos entendían la frase- en las contiendas y guerras de los países que habitaban. Se volvieron orgullosos y arrogantes. Al morir, Ricardo Corazón de León dijo: «Dejo la avaricia a los monjes cistercienses, la suntuosidad a los frailes mendigos, el orgullo a los templarios»; y sin embargo, tal vez sólo sentían su propio poder.

Los templarios ingleses se habían atrevido a decir a Enrique III: «Serás rey mientras seas justo»; palabras portentosas que proporcionaron materia de meditación a aquel Felipe de Francia que, como muchos otros príncipes, deseaba ser injusto impunemente. En Castilla, los templarios, los hospitalarios y los caballeros de San Juan se aliaron contra el propio rey. ¿Tal vez aspiraban al dominio universal o al establecimiento de una soberanía occidental, como los Caballeros Teutónicos de Prusia, los Hospitalarios en Malta o los Jesuitas en

Paraguay? Pero apenas hay fundamento para estas imputaciones, especialmente la primera, teniendo en cuenta que los miembros de la Orden estaban dispersos por toda la tierra, y a lo sumo podrían haber intentado apoderarse del gobierno de algún Estado individual, como el de Aragón, por ejemplo, pero no llevar a cabo un plan para el que incluso las fuerzas de Carlomagno habían sido inadecuadas. Acusaciones mejor fundadas fueron, que habían perturbado el reino de Palestina por su rivalidad con los Hospitalarios; habían concluido ligas con los infieles; habían hecho la guerra a Chipre y Antioquía; habían destronado al rey de Jerusalén, Enrique II; habían devastado Grecia y Tracia; se habían negado a contribuir al rescate de San Luis; habían declarado por Aragón contra Anjou-un crimen imperdonable a los ojos de Francia-con muchas otras acusaciones. Pero su mayor crimen fue el de ser excesivamente ricos; por lo tanto, su caída estaba decidida.

193. *Complots contra la Orden.* Felipe el Hermoso había agotado hasta su última moneda. La victoria de Mons, que fue peor que una derrota, lo había arruinado. Estaba obligado a devolver Guyena y estaba a punto de perder Flandes. Normandía se había sublevado contra un impuesto que se había visto forzado a retirar. En la capital, la oposición al gobierno era tal que se hizo necesario prohibir las reuniones de más de cinco personas. ¿Cómo obtener dinero en tales circunstancias? Los judíos ya no podían aportar más, pues todo lo que poseían les había sido arrancado mediante multas, encarcelamientos y torturas. Era preciso recurrir a una gran confiscación, pero sin alienar a las clases que sostenían el poder real. Había que hacerles creer que no se trataba de una rapiña, sino del castigo de malhechores, para mayor gloria de la religión y triunfo de la ley.

Por instigación de Felipe el Hermoso, se publicaron libelos contra la Orden de los Caballeros Templarios, con las acusaciones más absurdas: herejía, impiedad y crímenes aún más graves. Se dio gran credibilidad a las declaraciones de dos renegados de la Orden: el florentino Roffi Dei y el prior de Montfaucon. Este último, condenado por el Gran Maestro a cadena perpetua por sus múltiples crímenes, logró escapar y se convirtió en delator de sus antiguos hermanos.

194. *Atenciones prestadas al Gran Maestro.* Bertrand de Got, quien gracias a la influencia del rey de Francia había llegado al trono pontificio con el nombre de Clemente V, fue entonces presionado por Felipe el Hermoso para cumplir la última de las cinco condiciones bajo las cuales le había facilitado el ascenso a la cátedra de San Pedro. Las cuatro primeras habían sido explicitadas, pero Fe-

lipe había reservado la quinta para el momento oportuno. No cabe duda, a la luz de los hechos posteriores, de que en la mente del rey esa condición era la destrucción de la Orden del Temple.

El primer paso consistía en atraer al Gran Maestro, Jacques de Molay, a su jurisdicción. A solicitud del papa -que le pidió acudir a Francia para concertar medidas de recuperación de Tierra Santa-, De Molay abandonó Chipre y llegó a París en 1307, acompañado por sesenta caballeros y portando 150.000 florines de oro, además de tanto dinero en plata que requirió la carga de doce caballos, que fue depositada en el Temple de la ciudad. Para adormecer su vigilancia y hacerlo caer en una falsa seguridad, el rey -cuyo plan aún no estaba del todo maduro- colmó al Gran Maestro de atenciones: lo nombró padrino de uno de sus hijos y lo escogió, junto a otras personalidades notables, para llevar el palio en el funeral de su cuñada. Al día siguiente, De Molay fue arrestado junto con toda su comitiva. Ese mismo 13 de octubre de 1307, cartas previamente enviadas a los oficiales reales ordenaban la aprehensión de todos los templarios del reino, así como la confiscación de sus casas y bienes. Como resultado, varios miles de miembros de la Orden -caballeros y hermanos servidores- fueron detenidos en toda Francia.

195. *Acusaciones contra los templarios*. Los templarios fueron acusados de negar a Cristo, a la Virgen y a los santos, y de escupir y pisotear la cruz; de adorar en una cueva oscura a un ídolo con la figura de un hombre cubierto con una vieja piel humana y con dos carbuncos brillantes y lustrosos por ojos; de ungirlo con grasa de niños pequeños asada; de considerarlo su Dios soberano; de adorar al diablo en forma de gato; de quemar los cuerpos de los templarios muertos y dar las cenizas a los hermanos más jóvenes para que las comieran y bebieran mezcladas con su comida. Se les acusó de varios crímenes antinaturales, espantosos libertinajes y abominaciones supersticiosas, tales como sólo los locos podrían haber sido culpables, y como sólo se podía pensar en una época de espantosa ignorancia, estupidez y superstición.

Para hacerles confesar estos crímenes fueron sometidos a la tortura, no sólo en Francia, sino también en Inglaterra, pues Eduardo II se alió con Felipe para destruir la Orden. Muchos caballeros en las agonías de la tortura confesaron los crímenes que se les imputaban, cientos expiraron bajo ella sin hacer confesión alguna, muchos murieron de hambre o se suicidaron de otras formas en prisión. El juicio se prolongó durante años; la persecución se extendió a otros países; en Alemania y España y Chipre la Orden fue absuelta de toda culpa; en Italia, Inglaterra y Francia, sin embargo, su condena estaba sellada, aunque por un momento pareció haber una posibilidad de que escaparan, pues el papa, al ver que Felipe y Eduardo se habían apoderado de todo el dinero y las propiedades de los templarios, y parecía inclinado a privarle de su parte del botín, empezó a ponerse de parte de la Orden. Pero al hacerle los dos reyes algunas concesiones, volvió a apoyarlos, aunque al final lo encontramos quejándose de la pequeña parte del botín que llegó a sus manos.

196. *Quema de caballeros.* El tedioso progreso del simulacro de juicio se animaba de vez en cuando con la ejecución pública de caballeros que se negaban a reconocer crímenes de los que no eran culpables. Cincuenta y nueve caballeros galantes fueron conducidos en un día a los campos situados en la parte trasera del convento de San Antonio, donde se habían clavado estacas en el suelo y se habían recogido leña y carbón. A los caballeros se les ofreció el perdón si confesaban; pero todos se negaron y fueron quemados a fuego lento, es decir, con brasas de carbón. En Senlis fueron quemados nueve, y muchos más en otros lugares. En todas estas ocasiones, así como en las horribles escenas de la cámara de tortura, los frailes dominicos fueron los testigos burlones.

197. *Jacques de Molay.* El Gran Maestro permaneció en prisión cinco años y medio, y no hay duda de que fue sometido repetidamente a la tortura. La confesión que se dice que hizo fue probablemente una falsificación. Finalmente, el 18 de marzo de 1313, él y Guy, el Gran Preceptor de la Orden, fueron quemados a fuego lento en una pequeña isla del Sena, entre los jardines reales y la iglesia de los Hermanos Ermitaños, donde después se erigió la estatua de Enrique IV, afirmando ambos hasta el último momento la inocencia de la Orden.

198. *Misterios de los Caballeros Templarios.* Sin hacer demasiado hincapié en confesiones arrancadas con violencia, o denuncias procedentes de la venganza, la codicia y el servilismo, es evidente que los templarios, en sus ordenanzas, credo y ritos, tenían algo que era peculiar y secreto, y totalmente diferente de los estatutos, opiniones y ceremonias de otras asociaciones religioso-militares. Su larga estancia en Oriente, en aquella peligrosa Palestina desbordada de griegos cismáticos y herejes que, expulsados de Constantinopla, se refugiaron con los árabes; su rivalidad con los hospitalarios; su contacto con el elemento sarraceno; finalmente, la pérdida de Tierra Santa, que les perjudicó en la opinión del mundo y convirtió sus vidas en ociosas; todas estas y muchas otras circunstancias actuarían

sobre esta institución de forma imprevista, apartándose de las tendencias de la constitución original, y mezclando con ella ideas y prácticas poco acordes, es más, en total antagonismo con el pensamiento ortodoxo que había originado, animado y fortalecido esta hermandad militar.

199. *El Temple y la Iglesia.* El mismo nombre *Temple* puede, en cierto modo, aludir a una ambición rebelde. *Templo* es una denominación más augusta, más vasta y más inclusiva que la de *Iglesia.* El Templo está por encima de la Iglesia: esta tiene una fecha de fundación, un lugar concreto; el Templo, en cambio, ha existido siempre. Las iglesias caen; el Templo permanece como símbolo del origen común de las religiones y de la perpetuidad de su espíritu. Los templarios podían así considerarse a sí mismos como sacerdotes de una religión no transitoria, sino permanente; y los aspirantes podían creer que la Orden, al constituirlos como defensores del Templo, buscaba iniciarlos en una segunda y superior forma de cristianismo, en una religión más pura. Mientras que para el cristiano el *Templo* evocaba el Santo Sepulcro, para el musulmán recordaba el Templo de Salomón; y la leyenda asociada a este último servía de vínculo simbólico con los rituales de los francmasones y otras sociedades secretas.

Además, si la Iglesia podía llamarse casa de Cristo, el Templo era la casa del Espíritu Santo. Esa era la religión del Espíritu que los templarios habrían heredado del maniqueísmo, de los albigenses y de la caballería sectaria que los precedió. Las prácticas iniciáticas, los monumentos e incluso el proceso judicial que sufrieron, evidencian la preeminencia de esa religión del Espíritu en las doctrinas secretas del Temple.

Los templarios absorbieron buena parte de sus tendencias sectarias y heterodoxas del periodo en que la caballería, purificada y organizada, se convirtió en una peregrinación en busca del *San Greal,* la copa mística que recogió la sangre del Salvador. Fue en aquella época en la que Oriente -mediante invasiones armadas o culturales, con su ciencia árabe, su poesía y sus herejías- volvió su mirada hacia Occidente y lo impregnó profundamente.

200. *La iniciación.* Mucho se ha dicho sobre el modo de iniciación: que tenía lugar por la noche en la capilla, en presencia del capítulo, quedando estrictamente excluidos todos los extraños; que asistían a ella ritos licenciosos, y que el candidato era obligado a negar, maldecir y escupir sobre la cruz, esa cruz por la que habían derramado tanta de su propia sangre, sacrificado tantas de sus propias vidas.

Hemos visto que esta fue una de las principales acusaciones que se hicieron contra la Orden. ¿Había algo de verdad en ello? Parece muy probable que la hubiera; pero la práctica puede explicarse como en el párrafo siguiente.

201. *La maldición y el escupitajo sobre la cruz, explicados.* Tal práctica no debería sorprendernos si consideramos la época en la que surgió: un tiempo en el que las iglesias eran convertidas en teatros, los objetos sagrados profanados mediante representaciones grotescas, y los antiguos misterios reproducidos a su manera para rendir homenaje a Cristo y a los santos. El lector debe tener presente también las extraordinarias escenas representadas más tarde en los *autos sacramentales* o *milagros teatrales* (*Miracle Plays*), donde lo sagrado y lo profano a menudo se entremezclaban. En este contexto, el aspirante al grado templario era introducido, en un principio, como un pecador, un mal cristiano, un renegado. Negaba la fe, de hecho, a la manera de san Pedro, y esa renuncia era expresada simbólicamente mediante el acto -odioso en apariencia- de escupir sobre la cruz. La fraternidad asumía entonces la misión de restaurar a ese renegado, de elevarlo tanto más alto cuanto mayor hubiese sido su caída. Del mismo modo, en la *Fiesta de los Locos*, el candidato se presentaba en un estado de imbecilidad y degradación, para ser regenerado por la Iglesia.

Estas «comedias», correctamente comprendidas en su origen, fueron con el tiempo malinterpretadas, escandalizando a los fieles, que habían perdido la clave del enigma. Los templarios habían adoptado ceremonias similares. Eran herederos, en cierto modo, de los cátaros y de los maniqueos. Ahora bien, los cátaros despreciaban la cruz, llegando incluso a considerar meritorio pisotearla. Pero en el caso de los templarios, este gesto tenía un carácter estrictamente simbólico, como quedó sobradamente demostrado durante su proceso. En realidad, hacía referencia a la triple negación de Cristo por parte de san Pedro, con la consiguiente posibilidad de redención y restauración espiritual del iniciado.

202. *Acusación de prácticas licenciosas.* En cuanto a los ritos licenciosos, si alguna vez se practicaron, se limitaron a ciertas localidades y a ciertos grados de iniciación; pues en los juicios se demostró que muchos caballeros ni siquiera habían oído hablar de las prácticas de las que se les acusaba; que nunca habían visto el busto del Baphomet; que nunca se les había invitado o pedido que participaran en ritos licenciosos o blasfemos. Si algunos miembros de la Orden tenían conocimiento de ellos y participaban en ellos, sus delitos

eran delitos individuales y no delitos que pudieran reprocharse a la Orden y a sus enseñanzas. Los crímenes antinaturales, sin embargo, eran tan comunes en la época de los templarios que se les podía acusar de ellos con toda seguridad, sin que de inmediato se levantara un grito de indignación, y un sentimiento de incredulidad ante la mera acusación en sí; ¡pues en la época de los templarios era costumbre que en la elección de un obispo se insistiera en que el candidato jurara que no era culpable de sodomía, seducción de monjas o bestialismo! Si estos vicios no hubieran sido muy comunes, todo hombre honesto habría exclamado de inmediato: *¡Nolo episcopari!* Todos los cargos presentados contra los templarios se habían hecho antes contra los cátaros, los albigenses y contra los hospitalarios; y Clemente, en una bula fechada sólo cuatro días después de la de la supresión, reconoció que todas las pruebas contra la Orden equivalían sólo a sospechas.

203. *Los templarios como opositores del papa.* Pero puede haber existido una razón más profunda y específica para introducir aquella ceremonia simbólica y mantener constantemente ante la conciencia de los miembros de la Orden la traición de san Pedro. Como se ha expuesto, los templarios, durante y a raíz de su prolongada estancia en Oriente, se vieron influidos por las doctrinas de los gnósticos y maniqueos -algo atestiguado, incluso en ausencia de otras pruebas, por los símbolos gnósticos y cabalísticos hallados en y sobre las tumbas de los caballeros templarios-, doctrinas que, a su juicio, estaban menos corrompidas que las enseñanzas del clero romano. Conocían además el escaso éxito que tuvo en Atenas la predicación de la muerte de Cristo en la cruz, precisamente por la tragedia de Esquilo *Prometeo encadenado,* en la cual Océano niega a su amigo en el momento en que Dios lo convierte en víctima expiatoria por los pecados del mundo, del mismo modo en que Pedro -que vivía junto al mar- negó a Cristo.

Los templarios llegaron así a la conclusión de que todas esas figuras divinas, descendientes de una misma fuente, no eran sino imágenes religiosas y poéticas del sol. Y al observar el mal uso que el clero hacía de esas doctrinas, renunciaron simbólicamente a san Pedro y adoptaron en su lugar la figura de san Juan, convirtiéndose en *johanitas* o seguidores del Evangelista. Esto constituyó un cisma secreto dentro del cristianismo, y según algunos autores, fue precisamente esta ruptura con el simbolismo petrino -y, por tanto, con la autoridad papal-, junto con su inmensa riqueza y su creciente independencia espiritual, lo que motivó, en última instancia, su condena por parte de la corte de Roma.

204. *Baphomet*. La explicación anterior puede también ofrecer una clave para comprender el significado y el nombre del ídolo que los templarios fueron acusados de adorar. Dicho ídolo representaba a un hombre con una larga barba blanca, y el nombre que se le daba era *Baphomet*, un término que ha ejercido la imaginación de muchos críticos. Entre todas las hipótesis formuladas, la única que merece consideración es la de Nicolai, quien sostuvo que el nombre se compone de palabras griegas que significarían «bautismo de sabiduría» (*baptisma sophias*), y que la imagen representaba a Dios como Padre universal.

En cuanto al significado de la *cabeza* misma -elemento central del supuesto culto templario-, ya se ha hecho referencia a las doctrinas gnósticas y cabalísticas adoptadas por la Orden (véase §198), y dicha cabeza era sin duda uno de estos símbolos esotéricos. Sabemos que los cabalistas representaban a Dios en *abstracto* mediante una cabeza sin barba, símbolo de la inmutabilidad; mientras que al Dios creador lo representaban con cabeza barbada, signo del crecimiento constante manifestado en el mundo. Para los templarios, el busto representaba al Dios único. Al ser mostrado al iniciado, el hierofante pronunciaba la palabra árabe *yalla* (una forma corrompida de *Yh Allah*), que significa «la Luz de Dios», y al nuevo miembro se le saludaba como «amigo de Dios». Pero negar la Trinidad en aquella época significaba exponerse al tormento y a la hoguera. De ahí que este secreto se considerara inviolable y que fuera tan celosamente guardado por los templarios, hasta el punto de que hoy solo podemos conjeturar su verdadero significado.

205. *Disposición de las posesiones de los templarios*. Habiendo sido suprimida la Orden por una bula papal, fechada el 6 de mayo de 1312, el rey y el papa convirtieron a su propio uso los bienes muebles de la Orden bajo sus respectivas jurisdicciones, quedándose el rey, como hemos visto, con la parte del león. Sus otras posesiones en Francia e Italia fueron, muy en contra de la voluntad del rey, asignadas a la Orden de los Hospitalarios, quienes, sin embargo, se vieron obligados a pagar multas tan elevadas al rey y al papa que los empobrecieron por completo durante ese tiempo. Una parte de sus propiedades alemanas fue asignada a los Caballeros Teutónicos; las posesiones españolas de los templarios, consistentes en diecisiete ciudades y castillos, fueron aseguradas por el rey para la fundación de la Orden de Nuestra Señora de Montesa, cuyo objeto era tan bár-

baro como cualquier Papa o rey cristiano pudiera concebir, a saber, combatir a los moros; y el rey de Portugal, que no suprimió violentamente la Orden, hizo que cambiara su nombre por el de Orden de Cristo, que existe hasta hoy y, desde 1789, consta de tres clases: Gran Cruz, Comendador y Caballero.

LIBRO VII
PODER JUDICIAL

«Durante toda la Edad Media, la justicia no era un secreto para el pueblo como lo es en la actualidad, cuando está enterrada bajo montones de papeles legales».

Wigand

I. La Santa Vehme

206. *Origen y finalidad de la institución.* En esta sección se nos presenta un tipo de sociedad secreta completamente distinta a las anteriormente descritas. Hasta ahora, las órdenes secretas relatadas habían sido predominantemente de carácter religioso o militar; pero las que se tratan a continuación eran esencialmente judiciales en su funcionamiento. La primera de ellas fue la Santa Vehme (*Heilige Vehme*), o los *tribunales secretos de Westfalia,* surgidos en medio del periodo de violencia y anarquía que sacudió al Sacro Imperio Germánico tras la proscripción de Enrique el León, hacia mediados del siglo XIII. La autoridad suprema del emperador había perdido toda influencia en el país; los tribunales imperiales ya no se reunían; el derecho y la justicia habían sido reemplazados por la fuerza bruta; los señores feudales oprimían impunemente al pueblo, y quien podía, mandaba. En este contexto, el propósito de los jueces de Westfalia fue capturar a los culpables -fuesen quienes fuesen-, castigarlos antes de que tuvieran siquiera conciencia del peligro que les amenazaba, y con ello asegurar la retribución del crimen. Ese era el objetivo de esta sociedad secreta: convertirse en instrumento de la venganza pública. Por ello su existencia no solo se justifica, sino que se comprende plenamente el respeto popular que llegó a gozar, y en el cual -más que en cualquier legitimidad oficial- reposaba toda su autoridad.

207. *Lugares de celebración de los tribunales.* Los escritores románticos han rodeado la Vehme de oscuridad, misterio y temor, pero la historia sobria muestra que la institución era, antes de la fecha de su corrupción, el tribunal más justo, y quizá el único justo, del país donde existía, y que su único secreto consistía en la justicia y rapidez con que descubría el crimen y ejecutaba sus sentencias. En cuanto a sus reuniones, no solían celebrarse en bóvedas subterráneas o cuevas poco iluminadas, sino más frecuentemente al aire libre; en Nordkirchen el tribunal se reunía en el patio de la iglesia; en Dortmund, en la plaza del mercado. El lugar preferido para celebrar los tribunales era cerca o debajo de los árboles; tampoco se celebraban por la noche, sino por la mañana, poco después del amanecer.

208. *Oficiales y organizaciones.* La Westfalia de aquella época comprendía el territorio situado entre el Rin y el Weser; su límite meridional lo formaban las montañas de Hesse y el septentrional Frisia. El término *Vehme* o *Fehm* deriva, según Leibniz, de *fama,* en el sentido de un derecho fundado en la reputación pública. Sin em-

bargo, *fem* es también una palabra alemana antigua que significa «condena», lo cual podría ser un origen más adecuado del término. Además, *Fehm* tenía en el alemán antiguo otros significados, como «compañía», «sociedad», «separación» o «algo apartado»; así, por ejemplo, los cerdos que eran separados con el propósito de engordarlos se llamaban *Fehmschweine* («cerdos-fehm»), y la marca que se les ponía para distinguirlos se llamaba *Fehmmahl* («signo-fehm»). Teniendo en cuenta este sentido general de separación y distinción, se comprende cómo la sociedad de los Jueces Libres adoptó, para distinguirse de otras asociaciones, el epíteto de «santa».

Los tribunales vehmónicos eran también conocidos con distintos nombres: *Fehmding, Freistühle* («tribunales libres»), *heimliche Gerichte, heimliche Achten, heimliche beschlossene Achten* («tribunales secretos») y *verbotene Gerichte* («tribunales prohibidos»). Ninguna condición social impedía a una persona ser iniciada, y en un código vehmónico descubierto en Dortmund -cuya lectura estaba prohibida a los profanos bajo pena de muerte- se mencionan tres grados: los iniciados del primero eran llamados *Stuhlherren* («señores justicias»); los del segundo, *Schöffen* (del latín *scabini*); y los del tercero, *Frohnboten* («mensajeros»). Existían dos tipos de tribunal: el *offenbares Ding* («tribunal abierto») y el *heimliche Acht* («tribunal secreto»). Si una persona no iniciada era descubierta en un tribunal secreto, se la ahorcaba sin excepción, para impedir que advirtiera al acusado -condenado *in contumaciam*- de la sentencia dictada contra él. Los miembros de la Vehme eran conocidos como *Wissende*, «los que saben» o «los iniciados». Estaban exentos de su jurisdicción el clero, las mujeres, los niños, los judíos, los paganos y, según parece, la alta nobleza. Estos tribunales juzgaban todo delito que atentara contra la fe cristiana, el Evangelio o los Diez Mandamientos.

209. *Lenguaje y reglas de los iniciados.* Los iniciados en los tribunales vehmónicos poseían un lenguaje secreto, al menos según se deduce de las iniciales S.S.S.G.G., que aparecen en diversos escritos conservados en los archivos de Herfort, en Westfalia, y que han desconcertado a los eruditos. Algunos han interpretado estas letras como abreviatura de *Stock, Stein, Strick, Gras, Grein* -«palo, piedra, cuerda, hierba, aflicción»-, una fórmula alegórica de los elementos relacionados con la justicia oculta y el castigo. Durante las comidas, los miembros habrían podido reconocerse por la disposición particular de sus cubiertos: las puntas de los cuchillos apuntando hacia el borde de la mesa y las puntas de los tenedores hacia el centro. Para el traidor o hermano falso se reservaba una muerte espantosa, y los

juramentos requeridos para ser admitido eran tan sobrecogedores como los prescritos en los grados superiores de la francmasonería.

El iniciado juraba, entre otras cosas, mantener el secreto de la Vehme por encima de todo lo que esté iluminado por el sol o mojado por la lluvia, o que se encuentre entre el cielo y la tierra; se comprometía a no revelar a nadie la sentencia pronunciada contra un acusado, y a denunciar incluso a sus propios padres o parientes si fuera necesario. En caso de perjurio, invocaba sobre sí la maldición de todos y la pena de ser ahorcado siete pies más alto que los demás. Una de las fórmulas de juramento, conservada en los archivos de Dortmund, debía pronunciarse de rodillas, con la cabeza descubierta y los dedos índice y medio de la mano derecha apoyados sobre la espada del presidente. Decía así: «Juro devoción perpetua al tribunal secreto; defenderlo contra mí mismo, contra el agua, el sol, la luna y las estrellas, contra las hojas de los árboles y todos los seres vivientes; mantener sus juicios y favorecer su ejecución. Prometo, además, que ni el dolor, ni el dinero, ni los padres, ni nada creado por Dios me harán perjurar».

210. Procedimiento. El procedimiento de los tribunales vehmónicos comenzaba con una acusación formulada por un *Freischopps* (juez libre). La persona acusada era entonces citada a comparecer; si no era miembro iniciado, debía hacerlo ante el tribunal abierto, y ¡ay de quien desobedeciera! Si el acusado pertenecía a la Orden, era condenado de inmediato; en caso contrario, su causa era remitida al tribunal secreto. La citación debía escribirse en pergamino y sellarse con al menos siete sellos; se concedían seis semanas y tres días para la primera citación, seis semanas para la segunda y seis semanas y tres días para la tercera. Cuando se desconocía el paradero del acusado, la citación se colocaba en un cruce de caminos de su supuesto condado, al pie de la estatua de algún santo o en la caja de limosnas cercana a un crucifijo o capilla rural.

Si el acusado era un caballero que residía en su castillo fortificado, los *Schoppen* (jueces inferiores) debían introducirse de noche bajo cualquier pretexto en la estancia más recóndita del edificio para cumplir su cometido. A veces bastaba con fijar la citación y la moneda que siempre la acompañaba en la puerta, informar al centinela de que se había dejado la convocatoria, y cortar tres astillas de la puerta como prueba que debía ser entregada al *Freigraf* (conde libre). Si el acusado no respondía a ninguna de las citaciones, se le juzgaba *in contumaciam*, conforme a las leyes del *Espejo de Sajonia* (*Sachsenspiegel*); el acusador debía presentar siete testigos, no del hecho en sí, sino de su propia buena reputación, y entonces la acusación se tenía por probada. Se pronunciaba la proscripción imperial contra el acusado, lo que conllevaba su inmediata ejecución.

La sentencia incluía el destierro, la degradación y la muerte: el cuello del condenado era entregado a la soga, y su cuerpo a las aves y a las fieras; sus bienes eran confiscados, su esposa quedaba viuda y sus hijos huérfanos. Se le declaraba *fehmbar*, es decir, pasible de la justicia de la Vehme, y cualquier trío de iniciados que se cruzara con él tenía la facultad -más aún, el deber- de colgarlo del árbol más cercano. Si el acusado se presentaba ante el tribunal, presidido por un conde que tenía ante sí una espada desnuda y una soga de esparto, tanto él como su acusador podían aportar hasta treinta testigos o amigos, ser representados por abogados y apelar al capítulo general del tribunal secreto cerrado de la Cámara Imperial, que generalmente se reunía en Dortmund. Una vez pronunciada definitivamente la sentencia de muerte, la ejecución se llevaba a cabo de inmediato.

211. *Ejecución de las sentencias*. La ejecución de las sentencias recaídas *in contumaciam* solía producirse sin que los condenados siquiera supieran que habían sido juzgados; eran perseguidos por una red potencial de hasta cien mil personas. Cualquier intento de advertir al acusado constituía alta traición y se castigaba con la muerte; sólo el emperador estaba exento de esta ley de secreto. Incluso insinuaciones tan indirectas como decir que «buen pan podía comerse en otro lugar» eran consideradas traición, castigadas con la horca por revelar el misterio.

Una vez pronunciada la condena, se entregaba al acusador un documento con el sello del *Freigraf* (conde libre), el cual debía presentar al requerir ayuda de otros miembros de la sociedad para ejecutar la sentencia. Todos los iniciados estaban obligados a prestarle asistencia, aunque el condenado fuera su propio padre o madre. El ajusticiamiento era sumario: si el reo no ofrecía resistencia, se le colgaba; si se defendía, era acuchillado, y el asesino debía dejar el arma en la herida como señal de que el ejecutado había muerto por orden de la Santa Vehme. En los casos de ejecución por horca, se clavaba un cuchillo en el tronco del árbol donde se había colgado al reo, marcando así que la pena había sido cumplida por mandato del tribunal oculto.

212. *Decadencia de la institución*. Estos tribunales secretos inspiraban un temor tan profundo que una citación emitida por un *Freigraf* (conde libre) de Westfalia era considerada aún más temible que una del propio emperador. En 1470, tres de estos jueces llegaron incluso a citar al emperador a comparecer ante ellos, bajo amenaza de

proceder según el ritual acostumbrado en caso de contumacia. El emperador no compareció, pero tampoco tomó represalias: simplemente encajó el ultraje. Sin embargo, con el tiempo, la admisión de personas indignas y el abuso del derecho a citar provocaron la decadencia de la institución, que, si bien en su origen fue un instrumento de justicia popular contra la anarquía feudal, terminó por corromperse. Reformas como la de Rupert, la de Arensberg y las ordenanzas de Osnabruck intentaron corregir sus excesos, reduciendo el poder de la Vehme. No obstante, el sistema persistió, nunca fue abolido formalmente, aunque perdió cada vez más relevancia.

La instauración de una administración de justicia más moderna bajo los reinados de Maximiliano y Carlos V, la decadencia del espíritu anárquico, la introducción del derecho romano y la difusión de la Reforma protestante minaron aún más el prestigio de estos tribunales, ahora percibidos como una jurisdicción arcaica y brutal. Algunos tribunales fueron cerrados, los privilegios y exenciones contra ellos se multiplicaron, y finalmente se les prohibieron los procedimientos sumarios. La última corte Vehme fue celebrada en Celle en 1568, aunque ciertos vestigios persistieron simbólicamente. No fue sino hasta la legislación francesa de 1811 que se suprimió el último tribunal libre en Gemen, en el condado de Münster. Aun así, durante muchos años, algunos ciudadanos de la región continuaron reuniéndose anualmente, orgullosos de su linaje como descendientes de los antiguos jueces libres.

213. *Besar a la Virgen.* Existe una tradición según la cual uno de los métodos empleados por los tribunales secretos para ejecutar a los condenados consistía en una espeluznante trampa conocida como «el beso a la Virgen». A la víctima se le ordenaba que bajara a una cripta subterránea, donde se hallaba una estatua de la Virgen de tamaño gigantesco, fundida en bronce. Se le instaba a acercarse para besarla, pero al hacerlo, las puertas frontales de la imagen se abrían súbitamente, revelando un interior recubierto de cuchillas afiladas y púas largas y punzantes. Estas mismas armas estaban colocadas también en las puertas, a la altura de los ojos, de modo que al cerrarse las hojas penetraban directamente en las cuencas oculares del desdichado. Una vez abiertas, y mediante un mecanismo oculto, la víctima era empujada o absorbida dentro de la estatua, cuyas puertas se cerraban de inmediato, dejándola atrapada entre un enjambre de cuchillas que la desgarraban. Pero el horror no terminaba allí. En apenas medio minuto, el suelo bajo sus pies -en realidad una trampilla- se abría, y el cuerpo, ya mutilado, caía hacia

una segunda cámara. Allí lo esperaba un sistema compuesto por seis grandes cilindros de madera, dispuestos en tres niveles. Cada par de cilindros giraba en dirección contraria y estaba rodeado de cuchillas. El primer par, algo más espaciado, permitía el paso del cuerpo; el segundo, más ajustado, lo seccionaba aún más; y el tercero lo reducía completamente. Finalmente, los restos eran arrojados a un canal de agua que los arrastraba lejos, eliminando todo vestigio del crimen.

Esta historia, aunque difícil de verificar históricamente, sobrevivió como leyenda ilustrativa del terror y secretismo que rodeaban a las cortes vehmónicas o a ciertas prácticas atribuidas a órdenes clandestinas de la Edad Media. Más allá de su veracidad literal, funcionaba como símbolo del poder absoluto, invisible y despiadado de estas instituciones.

II. Los Beati Paoli

214. *Carácter de la sociedad.* Las noticias de esta secta, que existió durante muchos años en Sicilia, son tan escasas que podemos formarnos una idea elevada del misterio en que se envolvía. Se había extendido no sólo por la isla, donde creaba un terror tradicional, sino también por Calabria, donde fue descubierta por primera vez, y cruelmente reprimida y castigada por los feudatarios, que veían su poder asaltado por ella. Institución popular, opuesta a la arrogancia cotidiana del poder baronial o real, no supo contenerse dentro de los límites prescritos y se hizo culpable de actos reprensibles, por lo que sus contemporáneos hablaron de ella de diversas maneras.

215. *Tendencias y principios.* Ya hemos visto que tenía conexiones con la Santa Vehme, y sus estatutos eran algo similares a los de este tribunal; pero hay que observar que procedía de aquel movimiento espiritual que produjo la reacción de los albigenses, la propaganda de los franciscanos y el ascetismo reformador de los muchos herejes que vagaban por Italia y el resto de Europa, predicando la oposición a Roma y organizando una cruzada contra la clerocracia fatua y corrupta. Entre estos herejes debemos recordar al abad Gioachimo, cuyas profecías y extraños dichos reaparecen en el *Evangelium Aeternum* de Juan de Parma, un libro que fue uno de los libros de texto de los jueces sicilianos. El *Evangelium Aeternum,* un tejido de excentricidades cabalísticas y gnósticas, fue preferido por los Beati Paoli al Antiguo y al Nuevo Testamento; renunciaron a la creencia en el dualismo e hicieron de Dios el creador del mal y de la muerte

-del mal, porque colocó la manzana mística en el jardín místico; de la muerte, porque ordenó el diluvio y destruyó Sodoma y Gomorra.

216. *Relato de un escritor siciliano.* En medio del silencio general de los historiadores, el testimonio de un escritor siciliano, publicado recién en 1840 y aún hoy prácticamente desconocido, puede considerarse el único documento que aborda la existencia de esta familia de Vengadores, quienes, en el extremo sur de Italia, reprodujeron las luchas y terrores de los tribunales de Westfalia. Dicho autor relata:

«En el año 1185, con ocasión del matrimonio de la princesa Constanza, hija del primer rey Rogerio de Sicilia, con Enrique, que más tarde sería el emperador Enrique VI de Alemania, se descubrió la existencia de una nueva e impía secta, que se autodenominaba los Vengadores y que, en sus asambleas nocturnas, proclamaba lícito todo crimen cometido en nombre del bien público. Esto se menciona en un antiguo cronista, que no ofrece más detalles. El rey ordenó una investigación rigurosa, y su jefe, Arinulfo di Ponte Corvo, fue arrestado y condenado a la horca junto con algunos de sus cómplices más culpables; los menos implicados fueron marcados con hierro candente.

El vulgo cree que esta sociedad secreta de Vengadores sigue existiendo en Sicilia y en otros lugares bajo el nombre de los Beati Paoli. Algunos individuos sin escrúpulos llegan incluso a alabar esa impía institución. Sus miembros abundaron especialmente en Palermo, y uno de ellos fue Joseph Amatore, colgado el 17 de diciembre de 1704. Girolamo Ammirata, interventor de cuentas, también formó parte de esta sociedad y fue ejecutado el 27 de abril de 1725. La mayoría acabó mal, ya fuera por obra de la justicia o a manos de sus propios compañeros. El célebre vetturino Vito Vituzzo, de Palermo, fue el último de los miserables que integraron la sociedad de los Beati Paoli. Se salvó del patíbulo porque abandonó a tiempo sus malas andanzas, y desde entonces pasaba sus días en la iglesia de San Mateo, lo que le valió el apodo de «el ratón de iglesia».

Los preceptores y maestros de estos hombres eran herejes y apóstatas de la Orden de los Hermanos Menores de San Francisco, quienes afirmaban haber recibido por revelación angélica el poder pontificio y sacerdotal. La casa donde celebraban sus reuniones aún existe en la calle de los Canceddi, y yo mismo la visité. A través de un portón se accede a un patio, bajo el cual se halla la bóveda donde se reunían los miembros, iluminada por una reja que se abre en el pavimento de piedra. Al pie de la escalera hay un altar de piedra, y junto a él una pequeña cámara oscura con una mesa de piedra, en la que se escribían los actos y sentencias de estos jueces homicidas. La cueva principal es bastante amplia, rodeada de asientos de piedra y provista de nichos y huecos donde se guardaban las armas. Las reuniones se celebraban de noche, a la luz de las velas. Se desconoce el origen del nombre Beati Paoli (los «Beatos Paulos»); pero supongo que fue adoptado por la secta bien porque el fundador se llamaba Pablo, o porque tomó el nombre del santo que, antes de su conversión, fue hombre de espada, y al igual que él, era de día un «beato Pablo» y de noche cabecilla de una banda de asesinos, como Pablo cuando perseguía a los cristianos».

Así concluye el relato del autor, que aquí ha sido considerablemente abreviado, omitiendo casi todas sus invectivas contra la secta, de la cual se sabe muy poco, aunque su existencia, al parecer, tuvo en su época cierta utilidad: aún hoy, en Sicilia, cuando alguien sufre una injusticia para la cual no encuentra amparo legal, es común oírle exclamar: «¡Ah, si aún existieran los Beati Paoli!»

III. La Inquisición

217. *Introducción.* Se dice que la tierra del Coliseo de Roma está empapada con la sangre de los mártires cristianos. Se dice que algún papa, no recuerdo cuál, para convencer a un hereje, cogió un puñado de la tierra, lo estrujó e hizo que cayeran gotas de sangre de él. Suponiendo, por el bien del argumento, que la leyenda y la afirmación en la que se basa sean ciertas, la Iglesia cristiana ha vengado bien a sus mártires. Para lograr sus fines, la Iglesia Romana estableció la Inquisición.

218. *Existencia temprana de una Inquisición.* Desde los primeros días del cristianismo existió la Inquisición, al menos en espíritu, si no aún en forma. La miserable jauría de lobos controversistas, los llamados Padres de la Iglesia, cuando no se lanzaban unos contra otros, se ocupaban con furia en verter su veneno fanático sobre todos los que no compartían su doctrina. Cuando Policarpo, al ser interpelado por Marción, el gnóstico, acerca de si lo reconocía, respondió: «Te reconozco como el primogénito de Satanás», cabe suponer que, de haber poseído poder secular, no se habría contentado con esa respuesta «cortés», sino que con gusto lo habría quemado vivo. Y sin embargo, los gnósticos eran personas superiores en inteligencia y moralidad al populacho que componía el cristianismo primitivo, como incluso admitieron algunos de sus enemigos.

Cuando aquel monstruo llamado Constantino hizo del cristianismo una iglesia todopoderosa, comenzó en serio la caza del hereje. Una de las primeras víctimas fue Prisciliano, fundador de una secta gnóstica en Hispania, quien, por instigación de san Agustín, fue acusado de maniqueísmo -el santo debía saber de qué hablaba, pues él mismo había sido maniqueo durante diez años-. Prisciliano fue ejecutado en Tréveris en el año 385. Los siguientes cinco o seis siglos estuvieron demasiado ocupados con guerras, sangre e intrigas políticas como para prestar mucha atención a los herejes; de hecho, desde el siglo VIII al XI, apenas si existieron. Pero cuando hacia finales de este último siglo el sistema papal impulsado por Hildebrando alcanzó su pleno desarrollo, intentando controlar despóticamente todo pensamiento religioso, surgieron los llamados herejes y, con ellos, su persecución. La decisión del papa Urbano II de que el asesinato de una persona excomulgada no constituía crimen, pasó al derecho civil, al igual que la doctrina de san Agustín, que sostenía que exterminar a los herejes era un deber para con la Iglesia y un acto de caridad hacia el propio hereje. Tomás de Aquino (1224-1274) adoptó esta doctrina de san Agustín; el «doctor angélico» interpretó las palabras del apóstol, según las cuales debíamos evitar al hereje dos veces amonestado, diciendo que la mejor forma de evitarlo era quemarlo. En este principio se basó Enrique II de Inglaterra, quien, junto con Luis VII de Francia, actuó como palafrenero del papa Alejandro III a su entrada en Couci. Este mismo rey inglés -quien en la abadía de Bourg-Dieu no se atrevió a sentarse ante el papa, y permaneció encogido en el suelo como un perro- ordenó la primera ejecución por herejía en su reino, haciendo ejecutar a una secta llamada los *Publicanos* o *Patari*, por rechazar el bautismo y la sumisión al papa. Los *Patari* habían surgido en Italia y se habían extendido por el continente europeo, siendo tan terriblemente perseguidos que acabaron por contraatacar. Pero la Iglesia era demasiado poderosa, y con frecuencia encontramos en las crónicas de la época noticias como la siguiente: «En este año el Reverendísimo Arzobispo Guillermo de Reims, legado de la Sede Apostólica, y el ilustrísimo Conde Felipe de Flandes, quemaron vivos a muchos herejes».

219. *Concilio celebrado en Toulouse*. En mayo de 1163 se celebró un concilio en Tours al que asistieron diecisiete cardenales, ciento veinticuatro obispos, cientos de abades y un número incontable de sacerdotes. En este concilio, la Inquisición -que, como hemos visto, había existido durante siglos en espíritu- fue finalmente estructurada y adoptó una forma definida. «Una herejía maldita», declararon

los piadosos oradores, «ha surgido recientemente en las cercanías de Toulouse, y es deber de los obispos erradicarla con todo el rigor del derecho eclesiástico».

Inocencio III, en 1198, envió a Francia a los dos primeros inquisidores itinerantes, facultados para juzgar a los herejes, «los zorros llamados valdenses, cátaros y patari, que, aunque tienen rostros distintos, van todos unidos por la cola, y han sido enviados por Satanás para devastar la viña del Señor». Dichos «zorros» debían ser capturados por los príncipes eclesiásticos y seculares, «para ser juzgados y muertos», una orden que estos príncipes obedecieron con tal diligencia, que el avance de los inquisidores fue señalizado por todas partes con hogueras encendidas con los cuerpos de los herejes. Pero la persecución no se limitó a Francia: se extendió a todos los lugares donde alcanzaba el poder del papa, especialmente a Italia, donde una de las víctimas más destacadas, Arnoldo de Brescia, había sido estrangulado en prisión y su cuerpo quemado públicamente en Roma en 1155, algún tiempo antes de los hechos anteriormente mencionados. Su herejía consistía en haber predicado contra los crímenes de la Sede Pontificia.

220. *Establecimiento de la Inquisición.* Ya hemos hablado en otro lugar de las sectas heréticas que, entre los siglos X y XII, existieron en Italia y el sur de Francia. Cuando Pedro de Castelnau fue enviado a predicar contra los albigenses, fue asesinado por estos. Tan pronto como se conoció su muerte, fue canonizado, y el IV Concilio de Letrán, en 1228, por instigación del papa Honorio III, sancionó y organizó la Inquisición, cuya idea original se debe a Domingo de Guzmán, fundador asimismo de la orden de los frailes dominicos. El Concilio -o, más propiamente, el Papa- decretó que todos los herejes debían ser entregados al brazo secular y sus bienes confiscados. Se instaba a los soberanos a expulsar a todos los herejes de sus territorios, y en caso de desobediencia, el papa ofrecería sus tierras a quien pudiera conquistarlas. Aquellos que hubieran favorecido a los herejes o los hubieran acogido en sus casas serían excomulgados y declarados infames, incapaces de heredar propiedades y privados del derecho a sepultura cristiana.

Guzmán, comprendiendo acertadamente que la turba grosera de frailes predicadores que había reunido no era idónea para sus fines -pues eran demasiado fanáticos para no incurrir en actos de violencia que habrían perjudicado la nueva institución- organizó además su «Milicia de Cristo», una suerte de policía religiosa compuesta por hombres y mujeres fanatizados, pertenecientes a todas las clases sociales, incluso las más altas (el jefe de la casa de Medina-Coeli, hasta 1820, gozaba del privilegio de portar el estandarte de la Fe en todos los autos de fe y demás solemnidades inquisitoriales); por criminales, como se verá en la descripción de la «Garduña» (Libro IX); y por necios y bribones. Esta tropa invisible de espías y delatores -los futuros familiares de la Inquisición- constituía su elemento secreto, y no por ello menos temible.

Desde 1233, año en que se estableció formalmente la Inquisición en España, hasta comienzos del siglo siguiente, su expansión fue vertiginosa, extendiéndose a Italia y Alemania. En 1308, la Inquisición persiguió sin tregua a los templarios; y los autos de fe -los llamados «actos de fe», eufemismo con el que se denominaba a la quema de herejes- proyectaron su luz siniestra sobre muchas ciudades españolas, en cuyas celebraciones solía participar la familia real. En 1415, la Inquisición quemó a Juan Hus en Constanza. El escritor papal Platina, en su obra *Vidas de los Papas*, se refiere así al suceso: «En el mismo concilio fueron quemados Juan Hus y Jerónimo, porque afirmaban, entre otros errores, que los eclesiásticos debían ser pobres... quedando así compuestas las cosas», etc. Quemar a los disidentes, sin duda, era una manera muy particular de componer las cosas -pero el autor era, después de todo, papista.

221. *Progreso de la Institución.* Hasta el reinado conjunto de Fernando e Isabel, la Inquisición en España se había limitado al reino de Aragón. Pero hacia 1481 la reina estableció el tribunal en Castilla, y el rey fue extendiendo gradualmente su jurisdicción al resto de sus dominios. Como Jacobo de Escocia, el rey de España siempre necesitaba «dinero»; la Inquisición le ofrecía un tercio de todos los bienes confiscados y le prometía una parte sustancial de las riquezas de los miles de judíos que aún vivían en el país. Además, los nobles de Aragón y Castilla conspiraban con frecuencia contra la autoridad real, y la Inquisición, de forma discreta y secreta, podía aprehenderlos y librar al monarca de sus enemigos. A esto se añadía el incentivo espiritual de combatir la herejía, lo que hacía de la institución un instrumento tan útil como teóricamente piadoso. La reina, lamentablemente, también apoyaba decididamente la causa inquisitorial, llegando incluso a pedir al Papa que las sentencias dictadas en España fuesen definitivas y no apelables en Roma. Al mismo tiempo, se quejaba de que el pueblo la acusaba de haber instituido la Inquisición con el único fin de repartirse con sus oficiales los bienes de los condenados. El Papa Sixto IV le concedió todo cuanto pedía y aplacó sus escrúpulos de conciencia respecto a las confiscaciones.

Una bula de 1483 nombró al padre Tomás de Torquemada -fanático feroz- como primer Inquisidor General de España. Ocupó el cargo durante dieciocho años, condenando a un promedio de diez mil personas al año a la hoguera, la inanición o la tortura. En los primeros seis meses de su mandato sangriento, se quemaron vivos en Sevilla 298 marranos -judíos o musulmanes convertidos al cristianismo- y se condenaron a prisión perpetua a otros setenta. En ese mismo período, se quemaron vivos a 2.000 marranos en otros lugares; muchos otros, que lograron huir antes de ser capturados -pues, una vez en manos del tribunal, casi no había escapatoria posible-, fueron quemados en efigie; y unas 17.000 personas, acusadas de herejía, sufrieron castigos diversos. Más de 20.000 víctimas en apenas medio año.

Torquemada era tan odiado que no salía a la calle sin estar rodeado por 250 familiares del Santo Oficio, y en su mesa siempre reposaba un supuesto cuerno de unicornio, que, según la superstición morisca, tenía la virtud de detectar y anular los efectos del veneno. Sus crueldades provocaron tal cantidad de quejas que incluso el Papa se alarmó, y hasta en tres ocasiones Torquemada tuvo que justificar sus acciones. Durante el siglo XV se produjeron tantas ejecuciones en Sevilla que el prefecto de la ciudad tuvo la idea diabólica de erigir, fuera de las murallas, un cadalso permanente de piedra, coronado por cuatro estatuas gigantes de yeso, huecas por dentro, en las que se introducía a los conversos acusados de haber recaído en su antigua fe, y se les calcinaba lentamente hasta la muerte, como en un horno. A este patíbulo se lo conoció como el *quemadero,* y sus ruinas aún podían verse en 1823.

222. *Procedimiento judicial de la Inquisición.* Antes de proseguir con nuestros detalles históricos, expongamos brevemente el modo de proceder adoptado por el execrable tribunal de la Inquisición.

Una denuncia, verbal o por escrito, y poco importaba de qué fuente impura procediera, constituía el punto de partida. Todos los años, el tercer domingo de Cuaresma, se leía en las iglesias el «Edicto de Denuncia», que conminaba a toda persona, so pena de excomunión mayor, a revelar en el plazo de seis días al Santo Oficio, como se llamaba ahora la Inquisición, los hechos opuestos a la pureza de la fe de los que hubiera podido tener noticia. La denuncia también tenía sus recompensas. La indulgencia plenaria fue concedida por los papas a quien fuera lo suficientemente buen cristiano como para denunciar a su padre, hijo, hermano u otro pariente cercano. Carlos V. eximió de todo impuesto y trabajo estatutario a todo aquel que hubiera denunciado a diez herejes o se hubiera convertido en familiar de la Inquisición. Y los actos más insignificantes exponían a las personas a la acusación de herejía; poner un paño limpio sobre la mesa un sábado, el Sabbat judío, olía a judaísmo; ponerse ropa blanca limpia un viernes, el domingo mahometano, delataba el mahometanismo. Las opiniones de Lutero, echar los horóscopos, comer con judíos, cenar o cenar con amigos en vísperas de un viaje, como hacen los judíos, estas y otras cien cosas igualmente inocentes podían llevar a la hoguera. Guillermo Franco, un ciudadano de Sevilla, cuya esposa había sido seducida por un sacerdote, lo que no se atrevió a resentir, habiendo observado casualmente que su esposa estaba en el purgatorio, esta expresión fue comunicada a los inquisidores, quienes a continuación lo condenaron a prisión de por vida en las celdas de la Inquisición.

Los arrestos solían realizarse de noche, y las víctimas eran transportadas en un carruaje cuyas ruedas tenían neumáticos de cuero, mientras que las mulas que lo tiraban calzaban botas especiales, llamadas *buskins*, cuyas suelas estaban hechas de estopa comprimida entre dos gruesas capas de cuero. Este ingenioso calzado, diseñado para amortiguar por completo el sonido de la marcha, fue inventado por el segundo inquisidor general, Deza. Algunos ejemplares de estas botas silenciosas fueron hallados en el arsenal inquisitorial de Málaga cuando se abrieron sus puertas en 1820. El general Torrijos, que había estado prisionero en la Inquisición durante dos años y fue posteriormente fusilado por orden de Fernando VII en 1831, logró llevarse una de estas botas. Otras dos fueron a parar a manos de un inglés, el señor Thomas Wilkins, residente en Paddington Place (o Street), en Londres, quien, todavía en 1838, solía mostrarlas a sus amistades. ¿Dónde se encuentran hoy? La pregunta permanece sin respuesta.

Habiendo sido encarcelado el prisionero en las mazmorras de la Inquisición, sus bienes fueron puestos bajo embargo, y la garra del Santo Oficio era una que rara vez liberaba a su presa. De acuerdo con sus estatutos, en efecto, estaba obligado a liberar al acusado si doce testigos, de pura sangre católica, testificaban a su favor. Pero era muy raro que se pudieran reunir doce testigos de ese tipo, pues en la mayoría de los casos las personas que testificaban a favor de las víctimas de la Inquisición corrían el riesgo de ser acusadas ellas mismas de herejía.

El prisionero, una vez aprehendido, era conducido a un calabozo, generalmente subterráneo, a veces a una profundidad de treinta pies. Cada celda tenía unos doce pies por ocho, sin más alojamiento que una cama de tablas y un utensilio, que se vaciaba cada tres o cuatro días, y a veces sólo una vez por semana. De ocho a diez prisioneros eran encerrados en una celda así cuando el Santo Oficio tenía muchas víctimas. No se les permitía presentar ninguna queja; si lo hacían, eran amordazados y cruelmente azotados. Naturalmente, tal trato conducía a menudo al suicidio. Por mencionar un ejemplo comparativamente reciente: en 1819 seis prisioneros se encontraban en una de las mazmorras de la Inquisición en Valencia. Un carcelero, encargado de probar a uno de ellos, es decir, de sacarle una confesión, le dijo que si no revelaba lo que sabía, sería azotado al día siguiente. El prisionero no confesó nada, pero al día siguiente los seis prisioneros fueron encontrados muertos; se habían estrangulado unos a otros, y el último se había asfixiado a sí mismo inhalando los gases venenosos procedentes del utensilio antes mencionado. Los prisioneros habían sido acusados de ser masones.

A veces se dejaba morir de hambre a un prisionero, o se le retenía durante años en su calabozo, mientras nadie se atrevía a levantar una voz en su favor. La gente desaparecía, y sus parientes y amigos sólo conjeturaban, y susurraban cautelosamente entre ellos sus sospechas, de que languidecían, o tal vez habían muerto, en las cárceles de la Inquisición. Algunos de los prisioneros, sin embargo, eran llevados ante sus jueces, en cuya presencia se les obligaba a sentarse en el borde afilado de una pieza triangular de madera, sostenida por dos X; este remedo de asiento se llamaba *potro*. Se suponía que el juicio era público, pero la audiencia estaba abarrotada; nadie excepto los buenos católicos, de los que se podía depender, fueron invitados a asistir. Que la publicidad era un mero engaño, lo prueba el hecho de que los cristianos nuevos ofrecieron al rey Fernando la suma de 600.000 ducados para que los juicios fueran públicos; pero el cardenal Ximenes, el Gran Inquisidor, indujo al rey a declinar la oferta, como también persuadió a Carlos V. para que rechazara la oferta aún mayor de 800.000 ducados hecha por los mismos cristianos nuevos por el mismo privilegio.

El prisionero, cuando comparecía ante sus jueces, era exhortado a confesar su crimen, pero no se le informaba de la acusación contra él; y si no sabía qué confesar, o si su confesión no concordaba con la información secreta contra él, era llevado a la cámara de tortura, para arrancarle lo que se quería. Como los inquisidores eran hombres profundamente religiosos (¡!), que regulaban su conducta por la enseñanza de Cristo, que prohíbe el derramamiento de sangre, habían ideado con infernal ingenio sus instrumentos de tortura para que evitaran ese resultado y, sin embargo, infligieran el mayor sufrimiento que el cuerpo humano puede soportar, sin que se extinga en él la chispa vital. Es cierto que la tortura del péndulo -que ciertamente se aplicó, ya que el instrumento se descubrió en fecha tan tardía como el año 1820 en la prisión de la Inquisición en Sevilla-demostró que se infringía la regla; ¡pero los inquisidores modernos, al parecer, no eran tan concienzudos como los antiguos! Los inquisidores, aunque admitían que personas inocentes podían morir a veces bajo tortura, mantenían que aun así debía aplicarse, pues si un buen católico moría bajo sus manos iba directamente al paraíso, ¡lo que sin duda era muy consolador para la víctima!

223. *Palacio de la Inquisición.* El palacio de la Inquisición contenía la sala de juicios, oficinas para los empleados, cámaras de tortura, celdas de misericordia y penitencia y calabozos, además de los apartamentos privados del Gran Inquisidor. Un prisionero rico era llevado primero a una celda de misericordia, y si se le podía persuadir de que entregara todos sus bienes a la Inquisición, se le permitía, tras algunos meses de reclusión, salir, tan pobre como Job, pero rico en los dones de la gracia. Las celdas de la misericordia estaban en el primer piso. Las celdas de penitencia, a las que se llevaba a las víctimas menos dispuestas a convertirse, estaban situadas generalmente en pequeñas torres redondas de unos tres metros de diámetro, justo debajo del tejado. Estaban encaladas y la única luz que recibían era a través de una pequeña abertura en el techo abovedado. Los únicos muebles eran un taburete y un camastro. Si una estancia prolongada en esta terrible soledad no surtía el efecto deseado, la víctima era consignada a un calabozo, con paredes de metro y medio de grosor y puertas dobles, en una oscuridad casi total, con un recipiente de barro para los excrementos, que se vaciaba una vez cada cuatro días. En qué consistía la comida de los prisioneros, puede inferirse del hecho de que se permitía algo menos de un penique al día por ella, y, por supuesto, el pobre carcelero tenía que sacar provecho de ello. El siguiente paso del prisionero era la cámara de tortura.

La cámara de tortura del palacio papal de Aviñón fue construida con un ingenio diabólico. Para hacer que los gritos y gemidos de los torturados permanecieran confinados dentro de la sala, cada pared se proyecta y retrocede de tal manera que exhibe una cara en una dirección diferente a la de la pared del lado opuesto, y de esta forma la sólida masa de mampostería de cada pared se lleva hacia arriba, el resultado de esta peculiar estructura es que los gritos eran lanzados de pared a pared, y así nunca podían alcanzar el exterior, ni molestar al papa, jugueteando con sus concubinas en el palacio contiguo. El lugar donde se quemaba a las víctimas es una vasta cámara circular, con la forma exacta del horno de una casa de cristal, que termina en la parte superior en una estrecha chimenea en forma de embudo. Hasta aproximadamente el año 1850 estas cámaras se mostraban a los forasteros, pero desde entonces las autoridades eclesiásticas superiores de Aviñón han hecho que se desmantelen y se cierren, ya que mostraban a la Iglesia con un carácter demasiado horrendo.

224. *Torturas*. Había tres modos de tortura principalmente en uso. El primero era el de la cuerda. Se ataban los brazos del prisionero por detrás con un extremo de una cuerda larga, que pasaba por encima de una polea fijada en la bóveda de la cámara; luego se le levantaba del suelo a una altura considerable, lo que, al retorcerle los brazos hacia atrás y por encima de la cabeza, bastaba para dislocarle las articulaciones de los hombros; luego se aflojaba la cuerda de repente, de modo que caía a unos treinta centímetros del suelo, con lo que los brazos casi se le salían de las órbitas y todo el cuerpo sufría una conmoción espantosa. En algunos casos, la espalda de la víctima, al ser levantada, se hacía presionar contra un rodillo, provisto de afiladas púas, causando, por supuesto, una temible laceración. En Roma este modo de tortura tenía una duración de media hora; en España se prolongaba durante más de una hora. Otro modo de aplicar la tortura de la cuerda consistía en sujetar a la víctima sobre una especie de lecho de madera y rodearle los brazos y las piernas por diferentes sitios con una cuerda fina, que mediante cabrestantes podía tensarse tanto como para cortar profundamente la carne.

Si estas torturas encontraban firme al prisionero y no le arrancaban ninguna confesión, era generalmente en la posición anterior cuando se le sometía a la tortura por el agua. Le cubrían la boca y las fosas nasales con un paño grueso, y uno de la satánica prole de frailes dominicos se sentaba a su lado y, a través de un embudo, vertía agua sobre el paño, que se empapaba rápidamente, y luego se vertía más agua, esta entraba en la boca del desdichado que yacía allí en una agonía espantosa, sufriendo todos los dolores de una lenta asfixia, mientras su frente se cubría con el sudor frío de la muerte y la sangre brotaba de sus ojos y fosas nasales; y todo el tiempo el demonio a su lado le exhortaba, «por amor a Aquel que murió en la Cruz», a confesar.

El tercer modo de tortura era el fuego. La víctima era estirada y sujetada en el suelo; las plantas de sus pies eran expuestas y frotadas con aceite o manteca de cerdo, o cualquier otra materia fácilmente inflamable, y luego se colocaba contra ellas un fuego portátil; puede imaginarse la intensa tortura que la combustión de la materia grasienta esparcida por las plantas causaba al desafortunado prisionero. Cuando, como consecuencia de ello, el prisionero se declaraba dispuesto a confesar, se interponía una pantalla entre sus pies y el fuego; al retirarla, si la confesión no era satisfactoria, el dolor era aún más espantoso que antes. Los ingeniosos inquisidores variaban a veces el modo de torturar. Así, Juan de Roma, un monje adscrito a la Inquisición, hizo que algunas de sus víctimas fueran obligadas a introducirse en botas llenas de sebo hirviendo, y el monstruo tonsurado se reía por encima de los gritos de los desdichados sufrientes. Los desgraciados que, a las órdenes del Inquisidor, ejecutaban todas estas terribles operaciones sobre sus congéneres, vestían largas togas negras con capuchas que les cubrían la cabeza y tenían agujeros por boca, orificios nasales y ojos.

Otra diabólica estratagema de los inquisidores consistía en esto: mientras afirmaban que la tortura o el ser sometido a la pregunta sólo podía aplicarse una vez, declaraban suspendida la tortura, cuando se descubría que continuándola en ese momento la víctima moriría bajo sus manos, y así les privaban de la ulterior gratificación de su sed de crueldad. La tortura estaba comenzada, pero no terminada, y el desdichado podía así ser sometido a interrogatorio cuantas veces quisieran: ¡sólo se continuaba la tortura! Esta ficción diabólica también formaba parte del procedimiento judicial contra las brujas, tal y como se establece en el *Malleus maleficarum*. Los inquisidores fueron además los primeros en someter a las mujeres a la tortura; ni la debilidad ni la modestia del sexo tenían influencia alguna sobre ellos. Los frailes dominicos -los matones del papado-azotaban a mujeres desnudas en los pasillos del edificio de la Inquisición, después de haberlas violado primero, ¡por alguna leve infracción de la disciplina! Incluso después de este lapso de tiempo, ¡a uno le hierve la sangre de indignación al pensar en aquellos horrores! El hecho ha sido negado por los apologistas de la Inquisición; pero que la práctica existió, lo prueba el severo decreto contra ella dictado por el Inquisidor General Ximenes Cisneros (1507-1517), quien amenazó de muerte a todo funcionario del Santo Oficio que fuera culpable de este y otros excesos similares. Sin embargo, ¡este Cisneros hizo que 2536 víctimas fueran quemadas vivas!

225. *Condena y ejecución de presos.* De cada 2000 personas acusadas, quizás una escapaba a la condena a muerte o a la prisión de por vida. Los más afortunados -los que se *reconciliaban*- tenían que comparecer, con la cabeza descubierta, con un cordón alrededor del cuello, vestidos con el *sanbenito,* una prenda fea, algo así como un saco, con rayas negras y amarillas o blancas, y llevando en la mano una vela de cera verde, en la sala del tribunal, o a veces abiertamente en una iglesia, donde, de rodillas, abjuraban de las herejías que se les imputaban. Entonces eran condenados a llevar la ignominiosa prenda durante un tiempo considerable. Se les imponían otras condiciones degradantes y molestas, y se les confiscaba la mayor parte o la totalidad de sus bienes: esta fue una regla de la que los santos padres nunca se apartaron. *Los relajados,* o los condenados a muerte, vestidos con un atuendo aún más espantoso que el de los «reconciliados», con el retrato de la víctima sumergido en llamas y diablos danzando a su alrededor, eran conducidos al lugar de la ejecución, asistidos por monjes y frailes, y quemados en la hoguera; el tribunal, el Gran Inquisidor, sus oficiales y el pueblo presenciaban las agonías de los moribundos e inhalaban el sabor de su carne quemada con intensa satisfacción. Un rasgo de misericordia que mostraban los demonios monjes consistía en estrangular primero a los que morían penitentes antes de quemarlos, mientras que los que mantenían su inocencia hasta el final eran quemados vivos. Estas sangrientas recreaciones se pusieron finalmente tan de moda, que en España y Portugal la ascensión de un rey, un matrimonio real o el nacimiento de un príncipe, se celebraba con un gran auto de fe, para el que se reservaban o procuraban tantas víctimas como fuera posible.

226. *Procesión del auto de fe.* La víspera del auto de fe, una procesión compuesta por leñadores, dominicos y familiares partía del edificio de la Inquisición hacia el espacio abierto donde tendría lugar el sacrificio. Al llegar, plantaban junto al altar -ya dispuesto- una cruz verde cubierta con crespón negro, símbolo del supuesto dolor de la Iglesia por las almas de los herejes que iban a ser quemadas. Tras erigir la cruz, la comitiva regresaba, salvo los dominicos, que permanecían allí rezando y entonando salmos. A la mañana siguiente, la procesión del auto de fe comenzaba temprano y era encabezada por una compañía de alabarderos, seguida de sacerdotes y hombres que portaban las efigies de los herejes huidos -que, al no poder ser quemados en cuerpo, eran representados en figura-, y tras ellos iban quienes llevaban ataúdes burdos o restos óseos de aquellos que habían muerto en las prisiones de la Inquisición. Se-

guían los penitentes, es decir, quienes se habían retractado, y luego los relajados, condenados a la hoguera, vestidos con el infame *sanbenito.* Aquellos de los que se temía que pudieran pronunciar palabras heréticas durante el trayecto eran amordazados. Cada víctima portaba una vela encendida y era acompañada por dos frailes dominicos, encargados de instarle a la conversión o, en su defecto, proporcionarle el consuelo espiritual propio de su orden. Detrás marchaban los familiares -entre los cuales se contaban incluso grandes de España, que veían en ello un honor-, seguidos por los inquisidores con su consejo, cerrando la procesión el estandarte del Tribunal, llevado en alto.

Al llegar al lugar del suplicio, se leían las sentencias a quienes no habían sido condenados a muerte. Luego comenzaba el espectáculo central: la quema. Las víctimas eran encadenadas a postes en el centro de las piras de leña. Entonces el público devoto exclamaba: «¡Que se hagan las barbas de los perros!», momento en el que los verdugos acercaban a sus rostros haces de brezo en llamas, chamuscándoles la cara. Así, entre el asombro y la pasividad de la multitud -«el necio pueblo mirando / una escena en la cual algún día / él mismo podría ser el ejecutado»- se consumaba el ritual. Pero en ocasiones los inquisidores no se conformaban con la quema directa: añadían torturas como amordazar con una cuña de madera que sujetaba la lengua, arrancarla directamente para evitar palabras «heréticas» en el camino al cadalso, o incluso desollar vivo al condenado, cubrirle las carnes con azufre y sal, y colgarlo con cadenas sobre brasas encendidas para una combustión lenta. En 1535, los inquisidores ofrecieron al rey Francisco I de Francia seis ejecuciones en un solo día mediante este procedimiento: los cuerpos, al ser izados y bajados repetidamente sobre las llamas mediante cadenas, se deshacían y caían por fin en las brasas. Carlos V, elevado por los cronistas cortesanos como «gran príncipe», ordenó que las mujeres herejes fuesen enterradas vivas.

227. *La historia continúa.* Torquemada, aún en funciones como Inquisidor General, se enfrentó a la firme resistencia del pueblo de Aragón, que desde el principio había rechazado enérgicamente el establecimiento de la Inquisición en su territorio. La celebración de los primeros autos de fe allí avivó aún más la ira popular, y en un acto desesperado, varios conjurados mataron al más brutal de los inquisidores locales, Pedro Arbues de Épila, mientras oficiaba misa. La Iglesia, en lugar de ver en ello una reacción legítima contra la tiranía, lo elevó a la categoría de mártir; la reina Isabel le erigió una

estatua, su cuerpo fue considerado milagroso y el papa Pío IX acabó canonizándolo.

La ejecución de los autores del atentado fue ejemplar: les cortaron las manos antes de ser ahorcados, y sus cuerpos fueron descuartizados y expuestos en caminos públicos. Lejos de frenar la represión, el episodio alentó aún más la ferocidad del Santo Oficio. Torquemada, decidido a erradicar toda disidencia religiosa, persuadió entonces a los Reyes Católicos de que expulsaran a los judíos de sus dominios, considerándolos enemigos de la fe cristiana. Enterados de la amenaza, los judíos ofrecieron al rey 30.000 ducados para ayudar en la guerra contra Granada, a cambio de poder permanecer en el país. A punto estaban Fernando e Isabel de aceptar, cuando Torquemada se presentó con un crucifijo en la mano y los increpó con teatral severidad: «Judas fue el primero en vender a su maestro por treinta monedas de plata. Vuestras altezas pretenden venderlo por segunda vez por treinta de oro. ¡Aquí lo tenéis, tomadlo, y concluid pronto la venta!». El monarca y su esposa, lejos de indignarse ante la insolencia, cedieron.

El 31 de marzo de 1492 firmaron el decreto de expulsión: todos los judíos debían abandonar los reinos de Castilla y Aragón antes del 31 de julio bajo pena de muerte y confiscación total de bienes. Unos 800.000 judíos emigraron apresuradamente, salvando sus vidas pero perdiendo la mayor parte de su patrimonio, al no disponer de tiempo para liquidarlo en condiciones. Miles murieron durante el éxodo, evocando los sufrimientos del exilio en tiempos de Tito. La conquista poco después del reino de Granada fue vista como una señal del favor divino, y Fernando, en un gesto de fervor piadoso, ordenó todo tipo de atrocidades. Tras la toma de Málaga, doce judíos refugiados fueron ejecutados por un suplicio particularmente cruel: la muerte por cañas afiladas, lenta tortura que consiste en ser traspasado por puntas como si se muriera por mil alfileres. A la muerte de Torquemada en 1498, le sucedió el dominico Deza, quien introdujo la Inquisición en el recién conquistado reino de Granada. Ochenta mil moriscos, rehusando el bautismo, prefirieron el exilio. También extendió el tribunal a Nápoles y Sicilia; aunque los sicilianos se rebelaron inicialmente y lograron expulsar a los inquisidores, terminaron sometiéndose de nuevo tras la intervención de Carlos V. En sus nueve años de mandato, Deza envió a la hoguera a 2592 personas, quemó en efigie a 829 y condenó a más de 32.000 a prisión o a galeras, con confiscación total de bienes. Le siguió el relativamente moderado cardenal Ximenes, y luego Adrien Boeijens, tan implacable como Torquemada.

Las doctrinas luteranas, en expansión, ofrecieron nuevos blancos a la persecución inquisitorial, cuyas hogueras ardieron no solo en la península, sino también en Nápoles, Malta, Venecia, Cerdeña y Flandes. Incluso en las colonias españolas de América, la Inquisición no descansó: allí murieron incontables indígenas, ya fuera por negarse al bautismo o por ser acusados de volver a sus creencias tradicionales tras haber abrazado, al menos formalmente, la «mansa y dulce» doctrina del cristianismo.

228. *Historia general de la institución, continuación.* No es necesario repasar la lista de los Grandes Inquisidores uno por uno. Basta con exponer algunos hechos concretos que ilustran el espíritu que continuaba guiándolos. Durante el mandato de Valdés, el octavo Inquisidor General, una dama de noventa años, Marie de Bourgogne, de inmensa riqueza, fue denunciada por un sirviente por haber dicho: «Los cristianos no respetan ni la fe ni la ley». Fue entonces arrojada a uno de los calabozos del Santo Oficio, donde permaneció cinco años por falta de pruebas. Al cabo de ese tiempo fue sometida a tortura para arrancarle una confesión, y fue tan despiadadamente atormentada que murió bajo las manos de sus verdugos. Fue sometida a los tres tormentos del cordel, del agua y del fuego. Sin embargo, el proceso continuó tras su muerte y concluyó con la condena de sus restos a ser quemados y la confiscación total de su patrimonio; sus hijos, además de ser desheredados, fueron declarados infames para siempre.

En 1559, en un auto de fe celebrado en Valladolid, se quemó el cuerpo de doña Leonor de Víbero y Cazalla, quien había muerto como buena católica, pero fue acusada tras su fallecimiento por testigos cuyas confesiones habían sido obtenidas bajo tortura, de haberse relacionado con luteranos. Su propiedad fue igualmente confiscada. La Inquisición incluso condenó como hereje al emperador Carlos V después de su muerte, y mandó quemar vivo a su confesor, el doctor Cazalla. A este auto de fe asistieron la princesa doña Juana, regente durante la ausencia del rey Felipe II del reino, y el príncipe don Carlos, que entonces tenía apenas catorce años.

229. *Ingleses encarcelados por la Inquisición.* En 1558 Nicholas Burton, un ciudadano de Londres, que comerciaba con España, llegó a Cádiz en su propio barco. Fue apresado por la Inquisición y acusado de haber hablado irrespetuosamente de ese tribunal, y de ser un hereje, y después de haber sido mantenido en prisión duran-

te dos años, fue quemado vivo, con la boca amordazada, en Sevilla. La Inquisición incautó su barco y su cargamento, valorados en 50.000 libras esterlinas). Pero parte del cargamento pertenecía a un comerciante de Bristol, que envió a su abogado, John Frampton, a España para reclamar su propiedad. Su misión, por supuesto, fracasó. Fue enviado a Cádiz por segunda vez, cuando la Inquisición le apresó, encarceló y atormentó, y finalmente le hizo comparecer en el auto de fe, en el que Burton fue quemado. Pero finalmente Frampton logró escapar, regresó a Inglaterra y publicó sus experiencias. ¿Por qué nuestra fanfarrona Bess, que envió a miles de ingleses a perecer en el extranjero para defender la causa de unos extranjeros, los hugonotes, no interfirió en favor de dos ingleses, sus propios súbditos, para arrancarlos de las garras de los desalmados españoles? Bueno, Felipe de España le había hecho una oferta de matrimonio, e incluso a una reina no le gusta ofender a un pretendiente fracasado.

230. *La historia continúa.* Felipe II extendió la jurisdicción de la Inquisición por todos los Países Bajos y, pese a la resistencia de sus habitantes, tuvo tal éxito que su noble verdugo, el duque de Alba, pudo jactarse de haber enviado a la hoguera y al patíbulo a 18.000 personas en el transcurso de cinco años, por el crimen de herejía. Pero la opresión llegó a ser tan grande que los Países Bajos se sublevaron de nuevo, y esta vez con éxito: se libraron para siempre del yugo español. Fue durante esta guerra de liberación de los Países Bajos cuando tuvo lugar la misteriosa catástrofe de don Carlos, hijo de Felipe por su primera esposa. La leyenda atribuye la tragedia al supuesto romance entre don Carlos y Isabel de Francia, la segunda esposa de Felipe, quien, antes de convertirse en su madrastra, había sido su prometida. Pero la historia ofrece otra explicación: don Carlos conspiró contra su padre, un tirano sombrío que lo mantenía en una completa sumisión, sin ningún poder ni influencia, tratándolo como a un niño. El príncipe pensaba en asesinar al rey o huir a los Países Bajos, donde soñaba con establecer un reino independiente. Mientras vacilaba, la Inquisición descubrió ambos planes incipientes, los reveló al rey y los declaró merecedores de la muerte. Don Carlos fue arrestado, encarcelado y asesinado por medio de veneno.

Resulta difícil imaginar un monstruo moral como lo fue Felipe II. Mandó quemar públicamente las obras de Vesalio, su propio médico, quien había sido el primero en enseñar los verdaderos principios de la anatomía, con ilustraciones de Tiziano, y obligó al doctor a emprender una peregrinación forzada a Jerusalén para expiar su impío intento de desvelar los secretos de la naturaleza. Esto, si se quiere, puede calificarse de absurdo; lo que sigue es atroz. En 1559, al enterarse de que había tenido lugar un auto de fe en una región lejana, donde treinta personas habían muerto en la hoguera, suplicó a los Inquisidores que le permitieran presenciar un espectáculo semejante. Los demoníacos dominicos, para recompensar semejante celo piadoso por parte del ungido del cielo, enviaron a sus arqueros, quienes buscaron con tal diligencia a nuevas víctimas, que el 6 de octubre de ese mismo año el rey pudo presidir en Valladolid la quema de cuarenta de sus súbditos, lo que le proporcionó una viva satisfacción. Uno de los condenados, persona de alta posición, imploró la misericordia real mientras era conducido a la hoguera. «No –respondió la hiena coronada–, aunque fuera mi propio hijo, lo entregaría a las llamas si persistiera en su herejía».

En 1566, el Inquisidor General Espinosa comenzó su cruzada contra los moros que aún permanecían en España. Durante un tiempo, esta raza perseguida se limitó a protestar, pero cuando se decretó que sus hijos debían ser criados en la fe cristiana, se organizó una vasta conspiración que se mantuvo en secreto durante nueve meses y que habría tenido éxito si los moros de las zonas montañosas no se hubieran sublevado antes de que los del campo y las ciudades estuvieran preparados para apoyarles. Los cristianos que vivían entre los moros fueron, naturalmente, las primeras víctimas de la ira contenida durante tanto tiempo por los musulmanes. Tres mil perecieron en los primeros días; todos los monjes de un monasterio fueron arrojados a aceite hirviendo.

Uno de los insurgentes, íntimo amigo de un cristiano, creyó no poder mostrarle mayor prueba de afecto que atravesarlo con su lanza, para evitar que otros lo trataran peor. El marqués de Mondéjar, capitán general de Andalucía, fue designado para sofocar la insurrección. Como sus represalias no fueron suficientemente severas, se le asoció en el mando al marqués de Los Vélez, apodado por los moros el «Demonio de la Cabeza de Hierro», quien condujo la guerra con máxima ferocidad. En la batalla de Ohanez se derramó tanta sangre que los sedientos soldados españoles no hallaban manantial que no estuviera contaminado. Mil seiscientos moros fueron sometidos a tormentos peores que la muerte, y acto seguido Los Vélez y su cuadrilla de carniceros celebraron la fiesta de la Purificación de la Virgen. Al final, el número superior de los cristianos se impuso a la valentía mora, y los inquisidores estuvieron ocupados durante semanas celebrando autos de fe para conmemorar la victoria de la verdadera fe.

Durante el largo reinado de Felipe II, apodado el «Demonio del Sur», seis Inquisidores Generales se sucedieron en sus sangrientas orgías. La confesión reformada, naturalmente, proporcionó el mayor número de víctimas; en Sevilla, en una sola ocasión, fueron arrestadas ochocientas personas. En el primer auto de fe de Valladolid, celebrado el 12 de mayo de 1559, catorce miembros de una misma familia fueron quemados. La Inquisición se estableció en la isla de Cerdeña, en Lima, México, Cartagena, en la flota, el ejército e incluso entre los funcionarios de aduanas. Según documentos originales conservados en el Trinity College de Dublín, entre los años 1564 y 1567 la Inquisición de Roma dictó 111 sentencias contra herejes.

231. *Continuación de la historia.* Felipe III de España fue instruido desde temprano en el poder de la Inquisición; pues cuando, al comienzo de su reinado, se vio obligado a asistir a un auto de fe y no pudo contener las lágrimas al ver cómo dos jóvenes, una judía y la otra mora, eran quemadas en la hoguera sin otra culpa que la de haber sido educadas en la fe de sus padres, los inquisidores interpretaron su compasión como un crimen que solo podía ser expiado con sangre: el rey tuvo que someterse a una sangría y ver cómo su sangre era quemada por el verdugo. Los inquisidores, de hecho, estaban por encima del rey. En los autos de fe, el trono del Gran Inquisidor era más alto que el del monarca. El inquisidor Tabera mantuvo al arcipreste de Málaga dos años en prisión porque, mientras llevaba el viático a un moribundo, no se detuvo para dejar pasar al Inquisidor.

Felipe IV inauguró su reinado con un auto de fe (1632). El Inquisidor General renovó el interés por estos espectáculos, que empezaban a decaer, ordenando que se leyera la sentencia de muerte a diez marranos mientras cada uno tenía una mano clavada a una cruz de madera. El matrimonio de Carlos II con la sobrina de Luis XIV (1680) fue celebrado con un auto de fe en Madrid. El 12 de abril de 1869, unos obreros que excavaban en la plaza mayor de Madrid encontraron una capa de carbones y cenizas mezclada con huesos que resultaron ser humanos; además, hallaron argollas de hierro y otros objetos que no dejaban duda de que ese lugar había sido escenario del auto de fe de 1680, cuya crónica completa fue publicada «por expreso deseo del rey y del Gran Inquisidor Valladares, para honor y gloria de España», por Joseph del Olmo, uno de los familiares de la Inquisición. Este auto de fe fue aún más grandioso que el de 1632. Hubo 118 víctimas, de las cuales veintiuna fueron quemadas vivas en presencia del joven rey y la reina, así como de la nobleza cortesana y una multitud de espectadores de menor rango. El día anterior,

290 leñadores desfilaron frente al palacio real, cada uno con un tronco al hombro. Su líder se detuvo ante la puerta del palacio, donde un duque lo esperaba para recibir el tronco, que luego llevó reverentemente al rey; este lo tomó, lo llevó al tocador de la reina y colocó el trozo de madera -sobre el cual dos días después sería quemado vivo un ser humano- en sus brazos como si fuera un bebé; luego se lo devolvió al duque y, según las instrucciones de su confesor, don Esteban del Vado, inquisidor de Toledo, mandó decir al capitán de los leñadores que aquel tronco debía ser arrojado al fuego en nombre del rey el día del auto de fe. Ese día, el espectáculo no terminó hasta las nueve y media de la noche; y, según Del Olmo, «el público se retiró muy complacido, especialmente por la conducta del rey, que soportó el calor del día y demostró no estar en absoluto fatigado».

232. *Reflexiones.* ¿Es posible concebir los horrores de esta escena? Un hombre educado en los principios de la caballería, y una mujer de sangre real -a quien cabría suponer no solo noble, sino también compasiva- presenciando, el mismo día de su boda, cuando uno imaginaría que sus corazones estarían colmados de alegría y, por ende, de buena voluntad hacia todos los hombres, especialmente hacia sus súbditos, un espectáculo tan cruel como la quema de seres humanos vivos, quemados, por así decirlo, en su honor. Pero aquí vemos los efectos de un mal gobierno eclesiástico y de la influencia del clero. Cuando surgió la manía de quemar a toda anciana que tuviera un gato negro como si fuera bruja, la Inquisición halló un nuevo campo de trabajo; y por muy densa que fuera la oscuridad mental con la que sacerdotes y monjes cubrían Europa, se aseguraban de que no faltara luz material: así, las piras funerarias de la razón y la libertad humanas ardían constantemente. Algunos molinistas, que bajo el pretexto de la «Contemplación Perfecta» promovían los más escandalosos excesos sexuales, también fueron quemados, no por sus prácticas inmorales, sino por ciertas supuestas nociones heréticas que habían expuesto.

Bajo los reyes sucesores de España, el progreso de la ilustración y de la civilización fue tal que ya no permitió a los inquisidores desatar, como antes, su furia frenética y su crueldad fanática. Durante los reinados de Fernando VI, Carlos III y Carlos IV, solo se produjeron 245 condenas, de las cuales catorce fueron a muerte. Los principales blancos fueron masones y jansenistas. Uno de los actos más viles de la Inquisición durante el reinado de Carlos III fue el encarcelamiento, en 1778, del conde de Olivares -fundador de La Carolina, ciudad central de la colonia de Sierra Morena, y de otras instituciones altamente beneficiosas para España– acusado de herejía. Sus amigos lograron que escapara a Venecia en 1780.

233. *Abolición de la Inquisición.* Napoleón, el 4 de diciembre de 1808, mientras estaba acampado en el pueblo de Chamartín, a poca distancia de Madrid, convocó a las autoridades madrileñas para que se rindieran. El Gran Inquisidor se negó. Entonces Napoleón escribió en un papel: «Los inquisidores deben ser hechos prisioneros. El Santo Oficio ha dejado de existir. Sus rentas están confiscadas».

El coronel Lumanuski, actuando bajo las órdenes directas del mariscal Soult, fue enviado a tomar el palacio de la Inquisición en Madrid. El edificio estaba rodeado por un alto muro y custodiado por 400 soldados. Se conminó a los frailes a que abrieran las puertas, pero en su lugar dispararon al heraldo. Inmediatamente se dio la orden de ataque. Los soldados españoles estaban protegidos tras sus muros, mientras que las tropas francesas se hallaban expuestas en campo abierto y sin escaleras. Se talaron algunos árboles, que se convirtieron en arietes, y pronto se abrió una brecha en el muro por la que los franceses lograron penetrar en el edificio.

Entonces los frailes salieron de sus celdas, fingiendo sorpresa de que la guarnición hubiera ofrecido resistencia a sus «amigos», los franceses. Pero Lumanuski, que no se dejó engañar, ordenó vigilarlos estrechamente; todos los soldados fueron hechos prisioneros. Los franceses inspeccionaron el edificio: encontraron salones y habitaciones espléndidas, pero ninguna prisión, sala de tortura ni ninguno de los horrores comúnmente asociados al temido tribunal. Lumanuski estaba a punto de retirarse cuando el coronel di Lilla sugirió verter agua sobre el suelo de mármol de la planta baja, para comprobar si esta se filtraba por algún lugar. Pronto se observó que el agua desaparecía por una rendija entre dos losas de mármol. Al intentar levantar una de ellas, un soldado activó un resorte oculto, y la losa se alzó, revelando una escalera. Al descender, los franceses llegaron primero a un gran salón: la sala de juicios, con el mobiliario correspondiente. Luego descubrieron una serie de celdas, en algunas de las cuales se hallaban cuerpos humanos en diversos estados de descomposición–prisioneros que habían sido abandonados hasta morir en confinamiento solitario. En otras encontraron prisioneros aún vivos: hombres, mujeres y niños, todos completamente desnudos, en número cercano al centenar. Por supuesto, se les vistió con las capas o chaquetas de los soldados y se les devolvió la libertad.

Visitadas todas las celdas, los franceses llegaron a las cámaras de tortura, repletas de los instrumentos diabólicos diseñados para destrozar cuerpos humanos. Al ver esto, la furia de los soldados franceses fue incontenible; declararon que los santos padres debían sufrir las mismas torturas que ellos habían infligido a sus víctimas. Lumanuski afirma haber presenciado la aplicación de la tortura en cuatro formas distintas sobre otros tantos de los esbirros inquisitoriales, una retribución muy leve frente a todo el mal que habían causado.

234. *Restauración y abolición definitiva.* Fernando VII, tras su restauración -¡ay, con la ayuda de Inglaterra!- en 1814, restableció la Inquisición y nombró a Francisco Thiry Campilla, obispo de Almería, como su cuadragésimo quinto Inquisidor General. Inmediatamente se llenaron las cárceles, galeras y colonias penales de prisioneros, siendo los masones el grupo más numeroso entre ellos. Sin embargo, en 1820 todas las provincias españolas se alzaron nuevamente en una insurrección general, rompieron los lazos del absolutismo, aplastaron otra vez la Inquisición y a sus familiares, liberaron a sus prisioneros, demolieron sus palacios y prisiones, y quemaron sus instrumentos de tortura.

Pero en 1823 se produjo una nueva reacción: tropas francesas, dirigidas por el duque de Angulema, devolvieron el trono a Fernando VII, y el rey, a «instancias de sus súbditos», restableció una vez más la Inquisición; y «si la nación española deseaba su restauración», como señala el Dr. Brück, apologista del absolutismo político y clerical, en su *Historia de las sociedades secretas de España*, «es prueba de que este tribunal no era ni cruel ni impopular». Pero el tribunal sí era impopular, y el rechazo fue tan enérgicamente expresado que el embajador británico, Sir Henry Wellesley, alineado con el pueblo, amenazó con abandonar España si la Inquisición se restablecía con todo su poder anterior.

Aunque privada de su antigua autoridad absoluta, la institución conservaba aún fuerza suficiente para enviar gente al cadalso: en 1826 quemó a un judío; y un maestro de escuela, acusado de cuáquero, fue ahorcado en Valencia el 31 de julio de ese mismo año. Es cierto que la última víctima no vistió el *sanbenito,* sino su propia ropa; los inquisidores ya no podían ridiculizar a sus prisioneros, y el fraile carmelita descalzo que acompañaba al cuáquero no logró, ni siquiera en el último instante, ganarlo para el cielo que le prometía si se retractaba. El cuáquero murió impenitente. La Inquisición todavía existe en Portugal, aunque en una forma modificada. También subsiste en Roma: su palacio se alza a la izquierda de San Pedro, pero sus calabozos están vacíos, y la antaño mortífera Inquisición no es hoy más que un tribunal de disciplina clerical.

En el relato anterior me he referido a la Inquisición principalmente tal como existió en España. Sin embargo, no se limitó a ese país; sus temibles tentáculos de pulpo alcanzaron todas las naciones a su alcance. El modo en que fue introducida en Portugal fue peculiar y digno de ese tribunal.

En 1539 apareció en Lisboa un legado papal que afirmaba haber venido a Portugal para establecer la Inquisición. Traía cartas del papa Paulo III dirigidas al rey, y presentaba credenciales sumamente amplias para nombrar un Gran Inquisidor y todos los demás oficiales del sagrado tribunal. Este hombre era un hábil estafador llamado Juan Pers, de Saavedra, experto en imitar todo tipo de escrituras y falsificar firmas y sellos. Iba acompañado de un séquito fastuoso de más de cien sirvientes y, para sufragar sus gastos, había solicitado en Sevilla enormes sumas en nombre de la Cámara Apostólica de Roma. El rey, al principio, se mostró sorprendido e indignado de que el Papa enviara un emisario de ese calibre sin previo aviso, pero Pers respondió con altivez que, tratándose de un asunto tan urgente como el establecimiento de la Inquisición y la supresión de la herejía, el Santo Padre no podía detenerse en cuestiones de protocolo, y que el rey debía considerarse altamente honrado por el hecho de que el primer mensajero que le traía la noticia fuese el propio legado.

El rey no se atrevió a protestar más; y ese mismo día el falso nuncio nombró a un Gran Inquisidor, instituyó el Santo Oficio y recaudó fondos para su funcionamiento. Antes de que llegaran noticias de Roma, el impostor ya se había embolsado más de doscientos mil ducados. Sin embargo, no logró escapar antes de que se descubriera el fraude, y Pers fue condenado a ser azotado y enviado a galeras por diez años. Pero lo más insólito del caso fue que el Papa confirmó todo lo que el estafador había hecho; en la plenitud de su poder divino, Paulo III declaró que las leves irregularidades que habían acompañado al establecimiento de la Inquisición portuguesa no afectaban su eficacia ni su carácter moral, y que, ya instaurada, debía permanecer así.

236. *La Inquisición en varios países.* Otros países donde se estableció la Inquisición fueron los Países Bajos españoles, las colonias españolas en América, en las Indias Orientales, los Estados Pontificios, Venecia, Alemania, donde durante algún tiempo hizo estragos con especial ferocidad; los desalmados dominicos apenas llevaban tres años en Estrasburgo cuando quemaron a ochenta valdenses, y el demonio, Konrad von Marburg, recorrió el país quemando here-

jes con diabólica alegría. Obtuvo una merecida recompensa al ser asesinado por el conde Sayn, cerca de Marburgo. En algunos de los países nombrados anteriormente la Inquisición fue abolida antes de que dejara de existir en España e Italia. En 1557 se intentó introducir la Inquisición en Inglaterra, pero, afortunadamente para este país, sin éxito. Pero, incluso sin su ayuda María la Sangrienta tuvo la mala satisfacción de quemar a noventa y cuatro herejes en el transcurso de ese año sólo en Inglaterra.

237. *Apologistas de la Inquisición.* Algunos escritores que abordan la historia desde una perspectiva filosófica -lo que en realidad significa blanquear a los tiranos crueles y a las instituciones monstruosas-, los doctos teólogos con pelucas empolvadas y los cortesanos historiadores con pelucas rizadas, han intentado justificar la Inquisición. Dicen que fue una institución necesaria en su tiempo para preservar la pureza de la religión; un argumento tan absurdo que ni siquiera merece respuesta. Ningún hombre, ni ninguna agrupación de hombres -aunque se autodenomine «la Iglesia»- posee un derecho intrínseco a juzgar a otro por sus creencias religiosas: se trata de una cuestión de conciencia en la que ningún tribunal es competente para intervenir.

Los apologistas de la Inquisición afirman además que los inquisidores fueron más fanáticos que crueles. Esto también es falso. Ningún hombre que no sea cruel podría haber infligido los sufrimientos que los inquisidores causaron a sus semejantes. La compasión que fingían sentir por sus víctimas y la preocupación que aparentaban por la salvación de las almas de aquellos a quienes sacrificaban por ambición y codicia -pues sus víctimas solían poseer bienes que la Inquisición confiscaba- eran incluso más perversas que las propias crueldades que practicaban. Los inquisidores y monjes españoles fueron infames hipócritas, no fanáticos. La moralidad de los fanáticos suele estar por encima del reproche; pero no hubo jamás hombres más depravados, más inmundos, más corruptos que los inquisidores españoles, los monjes y el clero en general.

En 1556, la opinión pública española acusó a ciertos sacerdotes de utilizar el confesionario con fines inmorales. Pablo IV ordenó a la Inquisición investigar el asunto. Las denuncias fueron tan numerosas que los inquisidores, temiendo un escándalo excesivo, tuvieron que abandonar la causa contra los sacerdotes infractores; sin duda, por una cuestión de solidaridad entre semejantes. Y no puedo sino coincidir con Hoffmann, el historiador más reciente de la Inquisición, cuando afirma que los apologistas modernos de ese tribunal deben de ser incluso más sedientos de sangre que los propios inquisidores, ya que en estos últimos el feroz fanatismo religioso de su época mitigaba en cierta medida su inhumanidad: defenderlo en esta época revela una auténtica naturaleza de tigre.

LIBRO VIII
MÍSTICOS

«Hay gran abundancia de paja y tamo en el grano, pero el grano es bueno, y como no comemos ni la paja ni el tamo, si podemos evitarlo, ni siquiera el grano crudo, sino que lo trillamos y aventamos, lo molemos y lo horneamos, lo encontramos, tras pasar por este proceso, no solo muy sabroso, sino un verdadero manjar en su género. Pero la cáscara es un obstáculo insalvable para esos señores instruidos y educados que juzgan los libros únicamente por el estilo y la gramática, y que comen el grano tal como crece, como el ganado».

Rdo. J. Smith

I. Alquimistas

«En nuestros días, los hombres están demasiado inclinados a considerar las ideas de los discípulos y seguidores de la escuela árabe, y de los últimos alquimistas, sobre la transmutación de los metales, como una mera alucinación de la mente humana y, curiosamente, a lamentarlo. Pero la idea de lo variable y mutable se corresponde con la experiencia universal, y siempre precede a la de lo inmutable».

Liebig.

El alquimista tuvo su visión gloriosa
de inagotable riqueza y juventud sin fin;
luchó incansable, con voluntad tenaz y hermosa,
por hacer de su quimera un claro porvenir.
No le detuvo la chusma maliciosa,
que juzgaba sin razón ni porvenir.
Y aunque nunca halló la perla deseada,
muchas gemas secretas llevó a la alborada.

238. *La astrología, tal vez herejía secreta.* La astronomía mística de las naciones antiguas produjo la astrología judicial, que, considerada desde este punto de vista, parecerá menos absurda. Fue el principal estudio de la Edad Media; y Roma se opuso a ella tan violentamente porque, tal vez, no sólo era una herejía, sino una reacción generalizada contra la Iglesia de Roma. Fue cultivada principalmente por los judíos, y protegida por príncipes opuestos a la supremacía papal. La Iglesia no se contentó con quemar los libros, sino que quemó a los escritores; y los pobres astrólogos, que pasaban su vida en la contemplación de los cielos, perecieron en su mayoría en la hoguera.

239. *Proceso por el que degeneró la astrología.* Como sucede a menudo que los últimos discípulos se apegan a la letra, entendiendo literalmente lo que en primera instancia era sólo una ficción, tomando la máscara por un rostro real, así podemos suponer que la astrología degeneró y se volvió falsa y pueril. Hermes, el legislador de Egipto, que fue revelado en los misterios samotracianos, y a menudo representado con un carnero a su lado –una constelación que inicia el nuevo curso del sol equinoccial, el vencedor de las tinieblas– revivió en la práctica astrológica; y se le atribuyó un gran número de obras astrológicas, los escritos de los gnósticos cristianos y de los neoplatónicos, y se le consideró el padre del arte a partir de él llamado hermético, y que abarcaba la astrología y la alquimia, los

esfuerzos rudimentarios de dos ciencias, que al principio sobrecogieron a la ignorancia mediante la impostura, pero que, después de trabajar durante siglos en la oscuridad, conquistaron para sí tronos gloriosos en el conocimiento humano.

240. *Valor científico de la alquimia.* Aunque ya no se cree en la alquimia como ciencia verdadera, a pesar de la profecía del Dr. Girtanner, de Gottingen, de que en el siglo XIX la transmutación de los metales será generalmente conocida y practicada, nunca perderá su poder de despertar la curiosidad y seducir la imaginación. El aspecto de lo maravilloso que asumen sus doctrinas, el extraño renombre que se atribuye a la memoria de los adeptos y la mezcla de realidad e ilusión, de verdades y quimeras que presenta, ejercerán siempre una poderosa fascinación sobre muchas mentes. Y también debemos recordar que todo engaño que haya tenido una influencia amplia y duradera debe haberse fundado, no en la falsedad, sino en una verdad mal entendida. Este aforismo es especialmente aplicable a la Alquimia, que, en su origen, e incluso en su nombre, es idéntica a la química, siendo la sílaba al simplemente el artículo definido de los árabes. Las investigaciones de los alquimistas para el descubrimiento de los medios por los que podría efectuarse la transmutación fueron sugeridas naturalmente por los experimentos más simples de la metalurgia y la amalgama de metales; es muy probable que el primer hombre que fabricó latón pensara que había producido oro imperfecto.

241. *La tintura.* La transmutación del metal base debía efectuarse mediante la tintura transmutadora, que, sin embargo, nunca se encontró. Pero existe por todo ello; es el poder que convierte un tallo verde en una espiga dorada, que llena de dulzor y aroma la agria manzana inmadura, que ha convertido el trozo de carbón vegetal en un diamante. Todos estos son procesos naturales que, si se les permite continuar, producen los resultados mencionados. Ahora bien, puede decirse que todos los metales comunes son metales imperfectos, cuyo progreso hacia la perfección se ha detenido, al estar encerrado en ellos el poder activo de la tintura en la primera propiedad de la naturaleza. Si un hombre pudiera apoderarse de la tintura universalmente difundida en la naturaleza, y con su ayuda ayudar a la tintura aprisionada en el metal a agitarse y volverse activa, entonces podría efectuarse la transmutación en oro, o más bien la manifestación de la vida oculta. Pero este poder o tintura es tan sutil que no es posible aprehenderlo; sin embargo, los alquimistas no buscaban lo inexistente, sino sólo lo inalcanzable.

242. *Propósito de la alquimia.* Los tres grandes fines perseguidos por la alquimia eran la transmutación de los metales comunes en oro por medio de la piedra filosofal; el descubrimiento de la panacea, o medicina universal, el elixir de la vida; y el disolvente universal, que, aplicado a cualquier semilla, debería, aumentar su fecundidad. Estos tres objetos son alcanzables por medio de la tintura, una fuerza vital, cuyo cuerpo es la electricidad, mediante la cual se han logrado en cierta medida los dos últimos objetivos, ya que la electricidad curará las enfermedades y favorecerá el crecimiento de las plantas. La alquimia era entonces al principio la búsqueda de medios para elevar la materia a su primer estado, de donde se suponía que había caído. El oro se consideraba, en cuanto a la materia, lo que el éter del octavo cielo era en cuanto a las almas; y los siete metales, llamados cada uno por el nombre de uno de los siete planetas, al perderse el conocimiento de las siete propiedades realmente implicadas -el Sol, el oro; la Luna, la plata; Saturno, el plomo; Venus, el estaño; Mercurio, el hierro; Marte, el metal mixto; Júpiter, el cobre- formaban la escala ascendente de la purificación, correspondiente con las pruebas de las siete cavernas o escalones. La alquimia era, pues, o bien una iniciación corporal, o bien una iniciación a los misterios, una alquimia espiritual; la una formaba un velo de la otra, por lo que ocurría a menudo que en los talleres donde el vulgo creía que los adeptos se ocupaban de operaciones artesanales, y no se buscaba nada más que los metales de la edad de oro, en realidad, no se buscaba más piedra filosofal que la piedra cúbica del templo de la filosofía; en fin, no se purificaba nada más que las pasiones, los hombres, y no los metales, eran pasados por el crisol. Böhme, el más grande de los místicos, ha escrito mucho sobre la perfecta analogía entre el trabajo filosófico y la regeneración espiritual.

243. *Historia de la alquimia.* La alquimia floreció en Egipto desde una época muy temprana, y se decía que Salomón la había practicado. Su edad de oro comenzó con la conquista árabe de Asia y África, hacia la época de la destrucción de la Biblioteca de Alejandría. Los sarracenos, crédulos y familiarizados con las fábulas de talismanes e influencias celestes, aceptaron con entusiasmo las maravillas de la alquimia. En las espléndidas cortes de Almansor y Harún al-Rashid, los adeptos del arte hermético hallaron patrocinio, discípulos y provecho. Sin embargo, desde aquel periodo hasta el siglo XI, el único alquimista notable fue el árabe Geber, cuyo nombre verdadero era Abu Musa Djafar al-Sufi. Sus intentos por transmutar los metales viles en oro lo condujeron a importantes descubrimientos en química

y medicina. También fue un célebre astrónomo, pero *-sic transit gloria mundi-* ha llegado hasta nosotros como el fundador de ese galimatías conocido como «gibberish». Los cruzados llevaron el arte a Europa; y hacia el siglo XIII, Alberto Magno, Roger Bacon y Ramón Llull se destacaron como sus renovadores. Eduardo III contrató a John le Rouse y al Maestro William de Dalby, alquimistas, para que realizaran experimentos en su presencia; y Enrique VI de Inglaterra animó a lores, nobles, doctores, profesores y sacerdotes a proseguir la búsqueda de la piedra filosofal; especialmente a los sacerdotes, que -según decía el rey (¿irónicamente?)-, teniendo el poder de convertir el pan y el vino en el cuerpo y la sangre de Cristo, bien podrían convertir un metal impuro en uno perfecto. El siguiente personaje notable que pretendió poseer el *lapis philosophorum* fue Paracelso, cuyo nombre completo era Philippus Aureolus Theophrastus Paracelsus Bombastus de Hohenheim, y a quien sus seguidores llamaban «Príncipe de los Médicos, Filósofo del Fuego, el Trismegisto de Suiza, Reformador de la Filosofía Alquímica, Secretario fiel de la Naturaleza, Maestro del Elixir de la Vida y de la Piedra Filosofal, Gran Monarca de los Secretos Químicos». Introdujo el término *alcahest* (probablemente una corrupción de las palabras alemanas «all geist», «todo espíritu») para designar al disolvente universal. Los rosacruces, de quienes el doctor Dee fue heraldo, reclamaron posteriormente el legado de los secretos alquímicos y fueron, en efecto, los herederos de los alquimistas; y es principalmente por esta razón que estos últimos han sido incluidos en esta obra, aunque estrictamente no pueda decirse que formaran una sociedad secreta.

244. Aun así, los alquimistas formaron sociedades secretas. En la dedicatoria al emperador Rodolfo II que precede a la obra titulada *Thesaurinella Chymica-aurea tripartita,* leemos: «Dado en la ciudad imperial de Hagenau, en el año 1607 de nuestra salvación, y en el reinado del verdadero gobernador del Olimpo, Angelus Hagith, año CXCVII». El autor se hace llamar Benedictus Figulus. La dedicatoria menciona además a un conde Bernhard, evidentemente uno de los jefes de la orden, como habiendo sido introducido en una sociedad de alquimistas que contaba con catorce o quince miembros en Italia. Asimismo, se menciona a Paracelso como *monarcha* de esta orden; es decir, el monarca, un jefe local, subordinado al gobernador del Olimpo, cabeza de la sociedad italiana. El autor, además de la cronología habitual, proporciona una fecha sectaria separada; si restamos CXCVII (197) de 1607, obtenemos el año 1410 como fecha de fundación de la sociedad. Figulus afirma que esta se fusionó con la

orden rosacruz hacia el año 1607. No se sabe con certeza si se trataba de la misma sociedad mencionada por Ramón Llull en su *Theatrum Chymicum*, cuyo jefe era llamado *Rex Physicorum*, y que existía ya antes de 1400.

245. *Decadencia de la alquimia*. La alquimia perdió todo crédito en este país debido al fracaso -y posterior suicidio- del doctor James Price, miembro de la Royal Society, al no lograr producir oro como había prometido, en unos experimentos que debían realizarse ante la Sociedad. Esto ocurrió en 1783. Pero en 1796 se difundieron rumores en toda Alemania sobre la existencia de una gran unión de adeptos bajo el nombre de *Sociedad Hermética*, que en realidad constaba únicamente de dos miembros: el célebre Karl Arnold Kortum, autor de la *Jobsiade*, y un tal Bahrens, aunque contaban con numerosos «miembros honorarios». El público, al no ver resultados a pesar de las grandes promesas de la «Sociedad», dejó de prestar atención a los herméticos, y las guerras que poco después asolaron Europa hicieron que la alquimia cayera en el olvido; aunque hasta el año 1812 la alta sociedad de Karlsruhe seguía entreteniéndose, en pequeños círculos secretos, con el juego de la transmutación de metales. El último de los alquimistas ingleses parece haber sido un caballero llamado Kellerman, que vivía aún en 1828 en Lilley, un pueblo entre Luton y Hitchin. No cabe duda de que en la actualidad existen personas dedicadas a la búsqueda de la piedra filosofal; aguardamos pacientemente sus descubrimientos.

246. *Muestra del lenguaje alquímico*. Tras Paracelso, los alquimistas se dividieron en dos clases: aquellos que se dedicaron a estudios útiles, y aquellos que abrazaron el aspecto visionario y fantástico de la alquimia, escribiendo libros llenos de desvaríos místicos, que atribuían a Hermes, Aristóteles, Alberto Magno y otros. Su lenguaje es hoy ininteligible. Un breve ejemplo puede bastar. El poder de la transmutación, llamado el León Verde, debía obtenerse del siguiente modo: «En el lecho del León Verde nacen el sol y la luna; se casan y engendran un rey; el rey se alimenta de la sangre del león, que es el padre y la madre del rey, y al mismo tiempo su hermano y su hermana. Temo estar traicionando el secreto, que prometí a mi maestro ocultar con lenguaje oscuro a todo aquel que no sepa gobernar el fuego del filósofo».

Nuestros antepasados debían de poseer un gran talento para resolver enigmas si lograban extraer algún significado de estas instrucciones misteriosas; sin embargo, el lenguaje era comprendido por los adeptos, y estaba destinado solo a ellos. Muchas fórmulas matemáticas parecerán siempre puro galimatías para quien no esté iniciado en la ciencia superior de los números; y sin embargo, tales fórmulas enuncian verdades bien conocidas por el matemático. Así, por poner solo un ejemplo: cuando Hermes Trismegisto, en uno de los tratados que se le atribuyen, ordena al adepto capturar el ave voladora y ahogarla para que no vuele más, se está refiriendo a la fijación del mercurio mediante su combinación con el oro.

247. *Destino personal de los alquimistas.* Aunque la química está profundamente en deuda con los alquimistas, y en el curso de sus investigaciones tropezaron con más de un descubrimiento valioso, en general llevaron vidas tristes y azarosas, y la mayoría murió en la más extrema pobreza, si no fue víctima de un destino aún peor. Así, uno de los alquimistas más célebres, Bragadino, que vivió en el último cuarto del siglo XVI, y que obtuvo grandes sumas de dinero por su supuesto secreto del emperador de Alemania, del Dux de Venecia y de otros potentados, que alardeaba de tener a Satanás por esclavo -dos feroces perros negros que siempre lo acompañaban eran, según él, demonios-, acabó siendo ahorcado en Múnich, tras descubrirse el engaño con el que realizaba la supuesta transmutación. Los dos perros fueron abatidos a tiros bajo la horca. Pero incluso los alquimistas honestos estaban condenados:

A perder buenos días que podrían emplearse mejor,
A malgastar largas noches en pensativa desazón;
A avanzar hoy, para retroceder mañana,
A alimentarse de esperanza, a consumirse con temor y pena;
A agobiar sus almas con contratiempos y cuidados,
A devorar su corazón en desesperanzas sin consuelo.
¡Desgraciados seres, nacidos para un fin desastroso,
Que consumen su vida en monótona vigilancia!

II. Jacob Böhme

248. *Paralelo entre místicos y sectarios.* Todas las sociedades secretas tienen alguna conexión con el misticismo, el secreto en sí mismo, deleitándose en el misterio, como el alma amante se deleita rodeando de misterio el objeto amado. Los sectarios, en cierta medida, son los padres de los místicos. La adoración silenciosa del Infinito, en la que se deleitan los místicos, tiene su contrapartida en la adoración del progreso, la libertad y la verdad, a la que se dedican los sectarios. El progreso, la libertad, la verdad, son atributos del humanita-

rismo más elevado. Los místicos son los hombres de pensamiento, los sectarios los hombres de acción. Por muy alejados que parezcan los pensamientos de los primeros de la aplicación a la vida cotidiana, de la lucha política, ejercen sin embargo una influencia positiva sobre la creencia y la voluntad humanas. Los místicos contemplan en el paraíso ese mismo ideal, transfigurado, ampliado y perpetuado, que los sectarios persiguen en la tierra.

249. *Carácter y misión de los místicos.* Los místicos continúan la escuela de las antiguas iniciaciones, que para muchas naciones fueron su única filosofía, ciencia y libertad. Son los sacerdotes del infinito; en su ternura son los más tolerantes de los hombres, perdonan a todos, incluso al diablo; abrazan a todos, se compadecen de todos. Son, en cierto sentido, los racionalistas de la oración. Por medio de síntesis, trances y raptos, llegan a una comprensión pura y simple de lo sobrenatural, tal como se entiende popularmente, que adoran más con su imaginación y afecto, que con las doctas y sofisticadas concepciones de la teología. Por eso los místicos de todos los credos se parecen entre sí; la suya es una región común a todas las religiones, el hogar universal del alma, una altura desde la que se ven encontrarse los innumerables horizontes de la conciencia.

250. *Méritos de Böhme.* El príncipe de los místicos es, sin lugar a dudas, Jacob Böhme; en efecto, comparados con él, todos los demás místicos se desvanecen en una absoluta insignificancia, como meros visionarios cuyas exaltaciones, aunque a veces poéticas, fueron siempre fantásticas e inútiles para el mundo, por no estar fundadas en las verdades de la Naturaleza Eterna. Böhme fue un visionario, pero un visionario del temple de Colón; a él también le fue dado contemplar con el ojo de la mente un mundo oculto, el mundo de las Propiedades de la Naturaleza Eterna, y resolver el gran misterio, no solo de esta tierra, sino del universo. Fue, con propiedad, un filósofo central, que desde su posición era capaz de abarcar la totalidad del orbe, por dentro y por fuera, y no solo un segmento exterior de su envoltura. Por ello podía ver las causas de las cosas, y no solamente sus efectos.

No niego que haya mucho en los escritos de Böhme que no puede sostenerse ni probarse, y bastante que parece un mero delirio alquímico o cabalístico, fruto de la enfermedad intelectual de su tiempo. Pero aunque a menudo yerre en sus deducciones, acierta siempre en lo fundamental. Y aun descartando todo lo dudoso o claramente erróneo, queda tanto cuyo valor la ciencia y la experiencia han demostrado, que resulta difícil recordar que todo ello fue expuesto por un hombre sin formación académica, que jamás realizó un experimento, y en una época en que ninguna de las verdades científicas que enunció había siquiera sido imaginada por los sabios de su siglo. Aun si no hubiera revelado más que las Siete Propiedades de la Naturaleza (II), la clave de todos sus misterios, merecería figurar para siempre entre las más grandes luces de la ciencia. Confieso no encontrar explicación a este conocimiento extraordinario en un simple zapatero sin instrucción como fue Böhme. Si existiera -o se supiera que existió- alguna obra anterior o contemporánea en la que se ofreciera un tratado de dichas Propiedades, podría suponerse que las copió de allí, aunque esta hipótesis dejaría sin respuesta el origen de dicho conocimiento. Pero no hay rastro, ni real ni tradicional, de tal obra ni de la existencia de ese saber, más allá de la veneración universal -y no explicada- que desde siempre ha rodeado al número siete.

Es cierto que la terminología de Böhme procede en gran parte de los alquimistas, pero no así su saber. ¿De dónde lo obtuvo entonces? Quien haya estudiado sus escritos no puede dudar de su verdad. Nadie antes que él los formuló. ¿Es entonces posible la intuición? ¿Estaba Böhme dotado de ese don? Este es, de hecho, un secreto mayor que cualquiera transmitido por sociedad secreta alguna, antigua o moderna. Por supuesto, los hombres de ciencia -como se les llama- se ríen de Böhme como de un loco soñador, del mismo modo en que la Royal Society se burló en su día de los descubrimientos eléctricos de Franklin: ¡era un impresor que había trabajado en la prensa, qué podía saber él de electricidad! ¿Cómo resolver un problema que había desconcertado a los más eruditos de sus miembros? ¿Y cómo podría Böhme, el zapatero iletrado y despreciado, enseñar algo a los científicos de hoy? Sin embargo, el hecho persiste: en los escritos de este humilde zapatero yacen los gérmenes de todos los descubrimientos científicos hasta ahora realizados -y aún por realizarse.

251. *La influencia de Böhme.* Soy muy consciente de que esta afirmación volverá a encontrarse con las burlas que ha suscitado hasta ahora. Sin embargo, el lector que me ha acompañado hasta aquí debería hacer una pausa antes de unirse a los que se ríen. Habrá tenido sobradas pruebas de que no acepto nada por mera autoridad, por muy elevada que se considere. Quiero pruebas, pruebas positivas, de cualquier supuesto hecho, antes de aceptarlo como un hecho. Si, por tanto, con esta disposición por mi parte, y tras el estudio de las obras de Böhme, proseguido durante un número de

años, con oportunidades como pocos han tenido -pues el hierofante que me inició en los misterios del teósofo alemán era sin duda el Bohmita más erudito de este o de cualquier otro país; de hecho, el único hombre que lo comprendía a fondo. Si en estas circunstancias mantengo las opiniones expresadas en el párrafo anterior, no pueden carecer de fundamento. Pero quien no se deje convencer por la demostración de Böhme de las Siete Propiedades no podrá convencerse con ningún argumento. Y los escritos de Böhme no han dejado de tener una influencia profunda y duradera, aunque latente, en la filosofía y la ciencia modernas.

Incluso Newton estaba en gran parte en deuda con él. Entre los papeles de Sir Isaac se encontraron grandes extractos de las obras de Böhme, escritas de su puño y letra; y de ahí aprendió que la atracción es la primera y fundamental ley de la naturaleza. Por supuesto, la elaboración científica del axioma es toda de Newton, y no le resta nada de gloria haber aprendido la ley de Böhme. Newton incluso fue más allá; él y el Dr. Newton, su pariente, montaron hornos y durante varios meses trabajaron duro en busca de la tintura de la que tanto hablaba Böhme. Pero la influencia de este autor se aprecia aún más llamativamente en los escritos de Francis Baader, un físico alemán de nuestros días, que ha proseguido sus investigaciones científicas a la luz -captada débilmente, es cierto, en el espejo de su mente- de las revelaciones de Böhme. Los más grandes pensadores filosóficos de este siglo y del anterior han bebido en el manantial de los escritos de Böhme; y los sistemas de Leibnitz, Laplace, Schelling, Hegel, Eichte y otros están claramente impregnados de su espíritu; pero ninguno lo suficiente, y por ello ninguno de sus sistemas es satisfactorio.

Goethe era muy versado en Böhme, y muchas alusiones en sus escritos, de las que los críticos no pueden sacar nada en claro, pueden explicarse por pasajes de Böhme. Así, los comentaristas y traductores de *Fausto* han hecho las más ridículas conjeturas sobre el significado que debe atribuirse a las «Madres», a las que Fausto debe descender en su búsqueda de Helena. Las «Madres» son las tres primeras propiedades de la naturaleza, y todas las instrucciones dadas por Mefistófeles a Fausto antes de su descenso *ad infernos* forman una descripción altamente poética, y al mismo tiempo filosófica, de ellas.

Si los hombres de ciencia, en lugar de reírse de Böhme, estudiaran sus obras, no tendríamos ni darwinismo, ni teorías sobre la refrigeración del sol, ni presidentes de la Asociación Británica proponiendo la monstruosa doctrina de que la vida en esta tierra tuvo su origen en formas vitales traídas en fragmentos desprendidos de otros planetas y cuerpos celestes que cayeron sobre nuestro globo -una teoría que, incluso si pudiera aceptarse por un momento, seguiría dejando sin respuesta la pregunta: «¿De dónde vino la vida?». Tampoco tendríamos a los Huxley y Tyndall asumiendo que la vida puede ser introducida en una criatura después de haber formado su cuerpo material, lo cual no es mejor que asumir que un círculo y su redondez son dos cosas separadas: que primero viene la figura y luego su redondez. Böhme, a quien consideran un soñador, les mostraría, a los verdaderos soñadores, que es la vida la que crea el cuerpo para manifestarse; cuando una bellota en crecimiento echa brotes, es la vida que se desliza hacia afuera, tanteando su camino, vistiéndose de materia a medida que avanza, y con el fin de poder avanzar. Que los científicos lean ese magnífico capítulo que comienza con: «Vemos que toda vida es esencial; se manifiesta por el brotar de las esencias». Lo que la teología podría aprender de Böhme no puede resumirse en unas pocas palabras: las cuestiones tan debatidas sobre el origen del mal, la predestinación, la carne y la sangre de Cristo que han de regenerar al hombre, su naturaleza y su acción, están todas profundamente y cuasi científicamente expuestas en los escritos de este autor. Pero, como no tenía título académico, ni siquiera educación común, lo desprecian; y sin embargo, algunos de estos mismos hombres depositan su fe en espiritistas igualmente iletrados.

252. *Bosquejo de la vida de Böhme*. Jacob Böhme nació en Görlitz, Alta Lusacia, en 1575. Durante su infancia se dedicó al cuidado del ganado. En esta vida solitaria y de contemplación constante de la naturaleza se sintió poeta y, según creía, destinado a grandes cosas. Veía un sentido oculto en todas las voces del campo; y, creyendo escuchar en ellas la voz de Dios, prestaba oído a una revelación que consideraba proveniente del propio Dios a través del medio de la naturaleza. A los quince o dieciséis años fue aprendiz de zapatero en Görlitz. La ocupación sedentaria aumentó su propensión al misticismo. Severo y celoso de las buenas costumbres y moral, y completamente recogido en sí mismo, era considerado orgulloso por algunos, y loco por otros. Y, en efecto, al no haber recibido educación alguna, sus ideas eran necesariamente confusas, oscuras y desconectadas.

En 1594 se casó. Aunque fue un buen esposo y un buen padre, no dejó de ser un visionario; y, impulsado por frecuentes sueños que atribuía a la influencia del Espíritu Santo, decidió finalmente escribir. Su primera obra fue la *Aurora*, la más conocida, pero también la más imperfecta de todas, tanto por el estilo como por el contenido.

Le acarreó la persecución del clero, a instancias del cual la magistratura de Görlitz le prohibió seguir escribiendo-orden que obedeció durante varios años; pero, al fin, los impulsos de su espíritu se hicieron irresistibles, y se dedicó por completo a la composición de sus numerosos escritos durante los últimos seis años de su vida, en los que produjo, entre otras obras, *El Mysterium Magnum, La Signatura Rerum, La vida triple, Los seis puntos teosóficos, La contemplación divina, La vida suprasensible,* todas las cuales contienen, entre muchas cosas incongruentes, caprichosas, oscuras e ininteligibles, pasajes de un conocimiento tan profundo y de un significado tan abarcador que ningún verdadero filósofo se atreve a despreciarlos, y que, de hecho, serán reconocidos algún día como las únicas bases sólidas de toda ciencia verdadera.

De vez en cuando, encontramos en sus escritos pasajes de una belleza poética tal, de visiones tan elevadas de la Divinidad y de la Naturaleza, que superan todas las concepciones de los más grandes poetas de todos los tiempos. Sus obras, escritas en alemán, circularon durante su vida únicamente en manuscrito; posteriormente fueron traducidas al neerlandés, y desde esta lengua se vertieron al inglés. La edición alemana de sus obras, llena de errores, no apareció hasta 1682. En Francia, Saint-Martin, *el Filósofo Desconocido*, tradujo algunas al francés. Su mayor comentarista fue Dionysius Andreas Freher, un alemán que vivió muchos años en este país, y cuyas obras, todas escritas en inglés -con excepción de dos escritas en alemán y traducidas al inglés por el presente autor- existen únicamente en manuscrito; copias de algunas de ellas se encuentran en el Museo Británico, mientras que los originales estaban en posesión del difunto señor Christopher Walton, de Highgate, quien, antes de su muerte, los donó, junto con su colección única de libros y manuscritos sobre temas místicos, incluidas las traducciones hechas por el presente autor, a la biblioteca del Dr. Williams, en Londres, para beneficio público. William Law, el erudito teólogo inglés que tuvo acceso a estos manuscritos, es su mayor comentarista en lengua inglesa; su *Apelación, Camino al Conocimiento Divino, Espíritu de Oración* y *Espíritu de Amor* muestran cuán bien había captado las ideas fundamentales del sistema de Böhme. Böhme murió en 1624, siendo sus últimas palabras: «Ahora entro en el paraíso».

253. *Los filadelfianos.* El propio Böhme nunca fundó ninguna secta. Estaba demasiado envuelto en sus gloriosas visiones como para pensar en reunir discípulos y perpetuar su nombre por tales medios: como el sol, derramó su luz por doquier, porque era su natura-

leza hacerlo, sin importarle si caía en tierra rica o estéril, dejando que fructificara según sus propias cualidades inherentes. Y el fruto aún está por llegar. Pues la sociedad de los «Filadelfianos», fundada hacia finales del siglo XVII por Jane Lead, cuyas vanas visiones fueron sin duda el resultado de su estudio de la obra de Böhme, nunca condujo a ningún resultado, ni espiritual ni científico. La sociedad, de hecho, sólo existió unos siete años, y sus miembros no tenían más que nociones vagas e imperfectas del significado y la tendencia de los escritos de su Gran Maestro.

III. Emanuel Swedenborg

254. *Emanuel Swedenhorg.* Un místico que, hasta ahora, ha hecho mucho más ruido en el mundo, aunque totalmente indigno de ser comparado con Jacob Böhme–pues este último ha legado al mundo un conocimiento científico sólido y positivo, fundado en una extraordinaria penetración en la Naturaleza y sus operaciones; mientras que el primero no ha dejado más que algunas ideas poéticas, junto con un fárrago de disparates absurdos, como los que han escrito cientos de locos confesos–es Emanuel Swedenborg. Sin embargo, fue un hombre de grandes facultades. En él se combinaron las cualidades opuestas de científico, poeta y visionario. El deseo de conocimiento lo llevó a dominar todo el ciclo de las ciencias de su época, y a los veintiocho años era uno de los hombres más eruditos de su país. En 1716 visitó las universidades inglesas, holandesas, francesas y alemanas. En 1718 transportó para Carlos XII una serie de navíos por tierra de una costa a otra. En 1721 recorrió las minas de Europa y escribió una descripción de las mismas en su gran obra *Daedalus Hyperboreus.* Luego se entregó a la teología, y de forma inesperada derivó hacia el misticismo, que a menudo niega la propia teología.

Tenía cincuenta y cinco años cuando comenzó a mirar en su interior y a descubrir las maravillas del mundo ideal; después de las minas de la tierra, exploró las profundidades del alma, y en esta exploración final olvidó la ciencia. Sus supuestas revelaciones le atrajeron el odio del clero, pero gozaba de tal consideración en su propio país que no pudieron perjudicarlo. En la Dieta de 1751, el conde Hopken declaró que los escritos más valiosos sobre finanzas provenían de la pluma de Swedenborg. Un financiero místico fue algo que el mundo nunca había visto, y quizás nunca vuelva a ver. Murió en Londres. Existe una sociedad inglesa que imprime y difunde sus obras, que llenan cerca de cincuenta volúmenes de gran tamaño;

y tiene numerosos seguidores en este país. Además, realizó muchos descubrimientos en astronomía, química y medicina, y fue precursor de Gall en la frenología.

255. *Sus escritos y teorías.* Mucho de lo que aparece en sus escritos es, sin duda, absurdo; pero aun así, creemos que puede descubrirse en ellos un sentido que, aunque no evidente de inmediato, transforma el sinsentido en significado. Quien lea con atención *La Nueva Jerusalén* o *El viaje a los mundos astrales*, debe percibir que hay un significado oculto en su lenguaje enrevesado. No puede suponerse que un hombre que demostró tanto vigor mental en sus numerosas obras sobre poesía, filosofía, matemáticas e historia natural–un hombre que hablaba constantemente de «correspondencias», atribuyendo a la cosa más mínima un sentido oculto–un hombre cuya erudición era vasta y aguda–que tal hombre escribiera sin asociar algún significado real a su lenguaje ilusorio. La religión que profesa es la filantropía, y en consecuencia da al concepto abstracto del hombre perfecto el nombre de Hombre-Dios, o Jesucristo; quienes aspiran a ese ideal son ángeles y espíritus; su unión constituye el cielo, y su opuesto, el infierno.

256. *Fundamento de los escritos de Swedenborg.* Desde la más remota antigüedad nos encontramos con instituciones –como lo han demostrado suficientemente las páginas precedentes– cuyo objetivo es la reforma política, religiosa e intelectual, pero que expresan sus ideas hablando alegóricamente del otro mundo y de la vida venidera, de Dios y de los ángeles, o utilizando términos arquitectónicos. Esta práctica, que es permanente, e impregna todas las sociedades secretas, tiene como objetivo la moralidad en la conducta, la justicia en el gobierno, la felicidad general y el progreso, pero tiene como objetivo todo esto de acuerdo con ciertas ideas filosóficas, a saber, que todos los hombres son libres e iguales; pero comprendiendo que estas ideas, en las diversas condiciones de la sociedad real, en sus diferentes clases, y en los jefes de gobierno y de culto, encontrarían poderosos oponentes, toma su fraseología de un mundo imaginario con éxito para llevar a cabo sus objetos. Por lo tanto su culto externo se asemeja al nuestro, pero por la ciencia de las correspondencias se convierte en algo diferente, que es así, expresado por Swedenborg: «Existe en el cielo un culto divino exteriormente similar al nuestro, pero interiormente diferente. Se me permitió entrar en el templo celestial (tal vez la logia), donde se muestran la divinidad armonizada y la humanidad divinizada».

257. *La Nueva Jerusalén.* Una de las principales concepciones de Swedenborg, tal como se expone en «La Nueva Jerusalén», es lo divino en el corazón de cada hombre, interpretado por la humanidad, lo cual constituye uno de los artículos de fe de la masonería verdadera: «Querer y hacer el bien sin fines interesados es restaurar el cielo en uno mismo, vivir en la sociedad de los ángeles. La conciencia de cada hombre es el compendio del cielo; todo está allí: la concepción y la sanción de todos los deberes y de todos los derechos».

Así habla Swedenborg de la vida mística o sectaria: «Entre el bien y el mal existe la misma diferencia que entre el cielo y el infierno. Aquellos que habitan en el mal y en el error se asemejan al infierno, porque el amor del infierno es opuesto al del cielo, y ambos amores se odian y se hacen la guerra hasta la muerte. El hombre fue creado para vivir con el alma en el mundo espiritual y con el cuerpo en el natural. En cada hombre, entonces, hay dos individualidades: la espiritual y la natural, la interna y la externa. El hombre interno está verdaderamente en el cielo y disfruta del trato con los espíritus celestiales incluso durante la vida terrenal, que no es la verdadera, sino sólo una vida simulada. Siendo doble, el hombre tiene dos pensamientos, el superior y el inferior, dos acciones, dos lenguajes, dos amores. Por lo tanto, el hombre natural es hipócrita y falso, pues es doble. El hombre espiritual es necesariamente sincero y veraz, porque es simple y uno; en él el espíritu ha exaltado y atraído lo natural; lo externo se ha identificado con lo interno. Esta exaltación fue alcanzada felizmente por los antiguos, que en los objetos terrenales perseguían sus correspondencias celestes».

258. *Las correspondencias.* Vuelve una y otra vez a la ciencia de las correspondencias, aludiendo a las iniciaciones de los antiguos, a la verdadera vida que sucede a la muerte iniciática simulada, al cielo místico que, para egipcios y griegos, no era otra cosa que el templo: «La ciencia de las correspondencias entre los antiguos era la ciencia suprema. Los orientales y egipcios la expresaban mediante jeroglíficos que, al volverse ininteligibles, dieron lugar a la idolatría. Sólo las correspondencias pueden abrir los ojos de la mente, desvelar el mundo espiritual y hacer aprehensible lo que no entra bajo el conocimiento de los sentidos».

Y dice también: «Te mostraré lo que son la fe y la caridad. En lugar de fe y caridad piensa en calor y luz, y lo comprenderás todo. La fe, en su sustancia, es verdad, esto es, sabiduría; la caridad, en su esencia, es afecto, esto es, amor. Amor y sabiduría, o caridad y fe, el bien y la verdad, constituyen la vida de Dios en el hombre».

En la descripción de los campos del cielo, el ángel guía -quizá el vigilante de la logia- le dice a Swedenborg que lo que le rodea son correspondencias de la ciencia angélica, que todo cuanto ve -plantas, frutos, piedras- es correspondencial, tal como ocurre en las logias masónicas. Así como hay tres grados en la vida, hay también tres cielos, y las condiciones de sus respectivos habitantes se corresponden con las de los iniciados en los tres grados masónicos.

«La Nueva Jerusalén» puede considerarse también una protesta contra el poder papal, odiado por Swedenborg al igual que por todos los sectarios. Buscó su destino en el Apocalipsis, como hicieran antaño los albigenses, y declaró que el clero romano corrupto debía ceder su lugar a un sacerdocio mejor, y la iglesia decadente e idólatra a un nuevo templo. Para reforzar la autoridad de sus palabras añade: «Lo que te digo, lo aprendí en el cielo», probablemente el cielo sectario al que había sido iniciado.

Podrían multiplicarse los extractos, pero los anteriores bastan para mostrar el espíritu que anima los escritos de Swedenborg; bastan para evidenciar que, para penetrar en el pensamiento oculto de la mayoría de los emblemas, ritos y sociedades secretas, es necesario considerar el doble, e incluso triple, sentido de las distintas figuras. Todo símbolo es un misterio; nada se hace o se dice en las asambleas secretas que no sea digno de escrutinio: los nombres, los miembros, las formas, todo son indicios, claves de verdades ocultas, verdades peligrosas y, por ello, cubiertas con velos dobles y triples.

259. *Diversas sectas swedenborgianas*. De estos escritos surgieron diversas sectas, una de las cuales está compuesta por hombres que esperan la Nueva Jerusalén, creen en las profecías maravillosas, en las conversaciones con ángeles, en los matrimonios seráficos de los elegidos, y se consideran los verdaderos discípulos de Cristo, porque Swedenborg llamó al Sol de la Misericordia, que difunde luz y calor por todo el universo, el Salvador del mundo. Esta secta tiene la mayoría de sus adeptos en Inglaterra. Las demás sectas se jactan de poseer los más grandes secretos de su maestro. De entre ellas pueden mencionarse las siguientes.

260. *Iluminados de Aviñón*. Pemetti, un monje benedictino, y Gabrianca, un noble polaco y masón, fueron los primeros en rodear con ritos y ceremonias caprichosas los conocimientos y ensoñaciones del místico sueco. En 1760 fundaron en Aviñón una sociedad de Iluminados, que no debe confundirse con los Iluminados de Baviera ni con ningún otro grupo del mismo nombre. La ciudad de los papas se convirtió en bastión sectario, con logias afiliadas en las principales

ciudades de Francia. Sus miembros se ocupaban de filosofía, astronomía y de aquella «química social» que entonces sometía a un examen riguroso todos los elementos que componen la sociedad política.

261. *Teósofos Iluminados.* París quiso tener su propio rito swedenborgiano, no contenta con haber introducido el de Pernetti. El masón Chartanier, que en 1766 era maestro de la logia parisina «Sócrates», modificó el rito de Aviñón y llamó al nuevo orden «Teósofos Iluminados». Tras una activa propaganda en Francia, cruzó el Canal y abrió una logia en Londres, donde en un principio tuvo cierto éxito, pero el rito fue pronto abandonado.

262. *Rito Escocés Filosófico.* Otra modificación del rito de Aviñón fue introducida en 1770 por el abate Pernetti, completamente entregado a la alquimia. Llamó a su rito «hermético», pero como indica su nombre, era más alquímico que masónico. Boileau, médico parisino y ferviente discípulo de Pernetti, reformó el rito hermético, lo hizo más propiamente masónico y le dio el nombre de «Rito Escocés Filosófico». Ambos ritos se fusionaron más tarde en doce grados, el último de los cuales era el de «Maestro Sublime del Anillo Luminoso», que afirmaba descender de Pitágoras. En 1780 se estableció en Francia una Academia de los Maestros Sublimes del Anillo Luminoso, cuya iniciación consistía en las doctrinas filosóficas atribuidas al sabio de Samos.

263. *Rito de los Filaletes.* Otro rito fundado sobre las especulaciones masónicas de Swedenborg fue el creado en la logia de los «Amigos Unidos», en París. Sus miembros, entre los que se contaban Condorcet y Antoine Court de Gébelin, autor del *Monde Primitif,* se llamaban «Filaletes», o «Buscadores de la Verdad», y el fundador fue Lavalette de Langes, Tesorero Real. Estaba dividido en doce clases o cámaras; los primeros seis grados se denominaban Masonería Menor, y los últimos seis, Masonería Alta. Como casi todas las sociedades fundadas sobre la masonería, los Filaletes aspiraban a conducir al hombre hacia su virtud y libertad originarias; presentían la Revolución y se mantenían al tanto de los acontecimientos y aspiraciones. La logia de los *Amis Réunis,* centro del sistema, poseía una rica colección de obras y manuscritos sobre sociedades secretas, un amplio laboratorio químico y un gabinete de historia natural, todo bajo la custodia de De Langes; pero a su muerte, en 1788, la valiosa colección se dispersó y la logia se disolvió. Una logia imitativa fue fundada en Narbona en 1780, con notables modificaciones. Sus miembros se llamaban a sí mismos *Filadelfos,* que no deben confundirse con la Sociedad Filadélfica fundada en Londres un siglo

antes, aunque afirmaban derivar sus ritos de Inglaterra. Se dividían en tres categorías o templos, y diez clases o círculos. Tras los tres grados masónicos tradicionales seguían el de «Maestro Perfecto», el de «Elegido» y el de «Arquitecto», que formaban el cuarto círculo. El quinto comprendía al «Escocés Sublime», el sexto al «Caballero del Oriente» y al «Príncipe de Jerusalén». Los cuatro grados restantes eran considerados depositarios del conocimiento masónico, tanto filosófico como físico, y de la ciencia mística destinada a fortificar y exaltar el espíritu humano. Estos cuatro grados eran llamados los cuatro capítulos del Rosa-Cruz.

264. *Rito de Swedenborg.* Lo que propiamente se conoce como el rito de Swedenborg fue otra modificación de la orden de los Iluminados de Aviñón (260), realizada por el marqués de Thome en 1783, en la que intentó restituir el verdadero sentido de las doctrinas del místico sueco. Fue un trabajo crítico de cierto valor, y el rito aún se practica en diversas logias del norte de Europa. Consta de seis grados: Aprendiz, Compañero, Maestro Teosofista, Teosofista Iluminado, Hermano Azul, Hermano Rojo.

265. *Aurora Universal.* Ese mismo año, 1783, se fundó en París la Orden de la «Aurora Universal», cuyo principal objetivo era el apoyo al mesmerismo. Cagliostro participó activamente en ella.

IV. Martinismo

266. *Martinez de Pasqually.* La influencia de los escritos de Jacob Böhme, aunque perceptible en todos los grados místicos fundados desde su época, es más visible en la masonería mística llamada «martinismo», por su fundador, Martinez de Pasqually, y su reformador, el marqués de Saint-Martin, el «Filósofo Desconocido». Martinez de Pasqually fue portugués y judío, pero habiéndose convertido al cristianismo al modo de los gnósticos de los primeros siglos, comenzó en 1754 a reunir discípulos en varias ciudades francesas, principalmente Marsella, Burdeos, Toulouse y Lyon, ninguno de los cuales alcanzó el grado de epopta ni conoció los secretos del maestro, aunque todos sentían por él el mayor respeto y devoción.

Su doctrina secreta parece haber sido una mezcla confusa de gnosticismo y judaísmo cristianizado, sin excluir la cábala, que de hecho se encuentra más o menos presente en todas las especulaciones teosóficas, incluso en las de Böhme; aunque sus seguidores, así como sus detractores, al no comprenderlo, le atribuyeron muchas opiniones erróneas que nunca sostuvo. Pasqually daba gran importancia a la omnipotencia de la voluntad–este es un punto constantemente subrayado, cuya verdad está demostrada desde el fundamento más profundo, por Böhme. Con este autor enseñaba que la inteligencia y la voluntad son las únicas fuerzas activas de la naturaleza, cuyos fenómenos el hombre puede controlar mediante una voluntad enérgica; y que de este modo el hombre puede alcanzar el conocimiento del supremo Ens. Con estos principios, Martinez condenaba todos los imperios fundados en la violencia y todas las sociedades basadas en convenciones. Anhelaba un retorno a los tiempos patriarcales–aunque los más esclarecidos los consideran tiempos de tiranía extrema–y también formuló otras concepciones que veremos desarrollarse con mayor amplitud en los Illuminati.

La vida de Martinez, como sus doctrinas, está llena de lagunas y misterios. Llegaba a una ciudad sin que nadie supiera de dónde, se marchaba sin que nadie supiera adónde; de repente se le veía donde menos se le esperaba. Desde 1768 hasta 1778 residió en París o Lyon. Luego cruzó repentinamente el océano y murió en Santo Domingo en 1779. Estas apariciones y desapariciones repentinas quizá fueran necesarias para mantener su prestigio. De Maistre, que tuvo mucha relación con sus discípulos, afirma con certeza que la Orden fundada por él, llamada «Rito de los Elegidos Cohens o Sacerdotes», tenía grados superiores desconocidos para los miembros de los grados inferiores. Conocemos los nombres de nueve grados, aunque no sus rituales: Aprendiz, Compañero, Maestro, Gran Elegido, Aprendiz Cohen, Compañero Cohen, Maestro Cohen, Gran Arquitecto y Caballero Comendador. El celo de algunos miembros, entre los que se encuentran Holbach, Duchamteau y Saint-Martin, permitió que la Orden sobreviviera algún tiempo tras la muerte del fundador.

267. *Saint-Martin.* Hemos visto que Saint-Martin fue discípulo de Pasqually; también fue, para su época, un profundo expositor de las doctrinas de Böhme, de cuya obra tradujo varios textos. Reformó en cierta medida el rito de Pasqually, dividiéndolo en diez grados, agrupados en dos templos. El primer templo comprendía los grados de Aprendiz, Compañero, Maestro, Maestro Antiguo, Elegido, Gran Arquitecto y Maestro del Secreto. Los grados del segundo templo eran Príncipe de Jerusalén, Caballero de Palestina y Caballero de Kadosh. La orden, tal como fue modificada por él, se extendió desde Lyon a las principales ciudades de Francia, Alemania y Rusia, donde el célebre príncipe Repnin (1734-1801) fue su principal protector. Actualmente está extinguida.

V. Rosacruces

268. *Méritos de los Rosacruces.* Un halo de esplendor poético envuelve a la Orden de los Rosacruces; las luces mágicas de la fantasía juegan en torno a sus gráciles ensoñaciones, mientras el misterio con que se rodearon añade un encanto adicional a su historia. Pero su fulgor fue el de un meteoro: cruzó fugazmente los reinos de la imaginación y del intelecto, y desapareció para siempre; no sin dejar, sin embargo, algunas huellas permanentes y hermosas de su rápido paso, como el rayo momentáneo del sol que, captado por la lente del artista, deja una imagen duradera sobre el papel sensible. La poesía y la novela están profundamente en deuda con los Rosacruces por muchas creaciones fascinantes. La literatura de todos los países europeos contiene cientos de ficciones agradables cuya maquinaria ha sido tomada de su sistema filosófico, aunque este mismo haya desaparecido; y debe admitirse que muchas de sus ideas son sumamente ingeniosas, y alcanzan tales alturas de especulación intelectual como las que se encuentran entre los sofistas de la India. Antes de su tiempo, la alquimia se había rebajado, por lo general, a una burda ilusión que solo buscaba ventajas temporales, ocupándose únicamente de la escoria terrestre; los Rosacruces la espiritualizaron y refinaron, al dotar a la quimérica búsqueda de la piedra filosofal de un objetivo más noble que la obtención de riqueza: la apertura de los ojos espirituales, por medio de los cuales el hombre pudiera contemplar el mundo suprasensible y llenarse de una luz interior que iluminara su mente con verdadero conocimiento. El proceso físico de la transmutación de metales era considerado por ellos como análogo a la restauración del hombre a su estado no caído, tal como se expone en la *Signatura Rerum* de Böhme, capítulos VII, X-XII. Los verdaderos Rosacruces, por tanto, pueden definirse como alquimistas espirituales, o teósofos.

269. *Origen dudoso de la sociedad.* El origen de la sociedad es sumamente incierto. Algunos autores afirman que desde el siglo XIV existía una sociedad de físicos y alquimistas dedicados a la búsqueda de la piedra filosofal; y que cierto Nicolo Bamaud emprendió viajes por Alemania y Francia con el propósito de establecer una sociedad hermética. Según el prefacio de la obra *Eco de la Sociedad de la Rosa Cruz,* en 1597 ya se celebraban reuniones para instituir una sociedad secreta con fines alquímicos.

Otro indicio de la existencia real de tal sociedad se halla en un libro publicado en 1605, titulado *Restauración del Templo Decaído de Palas,* que presenta una constitución rosacruz. Nuevamente, en 1610, el notario Haselmeyer afirmó haber leído en un manuscrito la *Fama Fraternitatis,* que contenía todas las leyes de la Orden. Cuatro años después apareció una pequeña obra titulada *Reforma General del Mundo,* que en realidad contiene la *Fama Fraternitatis,* donde se relata que un alemán, Christian Rosenkreuz, fundó dicha sociedad en el siglo XIV, tras haber aprendido la ciencia sublime en Oriente. De él se cuenta que, en 1378, mientras viajaba por Arabia, fue llamado por su nombre y saludado por unos filósofos que nunca antes lo habían visto; de ellos aprendió muchos secretos, entre ellos el de prolongar la vida. A su regreso, hizo numerosos discípulos, y murió a la edad de 150 años, no porque sus fuerzas lo abandonasen, sino porque estaba cansado de vivir. En 1604, uno de sus discípulos abrió su tumba y encontró allí extrañas inscripciones y un manuscrito escrito con letras de oro. La gruta en la que se halló dicha tumba, según su descripción, recuerda fuertemente a la cueva mitraica. Otra obra publicada en 1615, la *Confessio Fraternitatis Rosae Crucis,* contiene una exposición del objetivo y el espíritu de la Orden.

270. *Literatura rosacruz.* La *Thesaurinella Chymica-aurea,* ya mencionada (sección 244), pudo haber sido una obra rosacruz, al igual que la *Theoria* de Raymundus Lullius. En 1615, Michael Meyer publicó en Colonia su *Themis Aurea, hoc est, de legibus Fraternitatis Roseae Crucis,* que pretendía contener todas las leyes y ordenanzas de la hermandad. Otra obra, titulada *Las bodas químicas de Christian Rosenkreuz* y publicada en 1616 en forma de novela cómica, es en realidad una sátira sobre las ilusiones alquímicas de la época del autor. Ambas obras fueron escritas, como se sabe por su autobiografía, por Valentin Andreae, un clérigo luterano de Herrenberg, cerca de Tubinga. Pero, en lugar de ser tomadas como lo que el autor pretendía–sátiras sobre las locuras de Paracelso, Weigel y los alquimistas–, el público tomó sus ficciones como hechos reales: comenzaron a aparecer cartas y panfletos impresos dirigidos a la hermandad imaginaria, mientras que otros la denunciaban y condenaban. Un tal Christoph Nigrinus escribió un libro para demostrar que los rosacruces eran calvinistas, pero un pasaje extraído de uno de sus escritos mostraba que eran fervientes luteranos. El propio Andreae, en su *Turris Babel* y en la *Mythologia Christiana,* publicadas hacia 1619, condena el rosacrucismo.

Impostores, en efecto, fingían pertenecer a la fraternidad y poseer sus secretos, encontrando numerosos incautos. Siguieron apareciendo abundantes obras. He aquí algunos títulos:

- *Epistola ad patres de Rosea Cruce*. Frankfurt, 1617.
- *Mensaje rápido a la sociedad filosófica de la Rosa Cruz*. Por Valentin Ischirnessus. Danzig, 1617.
- *Arte y ciencia completa de la fraternidad iluminada por Dios de Christian Rosenkreuz*. Por Theophilus Schweighart. 1617.
- *Descubrimiento de los colegios y axiomas de la fraternidad iluminada de Christian Rosenkreuz*. Por Theophilus Schweighart. 1618.
- *Sobre ciertos secretos de la naturaleza y sobre el arte vulcánico alquímico, ante todo necesarios, dirigido a los maestros de la fraternidad filosófica de la Rosa Cruz*. 1618. S. l.
- *Hermanas de la Rosa Cruz; o, breve descubrimiento de estas damas, y qué religión, conocimiento de lo divino y natural, oficios, artes, medicinas, etc., puede hallarse en ellas*. Parthenopolis, 1620.
- *Los más secretos y hasta ahora desconocidos misterios de toda la naturaleza*. Por el Collegium Rosianum. Leiden, 1630.

Por supuesto, el valor científico de todos estos escritos era nulo, y el literario apenas superior.

271. *Objetivos reales y resultados de los escritos de Andreae*. La exposición anterior sobre las obras literarias de Johann Valentin Andreae es la versión comúnmente aceptada, pero requiere algunas precisiones. Los escritos rosacruces de Andreae encubrían fines políticos, el principal de los cuales era el apoyo a la religión luterana, que profesaban los propios rosacruces. Andreae realizó dos viajes a Austria: el primero en 1612, cuando el emperador Matías ascendió al trono; y el segundo en 1619, pocos meses después de la muerte de este. En Linz mantuvo entrevistas privadas con varios nobles austriacos, todos ellos luteranos. Se establecieron logias rosacruces con el fin de promover los objetivos de la Reforma, pero numerosos católicos lograron ingresar en ellas y, gradualmente, orientaron su actividad en una dirección completamente opuesta.

Al percibir esta desviación, Andreae se desvinculó del rosacrucismo e intentó, mediante los escritos mencionados anteriormente, desautorizar su vinculación previa con el movimiento. Con el mismo propósito, durante su segunda estancia en Austria, fundó la «Fraternitas Christi», a la que muchos miembros de la nobleza protestante austriaca solicitaron ingresar. Tres años después, el gobierno prohibió la sociedad, y su disolución final fue acelerada por una sociedad opositora fundada por católicos, con la aprobación del Papa, primero en Olmutz y luego en Viena, bajo la dirección de los condes Althan, Gonzaga y Sforza. Esta orden recibió el nombre de «Cruz Azul».

Los rosacruces, al quedar fuera de la influencia de Andreae, se fragmentaron en múltiples logias independientes, que pronto degeneraron en meras trampas para incautos, lo que provocó la corta duración de la mayoría. Pero con la subida al trono de José II, cuyas ideas liberales eran conocidas, los rosacruces, al igual que otras sociedades secretas, resurgieron. La masonería se convirtió en la moda del momento: se llevaban utensilios masónicos como amuletos; las damas lucían manguitos de seda blanca ribeteados de azul, en alusión a los mandiles masónicos, y así sucesivamente.

El emperador consideró necesario regular la actividad de estas sociedades secretas. Suprimió todas excepto la de los masones, a quienes en 1785 concedió una patente que comenzaba así: «Puesto que nada debe existir en un estado bien ordenado sin la debida supervisión, estimamos necesario declarar así nuestra voluntad: las llamadas Sociedades Masónicas, cuyos secretos nos son desconocidos, ya que nunca fuimos lo bastante curiosos como para investigar sus malabarismos» (Gaukeleien), etc. Este edicto, que abolió las demás sociedades pero permitió que los masones continuasen con sus «malabarismos», como el emperador denominaba a sus ceremonias, llevó a muchas de las sociedades suprimidas, incluidos los rosacruces, a integrarse en la fraternidad masónica. Los Hermanos Asiáticos, como se verá más adelante (281), trasladaron su actividad de Viena a Schleswig.

272. *Ritual y ceremonias.* Las «maravillas» de los rosacruces, a quienes el emperador suprimió, eran las del reglamento o «constitución» de 1763, y eran las siguientes:

El recinto donde tenía lugar la iniciación contenía la *tabella mystica,* que se describirá más adelante. El suelo estaba cubierto por una alfombra verde, y sobre ella se colocaban los siguientes objetos: un globo de vidrio, colocado sobre un pedestal de siete escalones y dividido en dos partes que representaban la luz y la oscuridad; tres candelabros dispuestos en forma triangular; nueve copas que simbolizaban las propiedades masculina y femenina; la quintaesencia y otros objetos diversos; un brasero, un círculo y un paño.

El candidato a la iniciación era introducido por un hermano, quien lo conducía a una sala donde se hallaban una luz encendida, una pluma, tinta y papel, lacre, dos cordones rojos y una espada desnuda sobre la mesa. Se le preguntaba si estaba firmemente resuelto a convertirse en discípulo de la verdadera sabiduría. Tras responder afirmativamente, entregaba su sombrero y su espada y pagaba la cuota de ingreso. Luego se le ataban las manos, se le vendaban los ojos y se le colocaba un cordón rojo alrededor del cuello. Así preparado, era conducido hasta la puerta de la logia, en la que el introductor golpeaba suavemente nueve veces.

El portero preguntaba:

-«¿Quién va?».

Y el hierofante respondía:

-«Un cuerpo terrenal que mantiene prisionero al hombre espiritual en la ignorancia».

-«¿Qué se ha de hacer con él?».

-«Matar su cuerpo y purificar su espíritu».

-«Entonces, que sea conducido al lugar de la justicia».

Ingresaban y se situaban frente al círculo, con el candidato arrodillado sobre una rodilla. El maestro se colocaba a su derecha, con una vara blanca; el introductor a su izquierda, con una espada. Ambos llevaban sus mandiles.

El maestro decía: «Hijo del hombre, te conjuro por todos los grados de la masonería profana y por el círculo sin fin, que abarca todas las criaturas y la más alta sabiduría, para que me digas: ¿con qué propósito has venido aquí?».

El candidato respondía:

«Para adquirir sabiduría, arte y virtud».

El maestro decía:

«Entonces vive. Pero tu espíritu debe volver a dominar tu cuerpo. Has hallado gracia; levántate y sé libre».

Entonces se lo desataba. Daba un paso dentro del círculo. El maestro y el introductor cruzaban la vara y la espada. El candidato colocaba tres dedos sobre ellas y, cuando el maestro decía: «Ahora escucha», el candidato repetía el juramento que se le presentaba, el cual consistía simplemente en declarar que no ocultaría secretos a sus hermanos y que llevaría una vida virtuosa. Luego recibía el título de la orden, el sello, la palabra de pase, la señal, el sombrero y la espada, y se le interpretaba la *tabella mystica*. A continuación, como en la masonería, los hermanos pasaban del «trabajo» al «recreo».

La tabla mística estaba dividida en nueve compartimentos verticales y trece horizontales. La primera columna de nueve divisiones contenía los números; la segunda, los nombres de los diferentes grados. El más bajo comprendía a los *Juniores*, que apenas sabían nada; el más alto correspondía a los *Magi*, de quienes nada se ocultaba, y que eran señores de todas las cosas, como Moisés, Hermes o Hiram. Su joya era un triángulo equilátero.

Según la tabla, los diferentes grados poseían lugares de reunión en toda Europa y Asia. Los *Magi* se reunían en Esmirna cada diez años; los *Magistri*, un grado inferior, en Camra (Polonia) y en París cada nueve años; los *Juniores* se reunían cada dos años en el lugar que resultara más conveniente. La cuota de admisión para el grado de *Magus* era de noventa y nueve marcos de oro; para el de *Junior*, de tres marcos. Los *Minares*, que conocían el «sol filosófico» y «realizaban curas maravillosas», pagaban lo que quisieran.

273. *Rosacrucismo en Inglaterra en el pasado*. Las obras de Andrea despertaron gran atención en Inglaterra, donde el misticismo y la astrología contaban entonces con numerosos adeptos, como muestra ampliamente la obra de Wood, *Athenae Oxonienses*. En este país, Robert Fludd fue el gran defensor de los rosacruces. Sus dos obras más importantes sobre ellos son: *Apologia et Compendiaria Fraternitatem de Rosea Cruce suspicionis et infamiae maculis aspersam, veritatis quasi fluctibus abluens et abstergens*, Leiden, 1616; y *Tractatus Apologeticus integritatem Societatis de Rosea Cruce defendens*, Lugduni Batavorum, 1617. Esta última es en realidad un duplicado de la primera con un nuevo título.

A Fludd le siguió un tal Heydon, nacido en 1629, curiosamente abogado de profesión, quien escribió varias obras sobre los rosacruces, entre ellas *An Epologue for an Epilogue*, donde aparecen pasajes como el siguiente: «Voy a decirte qué son los rosacruces, y que Moisés fue su padre. Algunos dicen que pertenecían al orden de Elías, otros al de Ezequiel; otros los definen como los oficiales del generalísimo del mundo; son como los ojos y oídos del gran rey, viendo y oyendo todas las cosas, pues están serafínicamente iluminados, como lo estuvo Moisés, según este orden de los elementos: la tierra refinada en agua, el agua en aire, el aire en fuego». Tales disparates se ofrecían al público lector hace algunos siglos, y, supongo, lo satisfacían. En otra de sus obras, Heydon sostenía que era un crimen comer -aunque él mismo no se abstenía de hacerlo-, pero que había una gordura deliciosa en el aire suficiente para nutrirse, y que, para los hombres de apetito voraz, bastaba con colocar un cataplasma de carne cocida sobre el epigastrio para saciar el hambre.

En 1646, Elias Ashmole, William Lilly, el Dr. Thomas Wharton, George Wharton, el Dr. J. Hewitt, el Dr. J. Pearson y otros formaron en Londres una sociedad rosacruz, con el propósito práctico de llevar a cabo el esquema propuesto en *La Nueva Atlántida* de Bacon, esto es, la construcción de la Casa de Salomón. Esta debía permanecer tan desconocida como la isla de Bensalem; es decir, que el estudio de la naturaleza debía realizarse de forma esotérica, no exotérica. La alfombra de su logia representaba las columnas de Hermes; siete escalones -los cuatro primeros simbolizando los cuatro elementos, y los tres restantes, la sal, el azufre y el mercurio- conducían a un «erario», o tribunal superior, o escenario, sobre el cual se mostraban los símbolos de la creación o de la obra de los seis días. Algunos miembros de esta sociedad eran masones, lo que les permitió celebrar sus reuniones en el Masons' Hall, en Masons' Alley, calle Basinghall Street. No guardaban secreto alguno, salvo en lo relativo a sus signos.

274. *Origen del nombre.* El nombre suele derivarse del supuesto fundador de la orden, Rosenkreuz, Cruz de la Rosa; pero, según otros, proviene de las armas heráldicas de la familia Andrea, que eran una cruz de San Andrés y cuatro rosas. Otros más, escritores modernos, sostienen que se compone de *ros,* rocío, y *crux,* cruz; *crux* se supone que representa místicamente *LVX,* o luz, porque la figura de la X contiene las tres letras; y la luz, en opinión de los rosacruces, produce oro; mientras que el rocío, *ros,* era, para los alquimistas (modernos), un potente disolvente.

Sin embargo, el Sr. Waite, en su obra *Real History of the Rosicrucians* (Londres, 1887), argumenta con bastante fuerza que los rosacruces portaban la rosa y la cruz como insignia porque eran ardientes protestantes, para quienes Martín Lutero era un ídolo, profeta y maestro, y el emblema en el sello de Lutero era un corazón coronado por una cruz que brotaba del centro de una rosa. Esta teoría tiene mucho a su favor, pero no podemos descartar del todo el hecho de que en todos los sistemas místicos la rosa y la cruz han sido siempre emblemas de importancia suprema.

Los encontramos en la mitología hindú más antigua. Lackschemi, esposa de Visnú, fue hallada en una rosa de 108 pétalos, de donde proviene que el rosario indio tenga el mismo número de cuentas, y para los hindúes la cruz era el símbolo de la creación. Ya hemos visto, al tratar de los Misterios Eleusinos, la importancia que se atribuía a la rosa, y que Apuleyo hace que Lucio recobre su forma humana comiendo rosas; y el *Romance de la Rosa* fue considerado por los rosacruces como uno de los más perfectos ejemplos de la literatura provenzal, y como la obra alegórica cumbre de su secta.

Es innegable que esta coincidió en el tiempo con la caballería, y que desde entonces se desarrolló una literatura rica en obras cuyos títulos incorporan la palabra *Rosa,* como la *Rosa Philosophorum,* de la cual figuran al menos diez menciones en la *Artis Auriferae quam Chemiam vocant* (Basilea, 1610).

La conexión de los rosacruces con la caballería, los trovadores y los albigenses no puede negarse. Como ellos, juraron el mismo odio a Roma; como ellos, llamaban al catolicismo «la religión del odio». Declaraban solemnemente que el Papa era el Anticristo y rechazaban tanto los dogmas pontificios como los mahometanos, a los que denominaban «las bestias de Oriente y Occidente».

275. *Declaraciones sobre sí mismos.* Pretendían no sentir hambre ni sed, ni estar sujetos a la edad o a la enfermedad; poseer el poder de comandar espíritus y atraer perlas y piedras preciosas, y de hacerse invisibles. Declararon que el objetivo de su sociedad era la restauración de todas las ciencias, y especialmente de la medicina; y mediante artificios ocultos procurarse tesoros y riquezas suficientes para suministrar a los gobernantes y reyes los medios necesarios para promover las grandes reformas de la sociedad que entonces se necesitaban. Estaban obligados a cumplir cinco leyes fundamentales: 1. Curar gratuitamente a los enfermos. 2. Vestirse con el traje del país en el que vivían. 3. Asistir cada año a la reunión de la Orden. 4. Al morir elegir un sucesor. 5. Conservar el secreto cien años.

276. *Ficciones poéticas de los rosacruces.* Estos conceptos son conocidos principalmente por la obra de Joseph Francis Borri, natural de Milán, y a él se debe el «esplendor poético que rodea a la Orden», que de hecho le confirió una existencia real. Habiendo predicado contra los abusos del Papado y difundido opiniones consideradas heréticas, Borri fue apresado por orden de la Inquisición y condenado a prisión perpetua. Murió en el Castillo de Sant'Angelo en 1695. La obra a la que se hace referencia se titula *La llave del gabinete del señor Borri*, y es, en esencia, nada más que el romance cabalístico titulado *El conde de Gabalis*, publicado en 1670 por el abate de Villars.

Lo que se deduce de esta obra es que los rosacruces descartaron para siempre todos los viejos relatos de brujería, hechicería y comunión con el diablo. Negaron la existencia de íncubos y súcubos, y de todos los grotescos duendecillos engendrados por mentes monacales y creídos por naciones supersticiosas. El hombre, decían, estaba rodeado de miríadas de seres bellos y benéficos, todos ansiosos por servirle. Estos seres eran los espíritus elementales: el aire estaba poblado por sílfides, el agua por ondinas o náyades, la tierra por gnomos y el fuego por salamandras.

El rosacruz podía someter a estos seres a su servicio y aprisionarlos en un anillo, un espejo o una piedra, y obligarlos a aparecer cuando se los invocara y a responder las preguntas que se les formularan. Todos estos seres poseían grandes poderes y no estaban limitados por las barreras del espacio o de la materia. Pero el hombre era, en un aspecto, superior a ellos: tenía un alma inmortal; ellos no. No obstante, podían llegar a compartir la inmortalidad humana si lograban inspirar amor en un miembro de nuestra raza.

Sobre esta idea se basa el encantador relato de *Undina*; Ariel, de Shakespeare, es una sílfide; *El rapto del rizo*, la mascarada de *Comus*, el poema *Salamandrine*, todos deben su estructura a las fantasías poéticas de los rosacruces.

Entre otras cosas que enseñaban sobre los espíritus elementales, afirmaban que estaban compuestos por las partículas más puras del elemento que habitaban y que, al no poseer cualidades antagónicas dentro de sí -pues estaban hechos de un solo elemento- podían vivir durante miles de años. Los rosacruces sostenían además la doctrina de la *signatura rerum*, según la cual todo en este mundo visible lleva impresa exteriormente su esencia espiritual interior.

Asimismo, sostenían que mediante la práctica de la virtud, el hombre podía vislumbrar en la tierra el mundo espiritual, y por encima de todo, descubrir la piedra filosofal, la cual, sin embargo, no podía ser hallada sino por los regenerados, pues «está en íntima comunión con la esencia celestial». Según ellos, las letras INRI, la palabra sagrada de la Orden de la Rosa-Cruz, significaban *Igne Natura Regenerando Integratur*.

277. *La Logia de La Haya*. En el año 1622, Montanus, o, por su verdadero nombre, Ludwig Conrad, de Bingen, fue expulsado de una orden de Rosacruces que entonces existía en La Haya, donde tenían un gran palacio. Celebraban sus reuniones por orden del maestro, llamado «imperator», en grandes ciudades, como Amsterdam, Danzig, Nuremberg, Hamburgo, Mantua, Venecia, además de las que se celebraban en La Haya. En público llevaban un cordón de seda negro, pero en sus reuniones se ponían una banda de oro, a la que estaban unidas una cruz y una rosa doradas. Su tarjeta de miembro era un gran pergamino, con muchos sellos colocados con gran ceremonia. Cuando celebraban una procesión pública, llevaban una pequeña bandera verde. Este Montanus, que escribió un libro titulado «Introducción a la ciencia hermética», dice que gastó su patrimonio y la fortuna de su esposa, de once mil dólares, en beneficio de la sociedad, y que cuando quedó totalmente empobrecido fue expulsado, quedando, sin embargo, obligado a guardar sus secretos, que por cierto guardé, ya que las mujeres no revelan nada donde no hay nada que revelar». Se supone que estos pretendidos

secretos están contenidos en un libro titulado *Sinceri Renati Theophilosophia Theoretico-practica,* pero no he podido obtener ni ver una copia de esta obra. Se supone que la sociedad se extinguió a principios del siglo XVIII.

278. *Un manuscrito rosacruz.* Según una afirmación hecha por el Dr. von Harless en su obra *Jacob Böhme y los alquimistas* (2.ª ed., Leipzig, 1882), debió existir una sociedad de rosacruces en Alemania en el año 1641. El Dr. von Harless afirma:

> Recientemente he tenido la oportunidad de examinar un manuscrito rosacruz hasta ahora desconocido. Probablemente fue escrito hacia 1765 y contiene los estatutos de una orden rosacruz, con el título *Testamentum.* El original debe datar de mediados del siglo XVII, como lo prueba una advertencia especial dada a los miembros para que mantuvieran el secreto, especialmente frente a los eclesiásticos católicos romanos; dos miembros, por no observar esta precaución, sufrieron gravemente en 1641. El manuscrito, además de los estatutos, también contiene instrucciones para operaciones alquímicas. La Orden, según el manuscrito, tenía un jefe supremo, llamado *imperator*; sus principales sedes eran Ancona, Núremberg, Hamburgo y Ámsterdam. Los miembros debían cambiar de residencia cada diez años y mantener el mayor secreto sobre su existencia. El aprendizaje duraba siete años. Su forma de saludarse era: «*ave frater*»; la respuesta: «*roseae et aureae*». El primero respondía: «*crucis*»; y ambos juntos: «*Benedictus Deus qui dedit nobis signum*». Entonces mostraban mutuamente el *signum,* que consistía en un sello grabado, del cual también se mostró un ejemplar al Dr. von Harless.

Al intentar obtener más detalles del propio Dr. von Harless, supe con pesar que había fallecido en 1878; y como no dejó indicación alguna en la obra citada sobre el lugar donde se conserva el manuscrito, no puedo proporcionar más información al respecto. Sin embargo, parecería que la sociedad mencionada en el manuscrito es la misma a la que se hace referencia en la *Thesaurinella,* mencionada hacia el final de la sección 244.

279. *Nueva constitución Rosacruz.* En 1714, es decir, cien años después de los escritos de Andrea, apareció una nueva constitución rosacruz, titulada: «La preparación verdadera y perfecta de la piedra filosofal de la Hermandad de la Cruz Dorada y Rosada. Publicada para beneficio de los *Filiorum Doctrinae* por Sincero Renato, Breslau». El prefacio indicaba que el tratado no era obra del autor, sino que le había sido confiado por un profesor del arte, cuyo nombre no le estaba permitido revelar. El autor divide la obra en *practica ordinis minoris*

y *practica ordinis majoris,* indicando con ello la división de la Orden en dos fraternidades distintas, siendo la superior conocida como los «Hermanos de la Cruz Dorada», cuyo símbolo era una cruz roja, y la inferior como los «Hermanos de la Cruz Rosada», cuyo símbolo era una cruz verde, de lo que se deduce que la verdadera labor de la Orden era la alquimia. Cada hermano, al ser iniciado, abandonaba su nombre real y adoptaba uno ficticio, como hemos visto que Ludwig Conrad era conocido en la Orden como Montanus (277), y como veremos más adelante que los Illuminati adoptaban toda clase de nombres fantásticos. El libro de Renato afirma además que la Orden poseía grandes seminarios, como también había declarado el mencionado Montanus. El artículo 42 de los estatutos prohibía la admisión de hombres casados en la Orden; en el artículo 17 se permitía a los miembros que deseaban contraer matrimonio tomar esposas, pero debían vivir con ellas *philosophice,* fuera lo que fuera lo que eso significase. El artículo 44 ordenaba que, si un hermano, por desgracia o falta de precaución, era descubierto por algún potentado, debía antes morir que revelar los secretos de la Orden.

280. *El duque de Sajonia-Weimar y otros rosacruces.* El primer autor moderno que se profesó abiertamente rosacruz fue el duque Ernesto Augusto de Sajonia-Weimar, quien en 1742 publicó sus «Devociones teosóficas» en una edición limitada, cuyos ejemplares se reconocen fácilmente por su encuadernación en marroquín rojo y la corona ducal con su cifra en la portada. En dicha obra se refiere a la «última gran unión de hermanos», y, según la viñeta al final del libro, parece referirse a los rosacruces.

Se tiene noticia de una sociedad rosacruz fundada por masones, cuyas «Constituciones Generales» fueron establecidas en 1763; estaban basadas en la *Themis Aurea* de Michael Maier, quien había sido médico ordinario y alquimista del emperador Rodolfo (1576-1612). Muchos aventureros se aprovecharon de este renovado interés. Johann Georg Schroepfer, quien regentaba un café en Núremberg en 1777, estableció una logia en su casa y fingió poseer conocimientos secretos y exclusivos de tal forma que el duque Fernando de Brunswick y el duque de Curlandia -quienes en otra ocasión habían ordenado azotarlo- lo invitaron a Dresde, donde lo protegieron abiertamente mientras él los engañaba con apariciones de fantasmas y fenómenos mágicos, que en realidad producía con linternas mágicas y espejos cóncavos. Pero su comportamiento acabó por repugnar tanto a sus mecenas que le negaron nuevas ayudas económicas, ante lo cual se pegó un tiro en un bosque cerca de Leipzig.

Sin embargo, este vulgar embaucador dejó discípulos crédulos. Johann Rudolf von Bischoffwerder (1741-1803), mayor y posteriormente ministro de Guerra prusiano, quien casi fue testigo de la muerte de Schroepfer, y Johann Christoph von Wöllner (1732-1800), clérigo y luego ministro prusiano de Culto Público, continuaron lo que aquel había comenzado. Bajo el patrocinio del príncipe heredero Federico Guillermo de Prusia, sobrino de Federico el Grande y quien le sucedería en 1786 como el rey Federico Guillermo II, se estableció en Berlín una logia rosacruz. Las ideas ilustradas introducidas y predominantes durante el reinado del viejo Fritz fueron rápidamente reprimidas mediante persecuciones religiosas. En esa época, Bahrdt tuvo cierto éxito con su reconstituida orden de los Illuminati. Estos dos bribones encumbrados vieron en aquel plebeyo a un posible competidor por el favor del rey; así que, aliados con su amante, la condesa Lichtenau, se dedicaron a entretener a su necio protector real con invocaciones de fantasmas y orgías etílicas, y lo persuadieron para que promulgase el tristemente célebre Edicto Religioso de 1788, destinado a frenar los impíos avances de los Illuminati y que, además, restablecía la censura de prensa. El libro (en alemán) titulado «El rosacruz en su desnudez», publicado en 1782 por el maestro «Pianco», un exmiembro de la sociedad, fue un violento ataque y denuncia contra los rosacruces; pero la ilusión continuó prosperando.

VI. Hermanos asiáticos

281. *Origen de la Orden.* Esta Orden se originó probablemente hacia el año 1780, aunque sus jefes no eran conocidos en 1788; sin embargo, se sospechaba que el Barón Ecker y Eckhofen era uno de ellos. Residió al principio en Viena, pero después se estableció en Sleswick; se distinguió por sus escritos, pero los supersticiosos lo proclamaron un terrible *Cacomago.* La orden se extendió de Italia a Rusia. Su base era rosacruz, sus reuniones se llamaban logias Melchisedeck, y se podía recibir como miembros a judíos, turcos, persas y armenios. Los maestros se llamaban los Jefes Venerables de las Siete Iglesias de Asia. El título completo de la Orden era: «Orden de los Caballeros y Hermanos de San Juan Evangelista de Asia en Europa». La enseñanza de la Orden era en parte moral, es decir, instruía sobre cómo gobernar a los espíritus, rompiendo los siete sellos; y en parte física, mostrando cómo preparar medicinas milagrosas y fabricar oro. Inculcaba tonterías cabalísticas y fue muy detestada por rosa-

cruces y masones, dos oficios que no pueden ponerse de acuerdo. Los nombres de los grados estaban tomados del hebreo, y eran simbólicos de sus características. La Orden no profesaba el rosacrucismo, sin embargo en el Tercer Grado Principal los miembros eran llamados «Verdaderos Rosacruces». Los resultados de las investigaciones científicas de los maestros no se comunicaban a los aspirantes; estos debían descubrirlos como podían. El hecho parecía ser que los maestros no tenían nada que comunicar, pero esta admisión habría sido fatal para la Orden; sus secretos parecían existir únicamente en la credulidad de los extraños.

282. *División de esta Orden.* La Orden se dividía en cinco grados: dos probatorios y tres principales. El primer grado probatorio, llamado de los «Buscadores», nunca constaba de más de diez miembros. El periodo de prueba duraba catorce meses. Se les impartían lecciones cada quince días, y el atuendo que llevaban en sus reuniones consistía en un sombrero negro redondo con plumas negras, una capa negra, una banda negra con tres botones en forma de rosas, guantes blancos y una espada con borla negra. También llevaban una cinta negra de la que colgaba un doble triángulo, símbolo que también estaba bordado en el lado izquierdo de la capa.

El segundo grado probatorio, compuesto igualmente por diez miembros, se llamaba el de los «Sufrientes». Su duración era de siete meses. Mientras que los «Buscadores» eran solo teóricos, se suponía que los «Sufrientes» realizaban investigaciones prácticas en ciencias físicas. Vestían sombreros negros redondos con plumas negras y blancas, capas negras con forros y cuellos blancos sobre los que estaban bordados doble triángulos en hilo dorado, bandas negras con ribetes blancos y tres rosetones, guantes blancos y espadas con borlas negras y blancas.

El Primer Grado Principal denominaba a sus miembros «Caballeros y Hermanos Iniciados de Asia en Europa». Llevaban sombreros negros redondos con plumas blancas, negras, amarillas y rojas; capas negras con forros y cuellos blancos, adornadas con galones dorados. En el pecho izquierdo de la capa había una cruz roja con cuatro rosas verdes, y en el centro de estas un escudo verde con el monograma M y A. La misma cruz, de oro y esmaltada, se llevaba colgada de una cinta roja; además, el miembro portaba una banda rosada alrededor del cuerpo, ribeteada en verde y con tres rosas rojas, guantes blancos con una cruz roja y cuatro rosas verdes; las borlas de las espadas mostraban los cuatro colores de las plumas.

283. *Iniciación en este Grado.* Al ser recibido un «Sufriente» en este grado, era conducido a una sala decorada con cortinajes negros; el suelo y el mobiliario estaban cubiertos con paños negros. La estancia estaba iluminada por siete candelabros dorados: seis de ellos con cinco brazos cada uno, mientras que el séptimo, colocado en el centro, representaba una figura humana vestida de blanco y con un cinturón dorado.

La silla del Maestro se encontraba en el centro de la sala, sobre una tarima de tres escalones, bajo un dosel cuadrado de color negro. La pared del fondo estaba parcialmente abierta, sostenida por siete borlas; tras ella se hallaba el Sanctasanctórum, formado por una balaustrada de diez columnas, sobre cuyo basamento se veía una imagen del sol dentro de un triángulo, rodeado por el fuego divino.

Debajo del candelabro central se encontraba la alfombra de los tres grados masónicos, rodeada por nueve luces, con una décima situada algo más alejada, al pie del trono. A la derecha había una pequeña mesa sobre la cual reposaban una espada llameante, con el número 56 grabado, y una vara verde con los extremos rojos. A la izquierda se encontraba el Libro de la Ley.

El «Sufriente», situado en una sala contigua, era interrogado tres veces sobre si deseaba ser iniciado. Al responder afirmativamente, el Gran Maestro ordenaba su ingreso, no sin antes hacerle leer la inscripción en letras doradas sobre un escudo rojo colocado sobre la puerta: «Esta es la Puerta de lo Eterno; los justos entran por ella». El introductor hacía sonar una campana dos veces, el Gran Maestro una vez, y la puerta se abría.

El candidato se dirigía a la mesa e hacía tres veces el signo del Maestro. Entonces se le anunciaba que había sido aceptado, y debía firmar una obligación comprometiéndose a no revelar los secretos del Capítulo. Tras algunas ceremonias algo pueriles, era conducido a la Mesa de la Purificación, sobre la cual se erguían tres luces colocadas sobre sendas columnas: una representaba a un hombre con un triángulo, otra a una mujer con el triángulo invertido, y la central a un hombre con un doble triángulo. En el centro de la mesa se hallaba una copa de cristal llena de agua con sal disuelta, otra copa con sal, una cuchara, y un haz de madera de cedro atado con hisopo y sedas rosadas y verdes.

Al candidato se le quitaban el abrigo y el chaleco, se abría el cuello de su camisa y se le descubría el brazo derecho. Arrodillado, el Gran Maestro le rociaba el cuello tres veces con el agua, diciendo: «Que el Misericordioso te conceda el conocimiento de tus armas, de tu lanza y del número Cuatro» (el cual, para los rosacruces, es la raíz y el principio de todos los números). Luego, tocando su brazo derecho decía: «Que el Todopoderoso te conceda fuerza en la batalla», y tocando su pecho: «Que el Justo te conceda, como vencedor, el reposo en el centro».

El «Sufriente» volvía a vestirse, el Gran Maestro abría el Sanctasanctórum, y el candidato, tras prestar el juramento, era armado Caballero. Tocando su hombro derecho decía: «Que el Infinito te conceda fuerza, belleza y sabiduría para la lucha», y tocando el izquierdo: «Te recibimos, en nombre de los siete Venerables y Sapientísimos Patriarcas y Gobernantes de las siete Iglesias Desconocidas de Asia, como Caballero y Hermano iniciado». Tocándole la cabeza, añadía: «Que el Eterno te conceda la luz del número Cuatro, y seas liberado de la Muerte Eterna».

Luego seguían abrazos mutuos, algunos discursos adicionales del Gran Maestro, y los sirvientes traían sal, pan, vino, cordero y cerdo, estos dos últimos como símbolos del Antiguo y el Nuevo Pacto.

284. *Segundo Grado Principal, Maestros Sabios.* Este grado solo podía obtenerse a través del Sanedrín, que constituía la máxima autoridad, ya que en este grado comenzaba la revelación de los secretos. Cuáles eran dichos secretos nunca ha llegado a conocerse fuera del círculo de iniciados. Podemos suponer que eran extraordinarios, considerando el asombroso atuendo que los caballeros tenían derecho a portar en este grado: un sombrero rojo con franjas en los cuatro colores mencionados anteriormente; una capa roja, con una cruz verde y rosas, en cuyo centro se encontraba el monograma J, todo ello bordado en oro sobre fondo rojo. La misma cruz, en oro y esmaltada en los cuatro colores, se llevaba colgando de una cinta verde ribeteada en rojo y adornada con tres rosas verdes. Los guantes eran blancos, decorados por dentro y por fuera con cruces rojas y rosas verdes. La espada llevaba una borla verde y roja.

285. *Tercer Grado Principal, o Sacerdotes Reales, o Verdaderos Rosacruces, o el Grado de Melquisedec.* Este grado también solo podía obtenerse a través del Sanedrín. El número de sus miembros estaba limitado a setenta y dos. Salomón, en todo su esplendor, no podía compararse con los Verdaderos Rosacruces en su atuendo oficial. Este consistía en:

Un sombrero de colores dorado, rosado y verde, con el ala levantada al frente y el nombre de Jehová bordado en oro, coronado con plumas blancas, rojas, amarillas, negras y verdes. Una túnica interior larga, de color rosado, ceñida al cuerpo, con los puños de las mangas confeccionados con los mismos materiales que el sombrero, al igual que la faja que se llevaba a la cintura, en la que estaban bordadas tres rosas: una blanca, una roja, y una central con los colores de la faja. Las medias y los zapatos eran de seda rosada.

La capa estaba hecha con materiales semejantes a los del sombrero y forrada en verde; en el pecho izquierdo se distinguía un punto del que irradiaban numerosos rayos. Alrededor del cuello, el caballero llevaba una cadena de oro, compuesta alternadamente por eslabones comunes y escudos con los monogramas M y A y J y C, junto con la representación de un árbol. A la derecha del árbol se hallaba la figura de un hombre, y a la izquierda la de una mujer, ambos cubriendo con una mano sus partes pudendas y tocando el árbol con la otra. Al final de la cadena iban suspendidos el Urim y el Tumim.

Unos guantes blancos, decorados por dentro y por fuera con rosas verdes y rojas, completaban este fastuoso atuendo.

286. *Organización de la Orden.* El Sanedrín ejercía la autoridad suprema, la cual podía delegar en comités designados entre sus propios miembros. La autoridad inmediatamente inferior al Sanedrín era el Capítulo General, seguido por los Capítulos Provinciales. Todos estos cuerpos tenían sus propios funcionarios, con títulos rimbombantes que no es necesario detallar aquí –el lector encontrará suficientes ejemplos entre los masones–, pero al leer la lista de cargos uno no puede evitar exclamar:

> Y todos son Caballeros,
> Y todos son Grandes;
> ¿Quién no se alegraría
> De unirse a tal hermandad?

Sin embargo, unirse a esta hermandad no era precisamente barato; la Orden era una auténtica trampa de cuotas, no inferior a ciertos grados espurios de la masonería. Al iniciarse en la Orden de los Hermanos Asiáticos, el candidato pagaba una cuota de dos ducados; si le daba por fundar una Logia de Maestros, debía pagar siete ducados por el privilegio y dos ducados por la alfombra; por cada folio de las Reglas de la Logia, diez kreuzer (aproximadamente dos peniques y medio). La fundación de una Logia de Maestros Superiores costaba doce ducados; la de un Capítulo Provincial, veinticinco ducados; y la de un Capítulo General, cincuenta ducados.

Cada Hermano debía abonar al Maestro Superior una contribución mensual de ocho peniques, y en los días de San Juan Bautista y San Juan Evangelista debía hacer una aportación extraordinaria para gastos y correspondencia, proporcional a sus recursos. Estas cuotas y suscripciones debían generar anualmente una suma considerable. ¿Qué se hacía con ese dinero? En 1787, un miembro de nombre Rolling publicó los *secretos risibles* de la Orden.

287. *Aventureros Rosacruces.* En 1781 apareció en Viena una obra titulada *Una exhortación a los Rosacruces del Sistema Antiguo.* La Orden parece haber sido reactivada en esa época por un tal Fraxinus -evidentemente un nombre ficticio-, quien ostentaba el título de Gran Maestro Provincial de las cuatro logias masónicas unidas de Hamburgo. Los masones no sabían que Fraxinus era rosacruz, aunque él claramente sabía cómo sacar provecho de sus incautos.

Sabemos por un tal Cedrinus, miembro de una de las logias de Hamburgo, que para ser iniciado en los grados rosacruces se le fue extrayendo, en varias entregas, la suma total de casi 150 dólares. Cuando Cedrinus empezó a manifestar su descontento por estas extorsiones continuas, Fraxinus, para apaciguarlo, lo nombró guardián del Gran Sello de las logias de Hamburgo. Esto le dio a Cedrinus la oportunidad de descubrir cómo se fabricaban los grados y de qué forma se estaba corrompiendo la masonería con ellos. Rompió entonces con Fraxinus y comenzó a denunciar públicamente las maquinaciones de los rosacruces. Fraxinus lo expulsó como «hermano perjuro».

Otro rosacruz que alcanzó notoriedad por la misma época fue el hermano Gordianus, residente en Tubinga. Se le suponía rosacruz y alquimista, ya que vivía cómodamente sin poseer medios visibles de subsistencia. Un maestro de escuela, conocido solo por la inicial L., deseaba desde hacía tiempo convertirse en rosacruz. Por ello, fue a visitar a Gordianus, quien le explicó, entre otras cosas, que el objetivo de la Orden era realizar las intenciones de Valentin Andreae; que cada miembro debía cumplir ciertas condiciones: guardar silencio eterno sobre todo lo relativo a la Orden, introducir a un nuevo miembro en un plazo de seis semanas, como prueba de su capacidad para ganar la confianza de otros, y pagar una cuota de iniciación de cincuenta dólares.

El pobre maestro, tras algún tiempo, logró reunir el dinero y recibió el siguiente recibo, en una pequeña tarjeta azul:

Sub RATIFICATIONE Venerand. Superior
TETTAra Receptionis in minum Gradum
Ordinis Philosophorum incognitorum, Fratr.
A. LL et R.C. Systematis antiquioris.
A 4077.s.8 I. Gordianus

M.L.3-+-C. Fr. Inspector
-l-g. +-b Circuli II.

En el reverso de la tarjeta se leía:

© +
Praevia sancta promissione religiosae.
Ad impletionis Articuli fundamentalis.
I. et II. et rite ad impleto
Articulo III.

Luego, Gordianus propuso a L. que tradujera escritos herméticos y mágicos del latín al alemán, lo cual L. hizo. Gordianus publicó dichas traducciones en una revista que dirigía en ese momento, sin pagarle nada a L., aunque mantenía su ilusión viva con reiteradas promesas de que pronto lo presentaría ante los jefes de la Orden, quienes le comunicarían grandes y valiosos secretos.

Sin embargo, L. acabó perdiendo la paciencia. Él y algunos amigos suyos investigaron y descubrieron que Gordianus había presumido de su intención de formar una sociedad de engañadores y engañados. Uno de los amigos de L. confrontó a Gordianus con esta acusación. Este, en 1785, escribió a L. tratando de justificarse, pero acabó desapareciendo de Tubinga, momento en que L. hizo públicos los hechos anteriores como advertencia para otros.

288. *Los Hermanos Teóricos*. Según el libro *Los Hermanos Teóricos, o Segundo Grado de los Rosacruces*, publicado en 1785, el ritual rosacruz era el siguiente:

El candidato debía haber sido previamente iniciado en el Rito Escocés; luego era conducido a una gran sala iluminada con candelabros. En el extremo superior se hallaba un cuadrado cubierto con un paño negro, sobre el cual descansaban una Biblia abierta, las Leyes de la Orden y un mandil negro bordado.

Sobre la alfombra había un globo terráqueo rodeado por dos círculos; del círculo exterior salían rayos que penetraban en un círculo de nubes, dentro del cual se veían los siete planetas. Sobre Marte se colocaba una piedra cúbica, y sobre el globo, la Estrella Flamígera. Una piedra en bruto se situaba frente a Saturno.

Los planetas simbolizaban la promoción del crecimiento de los siete metales; la Estrella Flamígera representaba a la Naturaleza; los dos círculos simbolizaban el *agens* y el *patiens*, es decir, los principios masculino y femenino. La piedra en bruto era la *materia prima philosophorum*; la piedra cúbica, el *patiens philosophorum*. El globo representaba la logia.

El juramento se limitaba a prometer fidelidad a la Orden, secreto, y devoción al estudio de la naturaleza. El mandil era blanco forrado de negro y bordado. La joya era de latón dorado y consistía en dos triángulos con rayos que emanaban de ellos, el nombre de Jehová en letras hebreas, y en el reverso los signos de Isis y Tanit. Colgaba de una cinta negra.

Signo: levantar la mano derecha, con el pulgar y los dos primeros dedos extendidos; se respondía colocando el pulgar y los dos dedos sobre el corazón.

Toque: se daba rodeando al hermano por la cintura con la mano derecha.

Palabra: *Caos*.

En Hamburgo, la cuota de iniciación era de cuarenta marcos de oro (unos 23 libras esterlinas); la contribución mensual ascendía a unos dieciocho chelines. Existían nueve grados en total, aunque no es necesario repasarlos todos; bastará con mencionar algunos:

El tercer grado se llamaba *Bracheus*, en el cual la palabra era *Majim*, y la respuesta, *Brocha*.

El grado siguiente era el de *Philosophus*; la palabra: *Ruachhiber*; la cuota de iniciación: unos veinte dólares.

El noveno grado tenía una cuota de noventa y nueve marcos de oro; en él, el iniciado se convertía en un verdadero Magus, conocedor de todos los secretos de la naturaleza, con poder sobre ángeles, demonios y hombres. La piedra filosofal era la menor de sus posesiones.

289. *Difusión del rosacrucismo*. Los rosacruces afirmaban tener logias en diversos países. Según sus propias declaraciones, Viena era la sede del Gran Maestro del octavo grado; Königsberg, Stettin, Berlín y Danzig eran lugares de reunión de los Hermanos del quinto grado; en Breslau y Leipzig se congregaban los del cuarto grado; en Hamburgo, los Hermanos del sexto grado tenían una logia, cuya creación costó nueve mil marcos.

La Orden, además, tenía logias en Núremberg, Augsburgo, Innsbruck, Praga, París, Venecia, Nápoles, Malta, Lisboa, Bergen-op-Zoom, Cracovia, Varsovia, Basilea y Zúrich en Europa, y en Esmirna e Isfahán en Asia. La secta también era conocida en Suecia y Escocia, donde afirmaba poseer tradiciones propias, alegando descender del sacerdocio alejandrino de Ormuzd, que habría abrazado el cristianismo tras la predicación de San Marcos, fundando la sociedad de Ormuzd o de los Sabios de la Luz.

Esta tradición se basa en el maniqueísmo conservado entre los sacerdotes coptos y explicaría el sello impreso en antiguos pergaminos de la Orden, en el que se representa un león posando su garra sobre un papel donde está escrita la célebre frase: «Pax tibi, Marce Evangelista meus» («Paz a ti, Marcos, mi evangelista»), lo que sugiere una posible conexión de Venecia con la propagación de dicha tradición. De hecho, Nicolai nos informa de que en Venecia y Mantua había rosacruces vinculados con los de Erfurt, Leipzig y Ámsterdam. También se sabe que en Venecia se celebraban congresos de alquimistas, y la relación entre estos y los rosacruces ya ha sido señalada. No obstante, los rosacruces escoceses y suecos se autodenominaban los más antiguos, y aseguraban que Eduardo, hijo de Enrique III, fue iniciado en la Orden en el año 1191 por el alquimista Raimundo Lulio.

La Fraternidad de la Rosa-Cruz sigue existiendo en Inglaterra.

Nota: Los rosacruces solían adoptar seudónimos sidéreos o alquímicos. En el siglo XVII, durante el reinado del emperador Fernando III, un tal Johann Konrad Richthausen llegó a Viena. Era rosacruz y, como tal, adoptó el nombre de Caos, siendo finalmente ennoblecido como Herr von Chaos. En 1663, fundó una institución para los hijos de padres pobres o fallecidos. Tres años más tarde, cuando la peste azotó Viena y afectó a algunos jóvenes de dicha institución, los albaceas testamentarios -pues Richthausen ya había fallecido- construyeron rápidamente otro edificio en el distrito de Mariahilf, casi en el centro de la ciudad, para separar a los contagiados del resto. Con el tiempo, el edificio fue ampliado, y en 1773 podía albergar a 145 alumnos. Se conocía como la Fundación Caos. En 1752, la emperatriz María Teresa compró el edificio para convertirlo en una academia militar, función que aún cumple, aunque sigue siendo conocido como el *Stift*, y la calle frente a él conserva el nombre de Stiftgasse.

290. *Transición a francmasones*. La transición desde los templarios y los rosacruces hacia los francmasones es natural. En estos últimos, la alquimia recibe una interpretación enteramente simbólica; la piedra filosofal se convierte en una figura de la perfectibilidad humana.

En el grado masónico llamado «Llave de la masonería» o «Caballero del Sol», así como en la obra *La Estrella Flamígera*, de Tschudi, encontramos los fines paralelos de ambas sociedades. De *La Estrella Flamígera* extraigo el siguiente fragmento del ritual:

> -Cuando los filósofos herméticos hablan de oro y plata, ¿se refieren al oro y la plata comunes?
>
> -No, porque el oro y la plata comunes están muertos, mientras

que el oro y la plata de los filósofos están llenos de vida.

–¿Cuál es el objetivo de las investigaciones masónicas?

–El arte de saber cómo perfeccionar lo que la Naturaleza ha dejado imperfecto en el hombre.

–¿Cuál es el objetivo de la investigación filosófica?

–El arte de saber cómo perfeccionar lo que la Naturaleza ha dejado imperfecto en los minerales, y aumentar el poder de la piedra filosofal.

–¿Es la misma piedra cuyo símbolo distingue nuestros primeros grados?

–Sí, es la misma piedra que los masones buscan pulir.

Asimismo, el Fénix es común a la iniciación hermética y masónica, y simboliza el renacimiento del neófito. Ya hemos visto el significado de esta figura y su relación con el sol.

Podríamos multiplicar las comparaciones para reforzar el paralelismo entre las artes ocultas y las sociedades secretas, y remontar el arte hermético a los misterios de Mitra, donde se decía que el hombre ascendía al cielo a través de siete peldaños o puertas: de plomo, bronce, cobre, hierro, bronce (de nuevo), plata y oro.

291. *Progreso y extinción de los rosacruces.* Después de haber despertado una gran atención en toda Alemania, los rosacruces intentaron difundir sus doctrinas en Francia, aunque con escaso éxito. Para atraer la atención, en 1623 colocaron en secreto ciertos avisos en las calles de París con el siguiente mensaje: «Nosotros, los diputados del Colegio de la Rosa Cruz, habitamos visible e invisiblemente en la ciudad. Enseñamos sin libros ni signos todas las lenguas que pueden sacar al hombre del error mortal», etcétera.

Una obra de Gabriel Naud les asestó el golpe final. Peter Mormio, al no haber logrado revivir la sociedad en Holanda –donde existía en 1622–, publicó en 1630, en Leiden, una obra titulada *Arcana Naturae Secretissima,* en la que reducía los secretos de los hermanos a tres: el movimiento perpetuo, la transmutación de los metales y la medicina universal.

292. *Los rosacruces en las Islas Mauricio.* Estoy en deuda con la obra de Mr. Waite, *Real History of the Rosicrucians* (publicada por George Redway, 1888), por los siguientes detalles:

> Parece que en 1794 existía una sociedad rosacruz en la isla de Mauricio. Mi fuente, dice el Sr. Waite, proporciona íntegramente una copia del acta de admisión del Dr. Bacstrom en dicha sociedad por parte del Conde de Chazal. En ese documento, el Dr. Bacstrom promete, entre otras cosas, «no revelar jamás el conocimiento secre-

to que reciba», «iniciar a aquellas personas que considere dignas», incluyendo mujeres, ya que «Leona Constantia, abadesa de Clermont, fue efectivamente admitida como miembro práctico y maestra en la sociedad en 1736, con el título de Soror Crucis»; asimismo, que «comenzará la gran obra tan pronto como las circunstancias lo permitan», que «no dará nada a la Iglesia», y que «nunca entregará el medicamento metálico fermentado para la transmutación a persona alguna, salvo que sea miembro de la Rosa Cruz».

A este documento se añade el sello filosófico de la sociedad, que representa a un hombre de pie dentro de un triángulo, inscrito a su vez en un cuadrado y rodeado por un círculo. En la cabeza y los pies del hombre se hallan diversos signos cabalísticos. El conjunto recuerda algunos de los diagramas que pueden encontrarse en las *Obras mágicas de Cornelio Agrippa*, en el capítulo dedicado a las proporciones, medidas y armonía del cuerpo humano.

293. *Rosacruces ingleses modernos*. Mr. Waite afirma además que existía en Inglaterra una pseudo-sociedad antes del año 1836, ya que Godfrey Higgins declara que «no se había unido ni a los templarios ni a los rosacruces». La actual Sociedad Rosacruz fue reorganizada hace aproximadamente treinta años. Una iniciación previa en la masonería es un requisito indispensable para los candidatos. «Los oficiales de la sociedad estarán compuestos por tres Magos, un Maestro General, un Tesorero General, un Secretario General y siete Ancianos. También hay un Organista, un Portador de Antorcha, un Heraldo, un Guardián del Templo y un Medallista. Los miembros deben reunirse cuatro veces al año y cenar juntos una vez al año. Todo novicio, al ser admitido, adoptará un lema en latín, que deberá adjuntar a su firma en toda comunicación con la Orden».

La joya del Supremo Mago es una cruz de ébano con rosas doradas en sus extremos y la rosa-cruz en el centro. Está coronada por una corona de oro -reservada exclusivamente al Supremo Mago- y se lleva colgada al cuello mediante una cinta de terciopelo carmesí. La joya de los oficiales generales es una placa de oro en forma de rombo, esmaltada en blanco, con la rosa-cruz en el centro, coronada por una mitra dorada, en cuyo borde aparece esmaltada, en caracteres de color rosa, la palabra *LUX*, y en su centro una pequeña cruz del mismo color. Esta joya se lleva colgando del ojal, suspendida por una cinta verde de una pulgada de ancho, con una cruz también bordada en seda rosada. La joya de los miembros comunes es la misma placa romboidal de la rosa-cruz, pero sin la mitra, y se lleva suspendida por una cinta verde del mismo ancho, sin la cruz bordada.

Mr. Waite obtuvo esta información de un registro secreto de la asociación titulado *The Rosicrucian,* una pequeña publicación trimestral de doce páginas, que comenzó a editarse en 1868 y cesó en 1879. En 1871, la sociedad informó a sus miembros que sus fines eran puramente literarios y anticuarios; contaba con 134 fratres, gobernados por tres Supremos Magos. Setenta y dos miembros formaban parte de los colegios de Londres; los restantes pertenecían a los colegios de Bristol y Manchester. En 1877 se consagró un colegio en Yorkshire; otro en Edimburgo había sido fundado algún tiempo antes. El principal impulsor de la asociación fue Robert Wentworth Little; el fallecido Lord Lytton actuó como Gran Patrono. Sin embargo, en cuanto al conocimiento rosacruz auténtico, los propios Hermanos reconocían carecer completamente de él.

LIBRO IX
SOCIEDADES ANTISOCIALES

I. Los Thugs

294. *Introducción.* Ya se han presentado en el Libro IV relatos sobre diversas sociedades antisociales, como los Asesinos, los Derviches y otras. Fueron incluidas allí porque debían su origen a los sistemas religiosos descritos en ese mismo Libro, y por tanto consideré oportuno no romper el vínculo existente entre las sectas religiosas y sociales describiéndolas en libros distintos. Y con esto creo necesario aclarar una aparente irregularidad antes de comenzar la historia de los Thugs.

295. *Nombre y origen.* Poco después de la conquista de Seringapatam en 1799, se arrestó en esa provincia a cerca de un centenar de ladrones conocidos como *Phansigars*; sin embargo, en ese momento no se sabía que pertenecían a una clase distinta de asesinos y saqueadores hereditarios establecidos en varias regiones de la India. En 1807, entre Chittoor y Arcot, se capturaron varios *Phansigars*, y fue entonces cuando se obtuvo información que acabaría conduciendo a un conocimiento completo de la asociación infame bajo el nombre de *Thugs*, aunque el nombre por el cual se conocían entre ellos -y también ante otros- era *Phansigars*, es decir, «hombres del lazo». Se dice que el nombre *Thug* deriva de *thaga*, «engañar», ya que los Thugs atrapaban a sus víctimas induciéndolas a una falsa sensación de seguridad. Eran particularmente numerosos en Mysore, el Carnatic, los distritos de Balaghat y en los *Poliums* de Chittoor.

Respecto a su origen, el general Sleeman consideraba que descendían de restos del ejército de Jerjes, que invadió Grecia; aunque lo más probable es que su origen fuera más reciente. La fecha que ellos mismos asignaban a su establecimiento en la India coincidía con la destrucción de los Asesinos de Alamut. No es improbable, en efecto, que algunos fugitivos que escaparon de las espadas de los mogoles se refugiaran en la India; y ya se conocía la existencia de ismaelitas en la India, bajo el nombre de *Borahs*, antes de que se detectara la existencia de los Thugs como secta organizada.

Ahora bien, los Thugs, en el *Ramasee* (la jerga secreta de los Thugs), siempre se autodenominan *Borahs*, probablemente con el fin de encubrir su verdadera ocupación; pues existe una secta numerosa en el Hindustán con el nombre de *Bohras*, cuyos miembros son en su mayoría comerciantes pacíficos. Algunas sectas de Thugs se llaman a sí mismas *Aulae*.

296. *Prácticas y culto de los Thugs.* Un método común para atraer a jóvenes que portan objetos de valor consiste en colocar a una mujer joven y hermosa junto al camino, aparentemente en profundo pesar, quien mediante algún relato fingido de desgracia logra que el incauto la siga hasta la selva, donde la banda se encuentra al acecho; al aparecer la víctima, la estrangulan.

La banda está compuesta por entre diez y cincuenta miembros, y pueden seguir o acompañar a la víctima marcada durante días, sin intentar matarla hasta que se presenta una oportunidad que garantice el éxito. Después de cada asesinato realizan una ceremonia religiosa llamada *tupounee*, y la división del botín se rige por leyes establecidas desde antiguo: el hombre que arrojó el pañuelo (*roomal*) recibe la parte mayor; el que sujetó las manos, llamado *shumseea*, recibe la siguiente porción más grande, y así sucesivamente. En algunas bandas, los bienes se mantienen en común.

Sus crímenes se cometen en honor a Kali, quien odia a la humanidad y para quien la muerte del hombre es un sacrificio grato.

Kali (derivado de *Kala* = Tiempo), o Bhowany -pues es igualmente conocida por ambos nombres- fue, según la leyenda india, nacida del ojo llameante que Shiva, una de las personas de la trinidad brahmánica, posee en la frente; de allí surgió, como Minerva del cráneo de Júpiter, ya formada y en plenitud. Representa el espíritu del mal, se deleita en la sangre humana, preside sobre la peste y las enfermedades, dirige las tormentas y huracanes, y siempre busca la destrucción.

Se la representa bajo la más espantosa de las figuras que la mente india haya concebido: su rostro es azul con vetas amarillas, su mirada es feroz, su cabellera desgreñada y erizada se despliega como la cola de un pavo real, trenzada con serpientes verdes. Alrededor del cuello lleva un collar que le llega casi hasta las rodillas, compuesto de calaveras doradas. Sus labios púrpura parecen chorrear sangre; sus dientes, como colmillos, sobresalen sobre el labio inferior. Tiene ocho o diez brazos, cada mano empuñando algún arma letal, y a veces una cabeza humana sangrante. Con un pie se posa sobre un cadáver humano.

Tiene sus propios templos, donde el pueblo le sacrifica gallos y bueyes; pero sus verdaderos sacerdotes son los Thugs, los «Hijos de la Muerte», quienes sacian la sed infinita de esta vampira divina. Una ilustración, con ligeras variaciones respecto a los detalles anteriores, puede verse en el primer volumen de las *Asiatic Researches.*

297. *Tradiciones.* Como todas las sociedades similares, los Thugs tienen sus propias tradiciones. Según estas, Kali, al principio, decidió destruir a toda la raza humana, con la excepción, sin embargo, de sus fieles adoradores y seguidores. Estos, instruidos por ella, mataban a todos los hombres que caían en su poder. Al comienzo, las víctimas eran asesinadas con espada, y tan grande fue la matanza que sus devotos provocaron, que toda la humanidad habría sido exterminada de no haber intervenido Visnú, el Conservador, quien hizo que la sangre derramada diera lugar a nuevos seres vivos, contrarrestando así la acción destructiva de Kali.

Entonces, esta diosa, para anular la buena intención de Visnú, prohibió a sus seguidores matar más con la espada y les ordenó recurrir a la estrangulación. Con sus propias manos modeló una figura humana de barro y le infundió vida con su aliento. Luego enseñó a sus fieles cómo matar sin derramar sangre. También les prometió que ella misma enterraría los cuerpos de las víctimas y borraría toda huella de ellos. Además, dotó a sus discípulos elegidos con un valor y astucia superiores, de modo que siempre lograran la victoria sobre quienes atacaran. Y cumplió su promesa.

Pero con el tiempo, incluso entre los Thugs se introdujeron costumbres corruptas, y uno de ellos, movido por la curiosidad de saber qué hacía Kali con los cadáveres, la espió mientras ella se disponía a retirar el cuerpo de un viajero que él mismo había asesinado. Sin embargo, las diosas no pueden ser observadas en secreto. Bhowany vio al indiscreto y, saliendo de su escondite, le habló así:

> Has contemplado el terrible rostro de una diosa, lo cual ningún mortal puede hacer y seguir con vida. Pero perdonaré tus días; aunque como castigo a tu crimen dejaré de protegerte como hasta ahora, y el castigo se extenderá a todos tus hermanos. Los cadáveres de aquellos que matéis ya no serán enterrados ni ocultados por mí; vosotros mismos tendréis que encargaros de esas tareas, y no siempre tendréis éxito, aunque os dejo la *kussee*, o azada sagrada, para cavar las tumbas. A veces caeréis bajo las leyes profanas del mundo, lo cual será vuestro castigo eterno. Solo os quedará la inteligencia y habilidad superiores que os he concedido, y de ahora en adelante os guiaré solo mediante augurios, que deberéis consultar con diligencia.

De ahí su creencia supersticiosa en los presagios. Practican la adivinación observando aves y chacales, o lanzando un hacha y tomando dirección según la forma en que cae. Cualquier animal que cruce el camino de izquierda a derecha al comienzo de una expedición se considera un mal presagio, y en tal caso se abandona la empresa por ese día.

El primer asesinato en una expedición se llama *sonoka*. El líder da la *jhirnee*, o señal para estrangular. El lugar de enterramiento se llama *beyl*. La víctima destinada a ser estrangulada recibe el nombre de *bisul* si el acto presenta dificultades, o *coosul* si resulta fácil. Un par de víctimas se denomina *bhitree*.

Los *Bungoos* son Thugs de río, que navegan por el Ganges pretendiendo dirigirse o volver de lugares sagrados. Atraen a personas para que suban a sus barcas y luego las estrangulan, arrojándolas después al río por aberturas hechas expresamente en los costados de las embarcaciones, tras romperles la columna vertebral para evitar que pudieran sobrevivir. Esta clase de Thugs llegó a contar, en un tiempo, con entre doscientos y trescientos miembros.

298. *La iniciación*. Para ser admitido en esta horrible secta se requería un largo y severo noviciado, durante el cual el aspirante debía ofrecer las pruebas más convincentes de su idoneidad para ingresar. Una vez tomada la decisión de admitirlo, era conducido por su padrino al bautismo místico, se le vestía con ropas blancas y se le coronaba la frente con flores. Realizado este rito preparatorio, el padrino lo presentaba al *gurhu*, o jefe espiritual de la secta, quien a su vez lo introducía en una sala reservada para tales ceremonias, donde lo esperaban los *Hyemader*, o jefes de las diversas bandas.

Se les preguntaba si estaban dispuestos a recibir al candidato en la Orden, y una vez respondido afirmativamente, él y el *gurhu* eran conducidos al aire libre, donde los jefes formaban un círculo alrededor de ambos y se arrodillaban a orar. Entonces el *gurhu* se levantaba y, alzando las manos al cielo, decía: «¡Bhowany, Madre del mundo!» (título que parece bastante inapropiado, dado que se trata de una destructora), «cuyo culto profesamos, recibe a este tu nuevo siervo; concédele tu protección y a nosotros un augurio que nos asegure tu consentimiento».

Permanecían en esa posición hasta que un ave, un cuadrúpedo, o incluso una nube pasante les daba esa señal, tras lo cual regresaban a la sala, donde el neófito era invitado a participar en un banquete preparado para la ocasión. Con ello, la ceremonia concluía.

El nuevo miembro adoptaba entonces el nombre de *Sahib Zada*. Comenzaba su infame carrera como *slughah*, o sepulturero, o como *belhal*, explorador de los lugares más adecuados para ejecutar un asesinato proyectado, llamado *bhil*. Permanecía en esta condición durante varios años, hasta dar pruebas suficientes de su habilidad y buena voluntad. Entonces era promovido al grado de *bhuttotah,* o estrangulador, ascenso que, sin embargo, era precedido por nuevos ritos y ceremonias.

El día fijado para la ceremonia, el candidato era conducido por su *gurhu* a un círculo trazado en la arena y rodeado por jeroglíficos misteriosos, donde se ofrecían oraciones a la deidad. La ceremonia duraba cuatro días, durante los cuales el candidato no podía alimentarse sino de leche. Durante ese tiempo practicaba la inmolación de víctimas atadas a una cruz clavada en el suelo. En el quinto día, el sacerdote le entregaba el lazo fatal, lavado en agua sagrada y ungido con aceite, y tras más ritos religiosos era proclamado *bhuttotah* completo.

Se comprometía por terribles juramentos a guardar el más absoluto silencio sobre todo lo relativo a la sociedad y a trabajar sin cesar por la destrucción de la raza humana. Se convertía en el *rex sacrificulus,* y la persona con la que se encontrase y que Bhowany pusiera en su camino, era la víctima. Algunas personas, sin embargo, estaban exentas de los ataques de los Thugs. El hierofante, al iniciar al candidato, le decía: «Tú has elegido, hijo mío, la profesión más antigua, la más grata a la divinidad. Has jurado dar muerte a todo ser humano que el destino ponga en tus manos; pero hay algunos que están exentos de nuestras leyes, y cuya muerte no sería agradable a nuestra deidad».

Estos pertenecían a ciertas tribus y castas que el hierofante enumeraba. Las personas bizcas, cojas o con deformidades también estaban exentas; así como las lavanderas, por una razón no del todo clara. Y dado que se suponía que Kali cooperaba con los asesinos, las mujeres también estaban a salvo, pero solo cuando viajaban solas, sin protector masculino. Los Thugs ortodoxos fechaban la decadencia del Thuggismo a partir del primer asesinato de una mujer por parte de algunos miembros de la sociedad, después del cual la práctica se volvió común.

Los Thugs tenían sus propios santos y mártires, siendo *Thora* y *Kudull* los más famosos, invocados por los seguidores de Bhowany. Siendo adoradores de una deidad sedienta de sangre, quienes eran condenados a muerte por el gobierno inglés ofrecían sus propias vidas con la misma disposición con que habían quitado la de otros. Enfrentaban la muerte con indiferencia, incluso con entusiasmo, convencidos de que entrarían de inmediato en el paraíso. La única gracia que pedían era ser estrangulados o ahorcados; sentían un profundo horror por la espada y el derramamiento de sangre. Así como mataban con la cuerda, así deseaban morir con ella.

299. *Represión.* Cuando se descubrió por primera vez la existencia de la sociedad, muchos se negaban a creer en ella; sin embargo, con el tiempo las pruebas se volvieron tan convincentes que ya no pudo ignorarse, y el gobierno británico tomó medidas decididas para suprimir a los Thugs. Se estableció una escuela industrial para Thugs en conexión con la prisión de Lahore, pero fue cerrada hacia 1882, otorgándose a los prisioneros la libertad condicional mediante un sistema de *ticket-of-leave*. Los crímenes que algunos de ellos habían cometido superaban, en efecto, los límites de lo creíble. Un Thug, ahorcado en Lucknow en 1825, fue legalmente condenado por haber estrangulado a seiscientas personas. Otro, ya octogenario, confesó haber cometido novecientas noventa y nueve muertes, y declaró que solo el respeto por la profesión le había impedido alcanzar el millar exacto, pues entre ellos se consideraba vulgar redondear la cifra.

Pero a pesar de las medidas enérgicas tomadas por Gran Bretaña -existe un departamento gubernamental específico en la India para la supresión del Thuggismo–, la secta no pudo ser completamente erradicada; se trata de una orden religiosa y, como tal, posee una vitalidad mayor que la de las asociaciones políticas o meramente criminales. Aún existía hace pocos años, y no cabe duda de que conserva adeptos incluso en la actualidad, aunque los Thugs modernos recurren al uso de drogas y venenos en lugar de la estrangulación. Siempre contó con protectores entre algunos príncipes nativos, quienes compartían con ellos el botín, y es posible que eso siga ocurriendo. La sociedad tiene un templo en Mirzapore, a orillas del Ganges.

Un Thug que, durante la rebelión india, se convirtió en informante, confesó haber estrangulado a tres mujeres y a quizás un centenar de hombres. Aun así, este individuo era de aspecto y modales muy agradables; pero al relatar sus crímenes hablaba con el entusiasmo de un viejo guerrero recordando hazañas heroicas, y todos los instintos del tigre parecían resurgir en él. No obstante, logró que el gobierno detuviera a unos doscientos de sus antiguos compañeros.

Cuando el Príncipe de Gales visitó la sección de la prisión de Lahore destinada a los Thugs, un viejo criminal canoso, llamado Soba Singh, admitió con una especie de orgullo haber estrangulado a treinta y seis personas. Dos de los prisioneros mostraron a Su Alteza Real cómo se ejecutaba la técnica del Thuggismo.

300. *Caso reciente de Thuggismo.* Sharfu, alias Sharif-ad-din, fue ahorcado en el Punjab el 6 de enero de 1882. Se había convertido en Thug hacia el año 1867, y desde entonces hasta 1879 vivió envenenando a viajeros. Se declaró culpable de noventa y seis cargos. La policía del Punjab publicó su biografía, con anotaciones, para ayudar a los oficiales en la captura de los miembros de la banda que por entonces aún se encontraban prófugos.

II. Los Chauffeurs, o Quemadores

301. *Origen y organización de la sociedad.* Los Chauffeurs, o *Quemadores,* formaban una sociedad secreta que existió en Francia y que solo fue extinguida a finales del siglo pasado. Sus miembros subsistían mediante el saqueo y el asesinato. Según las escasas referencias de las que disponemos, esta sociedad surgió en tiempos de las guerras religiosas que devastaron Francia durante los reinados de Enrique III, Enrique IV y Catalina de Médici. Y dado que quienes investigaron su historia eran escritores católicos, atribuyeron caritativamente el origen de los primeros Chauffeurs a los hugonotes derrotados, quienes habrían abrazado esta vida de bandidaje como venganza contra sus vencedores.

Sin embargo, el hecho de que los ritos religiosos de la sociedad incluyeran la celebración de una especie de misa contradice fuertemente dicha suposición. Es más probable que, como tantas otras fraternidades nacidas en épocas de anarquía, estuviese formada por hombres descontentos con su suerte, delincuentes comunes y víctimas de la miseria o de alguna injusticia.

Los Chauffeurs constituían un cuerpo organizado y compacto, gobernado por un solo jefe. Tenían su propia religión y un código de leyes civiles y penales que, aunque se transmitía solo oralmente, era rigurosamente observado y respetado. La sociedad admitía a todo aquel que solicitara su ingreso, aunque prefería inscribir a quienes ya se hubieran distinguido por actos criminales.

Los miembros estaban divididos en tres grados; los espías, aunque afiliados, no formaban propiamente parte de la sociedad. Los iniciados se subdividían a su vez en *decuriae,* cada una con su *guapo* o jefe. Aunque, como se ha dicho, cualquiera podía ser iniciado, la sociedad, como los jesuitas, prefería educar y formar a sus propios miembros. Familias enteras pertenecían a la fraternidad, y los niños eran instruidos desde muy temprano para actuar como espías, cometer pequeños robos y otros delitos menores, que eran recompensados con mayor o menor generosidad según la osadía o habilidad con que fueran ejecutados. El fracaso se castigaba proporcionalmente, y con severos castigos corporales que se imponían no solo como pena, sino también como entrenamiento para soportar el dolor físico con entereza. Casi parecería que estos bandidos hubieran estudiado el código de Licurgo.

A los catorce o quince años, el muchacho era iniciado en el primer grado de la sociedad. En una especie de consagración religiosa, prestaba un juramento, invocando sobre sí mismo el rayo y la cólera del cielo si alguna vez faltaba a su deber con la Orden. Recibía entonces la espada que debía emplear en defensa propia y en la defensa de sus hermanos.

El maestro poseía una autoridad casi ilimitada: custodiaba el fondo común y distribuía el botín según su criterio. También decidía las recompensas, los ascensos y los castigos. El robo a los profanos –así llamaban a los que no pertenecían a la sociedad– era la ley fundamental y la base de su subsistencia, pero el robo entre hermanos era castigado severamente. La primera vez se imponía una multa tres veces superior al valor de lo robado; si reincidía, la multa era aún mayor, y en ciertos casos el ladrón era ejecutado.

Cada miembro estaba obligado a socorrer a cualquier hermano en peligro. El honor de las esposas de los miembros debía ser estrictamente respetado, y tanto el concubinato como la prostitución estaban prohibidos y severamente castigados.

Su modo de administrar justicia era, por así decirlo, racional: es decir, sumario. La persona acusada era llevada ante la asamblea general de los miembros, se le informaba del cargo en su contra, se le enfrentaba con los testigos y, si se le encontraba inocente, era absuelta; si se le hallaba culpable, debía pagar de inmediato la multa correspondiente, recibir la cantidad de golpes dictada, o ser colgado del árbol más cercano, según lo establecido por la sentencia.

302. *Ceremonias religiosas y civiles*. Los sermones de sus predicadores se centraban principalmente en instruir a los miembros sobre cómo ejercer su oficio de la manera más lucrativa posible y cómo evadir la persecución de los profanos. En los días de fiesta, los sacerdotes celebraban misa e invocaban especialmente la bendición celestial sobre los fines y objetivos de la sociedad.

Parece que los obreros ingleses (navvies) tomaron prestado el rasgo principal de su ceremonia matrimonial de la sociedad de los Chauffeurs, la cual era como sigue: el día de la boda, el novio y la novia, acompañados del padrino y la madrina principal, se presentaban ante el sacerdote, quien, tras leer algunas obscenidades sin sentido de un libro sucio y viejo, tomaba un palo, lo rociaba con agua bendita y, después de colocarlo en manos de los dos testigos principales -quienes lo sostenían en alto entre ambos-, invitaba al novio a saltarlo, mientras la novia lo esperaba al otro lado. Ella lo recibía en sus brazos y lo sostenía unos momentos antes de dejarlo de nuevo en el suelo.

Luego la novia pasaba al frente del palo y hacía su propio salto hacia los brazos del esposo, quien se enorgullecía de sostenerla en el aire el mayor tiempo posible antes de dejarla caer. Se extraían augurios sobre la felicidad futura y la fecundidad del matrimonio según el tiempo que la novia hubiese sido capaz de sostener a su cónyuge en el primer salto. Ambos se sentaban entonces sobre el palo, y el sacerdote colocaba el anillo de bodas en el dedo de la novia.

La costumbre de los obreros ingleses de «saltar la escoba» no es, por tanto, una invención moderna.

Los divorcios se concedían no solo por infidelidad probada o sospechada, sino también por incompatibilidad de carácter -lo que demuestra que los Chauffeurs, en este aspecto al menos, eran personas bastante sensatas-, siempre que el sacerdote hubiese agotado todos los medios posibles de reconciliación. El divorcio se pronunciaba en público, y su elemento central era la rotura del palo sobre el que la pareja había sido casada, golpeándolo sobre la cabeza de la esposa. A partir de ese momento, ambos eran libres de casarse de nuevo.

303. *El Gran Maestro.* La secta estaba extendida por gran parte del noroeste de Francia; hacía uso de un *patois* peculiar que solo era comprendido por los iniciados, y contaba con sus propias señales, apretones de manos y palabras clave, como ocurre en todas las sociedades secretas. Estaba compuesta por varios miles de miembros.

Su existencia e historia llegaron a conocimiento público por primera vez a raíz de los procedimientos judiciales emprendidos contra ella por los tribunales de Chartres durante la última década del siglo anterior. Muchos robos, incendios y asesinatos misteriosos fueron entonces atribuidos a los Chauffeurs. Su Gran Maestro en aquella época era Francisco el Hermoso, llamado así por su singular belleza física. Antes de su iniciación había sido encarcelado por robo con violencia, pero logró escapar. La Orden lo buscó, lo incorporó a sus filas, y a la muerte del jefe anterior, Juan el Tejador, lo eligió por unanimidad como su sucesor.

Capturado durante el periodo mencionado, Francisco el Hermoso volvió a escapar de sus carceleros en Chartres -probablemente con su consentimiento- y no se volvió a saber de él. Circuló entonces el rumor de que se había unido a los chouans, y que finalmente pereció víctima de sus propias desenfrenadas costumbres.

Varios centenares de Chauffeurs fueron ejecutados en Chartres; pero la mayoría logró huir y engrosar las filas de los mencionados *chouans*.

Fue sobre todo durante el Reinado del Terror cuando los Chauffeurs cometieron sus mayores atrocidades. Por las noches, grandes bandas de ellos irrumpían en casas aisladas y en castillos de la nobleza, robando tanto a ricos como a pobres. Durante el día, niños y ancianas, bajo diversos disfraces y pretextos, se infiltraban en zonas donde se presumía la existencia de bienes valiosos, y con sus informes la sociedad organizaba sus acciones.

A veces, disfrazados de guardias nacionales, exigían y obtenían entrada en nombre de la ley. Si encontraban resistencia, empleaban la violencia; si no, se limitaban al robo. Pero si sospechaban que los habitantes ocultaban objetos de valor, ataban a las víctimas con las manos a la espalda, las arrojaban al suelo y les aplicaban fuego en los pies, al mismo tiempo que los cortaban con dagas o cuchillos -de ahí el nombre Chauffeurs, «quemadores»-, hasta que revelaban los escondites de sus tesoros o morían entre horribles sufrimientos. Quienes no morían quedaban, por lo general, inválidos de por vida.

304. *Descubrimiento de la Sociedad.* Un joven que había sufrido de esta manera por parte de algunos de los miembros de la sociedad, determino vengarse de ellos, traicionándolos en manos de la justicia. Reveló su plan a las autoridades de Chartres, y luego se dispuso a ejecutarlo. A plena luz del día, en la plaza del mercado de Chartres, le robó el bolsillo a un gendarme. El gendarme, que tenía sus instrucciones, por supuesto no vio nada, pero un chófer, de los que siempre merodean por allí, se percató de la aparentemente atrevida hazaña, y la comunicó a sus compañeros y a su jefe. Que un ladrón tan inteligente y audaz no perteneciera a la cofradía parecía antinatural; por ello, muy pronto se le buscó y se le hicieron ofertas muy ventajosas si se unía a ellos. Al principio parecía poco dispuesto a hacerlo, pero finalmente cedió, y entonces mostró todo el celo habitual con los neófitos. Asistió a todas las reuniones de la sociedad y se familiarizó rápidamente con todos sus secretos, sus signos, contraseñas, modos de actuar, escondites, etc. Su refugio más seguro y gran depósito, donde se almacenaba el botín, era un bos-

que salvaje en los alrededores de Chartres. Cuando el falso hermano hubo hecho estos descubrimientos, y también había averiguado un día en el que casi todos los miembros de la sociedad estarían reunidos en el lugar para planear una expedición, consiguió burlar su vigilancia, se apresuró a llegar a Chartres y dio la información necesaria a las autoridades, que habían tenido preparados a un gran número de hombres a la espera de esta oportunidad. Estos fueron enviados de inmediato a la localidad indicada por el guía, el bosque fue rodeado y los chóferes, al ser cogidos desprevenidos, perecieron luchando o fueron hechos prisioneros. Esto ocurrió en 1799. Algunos de los Chauffeurs consiguieron escapar, y bajo el liderazgo de Sohinderhannes (Juan el Jugador), continuaron sus prácticas criminales a ambos lados del Rin, hasta que la banda fue capturada en 1803, y Schinderhaimes y muchos de sus seguidores fueron ejecutados en Mayence, momento a partir del cual no se volvió a saber nada de los Chauffeurs.

305. *Muerte de un viejo Chauffeur.* Los periódicos franceses de noviembre de 1883 informaron de la muerte, cerca de Cannes, de Yves Condie, a la edad de 105 años, uno de los antiguos líderes de los Chauffeurs. Había pasado la última parte de su vida en un «retiro respetable». Comenzó su carrera aventurera durante las guerras de La Vendée; más tarde, al llegar a Chartres en busca de su esposa, que había huido llevándose todo el dinero que pudo, se unió a una banda de Chauffeurs. Tras descubrir el paradero de su esposa, se relata que la desolló viva. Al ser ejecutado el líder de la banda a la que pertenecía, asumió su lugar y logró secuestrar a un comisario del Gobierno que había sido instrumental en hacer que el jefe de los bandidos fuera guillotinado, manteniéndolo como rehén hasta que se pagó un alto precio por su rescate.

III. La Garduña

306. *Origen de la sociedad.* Cuando aquel supersticioso fanático y tirano Fernando, rey de España -que se creía un hábil diplomático, pero que durante toda su vida no fue sino un instrumento en manos de un clero rapaz y sediento de sangre, el mismo que hizo todopoderosa a la Inquisición en España y que hizo traer a Colón encadenado desde el mundo que había descubierto y añadido a los dominios del monstruo- resolvió exterminar en su reino a moros y judíos -los primeros, los más civilizados; los segundos, los más industriosos de sus súbditos-, todos los vagabundos y canallas de España

fueron bienvenidos a tomar parte en la guerra santa, emprendida y sostenida con el único fin de extirpar la herejía y propagar la fe pura... al menos, tal era el pretexto.

Ya mucho antes de la época de Fernando existían bandas de malhechores que recorrían el territorio español y, con el apoyo secreto del clero católico romano -que compartía el botín-, cometían saqueos en las casas de moros y hebreos, quemando a veces a un hereje resistente en las llamas de su propio hogar como ofrenda de grato aroma para el Cielo. Los moros eran considerados enemigos del país, aunque lo hubieran civilizado, y los judíos pertenecían a una raza maldita; combatirlos y destruirlos era una obra meritoria que contaba con la plena aprobación de la Iglesia.

En tiempos de Fernando, los bandidos se sumaron gustosos a la cruzada contra los moros; el lema del rey, evidentemente, era:

> «Es la sapiencia de los necios
> rehusar el uso de herramientas viles»,

y los bandidos bien podían convertirse en buenos soldados. Además, los bandidos suelen ser bien dispuestos hacia la Iglesia y sumisos al sacerdote, y tales disposiciones, tan afines a las de Fernando, no podían sino hacerlos sus favoritos.

Pero una vez alcanzado el objetivo de la guerra santa de Fernando y destruido el poderío moro, dejó que los mercenarios se las arreglaran por sí mismos, lo cual hicieron a su manera: volviendo a su anterior ocupación de bandolerismo. Ahora bien, aunque durante el tan ensalzado reinado de Fernando el Católico -como lo llaman los escritores aduladores y embusteros- e Isabel, quien se hallaba demasiado bajo la influencia de una cohorte de demonios con hábito sacerdotal y por ello hizo cuanto pudo para aumentar el poder de la Inquisición, se expulsaron del reino cerca de dos millones de súbditos -moros y judíos-, aún quedó una gran cantidad que pertenecía a uno u otro grupo, y que para poder permanecer en su patria había adoptado la fe cristiana. Sin embargo, los españoles «auténticos» los miraban con tanto desprecio que no los llamaban sino marranos, aunque muchos pertenecieran a familias ricas e influyentes.

El rey y su satánica cohorte de inquisidores ansiaban encontrar pruebas de que estas personas habían recaído en la herejía, para poder quemarlas en la hoguera y confiscar sus bienes. Los bandidos, bien conscientes de ello, elegían las casas de los marranos como escenario de sus fechorías; y mientras una buena parte del botín terminara en manos de sacerdotes, inquisidores y el erario real, la justicia hacía la vista gorda.

Pero cuando los bandidos se cansaron de tales exacciones y se negaron a seguir pagando tributo, la justicia despertó de repente y resolvió exterminarlos, pues se apropiaban de un botín que pertenecía legítimamente al rey y a la Inquisición, como recompensa por su virtud al perseguir con rigor la herejía.

Fue entonces -cuando se enviaron gendarmes y soldados por todo el país para capturar o dispersar las bandas de bandidos que lo infestaban- que estas bandas, que hasta entonces habían actuado de forma independiente, decidieron unirse para mayor seguridad y formar una gran sociedad secreta. Así surgió la Garduña, que pronto se dotó de todo el aparato de signos secretos, contraseñas, ceremonias de iniciación y demás parafernalia habitual en estos casos.

Su vínculo con la Santa Inquisición no se rompió, sino que pasó a formalizarse como un arreglo de tipo comercial, aunque siempre manteniéndose en secreto: una especie de sociedad en comandita dormida. Con semejante protección en la Corte y en la Iglesia, no sorprende que la asociación llegara a contar con miles de miembros, que incluso establecieron su cuartel general en Sevilla, desde donde se planificaban y organizaban todos los grandes saqueos, incendios y asesinatos.

307. *Organización*. La sociedad constaba de nueve grados, organizados en tres clases. A las clases inferiores pertenecían los novicios o Chivatos (cabras), que realizaban tareas serviles, actuaban como exploradores y espías, o se encargaban de transportar el botín. Cuando vigilaban durante alguna operación de sus superiores, imitaban, en caso de peligro, el grito de algún animal. Por la noche, imitaban el canto del grillo, el ulular del búho, el croar de la rana o el maullido del gato. Durante el día, ladraban como perros.

Las Coberteras (cubiertas) eran mujeres de vida disoluta que se introducían en casas particulares para espiar oportunidades de robo o servían de señuelos, atrayendo a hombres a lugares apartados donde eran asaltados, robados y con frecuencia asesinados por los bandidos. Para este fin, sin embargo, la Garduña solía emplear a mujeres jóvenes y atractivas, llamadas Serenas (sirenas), que solían ser amantes de miembros destacados de la organización.

Por último, estaban los Fuelles (fuelle), o espías, generalmente hombres ancianos de lo que suele llamarse «apariencia venerable» -sea lo que fuere que eso signifique-, de porte beato, discurso untuoso, habituales en iglesias; en suma, santos. Estos no solo se encargaban de dar salida al botín ya conseguido, sino que, gracias a su actitud insinuante y su reputación de piedad, se ganaban la confianza de las familias, cuyos secretos eran luego explotados en beneficio de la banda. Además, actuaban como confidentes de la Inquisición.

En la siguiente clase estaban los Floreadores (atletas), hombres corrompidos por todo tipo de vicios, en su mayoría antiguos galeotes, convictos fugados o marcados por la justicia, cuya labor consistía en asaltar y robar a los viajeros en los caminos. Después venían los orgullosos Ponteadores (pinchadores, es decir, pendencieros o espadachines expertos), que rara vez dejaban con vida a su víctima. Por encima de ellos se hallaban los Guapos (jefes), también duelistas experimentados, normalmente encargados de liderar empresas de especial importancia.

La clase superior incluía a los Magistri o sacerdotes, quienes presidían las iniciaciones y custodiaban las leyes, usos y tradiciones de la sociedad. Los Capataces, establecidos en las distintas provincias por las que se extendía la Garduña, representaban al Hermano Mayor o Gran Maestro, quien ejercía un poder absoluto y arbitrario sobre toda la organización y gobernaba a sus miembros con mano de hierro. No era raro que el Hermano Mayor fuese una figura destacada en la Corte.

Resulta curioso que hombres que no se someten a ninguna autoridad legítima, acepten, sin embargo, ser tiranizados por una criatura que ellos mismos han elegido. Los Thugs, los Asesinos, los Chauffeurs y todas las sociedades similares sin ley sometían su voluntad a la de un solo hombre con temor ciego y servil; pero quizá esa sea la única condición bajo la cual tales organizaciones pueden subsistir.

308. *Espíritu de la sociedad.* Los Thugs o Asesinos mataban para robar, pero la Garduña, habiendo aprendido su oficio, por así decirlo, en una escuela más diabólica -la de la Santa Inquisición-, se consideraba obligada a llevar a cabo cualquier clase de crimen que ofreciese una posibilidad de ganancia. Los sacerdotes habían elaborado una tarifa oficial mediante la cual se podía contratar a miembros de la sociedad para realizar cualquier obra de tinieblas. Robos, asesinatos, mutilaciones, falso testimonio, falsificación de documentos, secuestros de mujeres, hacer que un enemigo fuese embarcado a la fuerza y vendido como esclavo en una colonia extranjera... todo ello podía obtenerse por encargo. Los miembros de la Garduña eran extremadamente concienzudos y puntuales en la ejecución de tan agradables cometidos. Por lo general, la mitad del pago se efectuaba al dar el encargo y la otra mitad tras su cumplimiento. Las sumas

obtenidas se dividían en tres partes: una iba al fondo general, otra se reservaba para gastos corrientes, y la tercera se repartía entre quienes habían ejecutado la misión.

Que durante un largo período la sociedad gozó de buena salud se demuestra por el hecho de que eran capaces de mantener en su nómina, en la Corte de Madrid, a personajes de alto rango que protegían y favorecían los intereses de sus miembros. Incluso contaban con afiliados secretos entre jueces, magistrados, gobernadores de prisiones y otros funcionarios similares, cuya tarea principal consistía en facilitar o consumar la fuga de cualquier miembro que hubiese caído en manos de la justicia.

309. *Signos, leyenda, etc.* Como se mencionó anteriormente, la Garduña disponía de signos y palabras clave de reconocimiento. Si un miembro se encontraba en compañía de desconocidos, para averiguar si había presente algún hermano, fingía llevar su pulgar derecho a la fosa nasal izquierda; si había un hermano, este se le acercaba y le susurraba la palabra de paso, que era respondida con otra contraseña. Para mayor certeza, se intercambiaban apretones y señales al modo de los masones, tras lo cual podían hablar con libertad en un argot incomprensible para los profanos sobre asuntos e intereses comunes. Sus ritos religiosos -y la Garduña insistía en considerarse una sociedad religiosa- eran los de la Iglesia papal, y como esta se funda en infinidad de leyendas, la Garduña también tenía la suya, que era la siguiente:

> Cuando los hijos de Belcebú (los moros) invadieron por primera vez España, la Virgen milagrosa de Córdoba se refugió en medio del campamento cristiano. Pero Dios, para castigar los pecados de su pueblo, permitió que los moros vencieran a los ejércitos ortodoxos y alzaran su trono sobre el poder quebrantado de los cristianos, que se retiraron a las montañas de Asturias, desde donde continuaron, como buenamente pudieron, la lucha contra los enemigos de Dios y opresores de su patria. La Virgen, invocada día y noche por los fieles, concedió algunos éxitos a sus armas, de modo que no fueron totalmente destruidos, como en un principio parecía decretado desde el cielo. Y aunque no pudieron expulsar a los moros de España, lograron, en medio de las montañas, preservar su religión y su libertad.
>
> Vivía entonces en los parajes salvajes de Sierra Morena un viejo anacoreta llamado Apolinar, vulgarmente Cal Polinario, hombre de hábitos austeros, gran santidad y fervoroso devoto de la Virgen. A él se le apareció una mañana la Madre de Dios y le habló así: «Ves el mal que los moros infligen a tu patria y a la religión de mi Hijo. Los

pecados del pueblo español son tan graves que han provocado la ira del Altísimo, razón por la cual Él ha permitido que los moros os dominen. Pero mientras mi Hijo contemplaba la tierra, tuve la feliz inspiración de señalarle tus muchas y grandes virtudes, lo que apaciguó su rostro, y en ese instante aproveché para rogarle que, por tu medio, salvara a España de los muchos males que la afligen. Mi súplica fue escuchada. Escucha, pues, mis órdenes y cúmplelas. Reúne a los patriotas y valientes, guíalos en mi nombre contra el enemigo, asegurándoles que siempre estaré a su lado. Y como luchan la buena lucha de la fe, diles que desde ahora podrán apropiarse con justicia de las riquezas de los moros, por el medio que sea. En manos de los enemigos de Dios, la riqueza puede servir para oprimir la religión; en manos de los fieles, solo servirá para mayor gloria de ella. Levántate, Apolinar, inspira y dirige esta gran cruzada; te invisto con pleno poder, ungiéndote con aceite celestial. Toma este botón, que yo misma arranqué del manto de mi Hijo celestial; tiene la propiedad de multiplicarse y obrar innumerables milagros; quien lleve uno al cuello estará a salvo de las armas moras, de la furia de los herejes y de la muerte repentina». Y la Virgen, tras ungirlo y entregarle el botón, desapareció dejando tras de sí un aroma ambrosíaco.

Fue así como el anacoreta fundó la Santa Garduña, que así pudo alegar un derecho divino al robo y al asesinato. Por eso también, ninguna expedición predatoria importante se emprendía sin una ceremonia religiosa previa; y cuando se debatía la manera de asaltar a un viajero o cometer otro crimen semejante, se recurría ostensiblemente a la Biblia en busca de orientación.

310. *Supresión de la sociedad.* Las leyes de la sociedad, como las de casi todas las sociedades secretas, no estaban escritas, sino que se transmitían por tradición oral; sin embargo, la Garduña conservaba una especie de crónica en la que se registraban brevemente sus actos. Este libro, que fue depositado en los archivos de los tribunales de Sevilla por don Manuel de Cuendías -quien, con sus cazadores de montaña, logró exterminar la secta-, y que fue hallado junto con otros documentos en la casa del Hermano Mayor Francisco Cortina en 1821, sirvió de base para el proceso judicial contra la sociedad. De él se desprende que la Garduña tenía ramas en Toledo, Barcelona, Córdoba y muchas otras ciudades españolas. También revelaba su estrecha relación con la Santa Inquisición hasta el siglo XVII, y mostraba que las «órdenes» emitidas por los santos padres, en el período de 147 años comprendido entre 1520 y 1667, ascendían a 1986, lo que había reportado a la Garduña cerca de 200.000 francos.

En el listado de crímenes registrados, el secuestro de mujeres -principalmente por encargo de los santos padres de la Inquisición- representa aproximadamente un tercio; los asesinatos, otro tercio; mientras que el resto lo componen robos, falsos testimonios o denuncias. Este libro permitió también a las autoridades arrestar a muchos miembros de la sociedad, que fueron juzgados sin demora, y el 25 de noviembre de 1822 el último Hermano Mayor y dieciséis de sus principales cómplices pagaron sus crímenes en el cadalso erigido en la plaza del mercado de Sevilla. La Garduña, en Europa, no sobrevive más que en las bandas de bandidos que aún pueden encontrarse ocasionalmente en los rincones apartados de las sierras españolas.

311. *Bandidos que aseguraban la seguridad de los viajeros.* Estos bandidos, al igual que la Garduña, seguían manteniendo en cada ciudad -y en la mayoría de las *ventas* o posadas aisladas de los caminos- agentes o «aseguradores» que, por cierta suma, garantizaban a los viajeros la protección contra ataques o extorsiones de otros bandidos. En 1823, cualquier viajero que deseara evitar contratiempos en el trayecto de Madrid a Cádiz solo tenía que viajar en uno de los carros de Pedro Ruiz; la tarifa era tres veces la del coche de línea, pero los bandidos nunca atacaban los carros de Ruiz. En Mérida, Extremadura, el posadero de las Tres Cruces proporcionaba una contraseña por cuarenta francos.

Don Manuel de Cuendías, editor de la *Historia de la Inquisición* de Fereal, relata en esa obra que él mismo, en 1822, pagó al padre Alexis cuarenta francos por la contraseña *Vade retro,* la cual, al llegar al «Confesionario» -lugar donde un viajero podía ser asesinado sin siquiera ver a sus asesinos-, convirtió a cuatro bandidos que se presentaron en cuatro campesinos más inofensivos que corderos.

La Garduña fue reorganizada en América del Sur, donde existía en 1846 en Brasil, Perú, la República Argentina y México, lugares en los que, por unos pocos dólares, puede contratarse a un asesino a sueldo para deshacerse de un enemigo.

IV. La Camorra

312. *Origen de la Camorra.* Esta sociedad, probablemente la asociación más perniciosa que haya existido jamás en Europa, fue, o es -pues no tenemos pruebas de que haya dejado de existir- una asociación de tahúres, ladrones, extorsionadores, bribones y rufianes de toda índole, que infestaban Nápoles y el territorio napolitano. El

origen del nombre es incierto, pero lo más probable es que se trate simplemente de una importación española, ya que la palabra *camorra* existe en esa lengua, y significa riña, disputa; un *camorrista* es una persona pendenciera, belicosa, y como el término no era conocido en Italia antes de la usurpación española, podemos asumir con razonable certeza que tanto la palabra como la institución fueron introducidas en Nápoles por los españoles, sobre todo teniendo en cuenta que sabemos, por antiguos autores hispánicos, que asociaciones semejantes a la Camorra italiana ya existían en España mucho antes de que surgieran en Italia. Por citar un solo ejemplo: en el relato de lo que ocurrió a Sancho Panza en la isla de Barataria, se cuenta que, mientras hacía su ronda una noche, encontró a dos hombres peleando; al preguntar la causa de la disputa, se supo que uno de ellos había ganado una gran suma de dinero en una casa de juego, y que el otro, que había estado observando y había dictado sentencia en más de un caso dudoso -«aunque no sabía bien cómo hacerlo en conciencia»-, había reclamado al ganador una gratificación de ocho reales, mientras que este solo quería darle cuatro, y de ahí surgió la pelea. Reclamaciones como esa eran comunes en la Camorra napolitana relacionada con los juegos de azar. En España, esa gratificación forzada se llamaba *harato*; en Nápoles, *harattolo*.

La historia nada dice acerca del origen de la Camorra; la tradición no se remonta más allá del año 1820. Veamos lo que se sabe de su organización.

313. *Diferentes tipos de Camorra*. Existía la Camorra «elegante», el grupo distinguido de la sociedad, que imponía tributos a los jugadores, como ya se ha dicho; la Camorra que extorsionaba a comerciantes, cocheros, barqueros y, en general, a todo aquel que ejercía un oficio al aire libre; de hecho, los camorristas abundaban en las cárceles, y ¡ay del prisionero que, bajo el régimen maldito de los Borbones, no se sometiera tranquilamente a sus exigencias! Existía una Camorra política, e incluso una Camorra que cometía asesinatos.

314. *Grados de la sociedad*. La Camorra se nutría en gran parte de nuevos miembros provenientes de las prisiones. Un joven prisionero que aspiraba a convertirse en camorrista iniciaba su aprendizaje en prisión, donde era relegado a los oficios más degradantes al servicio de los camorristas encarcelados. Cuando, con el tiempo, daba pruebas de valor y celo, era promovido al grado de *picciotto di sgarro*. *Picciotto* podría traducirse por «muchacho», pero el significado del término *sgarro* es incierto incluso entre los propios camorristas. Podría derivarse de *sgarrare* (errar) o de *sgarare* (salir vencedor),

pero ambas etimologías son conjeturas. Los términos aplicados a los distintos grados no eran siempre los mismos. En algunas regiones, el novicio era llamado *tamurro*; en el segundo grado tomaba el nombre de *picciotto d'onore*, y solo después de muchos años de prueba se convertía en *picciotto di sgarro*. En una sociedad sin registros escritos ni impresos, estas variaciones eran de esperar.

En los días de auge de la Camorra, solo se accedía al grado de *di sgarro* tras superar una prueba de devoción y coraje. El aspirante debía solicitar permiso para desfigurar o, si era necesario, matar a alguien. Si los camorristas no tenían en ese momento ninguna orden pendiente de ese tipo, el candidato debía someterse a la *tirata* (duelo), que consistía en enfrentarse con cuchillo a un *picciotto* ya iniciado, designado por sorteo. Este procedimiento no era tan peligroso como pudiera parecer a primera vista, ya que la mayoría de los *picciotti* eran hijos de camorristas, y desde su juventud se entrenaban en el uso del cuchillo. Existían escuelas clandestinas de instrucción mutua en la ciudad, e incluso en las cárceles, donde se enseñaba el manejo de la daga. Además, este combate de prueba era siempre una *tirata a musco* (literalmente, un «duelo de mosquete»), es decir, un duelo leve en el que el cuchillo debía tocar únicamente el brazo; tras la primera sangre, los combatientes se abrazaban y el candidato era iniciado.

En los primeros tiempos de la Camorra, la prueba era más severa. Los camorristas se colocaban alrededor de una moneda colocada en el suelo, y todos, a una señal, se agachaban para pincharla con sus cuchillos. El candidato debía recoger la moneda. A menudo su mano era perforada, pero así se convertía en *picciotto di sgarro*. Luego pasaba por un noviciado de tres a seis años, durante el cual debía asumir todos los gastos de la asociación sin participar de sus beneficios. Generalmente pertenecía a un camorrista que le asignaba las tareas más duras, dándole de vez en cuando un puñado de monedas de cobre. Siempre se le escogía cuando era necesario derramar sangre. Cuando había que dar un golpe, los *picciotti* competían por ejecutarlo con la esperanza de ascender. El elegido por sorteo a veces se enfrentaba a una condena de seis a veinte años en galeras, pero se convertía en camorrista. Todos estos asesinatos se cometían no por lucro, sino por honor; pues la conciencia napolitana se rendía ante el cuchillo, así como en países más civilizados aún se rinde ante la espada.

315. *Ceremonia de recepción*. En la admisión de un *picciotto* al grado de *Camorrista*, los miembros de la secta se reunían en torno a

una mesa sobre la cual se colocaban un puñal, una pistola cargada, un vaso de agua o vino (supuestamente envenenado) y una lanceta. El *picciotto* era introducido acompañado por un barbero, quien le abría una vena. Luego, en ciertos círculos, el candidato pasaba a ser llamado *tamurro*. Mojaba su mano en la sangre y, extendiéndola hacia los *Camorristi*, juraba guardar para siempre los secretos de la sociedad y cumplir fielmente sus órdenes. A continuación, empuñaba el puñal y lo clavaba con firmeza en la mesa, amartillaba la pistola y se llevaba el vaso a la boca, en señal de que estaba dispuesto, a una orden del maestro, a quitarse la vida. Pero este lo detenía, le ordenaba arrodillarse ante el puñal, le colocaba la mano derecha sobre la cabeza y, con la izquierda, disparaba la pistola al aire y hacía añicos el vaso con el supuesto veneno. Luego sacaba el puñal de la mesa, lo entregaba al nuevo compañero y lo abrazaba, ejemplo que seguían todos los demás. El *tamurro*, convertido ya en *Camorrista*, quedaba así investido de todos los derechos, beneficios y privilegios de la sociedad. Su elección era anunciada a todas las secciones. Sin embargo, esta ceremonia, tan ridícula, no se realizaba siempre. En ocasiones, el candidato simplemente juraba fidelidad a la sociedad sobre dos dagas cruzadas. La recepción solía ir seguida de un banquete campestre, o en la misma cárcel si la admisión tenía lugar entre prisioneros.

316. *Centros*. Los *Camorristi* estaban divididos en centros. Había doce en Nápoles, y cada centro se subdividía en *paranze* o subcentros, cada uno de los cuales actuaba de forma independiente y por su propia cuenta, aunque durante cierto tiempo todos los centros –cada uno con su propio jefe– reconocieron la autoridad del jefe del centro de la *Vicaria* como su cabeza suprema. (La *Vicaria* fue originalmente el castillo de Capuano, que más tarde se convirtió en el palacio del virrey español y, eventualmente, en los tribunales de justicia.) El último de estos jefes supremos fue Aniello Ausiello, quien acabó desapareciendo y nunca fue detenido por la policía. El jefe de cada centro era elegido por sus miembros; no podía tomar ninguna decisión importante sin consultarlos. Sin embargo, todos los ingresos del centro se le entregaban a él, lo que le confería gran poder, pues se encargaba de distribuir la *Camorra* –nombre que designaba no solo a la sociedad, sino también al fondo común. El jefe contaba con un *contarulo* o contador, un *capo carusiello* o tesorero, y un secretario. Entre otros empleados de la *Camorra* estaban el *capo stanze* o encargado del abastecimiento, y el *chiamatore*, literalmente «el llamador», encargado de llamar a los presos requeridos en la sala de

visitas. El reparto del *barattolo* (ver §312) tenía lugar cada domingo, quedándose el jefe siempre con la mejor parte.

317. *Términos en jerga de la Camorra.* Al jefe se le llama *masto* o *si mato*, es decir, maestro o señor maestro. Cuando un compañero -así se llaman entre sí los afiliados- se encuentra con uno de sus jefes en la calle, levanta la mano hacia su gorra y dice: «*Masto, volite niente?*» (Maestro, ¿desea algo?). A un compañero se le trata simplemente de *si*, abreviatura de *signore*. Una *ubbidienza*, obediencia, es una orden. *Freddare*, enfriar, significa matar; *dormente*, durmiente, el cadáver. El robado se llama *l'agnello*, el cordero; también *soggetto* o *mico*. El objeto robado se llama *il morto* o *il rufo*; el perista, *il graffo*. Estas últimas palabras son pura jerga. El cuchillo se llama *martino*, *punta* (punta), o *misericordia*; cuando es totalmente plano y de doble filo, se denomina *sfarziglia*. Una escopeta es una *hocca* (boca), *tofa* o *buonbas*; un revólver, *tictac* o *bo-botta*; los patrulleros son *gatti neri* o *sorci* (gatos negros o ratones). Al comisario de policía se lo apoda *capo lasagna* (las *lasagne* son un tipo de pasta larga y plana); *lasorgnaro* (vendedor de lasagna) es un sargento de policía, y un simple agente es un *asparago* (espárrago); *palo* (el polaco) es un espía; *serpentina* significa una piastra. Cuando un *picciotto* asumía el crimen cometido por otro, *facollava*, lo abrazaba. Los *Camorristi* pertenecientes a las clases más bajas del pueblo son llamados *guappi* (se desconoce el origen del término); los que son carteristas y, para facilitar su destreza, se han alargado el dedo índice estirándolo con fuerza o con una máquina especial hasta igualar la longitud del dedo medio, reciben el curioso nombre de *Chirurg*.

318. *Código no escrito de la Camorra.* No es probable que los *Camorristi* hayan tenido jamás un código de leyes escrito; pero sí poseían un reglamento transmitido oralmente, compuesto por veinticuatro artículos. Sería extender en exceso este libro transcribirlos todos; seleccionamos algunos.

El artículo 2 declara que ningún miembro de la policía puede ser admitido nunca; pero el artículo 3 permite a un *Camorrista* ingresar en el cuerpo para mantener informados a sus hermanos sobre cualquier plan que las autoridades puedan estar fraguando contra ellos. El artículo 5 estipula que las ofensas contra la sociedad deben ser juzgadas por el Gran Maestro y seis *Camorristi proprietarii* (es decir, *Camorristi* que tienen otros subordinados a su cargo). Según el artículo 8, cualquier miembro que haya traicionado su juramento de secreto es condenado a muerte; los artículos 9 y 10 establecen el mismo castigo para actos, tanto por omisión como por comisión, que pongan en peligro la seguridad de la sociedad. El artículo 15 autoriza al *Camorrista* de más bajo rango a matar a cualquier miembro que haya cometido un acto perjudicial para la sociedad, pero debe hacerlo en presencia de dos compañeros que den fe de los hechos. El artículo 16 condena a muerte a cualquiera que intente conocer personalmente al Gran Maestro. Según el artículo 20, los *Camorristi* que hayan alcanzado entre cincuenta y sesenta años, o que hayan sufrido heridas en servicio de la causa, tienen derecho a recibir un subsidio temporal o permanente; sus viudas, en ciertos casos, también reciben pensiones. El artículo 24 garantiza a los prisioneros donativos en dinero, armas o aquello que puedan necesitar, sin restricción alguna.

También era una ley no escrita entre los *Camorristi* el asistirse mutuamente si uno de ellos tenía mala suerte en el juego; una ofensa cometida contra un miembro de la *Camorra elegante* era considerada como cometida contra todos, y cualquiera de ellos podía vengarla. Estos últimos personajes, por lo general, vestían de forma semejante, llevaban el sombrero del mismo modo y sostenían sus bastones en posición horizontal, suspendidos entre dos dedos de la mano derecha. El robo estaba permitido, pero los objetos sustraídos debían tener cierto valor, a fin de no traer descrédito a la *Camorra*.

319. *La Camorra en las prisiones*. Ya hemos mencionado que la Camorra era ubicua, que, en tiempos de los Borbones, llegó incluso a infiltrarse en las prisiones. Un prisionero, al llegar, era abordado por un *Camorrista* que le pedía dinero para la lámpara de la Madonna. Sobre todo lo que el preso comía, bebía, fumaba, sobre cualquier suma que recibiera de sus amigos, sobre las necesidades y los lujos, sobre la justicia y los privilegios, la Camorra imponía un tributo. Quienes se resistían a esta extorsión corrían el riesgo de ser golpeados hasta la muerte. Cierto es que el *Camorrista* que había tomado al preso «bajo su protección» no permitía que otros lo despojasen, y hasta podía defenderlo... después de haberlo desollado vivo. Cuando un preso de cierto rango llegaba a la Vicaria, recibía a veces de la Camorra -no de los carceleros, que temían a los sectarios- un cuchillo para su defensa personal. En cada prisión los *Camorristi* tenían un depósito de armas, conocido como *la pianta* («la planta»), que jamás era descubierto por las autoridades. Es razonable suponer que originalmente la Camorra se estableció en las prisiones como una forma de protección para los reclusos, quienes, bajo los infames reinados de la dinastía borbónica, eran vergonzosamente maltratados por los funcionarios. Es cierto que los *Camorristi*

mantenían cierto orden en las cárceles; de hecho, los guardianes acudían a menudo a su autoridad para controlar a los prisioneros rebeldes.

320. *La Camorra en las calles.* Originalmente la Camorra existía solo en las prisiones; fue llevada a la ciudad por presos que habían cumplido su condena, poco después del año 1830. Desde entonces, las calles de Nápoles se vieron infestadas de *Camorristi* que «trabajaban» en pandillas. Maullaban como gatos al acercarse la patrulla, cantaban como gallos al ver a un transeúnte desorientado; esta última señal también se empleaba, si se hacía oír desde una casa, para indicar la presencia de un amigo. Exhalaban un suspiro prolongado si el viandante no estaba solo; estornudaban si no parecía valer la pena atacarlo; entonaban un *Ave María* cuando el botín prometía ser jugoso, y un *Gloria Patri* cuando la víctima esperada se aproximaba. Cuando un *Camorrista* entraba en un lugar de reunión de la secta donde era desconocido, cualquiera que lo reconociera indicaba a los presentes que era uno de los suyos levantando dos o tres veces los párpados, metiendo las manos en los bolsillos y mirando al techo durante unos segundos.

La Camorra urbana no estaba ausente de los círculos más elevados. Altezas Reales estaban en connivencia con contrabandistas y compartían sus beneficios; ministros protegían a los *Camorristi* «por una compensación»; obispos, directores de instituciones benéficas, todo funcionario del gobierno, de un modo u otro, estaban implicados en el escándalo de la Camorra. M. Marc-Monnier menciona a un *Camorrista* que conoció en Nápoles y que, aunque jugaba con dados cargados, hacía trampas en las cartas y era en suma un completo estafador, era sin embargo recibido en la Corte, porque manejaba bien la espada y era temido como duelista, hasta que un inglés lo mató en un «asunto de honor».

Pero el *Camorrista pur et simple* vivía a costa de las clases más bajas. Un mendigo no podía ocupar su puesto habitual sin pagar una tasa al *Camorrista.* En las tabernas miserables repartidas por Nápoles, donde mendigos harapientos pasaban el día, o incluso la noche entera, jugando, el *Camorrista* se mantenía cerca y recaudaba su tributo por cada partida. ¿Por qué derecho lo hacía? Nadie lo sabía: bastaba con que nadie lo disputara. El impuesto sobre los jugadores era del diez por ciento de las ganancias. A un hombre adinerado, conocido por estar a punto de pujar por una casa en subasta, lo visitaba un *Camorrista,* quien le advertía que, a menos que pagase cierta suma a la sociedad, esta pujaría más que él; naturalmente, tenía que ceder. De las casas de mala reputación la Camorra obtenía una gran renta, así como del contrabando. Como la policía estaba muy mal organizada bajo el antiguo régimen, los comerciantes más importantes preferían contratar a la Camorra para que supervisase la carga y descarga de las mercancías; se encontraban *Camorristi* en cada una de las puertas de la ciudad, en las oficinas del octroi, en la aduana, en la estación de tren, gravando a cocheros y cargadores; los fruticultores que traían productos al mercado eran multados con un sou por cada cesta. Los *Camorristi* también gestionaban oficinas clandestinas de lotería: las ganancias debían de ser elevadas, pues se comprobó que una mujer arrestada obtenía mil francos semanales. En resumen, la Camorra explotaba toda debilidad y vicio del ser humano. Bajo los Borbones incluso logró infiltrar el ejército; pero cuando intentó corromper al ejército italiano, aquellos miembros que fueron descubiertos fueron públicamente expuestos con un cartel colgado del cuello que llevaba inscrita la desde entonces infame palabra: *Camorrista*.

321. *Causas sociales de la Camorra*. Estas circunstancias deben buscarse en el estado abyecto de esclavitud en que el pueblo napolitano fue mantenido por la dinastía borbónica, la cual protegía a delincuentes comunes para asegurarse su lealtad, mientras que la inteligencia del país, que aspiraba a instituciones liberales, era perseguida con saña. El clero ayudaba valientemente al rey a mantener al pueblo en la más grosera ignorancia y superstición. Por eso no podía surgir ninguna asociación vigorosa para el bien que se opusiera al mal; el miedo mantenía sometidos a los pocos que se hallaban en un nivel moral más elevado, de ahí el poder de la bien organizada y próspera Camorra, del mismo modo que, aún hoy, los mendigos chinos forman poderosos gremios que exigen donativos a los comerciantes en cada ciudad del imperio. La Camorra nunca había sido una sociedad política antes de 1848, por lo que el gobierno no se inmiscuía en sus asuntos; es más, en ocasiones resultaba útil a la policía y, de hecho, era empleada por esta: cada uno de los doce jefes de sección recibía cien ducados (425 francos) al mes del fondo secreto de la policía, mientras que los altos funcionarios del cuerpo percibían un tercio de las ganancias mensuales obtenidas mediante los fraudes de la sociedad. En ocasiones, la Camorra incluso descubría crímenes que la propia policía era incapaz de esclarecer.

322. *La Camorra política*. Después de 1848, los conspiradores contra el gobierno, al no lograr movilizar al pueblo, intentaron ganarse a los *Camorristi*, pero lo único que lograron con esta torpeza fue ser

fuertemente extorsionados por ellos. Algunos de los conjurados, que intentaron ganarse honestamente el dinero prometido y cayeron en manos de la policía, fueron enviados a prisión. Entonces, la secta adquirió un carácter político. En junio de 1860, Francisco II se vio obligado a conceder una constitución; se abrieron las cárceles, y una multitud de *Camorristi* salió en libertad. Su primer acto fue atacar a los comisarios de policía, quemar sus archivos y golpear hasta la muerte a los gendarmes con garrotes. Los *Sanfedisti*, o populacho realista defensor del derecho divino, amenazaban con saquear la ciudad -ya habían alquilado almacenes donde depositar el botín. Don Liborio, nuevo prefecto de policía, se arrojó en brazos de los *Camorristi* para salvar a Nápoles del pillaje -y estos lo evitaron. Fueron organizados como una guardia cívica que mantuvo el orden en la ciudad hasta la llegada de Garibaldi. Pero en el fondo seguían siendo *Camorristi*. Se dedicaron intensamente al contrabando y tomaron por la fuerza el control del octroi (arancel de entrada) en las puertas de la ciudad, de modo que el gobierno, en cierta jornada, solo recibió veinticinco sous por todos los accesos. Esto condujo a medidas enérgicas. Noventa *Camorristi* fueron arrestados en una sola noche; al día siguiente, el octroi produjo 3400 francos. Con el establecimiento de la monarquía regular, Silvio Spaventa, patriota de 1848, fue nombrado ministro de Policía; una de sus primeras acciones fue enfrentarse a la Camorra. No tuvo que esperar mucho para encontrar una infracción de disciplina por parte de estos: en una sola noche mandó arrestar a más de cien *Camorristi*, y al mismo tiempo suprimió la guardia cívica, reemplazándola por un cuerpo de seguridad pública previamente organizado.

323. *Intento de supresión de la Camorra*. Pero a pesar de las enérgicas medidas de Spaventa, la Camorra no fue destruida; no residía solo en un grupo de hombres, sino que estaba profundamente arraigada en la moral del país. Aunque los jefes fueron eliminados, la secta conservó su organización bajo nuevos dirigentes. Los *Camorristi* que habían sido encarcelados recobraron al cabo de un tiempo su libertad, y reanudaron sus prácticas; fueron enviados a diversas islas del Mediterráneo, desde donde muchos escaparon, regresaron a Nápoles y provocaron tumultos en las calles al grito de «¡Muerte a Spaventa!». Adquirieron poder en las elecciones, y con sus garrotes dirigían la religión y la política de los votantes. Los ciudadanos pacíficos eran asaltados y robados cada noche en las calles de Nápoles; los robos con fractura se volvieron comunes. Este estado de cosas se prolongó hasta 1862. Los Estados del Sur fueron

declarados en estado de sitio, y el general La Marmora, junto con el cuestor Aveta, decidió aprovechar la ocasión para exterminar la Camorra. En septiembre de 1862, trescientos de los *Camorristi* más notorios estaban en prisión; algunos fueron enviados a la prisión celular de las Murate, en Florencia; otros fueron encerrados en las islas Tremiti. Sin embargo, la Camorra parecía irreprimible. De tanto en tanto se producía un aparente período de calma, seguido de nuevos brotes de actividad. Sería tedioso relatar sus acciones año tras año, pues siguió prosperando incluso después de estar firmemente establecido el nuevo reino de Italia: basten algunos episodios.

324. *Nuevas medidas contra la Camorra.* En septiembre de 1877, el gobierno emprendió un nuevo y decidido intento por suprimir la Camorra. El mercado de Santa Ana della Paluda fue el lugar elegido para la redada. Ningún campesino podía llevar allí sus hortalizas o frutas y venderlas sin haber pagado antes un tributo a los *Camorristi.* Además de los guardias vestidos de paisano, el mercado había sido rodeado desde temprano por la mañana por policías y carabineros, mientras una fuerza considerable de *bersaglieri* se mantenía a poca distancia. De pronto, todas las puertas y salidas fueron cerradas; la huida o resistencia se volvió imposible, y cincuenta y siete de los miembros más notorios de la Orden fueron detenidos, atados con una larga cuerda y conducidos a la comisaría más cercana, desde donde fueron enviados a prisión en grupos de diez. Había desde *picciotti* sin chaqueta y en mangas de camisa, hasta *Camorristi* de pleno derecho, vestidos como caballeros, con los dedos llenos de anillos y cadenas de oro al cuello. Esta *razzia* fue seguida, pocos días después, por otra en el mercado de pescado, donde fueron capturados cincuenta y nueve de los peores elementos. Sin embargo, tan tenaces son los *Camorristi* en la defensa de sus pretendidos derechos, que dos días después del golpe en el mercado de frutas algunos volvieron a aparecer con su exigencia habitual, que esta vez fue resistida, siendo arrestados. Las esposas de los detenidos también entraron al mercado, alegando que sus maridos les habían encargado cobrar lo que se les debía. En otros tiempos se les habría pagado de inmediato; en esta ocasión, fueron llevadas a prisión.

325. *Asesinatos perpetrados por Camorristi.* Otro episodio que volvió a poner a la Camorra en el foco público ocurrió en junio de 1879. En agosto de 1877, un tal Vincenzo Borrelli, miembro destacado de la sociedad, fue asesinado cerca de Nápoles. Había caído bajo sospecha de haberse convertido en espía e informante, y de mantener relaciones secretas con la policía. En consecuencia, la asociación

decretó su muerte. Seis miembros se reunieron en una taberna y acordaron designar por sorteo a uno de ellos para ejecutar el crimen. El resultado recayó en Raffaele Esposito, apodado «el Expósito», quien al parecer fue elegido porque tenía una querella personal con Borrelli y también porque él mismo era sospechoso de falta de lealtad hacia la sociedad; su fidelidad sería así convenientemente puesta a prueba mediante su disposición a llevar a cabo el asesinato. Esposito esperó al acecho a Borrelli y le disparó por la espalda. La herida no fue inmediatamente mortal, y Esposito fue perseguido y capturado por algunos soldados, pero rescatado por una multitud simpatizante. El cuerpo de Borrelli fue llevado a la morgue entre los insultos del populacho y sometido a toda clase de indignidades. Esposito fue convertido en héroe del día; se recolectaron donativos para él, pero le resultó imposible eludir la vigilancia de la policía y, tres días después de su rescate, se entregó voluntariamente. Fue escoltado a prisión por las calles de Nápoles por una multitud que le mostraba simpatía, le ofrecía dinero y cigarros, y esparcía flores a su paso. Al mismo tiempo fueron arrestados unos setenta y ocho miembros más de la Camorra, acusados como cómplices del asesinato de Borrelli; pero jueces y jurado, amenazados con la venganza de la Camorra, alegaron «circunstancias atenuantes», y los culpables recibieron penas relativamente leves.

Y sin embargo, todos estos miserables eran conocidos por su devoción religiosa; eran fieles hijos de la Iglesia, que sabía cómo protegerlos. La Camorra seguía floreciendo, pues en abril de 1885 los periódicos informaban de un nuevo juicio a varios *Camorristi*, uno de los cuales había decidido confesar. Algunos habían sido enviados a la isla de Ischia, y lo primero que hicieron ciertos miembros destacados de la sociedad fue formar un círculo interno de la Camorra, eligiendo un presidente, cuya posición le otorgaba derecho sobre todos los objetos robados, de los cuales asignaba una parte al ladrón; además, permitía el juego, del que también recibía una parte de las ganancias -en resumen, vemos que en 1885, bajo el gobierno del actual Reino de Italia, la Camorra sigue existiendo en las prisiones con la misma forma y vigor que la distinguieron bajo los déspotas borbónicos. Pero ¿qué progreso o mejora puede esperarse entre las clases bajas de Italia mientras un Papa ocupe el Vaticano, y un Emperador alemán insulte la inteligencia de Europa civilizada arrodillándose ante ese Papa, representante de un sistema eclesiástico que siempre ha fomentado y protegido el bandidaje, con su secuela de robo y asesinato?

V. Mala Vita

326. *La Mala Vita*. La sociedad conocida por este nombre parece ser un desprendimiento de la Camorra, dado que el grado más alto en ella es el de camorrista, seguido por el de *picciotto*, y en tercer lugar el de *giovanotto*, o novicio. El jefe de los Camorristas ostentaba el título de «Maestro Sabio», mientras que al camorrista se lo apodaba «Tío». La sociedad saltó por primera vez a la atención pública en abril de 1891, cuando 179 personas fueron arrestadas y juzgadas en Bari, en el territorio napolitano, como miembros de ella. Se dice que el nombre de la sociedad, *Mala Vita*, que significa «Vida Malvada», proviene de una novela de Degia Como, que en el momento de su publicación gozó de una enorme popularidad en Italia.

El descubrimiento de la conspiración se debió a las revelaciones de nueve miembros que se convirtieron en informantes. Al parecer, el ingreso en las filas de la organización solo podía obtenerse tras numerosos preliminares. Quien deseaba convertirse en miembro debía ser presentado por un afiliado ante el jefe de la sociedad, quien a su vez instruía a otro asociado para que iniciara una rigurosa investigación sobre la idoneidad del aspirante. Todas estas gestiones se llevaban a cabo en una especie de jerga del hampa. Existían, como ya se mencionó, tres grados entre los miembros, cada uno con su propio responsable y, en cierta medida, con cuentas separadas.

Una vez decidida la admisión del nuevo asociado, se convocaba una reunión de la sección correspondiente, y, tras cumplirse la formalidad de una votación, el candidato era conducido al lugar. Se realizaba entonces un interrogatorio y un intercambio de declaraciones, siempre en el dialecto secreto del grupo. Finalmente, el novicio era juramentado con gran misterio: prestaba juramento con un pie en una tumba abierta y el otro encadenado, y juraba abandonar a su padre, madre, esposa, hijos y todo cuanto tuviera por querido, con tal de cumplir los fines de la asociación.

La humildad y la abnegación también eran impuestas por los términos del juramento. Después de la ceremonia de iniciación, el jefe pronunciaba una arenga fantasiosa destinada a intimidar al nuevo miembro, infundiéndole un vivo temor a las penas y castigos que sin duda recaerían sobre quien traicionara los secretos o intereses de la sociedad. Nadie que hubiera sido gendarme, policía o agente de aduanas podía ingresar en la organización.

El principal objetivo de la sociedad parecía ser el bandidaje. El botín obtenido en todas las expediciones predatorias, así como los rescates obtenidos por la captura de viajeros infortunados, se depositaba en un fondo común, aunque se reservaba una parte para repartir exclusivamente entre los camorristas, quienes debían, en un plazo de ocho días, distribuir el resto entre todos los miembros de la organización, quedándose el jefe con una parte excepcionalmente grande. Las infracciones de las reglas de la sociedad o la desobediencia a sus órdenes se castigaban con tortura o muerte, siendo la sentencia dictada por toda la sociedad, y los ejecutores elegidos por sorteo. Si alguno de los encargados de llevar a cabo la ejecución no cumplía con la sentencia, debía sufrir el mismo castigo que se le había ordenado infligir. Todo miembro debía tatuarse ciertos emblemas en el cuerpo para poder ser identificado en cualquier momento futuro. Algunos de estos diseños eran realmente curiosos: ángeles, demonios, serpientes, mujeres danzantes, el retrato de Garibaldi y el León de San Marcos.

Durante el juicio, los informantes explicaron cómo, cuando se encontraban en prisión, seguían órdenes de los camorristas para enviar cartas o dinero a otros presos pertenecientes a la sociedad, o cómo se transmitían los decretos de los camorristas que ordenaban atentados contra otros prisioneros, carceleros u otras personas, a aquellos encargados de ejecutarlos. Las pruebas presentadas revelaban un sistema perfectamente organizado de violencia y extorsión contra personas inocentes, y de represalias contra quienes se sospechaba que colaboraban con la policía.

Se dictaron duras penas de prisión contra la mayoría de los acusados, pero la sociedad evidentemente siguió existiendo, pues en marzo de 1892 se arrestó a unas ciento sesenta personas más, en su mayoría jóvenes entre veinte y treinta años, como miembros de la misma. Su jefe era un hombre de sesenta años, que había pasado unos veinticinco en galeras por delitos penales. Sus seguidores eran todos culpables de diversos crímenes, como robos, agresiones y otros actos de violencia. Fueron, por supuesto, sentenciados a distintas penas de prisión; pero la Sociedad de la Mala Vita aún existe.

VI. La Mafia

327. *El Código de Honor de la Mafia.* Se trata de una sociedad siciliana que puede describirse brevemente como otra Camorra, ya que sus fines y prácticas son similares a los de la asociación napolitana, aunque con una fuerte mezcla de bandidaje y sed de sangre. La sociedad posee un código regular de leyes, llamado *Omertà,* según el

cual todo miembro debe vengar por sí mismo cualquier ofensa recibida, pues no la justicia, sino los vivos, deben vengar a los muertos; de ahí las leyes de la *vendetta.* Ningún miembro debe declarar ante un tribunal contra un criminal, sino que, por el contrario, debe ocultarlo y protegerlo.

Los candidatos son admitidos tras una prueba por duelo; los miembros se dividen entre quienes están simplemente bajo la protección de la Mafia y aquellos que son miembros activos, participando en los beneficios procedentes del contrabando y la extorsión ejercida sobre propietarios de tierras y arrendatarios. Ninguna persona culpable, según el juicio de la Mafia, de conducta deshonrosa -como testificar ante un tribunal, dar información a la policía, robar carteras o mostrar cobardía- puede ser admitida como miembro. Los afiliados se llaman a sí mismos *giovani d'onore,* jóvenes de honor. Poseen signos secretos, palabras clave y otros medios de reconocimiento que, hasta la fecha, han conseguido mantener ocultos al conocimiento del mundo exterior.

Como la Camorra, la Mafia está representada en todas las clases sociales. Se pasea con sombrero de copa, levita negra y guantes de cabritilla; o se oculta en antros frecuentados por falsificadores, rufianes o proxenetas. Por lo general, cuando se arresta a un asesino o ladrón, el director de la prisión recibe un aviso de que el detenido es un mafioso, y en consecuencia se le trata con deferencia. El juez recibe un documento en plena audiencia, y de algún modo el acusado debe ser absuelto por falta de pruebas; los jurados, por norma, se niegan a condenar. Cuando en 1885 se debatieron las actividades de la Mafia en el Parlamento italiano, se presentaron pruebas de que la sociedad tenía representación en la antesala del procurador general de Palermo; más aún, el propio comandante de las tropas reales, designado por el rey para erradicar la secta, fue acusado directamente en la Cámara italiana de actuar en connivencia con la Mafia, si es que él mismo no era ya un mafioso. Las tormentosas discusiones que siguieron no condujeron a nada, y la Mafia continuó su actividad en la desdichada Sicilia.

328. *Origen de la Mafia.* El origen de la Mafia debe buscarse en las antiguas condiciones políticas de la isla. Desde mediados del siglo pasado, cuando Sicilia se unió a Nápoles formando el reino de las Dos Sicilias, la isla quedó bajo el gobierno -o más bien desgobierno- de virreyes. Los pocos años de la Primera República y del Primer Imperio francés constituyeron una excepción, durante los cuales la corte de Nápoles, expulsada por Napoleón, se refugió en Sicilia bajo

la protección de Inglaterra, que envió un ejército bajo el mando de Lord Bentinck y una escuadra comandada por Nelson para mantener alejados a los franceses de la isla.

Existía entonces en Sicilia una numerosa clase de vasallos armados, dependientes y sirvientes al servicio de la nobleza feudal, el clero y los grandes terratenientes. El rey de Nápoles, habiendo concedido -por consejo o más bien por imposición de Inglaterra- una constitución a los sicilianos, se vio obligado a abolir todos los derechos feudales. Los antiguos vasallos y sirvientes, en su mayoría hombres temerarios y sin escrúpulos, se convirtieron casi todos en bandoleros, a quienes el monarca borbónico no tenía medios efectivos para reprimir. Por ello, con el fin de restablecer un mínimo de orden y seguridad en la isla, tomó a los jefes de estos bandidos a su servicio y organizó a las bandas en *compagnie d'armi*, o gendarmería rural, que, sin embargo, al tiempo que fingían prevenir robos y extorsiones, cometían ellos mismos tales crímenes. Alcanzaron un gran poder, afiliando nuevos miembros cada día.

Los habitantes respetables, para evitar exponerse a los riesgos de la *vendetta*, se sometían silenciosamente a las exacciones de la sociedad; las clases bajas y sin educación comenzaron a verla como una fuerza temible, superior al propio gobierno, y terminaron por considerarlo un honor -como en efecto lo era una ventaja- ser admitidos entre sus filas. Las causas de la persistencia de la Mafia pueden encontrarse en las minas de azufre del norte de Sicilia y en las condiciones agrícolas de toda la isla. Decenas de miles de obreros de ambos sexos y de todas las edades trabajan en dichas minas, en condiciones de extrema pobreza y esfuerzo constante, peligroso e incesante. En las regiones agrícolas, el campesinado es oprimido por los *gabellotti* o intermediarios, que arriendan las propiedades de los grandes terratenientes y las subarriendan en pequeñas parcelas a precios exorbitantes a los labriegos, quienes, incapaces de subsistir con lo que producen, se ven empujados al crimen.

El verdadero centro de la Mafia es la comarca de Palermo; nadie puede alejarse una milla de las puertas de la ciudad sin correr el riesgo de ser asaltado o asesinado. En septiembre de 1892 fueron arrestados unos ciento cincuenta de estos malhechores en Catania, demostrando la mayoría, al ser examinados, ser reincidentes conocidos. La *Mano Fraterna*, otra asociación secreta descubierta en Sicilia en 1883, fue un desprendimiento de la Mafia, aunque sus miembros repudiaban la idea de ser ladrones o extorsionadores; se autodenominaban los instrumentos de la *vendetta* universal.

329. *Origen del término Mafia.* ¿Cuál es el significado de la palabra Mafia y de dónde procede? Se atribuye la invención del término a Mazzini; ciertamente era desconocido antes de 1859 o 1860, época en la que dicho agitador apareció en Sicilia. Es bien sabido que Mazzini no tenía fe en ninguna clase social salvo en sus estratos más bajos, y el hecho de que organizara a los vagabundos y ladrones que entonces pululaban por toda Sicilia en una sociedad secreta propia parece estar sólidamente respaldado por los hechos. Se alega que primero formó una sociedad secreta llamada *Oblonica,* palabra que él mismo acuñó a partir de los términos latinos *obelus* (una lanza) y *nico* (hago señas), los cuales, al unirse y contraerse, se transformaron en *oblonica,* es decir, «hago señas con una lanza»; entendiendo «lanza» en el sentido de daga -como sin duda lo interpretaba la secta- el sentido sería: «hago señas, o amenazo, con una daga», que era la ocupación habitual de los vagabundos reclutados por Mazzini.

Pero dentro de esa secta formó otra aún más secreta, cuyos miembros eran llamados *Mafiusi,* del término *Mafia,* que estaría compuesto por las iniciales de cinco palabras: *Mazzini autorizza furti, incendi, avvelenamenti* («Mazzini autoriza robos, incendios y envenenamientos»). Y los *Mafiusi* solían llamar a estos crímenes sus *pavi,* es decir, su «pan», ya que de ellos vivían.

330. *La mafia en Estados Unidos.* En octubre de 1890, el señor David Hennessy, jefe de policía de Nueva Orleans, fue asesinado. La investigación legal posterior demostró que el crimen había sido obra de la Mafia, introducida en Nueva Orleans unos treinta años antes. En mayo de 1890, una banda de italianos residentes en la ciudad emboscó a otro grupo perteneciente a una sociedad distinta llamada *toppaghera,* a los que acribillaron a balazos, dejando seis muertos y heridos. Las autoridades decidieron entonces tomar medidas extremas para poner fin a la *vendetta,* que ya había ocasionado más de cuarenta asesinatos entre italianos y sicilianos en Nueva Orleans.

Seis personas fueron arrestadas y juzgadas, pero durante el proceso todos los testigos fueron asesinados. Aun así, los acusados fueron condenados, aunque su defensa consiguió una orden para un nuevo juicio, que seguía pendiente cuando el jefe Hennessy fue asesinado. Él había investigado a fondo las actividades de las sociedades enfrentadas y poseía información que, se pensaba, podría conducir a la condena de los asesinos. Había recibido frecuentes advertencias para que se cuidara de posibles atentados, y durante algún tiempo se desplazó con escolta día y noche. Sin embargo, el domingo anterior al crimen, despidió a su guardia creyendo que ya no era necesaria.

El miércoles siguiente, a medianoche, salió de la jefatura de policía rumbo a su casa. Llovía y estaba muy oscuro, pero como el trayecto era corto, Hennessy decidió ir caminando. Al girar la esquina de las calles Basin y Girod, donde una lámpara eléctrica proyectaba una luz intensa, una ráfaga de disparos fue dirigida contra él desde un pasadizo cercano. Aunque gravemente herido, Hennessy logró girarse, sacar su revólver y vaciarlo hacia la entrada oscura del callejón. En total se intercambiaron más de veinte disparos. Un agente que estaba en la esquina opuesta corrió en su auxilio y recibió un disparo en la cabeza. Hennessy, tras agotar su munición, cayó al suelo por la pérdida de sangre. En ese momento, cuatro de sus asesinos salieron del pasadizo y huyeron por la calle, mientras otros cuatro escapaban en dirección contraria. En su fuga, los asesinos dejaron caer tres armas: eran mosquetes recortados detrás del gatillo y con las culatas articuladas, de modo que podían doblarse y guardarse en el bolsillo. Este tipo de armas solo era utilizado por delincuentes italianos y sicilianos.

Once sicilianos fueron arrestados como sospechosos; y, según confesó uno de ellos, el asesinato de Hennessy fue decidido en una reunión secreta celebrada el sábado anterior. Diez miembros fueron escogidos por sorteo para ejecutar el crimen.

A pesar de las pruebas abrumadoras contra los acusados, el jurado, intimidado por amenazas de asesinato provenientes de los compatriotas de los implicados, absolvió a seis de ellos, alegando el beneficio de la duda. No obstante, se formularon nuevos cargos contra los absueltos, que fueron devueltos a la cárcel del condado. Pero el 14 de marzo de 1891, una multitud se congregó ante la estatua de Clay, donde un ciudadano llamado Parkerson pronunció un discurso denunciando el veredicto del jurado. Bajo su liderazgo, unas dos mil personas, armadas con fusiles y revólveres, asaltaron la cárcel, donde los acusados -diecinueve en total- aún permanecían detenidos. La turba sacó a los prisioneros de sus celdas y linchó a once de ellos, colgándolos o disparándoles.

Al día siguiente, varias instituciones como la Bolsa, la Junta de Comercio, el Consejo del Algodón y otros organismos públicos aprobaron resoluciones lamentando, pero al mismo tiempo justificando como necesarias, las acciones de la muchedumbre que había tomado la cárcel y ejecutado a los once italianos. Entre los linchadores se contaban algunas de las personas más prominentes de la ciudad, y la convocatoria que derivó en la masacre de los prisioneros fue firmada por profesionales, editores, comerciantes y funcionarios públicos.

Estos hechos provocaron una breve tensión diplomática entre los gobiernos de Italia y Estados Unidos, pero, afortunadamente para ambos países, la intervención diplomática logró apaciguar y finalmente disipar el conflicto. Desde entonces, la Mafia no se ha atrevido a reaparecer en Nueva Orleans, aunque se presume que sigue ejerciendo su perniciosa influencia en secreto. Y esa influencia fue en su momento muy fuerte, incluso entre los sectores respetables de la comunidad, que temían más a la Mafia que los delincuentes a la ley. La mayoría de los mafiosos italianos vivían del crimen, mientras que aquellos que se dedicaban a algún oficio honesto eliminaban a la competencia mediante amenazas de asesinato.

Cada vez que un miembro de la Mafia era juzgado por algún delito, uno o varios miembros del jurado recibían advertencias escritas y selladas de parte de la sociedad, intimidándolos para evitar un veredicto de culpabilidad. Probablemente el problema no haya terminado; pues la acción gubernamental para suprimir la organización, por otro lado, despierta la solidaridad entre los italianos, y muchos que antes no contribuían ni simpatizaban con la Mafia, ahora colaboran generosamente.

VII. Mendigos, vagabundos y ladrones

331. *Lenguajes y signos*. Los vagabundos incluidos en estas denominaciones formaban ocasionalmente asociaciones que no eran estrictamente secretas, pero sí cohesionadas por lenguajes y signos secretos, adoptados con un objeto común, como ocurre hoy con los jesuitas, como hacían los Garduña, las bandas de Schinderhannes a finales del siglo pasado y principios del actual, y como hacen los bandidos y ladrones modernos. En la Edad Media, Francia estaba infestada por una banda de mendigos itinerantes, generalmente conocidos como «truands», de donde proviene nuestra palabra «truhán». Tenían su propio rey, un código de leyes establecido y un lenguaje peculiar, probablemente inventado por algunos jóvenes depravados que, habiendo abandonado sus estudios, se unieron a los vagabundos. Con el tiempo, esta lengua pasó a llamarse «argot», término que quizá derive del griego para «ocioso», «holgazán», y los truands fueron entonces conocidos como argotiers. Cartouche (nacido en 1693, ejecutado en la rueda en 1721), el famoso ladrón, también organizó su banda como una asociación, con un lenguaje y leyes propias.

En Inglaterra, el argot de mendigos y ladrones es conocido como «cant» o «francés de buhoneros»; los caldereros poseen un lenguaje particular, pero ampliamente comprendido y hablado por la mayoría de los vagabundos y trotamundos reincidentes. Es conocido como «shelta», es celta puro, pero completamente separado de otras lenguas. En francés se llama argot, en alemán *rothwelsch*, en italiano *gergo*, en español germanía, en checo *hantýrka*, en portugués *calão*. Los ladrones y bandidos circasianos utilizan una lengua secreta conocida como *schakopse* y *forschipse*. Entre los asiáticos existe un lenguaje cifrado llamado *balaibalan*, compuesto principalmente de palabras árabes, persas y turcas corrompidas.

Los vagabundos que rondan a los hotentotes usan una jerga llamada Cuze-cat. El dialecto vulgar del Levante es conocido como Lingua franca, o italiano bastardo, mezclado con griego moderno, alemán, español, turco y francés. El argot europeo se compone en gran parte de jerga hebrea y gitana, junto con términos tomados -y generalmente deformados y desvirtuados- de las lenguas de los países de origen de quienes lo hablan. Las palabras del argot suelen basarse en metáforas y alusiones fantasiosas, y a menudo demuestran gran ingenio, agudeza, incluso fantasía poética, como cuando los ladrones franceses llaman «arpa» a las rejas de hierro de las ventanas de sus celdas.

Ciertas formas de superstición son comunes entre los vagabundos de los países más distantes, y muchas de estas creencias son tan curiosas como repulsivas. Los ladrones y mendigos se reconocen mediante ciertos signos, como colocar los dedos formando la letra C del alfabeto para sordomudos, cerrar un ojo y bizquear con el otro al mirar a un supuesto compañero. Los vagabundos que van de expedición mendicante informan a sus compañeros de los resultados de visitas a casas o pueblos mediante señales de tiza en paredes o jambas, cortes en árboles o marcas sobre la nieve.

La hermandad de mendigos tiene su santo patrón, san Martín, nacido hacia el año 316, que fue primero soldado y luego sacerdote. Siendo soldado, se topó con un mendigo casi desnudo en la puerta de la catedral de Amiens. De inmediato desenvainó su espada y, cortando su capa por la mitad, dio una parte al mendigo; de ahí su elección como patrono. Pero los mendigos que son, o se hacen pasar por, lisiados reconocen como patrón a san Gil.

La hermandad de ladrones no es fraternal en su trato personal; prefieren trabajar solos o, como mucho, en parejas. Pero tienen su lenguaje y signos secretos, que varían en cada país, aunque ocasionalmente se introducen términos extranjeros; así, argot, el término francés para «jerga», es una palabra que los ladrones londinenses emplean para designar su propio lenguaje secreto. Algunas de sus expresiones son curiosas: «robo de gato y gatito» significa el robo de jarras de litro y medio litro; «chariot buzzing» es robar carteras en un ómnibus; un «diver» es un carterista. ¿Por qué llaman a la rueda de molino («treadmill») «escarabajo»? ¿De dónde viene «flummuxed» -condenado con seguridad a un mes de prisión?

332. *Ladrones italianos y alemanes*. Entre las bandas organizadas de ladrones, los bandidos de Italia son los más conocidos. La banda dirigida por Schinderhannes, ya mencionada, existió a finales del siglo pasado y comienzos del actual en ambas orillas del alto Rin; fue desmantelada con la ejecución de su líder y dieciocho de sus compañeros en noviembre de 1803. Una banda muy numerosa de ladrones, por la misma época, infestaba los alrededores de Aquisgrán, y era conocida como la banda de Mersen, un pequeño pueblo cercano a Eupen, que servía como su cuartel general. Pero eran comúnmente conocidos por el apodo de «jinetes de cabras», porque la superstición de la época suponía que cabalgaban sobre cabras -diablos disfrazados- cuando salían en expedición de robo.

Su jefe secreto era un tal Kirchhof, cirujano y administrador del monasterio de Herzogenrode (?), quien hacia el año 1804 fue arrestado, juzgado en el propio monasterio y murió bajo tortura. De la banda, hacia esa misma época, catorce fueron ahorcados en Alemania y Holanda, dieciocho murieron en la guillotina en Francia; el resto escapó y se unió a otras bandas, o fueron capturados posteriormente de forma aislada. Kirchhof obligaba a sus seguidores mediante un contrato formal a guardar firmemente el secreto, y a llevarlo consigo a la tumba antes que revelarlo por cobardía o traición. Quien lo hiciera debía ser asesinado con todos los tormentos imaginables. Y no se trataba de una amenaza vacía. Christopher Pfister, por ejemplo, fue atacado por su compañero Hannickel por una supuesta traición, quien le rompió todos los huesos, le cortó la nariz y el labio superior, y le vertió agua sucia para aumentar sus sufrimientos. Podrían mencionarse muchos actos de venganza similares e incluso más crueles. Pero ¿qué otra cosa podía esperarse de semejantes parias de la sociedad, cuando jueces instruidos competían entre sí por infligir los tormentos más espantosos a sus prisioneros? En 1719, una banda sacrílega de ladrones judíos fue, según reporta el juez criminal Schulin, «cómodamente» torturada haciendo que cada hombre fuese atado a un banco junto a una estufa al rojo vivo, obligado a comer pescado extremadamente salado para padecer los mayores tormentos de la sed, y si se dormía, se le pinchaba con varas de hierro afiladas. «Esta es una buena forma de llegar a la verdad», afirma complacido el juez.

VIII. Los jesuitas

333. *Razones para calificar al jesuitismo como secreto y antisocial.* Los jesuitas pueden clasificarse entre las asociaciones secretas y antisociales, porque, ya sea bajo nombres falsos, se infiltran en países donde están prohibidos, o bien se mantienen en ellos. Así, cuando fueron expulsados de Francia por Napoleón, continuaron existiendo allí bajo diversos alias como «Asociados del Corazón de Jesús», «Víctimas del Amor de Dios», «Padres de la Fe»; la Sociedad de las «Damas del Sagrado Corazón» y la «Congregación de la Sagrada Familia» eran jesuitas femeninas disfrazadas.

También se les puede considerar como tales porque con frecuencia actúan junto con sociedades realmente secretas, o se confabulan con ellas, y porque en todas partes del mundo han contado siempre con un vasto número de afiliados, que, aunque no pertenecen abiertamente a la Orden, están obligados a propagar sus principios y proteger sus intereses -hombres a los que en francés se les llama *jesuites de robe courte* (jesuitas de sotana corta).

El jesuitismo es antisocial, porque su único objetivo es el engrandecimiento propio, mediante la oposición al progreso de la libertad civil y religiosa; al intentar suprimir el avance de la ciencia literaria, industrial y social; en resumen, tratando de llevar a los hombres:

> A un estado de abnegación,
> Que los convierta en herramientas dóciles;

En suma, reducirlos a un puñado de necios.

334. *¿Analogía entre el jesuitismo y la masonería?* Existe una considerable analogía y similitud entre los grados masónicos y jesuíticos. Los jesuitas pisan el zapato y desnudan la rodilla, porque Ignacio de Loyola se presentó así en Roma y pidió la confirmación de la Orden. Las iniciales de las contraseñas masónicas corresponden exactamente a las de los oficiales jesuitas: *Temporalis* (Tubalcain); *Scholasticus* (Shibboleth); *Coadjutor* (Ch (g) iblum); *Noster* (Notuma). Podrían establecerse muchas otras analogías. No satisfechos con la confesión, la predicación y la instrucción, con las que habían adquirido una influencia sin parangón, formaron en Italia y Francia,

en 1563, varias «Congregaciones», es decir, reuniones clandestinas celebradas en capillas subterráneas y otros lugares secretos. Los congregacionistas tenían una organización sectaria, con catecismos y manuales apropiados, que debían entregarse antes de morir, por lo que se conservan muy pocos ejemplares. En la Biblioteca Nacional de la calle Richelieu de París hay un manuscrito titulado *Histoire des Congregations et Sodalites jesuitiques depuis (1563) jusqu'au temps present* (1709).

335. *Iniciaciones.* De esta y otras obras se pueden deducir algunas de las ceremonias con las que se iniciaba a los aspirantes en la Orden. Habiendo conseguido convertirse en educadores de la juventud en casi todos los países católicos, los jesuitas podían moldear las mentes jóvenes de acuerdo con sus fines secretos. Si, tras varios años, detectaban en el alumno una fe ciega y fanática, unida a un pietismo exaltado y un valor indomable, entonces procedían a iniciarlo; en caso contrario, era excluido. Las pruebas duraban veinticuatro horas, para lo cual el candidato era preparado mediante un largo y severo ayuno que, al debilitar sus fuerzas físicas, inflamaba su imaginación; justo antes de la prueba se le administraba una potente bebida. Entonces comenzaba la escena mística: apariciones diabólicas, evocación de los muertos, representaciones de las llamas del infierno, esqueletos, calaveras móviles, truenos y relámpagos artificiales, en fin, todo el aparato y parafernalia de los antiguos misterios. Si el neófito, que era observado cuidadosamente, mostraba miedo o terror, permanecía para siempre en el grado inferior; pero si soportaba bien la prueba, se le ascendía a un grado superior.

Había cuatro grados. El primero consistía en los coadjutores temporales, que realizaban el trabajo manual y los deberes meramente serviles de la Orden. El segundo comprendía a los escolásticos, de entre los cuales se escogía a los profesores de juventud. El tercero estaba compuesto por los coadjutores espirituales, título que se otorgaba a los miembros que tomaban los tres votos de la Sociedad. Los profesos formaban el cuarto y más alto grado; solo ellos eran iniciados en todos los secretos de la Orden.

En la iniciación al segundo grado, debían soportarse nuevamente las mismas pruebas, pero en una escala mayor. El candidato, nuevamente preparado por largos ayunos, era conducido con los ojos vendados a una gran caverna, que resonaba con aullidos y rugidos salvajes, la cual debía atravesar recitando al mismo tiempo oraciones especialmente designadas para la ocasión. Al final de la cueva debía arrastrarse a través de una estrecha abertura, y mientras lo hacía, una mano invisible le retiraba la venda de los ojos, encontrándose entonces en una mazmorra cuadrada cuyo suelo estaba cubierto con un paño mortuorio, sobre el cual había tres lámparas que arrojaban una débil luz sobre calaveras y esqueletos dispuestos alrededor. Esta era la Cueva de la Evocación, la Cámara Negra, tan famosa en los anales de los Padres, y cuya existencia ha sido repetidamente confirmada mediante investigaciones judiciales ante tribunales seculares.

Allí, entregado a la oración, el neófito pasaba un tiempo durante el cual los sacerdotes, sin que él lo supiera, observaban todos sus movimientos y gestos. Si su comportamiento era satisfactorio, de repente se presentaban ante él dos hermanos, representando a arcángeles, sin que él pudiera saber de dónde habían salido -se logra mucho con trampillas bien ajustadas y engrasadas-, y en absoluto silencio le ataban la frente con una banda blanca empapada en sangre y cubierta de jeroglíficos. Luego le colgaban al cuello un pequeño crucifijo y una bolsita que contenía reliquias, o lo que hacía sus veces. Finalmente, le quitaban toda la ropa, la cual arrojaban a una pira en un rincón de la cueva, y marcaban su cuerpo con numerosas cruces trazadas con sangre.

En ese momento entraba el hierofante con sus asistentes, y tras envolver con tela roja el torso del candidato, los hermanos, vestidos con prendas manchadas de sangre, se colocaban a su lado y, desenvainando sus dagas, formaban un arco de acero sobre su cabeza. Luego se extendía una alfombra en el suelo, todos se arrodillaban y oraban durante aproximadamente una hora, tras lo cual se encendía en secreto la pira; la pared del fondo de la cueva se abría, el aire resonaba con cantos, a veces alegres, a veces lúgubres, y una larga procesión de espectros, fantasmas, ángeles y demonios desfilaba ante el neófito, como los figurantes en una pantomima.

Mientras esta farsa se desarrollaba, el candidato pronunciaba el siguiente juramento:

> En el nombre de Cristo crucificado, juro romper los lazos que aún me unen a padre, madre, hermanos, hermanas, parientes, amigos; al rey, a los magistrados y a cualquier otra autoridad a la que haya prestado fidelidad, obediencia, gratitud o servicio. Renuncio... al lugar de mi nacimiento, para existir desde ahora en otra esfera. Juro revelar a mi nuevo superior, a quien deseo conocer, lo que haya hecho, pensado, leído, aprendido o descubierto, y observar y vigilar todo lo que caiga bajo mi atención. Juro entregarme por completo a mi superior, como si fuese un cadáver, desprovisto de vida y volun-

> tad. Juro finalmente huir de la tentación y revelar todo lo que logre descubrir, bien consciente de que el rayo no es más rápido ni certero que la daga para alcanzarme dondequiera que me halle.

El nuevo miembro, tras haber prestado este juramento, era conducido a una celda vecina, donde tomaba un baño y era vestido con ropas nuevas de lino blanco. Finalmente, se reunía con los demás hermanos en un banquete, donde podía compensar con buena comida y vino su prolongada abstinencia y los horrores y fatigas que acababa de atravesar.

336. *La bendición del puñal.* La bendición del puñal era una ceremonia que se realizaba cuando la sociedad consideraba necesario, para sus intereses, asesinar a algún rey, príncipe u otra persona importante. Junto a la Cámara Oscura solía haber una pequeña celda llamada «Celda de Meditación». En el centro de esta se alzaba un pequeño altar sobre el que se colocaba una pintura cubierta por un velo, rodeada de antorchas y lámparas, todas de color escarlata. Allí recibía sus instrucciones el hermano que la Orden deseaba preparar para la obra de sangre.

Sobre una mesa se encontraba un cofre cubierto de extraños jeroglíficos y con la representación de un Cordero sobre su tapa. Al abrirlo, se hallaba en su interior un puñal envuelto en un paño de lino, que uno de los oficiales de la sociedad sacaba y entregaba al hierofante, quien, tras besarlo y rociarlo con agua bendita, lo pasaba a uno de los diáconos. Este lo fijaba como una cruz a un rosario y, colgándoselo al cuello al alumno, le informaba que era el Elegido de Dios y le indicaba la víctima que debía abatir.

Entonces se recitaba una oración pidiendo el éxito de la empresa, con las siguientes palabras:

> Y Tú, Dios invencible y terrible, que resolviste inspirar a nuestro Elegido y Siervo el proyecto de exterminar a N.N., tirano y hereje, fortalécelo, y perfecciona la consagración de nuestro hermano mediante la ejecución exitosa de la gran Obra. Multiplica, oh Dios, por cien su fuerza, para que pueda cumplir esta noble empresa, y protégelo con la poderosa y divina armadura de Tus Elegidos y Santos. Derrama sobre su cabeza el valor audaz que desprecia todo temor, y fortifica su cuerpo en el peligro y frente a la misma muerte.

Después de esta oración, se retiraba el velo que cubría la pintura del altar, y el elegido contemplaba el retrato del dominico Jacques Clément, rodeado por una multitud de ángeles que lo llevaban en alas al cielo. Y el diácono, colocando sobre la cabeza del hermano elegido una corona simbólica de la celestial, añadía: «Dígnate, Señor de los Ejércitos, posar una mirada propicia sobre el siervo que has escogido como Tu brazo y para la ejecución de los altos decretos de Tu eterna justicia. Amén».

Entonces aparecían nuevas visiones disolventes de fantasmas, espectros, esqueletos, apariciones, ángeles y demonios, y la farsa, que pronto habría de culminar en tragedia, se daba por concluida.

Los jesuitas defendieron abiertamente el tiranicidio cuando el tirano se oponía a ellos. Incluso aquel jesuita e inquisidor de corazón blando, Bellarmino, que no permitía matar a los parásitos porque esta vida era la única que poseían, escribió un libro para demostrar que los herejes merecían la muerte; también defendía la doctrina del tiranicidio.

337. *Iniciaciones similares entre monjes.* Cabe señalar aquí, incidentalmente, que el candidato a la iniciación en otras órdenes monásticas debía atravesar pruebas similares. El novicio que iba a ingresar en la orden de los dominicos debía pasar un tiempo en la Cueva de la Salvación (el «pastos» de los antiguos Misterios y de los masones), donde era rodeado por monstruos horribles, bestias de aspecto feroz y monjes esqueléticos que proferían alaridos salvajes y amenazantes; finalmente era transportado dentro de un ataúd.

El padre Antonio, que hacia 1820 fue elegido prior de los Jerónimos en Madrid, declaró que, aunque prefería ser prior de su convento a grande de España de primera clase, habría renunciado a esa dignidad si para obtenerla hubiera debido pasar de nuevo por las pruebas de iniciación. Afirmaba que, en lugar de llamarse Cueva de la Salvación, aquel lugar de iniciación debería llamarse Cueva del Infierno. «Si creyera en el diablo», añadió, «estaría seguro de haberlo visto, con toda su comitiva de demonios e íncubos».

338. *Instrucciones secretas.* Bastará con dar los títulos de los capítulos que componen el libro *Secreta Monita*, o *Instrucciones secretas de la Compañía de Jesús*». El prólogo advierte expresamente a los superiores que no permitan que caiga en manos de extraños, pues podría darles una mala opinión de la Orden. Los capítulos llevan los siguientes títulos:

1. Cómo debe proceder la Compañía al fundar un nuevo establecimiento.
2. Cómo pueden los Hermanos de la Compañía adquirir y conservar la amistad de príncipes y otros personajes distinguidos.

3. Cómo debe conducirse la Compañía con aquellos que poseen gran influencia en un estado; y que, aunque no sean ricos, pueden ser útiles a otros.
4. Consejos a los predicadores y confesores de reyes y grandes personajes.
5. Qué conducta observar hacia el clero y otras órdenes religiosas.
6. Cómo ganarse a las viudas ricas.
7. Cómo retener a las viudas y disponer de sus bienes.
8. Cómo inducir a los hijos de viudas a adoptar una vida de retiro religioso.
9. Sobre el aumento de los ingresos de los colegios.
10. Sobre el rigor privado de la disciplina que debe observar la Compañía.
11. Cómo deben conducirse los nuestros hacia aquellos que han sido expulsados de la Compañía.
12. A quiénes conservar y valorar dentro de la Compañía.
13. Cómo seleccionar a los jóvenes para su admisión en la Compañía, y cómo retenerlos en ella.
14. Sobre los casos reservados y las razones para expulsar de la Compañía.
15. Cómo comportarse con las monjas y mujeres devotas.
16. Cómo fingir desprecio por las riquezas.
17. Medios generales para promover los intereses de la Compañía.

339. *Autenticidad del «Secreta Monita» Demostrada.* Los jesuitas niegan la autenticidad de esta obra, pero nunca han logrado refutar la historia de su descubrimiento, la cual es la siguiente. Cuando la Compañía fue suprimida por Clemente XIV en 1773, poseía en los Países Bajos, entre otras propiedades, un colegio en Ruremonde. El gobierno había designado una comisión para liquidar los asuntos de la Compañía, y el consejero Zuytgens fue nombrado expresamente en Ruremonde para redactar el inventario; pero, al ser sospechoso de haber sustraído ciertos documentos en favor de los Padres, recibió una orden perentoria para remitir todos los papeles hallados. Entre ellos se descubrió el manuscrito del *Secreta Monita.* La prueba de esto puede verse en el «Protocolo de las actuaciones de la Comisión designada a raíz de la supresión de la Compañía de Jesús en los Países Bajos», el cual se encuentra depositado en los archivos de Bruselas.

El manuscrito mencionado fue cotejado y se comprobó que coincidía con otro manuscrito en latín dejado por el padre Berthier, último bibliotecario de la Compañía en París antes de la Revolución.

También concuerda con la edición del *Monita* impresa en Paderborn en 1661.

340. *Moral jesuítica*. Y aun si estas *Monita* no hubieran sido redactadas por un jesuita, reflejan sin embargo plenamente los principios sobre los cuales, como sabemos por la historia, la Compañía ha actuado siempre, y que todo tipo de engaño, asesinato, regicidio, envenenamiento, seducción, crímenes contra natura, expolio y perjurio han sido constantemente practicados y aprobados por ellos, siempre que ello pudiera promover sus propios fines, *ad majorem Dei gloriam*.

Cuando, en 1760, los jesuitas, como consecuencia de la bancarrota de Lavalette -miembro de la Compañía-, se vieron obligados a presentar sus *Constituciones*, se encontraron en ellas doctrinas como las siguientes. Según el padre Taberna, jesuita: «Si un juez ha recibido dinero para emitir un juicio injusto, es probable que deba quedarse con el dinero; pues este es el juicio de cincuenta y ocho doctores jesuitas».

A la pregunta de en qué ocasión puede un monje dejar de usar el hábito sin incurrir en excomunión, responde: «Puede dejarlo si es con un propósito que cause vergüenza; por ejemplo, para ir de incógnito a lugares de desenfreno».

Emmanuel Sá, otro maestro jesuita, afirma: «Las promesas no obligan si, al hacerlas, no se tenía intención de cumplirlas». «Puede tanto una mujer como un hombre aceptar y solicitar pago por el uso vergonzoso del cuerpo, y quien lo haya prometido está obligado a pagarlo».

«Los hijos cristianos», dice Fagúndez, «pueden acusar a sus padres de herejía, aunque sepan que serán quemados».

Un ejemplo bastante reciente de moral jesuítica puede cerrar estas citas. En 1852, los jesuitas de la rue de Sèvres, en París, habían decidido construir una espléndida capilla gótica en sus terrenos. Un día se quedaron sin dinero; ya se habían intentado todos los medios posibles para recaudar fondos, cuando uno de los padres -el más joven, el más solicitado en el noble *faubourg*, el confesor más popular- propuso una rifa, siendo él mismo el premio. Escribió cien boletos y dio a conocer discretamente que la penitente que tuviera el número ganador dispondría del padre Lefvre durante tres días a su antojo. Las damas se disputaron los boletos y, pese a las burlas y sarcasmos de escépticos y herejes, la capilla se completó.

La historia pública de los jesuitas, que revela un sistema de depravación jamás igualado, no entra dentro del alcance de esta obra; pero así como nuestro gobierno se esfuerza por exterminar a los dinamiteros, así, en opinión de muchos, debería aplastar a la fraternidad jesuítica, la «Internacional Negra», como ha sido justamente llamada.

IX. Los Skopzi

341. *Diversas sectas rusas*. Así como Rusia ha sido siempre un foco de sociedades secretas de carácter político, también ha estado invadida desde antiguo por sectas religiosas secretas. Entre estas podemos mencionar a los *Soshigateli*, o *autoinmoladores*, quienes consideran la muerte voluntaria por fuego como el único medio de purificación de los pecados y de la corrupción del mundo. Abundan en Siberia; en los últimos veinte años, grupos de estos fanáticos, compuestos por quince, veinte, cincuenta e incluso cien hombres y mujeres, se han quemado vivos en grandes fosas o edificios solitarios llenos de maleza. Hacia el año 1867, se estima que no menos de mil setecientos optaron voluntariamente por la muerte en el fuego cerca de Tiumén, en los montes Urales orientales.

Otra secta de tendencias similares, los *Morelstschiki*, o *autosacrificadores*, prefieren el hierro al fuego y consideran un deber religioso matarse unos a otros. En 1868, un sacrificio místico de este tipo tuvo lugar en la finca de un tal señor Gurieff, a orillas del Volga, cuando cuarenta y siete hombres y mujeres se masacraron entre sí con dagas.

Otra secta desquiciada son los *Flagelantes*, cuyo fanatismo a veces se vuelve peligroso para otros miembros de la comunidad. En el verano de 1869, los Flagelantes de Balashov (gobierno de Sarátov), varios cientos en número, al regresar de un campo donde habían practicado sus ritos fanáticos, atacaron repentinamente a los espectadores y los golpearon con sus látigos y cuerdas con nudos hasta matar a varios de ellos. Otros fueron pisoteados hasta la muerte, y algunos más fueron empujados entre carretas cargadas de leña, a las que los fanáticos prendieron fuego, de modo que sus víctimas murieron asfixiadas y reducidas a cenizas.

342. *Los Skopzi*. Pero la secta que más atención ha atraído en la última generación es la de los *Skopzi* o *Castrados*; y mientras que las sectas mencionadas anteriormente están compuestas casi exclusivamente por fanáticos ignorantes y salvajes, los Skopzi cuentan entre sus miembros a hombres de cultura y posición relativamente elevada, como demostraremos más adelante.

La realidad supera a la ficción; nunca fue esto más evidente que en los hechos que salieron a la luz durante los diversos juicios que tuvieron lugar en distintas regiones de Rusia contra estos sectarios, en cuyos informes oficiales se basan nuestras afirmaciones, y cuyos elementos principales fueron publicados por el doctor E. Pelikan, consejero privado imperial ruso y presidente del Consejo Médico, quien conoció y examinó personalmente a muchos de los Skopzi. Su obra -tanto el texto como las láminas litográficas en color que la ilustran- constituye una colección de horrores que parecerían increíbles de no estar avalados por los procesos legales que los revelaron. En esta obra, naturalmente, resulta imposible entrar en los detalles terribles y espeluznantes registrados por el doctor Pelikan; debemos conformarnos con indicarlos de forma atenuada.

El *Skopzismo* ruso surgió alrededor de 1757 entre los seguidores de la secta de los Flagelantes, de quienes se sabe que existían en Rusia ya en el año 1733. La primera noticia que tuvo el gobierno ruso acerca de los Skopzi fue en 1771. Fueron descubiertos por primera vez en el actual gobierno de Orlóv. Un campesino llamado Andréi Ivanov fue condenado por haber persuadido a otros trece campesinos a mutilarse. Fue asistido por otro campesino, Kondrati Selivánov, nacido en la aldea de Stolbovo, en la provincia de Oriol. Se llevó a cabo una investigación legal en San Petersburgo, e Ivanov fue azotado con el *knut* y enviado a Siberia, donde probablemente murió. Su asistente, Selivánov, huyó al distrito de Tambov, donde, junto con otro compañero, Aleksandr Ivanov Shílov, propagó su doctrina; pero en 1775 fue capturado en Moscú, azotado y deportado a Siberia. Varios de sus seguidores fueron arrestados, flagelados y condenados a trabajos forzados en la fortaleza de Dortmund. A otros, menos implicados, se les permitió permanecer en sus hogares, pero se les prohibió estrictamente unirse o incitar a otros a unirse a la secta.

Pero estas medidas no detuvieron la propaganda. Por el contrario, el *Skopzismo* se expandió. Selivánov logró escapar de Siberia, pero fue capturado en Moscú en 1797, y por orden de Pablo I fue llevado a San Petersburgo, donde el emperador, tras conversar con él, ordenó que lo encerraran en un manicomio. Sin embargo, con la llegada al trono de Alejandro I -un místico débil de carácter y fuertemente influenciado por la aventurera baronesa Krüdener, quien consideraba a Selivánov un santo-, este hombre fue liberado del manicomio y vivió durante varios años con cierto esplendor en casas de sus admiradores. Fue especialmente protegido por el antiguo chambelán de la corte polaca, el consejero de Estado Alexéi Mijáilov Yelanski, quien era él mismo un *Skopzi* y operador.

343. *La leyenda de Selivanoff.* La casa que ocupaba Selivanoff era llamada por sus seguidores la «Casa de Dios», el «Sion Celestial», la «Nueva Jerusalén», pues creían que Cristo había reaparecido en la persona de Selivanoff, quien, afirmaban, era en realidad Pedro III, nacido de la virgen inmaculada que, como emperatriz, fue conocida como Isabel Petrovna. Esta emperatriz reinó solo durante dos años; luego transfirió el gobierno a una dama de la corte que se le parecía y, adoptando el nombre de Akulina Ivanovna, se retiró primero a la provincia de Oriol, donde vivió en casa del profeta Skopzi Filimón, y luego a Bélgorod, en la provincia de Kursk, donde, invisible tras un muro de jardín, disfrutaba aún en 1865 de la adoración de los fieles.

El «Redentor», como también llaman a Selivanoff sus adeptos, se supone que nació en Holstein; que al alcanzar la edad adulta se castró a sí mismo, practicó la operación en muchos otros, y realizó numerosos milagros. Llamado al trono, se vio obligado a casarse, pero su esposa, Catalina II, al despreciarlo a causa del «bautismo de fuego» al que se había sometido, intentó asesinarlo; el emperador, advertido de la conspiración, escapó vestido con el uniforme de un centinela, quien fue asesinado en su lugar. Aunque Catalina II supo del error, ordenó que el cuerpo del centinela fuera enterrado con honores imperiales. Pedro III desapareció, para reaparecer tiempo después bajo la identidad del campesino Selivanoff, con la cual continuó sus antiguas prácticas y convirtió a muchos. Lo acompañaba entonces Schiloff, a quien los Skopzi llaman el precursor del Redentor.

Pero finalmente el gobierno intervino; Selivanoff fue capturado, azotado con el *knut* y enviado a Siberia; Schiloff fue encarcelado en Riga. El libro de su «Pasión» nos dice además que el emperador Pablo I, al subir al trono y habiendo oído hablar de él, mandó traer a Selivanoff de regreso a Rusia, pues lo consideraba su padre, con intención de cederle la corona; pero cuando Selivanoff puso como condición para reconocerlo como hijo la automutilación, Pablo montó en cólera y ordenó que tanto Selivanoff como Schiloff –quien también había sido traído desde Riga– fueran encarcelados en la fortaleza de Schlüsselburg.

Bajo el reinado de Alejandro I, Selivanoff fue liberado, y tanto el emperador como su esposa se unieron a los elegidos. Selivanoff vivió en San Petersburgo, donde el Skopez Sladownikoff le proporcionó una elegante residencia, desde la cual convenció a muchos de que él era Cristo, el verdadero Dios. Pero finalmente el gobierno consideró necesario poner fin a los estragos del bautismo de fuego, y Selivanoff fue confinado en el monasterio de Suzdal.

Los Skopzi creen firmemente que aún está vivo, y que, llegado su momento, tomará posesión del trono de Rusia, tras lo cual la castración será universal. Pero como antes de la segunda venida del Redentor, según la creencia cristiana, ha de aparecer el Anticristo, los Skopzi sostienen que este ya ha aparecido en la persona de Napoleón, quien sería bastardo de Catalina II y del diablo, y que actualmente vive en Turquía, desde donde -convertido a la verdadera fe- vendrá también a Rusia como un Skopzi.

344. *Fundamento histórico de la leyenda.* La razón por la cual los Skopzi identifican al Redentor con Pedro III es la siguiente: Pedro III era nieto de Pedro I el Grande, e hijo del duque Carlos Federico de Holstein y de Ana Petrovna, hija de Pedro; ascendió al trono en 1762. Antes de su reinado, el «pueblo de Dios», especialmente los Flagelantes, fue cruelmente perseguido y torturado: se les arrancaban las lenguas y eran quemados vivos. Pero Pedro III, inmediatamente tras su acceso al trono, les concedió una amnistía completa y la más plena libertad religiosa. Por ello, lo consideraron su salvador, y siendo él una persona divina, no podía morir.

La verdadera razón por la cual fue asesinado -se dice que el conde Orloff lo estranguló con sus propias manos- fue el descontento de la emperatriz con las innovaciones que había introducido. Ascendió al trono el 5 de enero y fue asesinado el 14 de julio de 1762. La Akulina Ivanovna mencionada en la sección anterior, adorada como la madre de Dios y que fingía haber sido la emperatriz Isabel, era en realidad hija de padres humildes de la ciudad de Lebedján, en la provincia de Tambov; su verdadero nombre era Katassanova.

En el año 1820, Selivanoff fue trasladado desde Suzdal al monasterio de Spasso-Eufemio, donde murió en 1832 a una edad muy avanzada. Al mismo tiempo, muchos de los seguidores más fanáticos de la secta fueron encerrados en el monasterio de Sólovetski, entre ellos el capitán Skopez Ssonóvitch, quien, arrepentido de sus antiguas creencias, reveló al archimandrita de dicho monasterio los más profundos secretos de la doctrina Skopzi.

345. *Difusión de la secta.* Según los mapas preparados por el Dr. Pelikan, durante el periodo comprendido entre 1805 y 1839, el skopzismo predominó en la mayor parte de Rusia, con mayor intensidad en San Petersburgo, Kursk y la región del mar Negro. También existía en cierta medida en la zona del mar Blanco y en los Urales. Un notable aumento de la práctica tuvo lugar en Jersón y Crimea hacia el año 1822. Por esa misma época, muchos orfebres y plateros de San Petersburgo pertenecían a la secta.

Desde 1840 hasta 1859, el skopzismo pareció extinguirse en torno al mar Blanco y San Petersburgo, aunque en esta última ciudad seguía siendo tan frecuente como siempre. El emperador Nicolás adoptó medidas muy severas contra los sectarios, y muchos de ellos fueron desterrados a Siberia. Otros huyeron a los principados danubianos, estableciéndose en Galatz y Bucarest, aunque sobre todo en Jassy, donde se afirma que casi todos los cocheros pertenecen a la secta.

Entre 1860 y 1870, los Skopzi aumentaron considerablemente en número y se expandieron a regiones del imperio ruso donde antes apenas se los conocía, ya que son celosos proselitistas, aunque sólo admiten a rusos en la secta, ¿o será que no encuentran en ninguna otra nacionalidad a personas lo suficientemente locas como para someterse a sus ritos?

En 1865, los habitantes rusos de las costas del mar de Azov se quejaron amargamente de la expansión del skopzismo. Las investigaciones confirmaron los hechos: se descubrió a muchos hombres y mujeres mutilados. Los principales culpables, incluida la campesina Babanin, que presidía las reuniones de Skopzi en Militopol y era venerada como profetisa, fueron desterrados a Siberia. Pero pronto se descubrió que la sociedad del mar de Azov no era más que una rama de la secta. Su centro se encontraba en la ciudad de Morshansk, en la provincia de Tambov.

En la última noche del año 1869, según un relato que, a pesar de contener muchas exageraciones, tiene un sólido fundamento de verdad, el jefe de Policía de dicha ciudad se encontraba en una fiesta. Cerca de la medianoche fue llamado fuera del salón, y un sirviente del comerciante Ploticyn le entregó una carta en la que se solicitaba que tres mujeres que estaban detenidas pudieran quedar en libertad hasta la mañana, cuando regresarían a su prisión. En la carta venían incluidos diez mil rublos en billetes de banco. El jefe de Policía entregó la carta y los billetes al Departamento Criminal. Ploticyn fue arrestado, y al registrar su residencia se descubrió que consistía en un conjunto de casas con cuatro sótanos subterráneos, donde se halló un gran tesoro en efectivo y billetes -quizá por un valor de dos millones de rublos-, junto con una extensa correspondencia que implicaba a numerosos comerciantes ricos de diversas ciudades rusas, incluido el millonario Tretjakoff de San Petersburgo. Ploticyn fue despojado de sus derechos civiles y honores, y desterrado a Siberia, junto con otros doce hombres y diecinueve mujeres. El campesino Kusnezoff, por haberse mutilado a sí mismo y a otras once personas, fue condenado a cuatro años de trabajos forzados en una mina siberiana. El dinero hallado en casa de Ploticyn, o al menos lo que no había desaparecido, fue entregado a sus herederos; los diez mil rublos enviados al jefe de Policía fueron transferidos al tesoro imperial.

Los descubrimientos en la casa de Ploticyn condujeron al enjuiciamiento de los Skopzi en distintas partes del imperio; los juicios se prolongaron hasta bien entrado el año 1872, y prometían ser interminables, pero se prohibió la publicación de más información al respecto. Los procesos tuvieron lugar simultáneamente en San Petersburgo, Moscú, Tula, Tambov y Riga. Se convocaron testigos de las regiones más distantes de Rusia. Algunos de los sectarios menos culpables fueron confiados al cuidado religioso de monasterios, y a través de ellos salieron a la luz algunos de los secretos de la secta, como se mencionó anteriormente. Los informes oficiales del monasterio de Solovetski son particularmente reveladores; fueron publicados hacia 1875 en el libro titulado *Conferencias ante la Sociedad Imperial de Historia y Antigüedades*.

346. *Credo y forma de culto*. El bautismo de fuego es la puerta hacia la salvación perfecta, el sello de Dios. Este puede pertenecer a una clase superior y más meritoria, el «gran sello», que implica la extirpación completa del órgano, o al «sello menor», que consiste en una simple castración. Para los miembros más estrictos de la secta, toda relación sexual, incluso con la esposa, es pecaminosa; nuestros padres, al darnos la vida, cometieron un pecado atroz, razón por la cual, en algunas comunidades, el neófito debía escribir el nombre de sus padres en un papel y pisotearlo antes de ser iniciado en los últimos misterios de la secta. En otras comunidades, sin embargo, los aspirantes casados no eran admitidos hasta después del nacimiento del primer hijo, y a los Skopzi de Bucarest se les permitía tener dos hijos antes de que se realizara la operación.

Las ceremonias religiosas de los Skopzi, después del canto de himnos, discursos espontáneos y profecías, consisten principalmente en ejercicios violentos y danzas al estilo de los derviches. Sin embargo, en la iniciación de un neófito, no se realiza nada de esto; en un primer momento, simplemente recibe instrucciones sobre sus deberes morales y religiosos, enseñanzas que son estrictamente ortodoxas para no espantarlo, pero de carácter tan exaltado que poco a poco despiertan en él un entusiasmo religioso, que lo prepara finalmente para el terrible sacrificio y lo lleva a pronunciar el voto que se le exige, en el que declara «haber acudido voluntariamente al Redentor, y estar decidido a mantener en secreto ante el zar, los príncipes, el padre, la madre, los parientes y los amigos, todo lo relativo a estos asuntos sagrados, y a someterse a la persecución, la tortura, el fuego y la muerte antes que revelar sus misterios a los enemigos».

Las reuniones se celebran habitualmente bien entrada la noche y se prolongan hasta el amanecer. Los lugares suelen ser salas de oración secretas que se encuentran en las viviendas de todos los Skopzi, construidas generalmente a la mayor distancia posible de otras casas. En el centro hay un patio, rodeado de graneros, cobertizos y habitaciones, desde las cuales, además de la entrada principal, hay puertas secretas que conducen al corral, el cual está conectado con un tercer recinto donde se encuentra una colmena, esta última rodeada de vallas altas, desde donde existen salidas secretas hacia el jardín, que a su vez desemboca en el campo. Durante las reuniones, se colocan vigilantes a diversas distancias, quienes, ante la aproximación de un desconocido sospechoso, advierten a los presentes mediante señales, tras lo cual la reunión se disuelve, y aquellos que temen especialmente ser descubiertos escapan por el corral hacia la colmena, y desde allí por el jardín hacia el campo.

Durante los oficios, los hombres visten camisas blancas, largas, anchas y de corte peculiar, ceñidas a la cintura con cinturones, y amplios pantalones blancos; las mujeres también llevan camisas blancas; en las aldeas usan vestidos azules de nankín, y en las ciudades de percal; además, cubren la cabeza con paños blancos. Ambos sexos calzan medias blancas, aunque a veces están todos descalzos, y llevan en las manos pañuelos que llaman «banderas». A los miembros aún no castrados se les llama «burros» o «cabras», mientras que a los operados se les denomina «corderos blancos», «palomas blancas».

Tienen una especie de eucaristía, en la que se distribuyen pequeños trozos de pan, consagrados tras haber sido colocados por un tiempo en unas aberturas del monumento erigido en Schlüssselburg al Skopez Schiloff. Un sacerdote, Iván Sfergejeff, que por orden de sus superiores se infiltró en la confianza de un destacado Skopez, y así llegó a conocer todos los secretos de la secta, dio detalles sobre una «comunión de carne y sangre», que no es otra cosa que una acusación de canibalismo, y de la forma más horrible y repugnante, contra la secta; creo que esto no ha sido probado jurídicamente, pero personas lo bastante enloquecidas como para hacerse Skopzi, lo están lo suficiente como para cualquier cosa. Documentos legales en los archivos del Santo Sínodo demuestran que entre los Flagelantes existía esa «comunión de carne y sangre»; los Skopzi surgieron de los Flagelantes, por lo que es posible que adoptaran dicha práctica. Sus detalles son demasiado repulsivos como para reproducirlos aquí.

347. *El bautismo de fuego.* Como ya se ha dicho, existen dos tipos: el denominado «sello menor» y el «gran sello». Según los Skopzi, el punto principal de la enseñanza de Cristo es que el hombre, para salvarse, debe someterse al «bautismo de fuego», es decir, castrarse con un hierro al rojo vivo. Cristo, afirman, dio el ejemplo en su propia persona, seguido por los apóstoles y la Iglesia cristiana primitiva, incluyendo a Orígenes y a todos los santos, quienes, en las representaciones tradicionales de los cristianos orientales, siempre aparecen sin barba. En atención a la debilidad humana, posteriormente se permitió sustituir el hierro candente por un cuchillo afilado. Pero los Skopzi más fervorosos no son escrupulosos respecto a los instrumentos que utilizan. En 356 casos de mutilación de hombres, se empleó un cuchillo en 164 ocasiones, una navaja en 108, un hacha en 30, una hoz en 23; piezas de hierro, vidrio, estaño, etc., en 17. Igualmente variadas son las localizaciones donde se realizó la operación. De 620 casos, 96 ocurrieron en casas campesinas, 19 en cárceles, 12 en letrinas, 6 en sótanos, 41 en baños, 32 en graneros, 14 en cocheras, 4 en huertos, 8 en patios, 136 en bosques, nada menos que 223 en caminos y campos, 1 bajo un puente, 8 en botes, 1 en un cementerio, etc.

Aunque hasta ahora solo se ha hablado de hombres como víctimas -voluntarias o no- de este fanatismo cruel, el otro sexo también ha sufrido esta práctica en una proporción de aproximadamente cuatro mujeres por cada diez hombres. En su caso, la operación es tan espantosa como repulsiva; los primeros registros de tales procedimientos en mujeres datan de 1815. Y, sin embargo, encontramos mujeres actuando como operadoras. Entre 43 campesinas que ejercieron ese papel, 5 habían operado a hombres. Como ya se indicó, entre los Skopzi hay personas de rango y posición: se contaban 4 damas y 4 caballeros de la nobleza, 10 oficiales del ejército, 5 oficiales navales, 14 funcionarios civiles, 19 sacerdotes, 148 comerciantes, 220 ciudadanos, 2736 campesinos (entre ellos 827 mujeres), 119 terratenientes, 443 soldados y familiares de soldados (esposas e hijas): 515 hombres y 240 mujeres fueron deportados a Siberia entre 1847 y 1866 como Skopzi convictos. No puede determinarse su número real dentro del imperio debido al carácter secreto de sus actividades. En 1874 se sabía que al menos eran 5444, de los cuales 1465 eran mujeres; de estos, 703 hombres y 160 mujeres se habían operado a sí mismos; 79 hombres y 11 mujeres se sometieron a la operación dos veces, primero al «sello menor» y luego al «gran sello». Los miembros varones de la secta pueden reconocerse por su aspecto hinchado y corpulento, y sus rostros arrugados y sin barba.

348. *Fracaso del enjuiciamiento de la secta.* El Estado está obligado a perseguir y, si es posible, suprimir a los participantes activos en lo que constituye un crimen abominable contra el orden público y la humanidad; pero la experiencia ha demostrado que todas las medidas adoptadas hasta ahora han fracasado a la hora de detener el skopzismo. Los mismos medios aplicados para reprimirlo han conducido con frecuencia a su expansión; así, los Skopzi encerrados en monasterios lograban convertir a los monjes a su cisma. Las acciones judiciales del Estado llevaron a muchos hombres y mujeres a mutilarse para unirse al noble ejército de mártires. Incluso la llamada medida «moral», introducida en 1850, consistente en vestir a los Skopzi con ropas femeninas y sombreros de bufón, y hacerlos desfilar por las aldeas acompañados por un policía, provocando la burla de los habitantes, tuvo a menudo el efecto contrario al deseado. El clero ruso es demasiado universalmente despreciado como para tener influencia real en frenar el mal; y algunos de los miembros más encumbrados de la jerarquía lo toleran, en vista de las grandes sumas donadas por Skopzi adinerados para la construcción o embellecimiento de iglesias ortodoxas. El único modo directo de detener el avance del skopzismo es deportar a todos los miembros detectados a lugares remotos y poco poblados, donde deben permanecer bajo estricta vigilancia hasta que desaparezcan. Indirectamente, su fanatismo solo podrá extinguirse mediante una mejor educación del pueblo ruso.

Uno de los juicios más recientes, del cual llegaron noticias a Europa civilizada, fue el de un banquero y su sobrina, celebrado a puerta cerrada en San Petersburgo, en diciembre de 1893. El banquero, un hombre de sesenta años, fue condenado a quince años de trabajos forzados por pertenecer a la secta de los Skopzi y por haberse mutilado. Su sobrina fue condenada a diez años de trabajos forzados por haberse dejado operar, consintiendo así en un delito criminal.

X. Los Canteros o Muckers

349. *Eva von Buttler y su secta.* Esta secta sumamente repulsiva, una derivación enfermiza del pietismo, apareció por primera vez hacia finales del siglo XVII, aunque el nombre no se le aplicó entonces, sino cuando fue revivida a finales del siglo XVIII. La palabra

alemana *Mucker* significa un hipócrita, una persona santurrona o falsa devota.

La secta original fue fundada por Gottfried Justus Winter, estudiante de teología en Marburgo, quien se había unido a varios círculos pietistas que entonces existían en Hesse y Sajonia. Posteriormente conoció e intimó con Eva, esposa de John de Vesias, de Eisenach, quien obtuvo el divorcio de ella por su conducta escandalosa. Eva volvió a usar su apellido de soltera, von Buttler, y se fue a vivir con Winter en una institución con unos veinte miembros fundada por él en Eschwege, para la práctica libre de su religión, la cual, sin embargo, pronto atrajo la atención de las autoridades, y al quedar demostradas las prácticas inmorales de la secta, sus miembros fueron expulsados del país.

Pero Winter y Eva von Buttler no estaban dispuestos a abandonar su objetivo. Acudieron al duque de Sayn-Wittgenstein, señor de un pequeño pero independiente territorio que formaba parte del antiguo ducado de Nassau, quien les concedió libertad religiosa y les arrendó la finca de Sassmannshausen. Allí, durante un tiempo, los Muckers engañaron al público con su vida exteriormente santa, pero los rumores sobre las actividades de los «santos» comenzaron a circular, alimentados por desertores y falsos hermanos: se trataba de orgías y desenfrenos de la más repugnante naturaleza. Esto obligó al duque a ordenar una investigación; sin embargo, sobornos aplicados con astucia y la habilidad legal de un abogado, el doctor Vergenius -alto funcionario de la Cámara Imperial de Wetzlar-, lograron que Winter y sus seguidores fueran absueltos, e incluso que Winter fuese nombrado secretario privado del duque.

Los santos, confiados por esta victoria temporal, se entregaron a sus inclinaciones sin contención alguna. Eva fue una segunda Mesalina en sus excesos; de hecho, sus compañeros varones eran instruidos en que la santificación perfecta solo podía alcanzarse mediante el coito con ella. Pero el nacimiento de un niño en la comunidad -a pesar de las crueles y horrendas precauciones tomadas para evitarlo, que no podemos describir aquí- y la repentina muerte del mismo, finalmente impulsaron al duque a ordenar la vigilancia directa de las actividades de los santos mediante aberturas ocultas en las paredes de las habitaciones. Lo que se reveló -y posteriormente fue confesado por los acusados- fue una depravación tan grosera que no podemos reproducir los detalles, aunque fueron todos probados en un tribunal. Sin embargo, la mayoría de los cabecillas escaparon de la custodia y se establecieron en la pequeña localidad de Luyde, cuya proximidad a Pyrmont, con sus visitantes ricos y aristocráticos a los baños, prometía numerosos adeptos. De hecho, pronto se presentó un buen número de prosélitos, y se formó una nueva sociedad. Pero, a raíz de las declaraciones de un tal Sebastian Reuter -que, al revelar las prácticas de la secta, esperaba obtener un cargo del gobierno de Paderborn, bajo cuya jurisdicción estaba Luyde-, unos veinte miembros fueron arrestados, incluyendo a Winter y Eva; ambos, sin embargo, volvieron a escapar. Su destino posterior es incierto. Algunos de los otros prisioneros fueron condenados a azotes públicos; otros fueron absueltos.

350. *La secta de Schönherr.* Otra asociación de carácter similar a la anterior, que se autodenominaba «teósofos», aunque fue apodada por el público como *Muckers,* fue descubierta en Königsberg en 1835. Su fundador fue Johann Heinrich Schönherr, nacido en Memel en 1771 y fallecido en Königsberg en 1826.

Dos de sus discípulos, los pastores Ebel y Diestel, interpretaron las doctrinas dualistas y gnósticas de Schönherr como una enseñanza de que la carne debía ser santificada mediante el acto sexual. Así, fundaron una asociación secreta, a la que, por supuesto, también se admitían mujeres. Sus prácticas llevaron finalmente a una investigación judicial, que, sin embargo, no se llevó hasta el final, ya que estaban implicadas muchas personas de buena posición social. No obstante, Ebel y Diestel fueron degradados de sus cargos oficiales, y este último, además, fue enviado a una casa de corrección.

Y así se cerró -al menos por un tiempo- otro capítulo no de teología histórica, sino de teología histérica.

LIBRO X
REGENERACIÓN SOCIAL

I. Illuminati

351. *El término Illuminati.* El nombre de «Illuminati» ha sido adoptado con frecuencia por diversas sectas. A finales del siglo XVI surgieron en España los *Alumbrados,* y en 1654 se fundaron en Francia los *Guerinets,* ambas sociedades compuestas por visionarios y videntes de espíritus. En la segunda mitad del siglo XVIII existió una asociación de místicos bajo ese mismo nombre en Bélgica. Otras fraternidades que también se autodenominaron Illuminati y que fueron formadas en tiempos más recientes serán mencionadas en esta obra; pero la sociedad de la que se va a hablar ahora es la más conocida de todas las órdenes Illuminati.

Nota: Sospechoso de pertenecer a los Alumbrados, Ignacio de Loyola -fundador de la Compañía de Jesús- fue encarcelado durante casi un mes en los calabozos de la Inquisición de Salamanca; cuando los santos padres leyeron sus «Ejercicios espirituales» en manuscrito, lo consideraron inofensivo y lo dejaron en libertad.

352. *Fundación de la Orden.* Adam Weishaupt, estudiante en la Universidad de Ingolstadt, instruido y ambicioso, atraído por ese amor al misterio tan característico de la juventud, meditaba la formación de una secta político-filosófica. A los veintidós años fue elegido profesor de Derecho Canónico en la misma universidad, una cátedra que durante veinte años había estado ocupada por los jesuitas; de ahí su furia contra Weishaupt y la persecución que le infligieron, la cual él enfrentó con valentía, devolviendo odio por odio y reuniendo partidarios.

La gran aversión que entonces concibió hacia los jesuitas se refleja en muchos de los estatutos de la Orden que fundó. En repetidas ocasiones declara que a los jesuitas hay que evitarlos como a la peste. La secta de los Illuminati fue fundada en 1776 por Weishaupt, quien adoptó el seudónimo de *Spartacus.* Sin embargo, pasaron años antes de que su ritual y constitución fuesen definidos por completo. Para tener más posibilidades de éxito, Weishaupt se vinculó con los masones, ingresando en la logia «Theodore of Good Counsel» (Teodoro del Buen Consejo), perteneciente a la masonería ecléctica de Múnich, e intentando injertar el Illuminismo dentro de la masonería.

Muchos miembros de la orden masónica, engañados por la formulación de sus primeros grados, ingresaron en la nueva sociedad; pero cuando comprendieron que Weishaupt hablaba de trabajo serio y no de mera representación ritual, comenzaron a retirarse.

La sociedad fue instituida con el fin de mitigar los males derivados de la ignorancia y de la tiranía, tanto política como eclesiástica.

353. *Organización*. La sociedad fue dividida por su fundador en clases, cada una de las cuales se subdividía a su vez en grados, de la siguiente manera:

1. Vivero o Escuela preparatoria:
   - Preparación
   - Novicio
   - Minerval
   - *Illuminatus Minor*
2. Masonería Simbólica:
   - Aprendiz
   - Compañero
   - Maestro Masón
3. Masonería Escocesa:
   - *Illuminatus Major* (Novicio Escocés)
   - *Illuminatus Dirigens* (Caballero Escocés)
4. Misterios Menores:
   - Épota o Sacerdote
   - Príncipe o Regente
5. Misterios Mayores:
   - *Magnus* o Filósofo
   - *Rex*, Rey, *Homme Roi* o Aeropagita

En los grados de la Escuela preparatoria y de la masonería, el candidato era simplemente puesto a prueba y preparado para los grados de los Misterios. Si se consideraba que no era digno de confianza, no se le permitía avanzar más allá; pero si demostraba ser un discípulo apto, era iniciado gradualmente en los Misterios, donde todo lo que se le había enseñado antes era refutado, y se le revelaban teorías y planes de carácter radical y deísta. Estas doctrinas no eran en modo alguno inmorales ni subversivas del orden público, sino simplemente ideas que, en la actualidad, son sostenidas por muchos hombres de juicio justo y mentalidad ilustrada.

354. *Iniciación en el grado de Sacerdote*. El candidato al sacerdocio, que constituye el primer grado dentro de los Misterios Menores, era llevado con los ojos vendados, en un carruaje, siguiendo un recorrido indirecto hasta la casa donde tendría lugar la iniciación. Al llegar, se le quitaba la venda de los ojos y se le indicaba que se pusiera el mandil del Caballero Escocés, la cruz de San Andrés y el

sombrero, que tomara la espada en la mano y esperara ante la primera puerta hasta ser llamado a entrar.

Después de un tiempo, oía una voz solemne que decía: «Entra, huérfano, los padres te llaman, y cierra la puerta tras de ti». Al ingresar, se encontraba con una sala cuyas paredes estaban revestidas de ricos tapices rojos y espléndidamente iluminada. Al fondo había un trono bajo un dosel, y frente a él una mesa sobre la cual reposaban una corona, un cetro, una espada, objetos valiosos y cadenas. Las vestiduras sacerdotales estaban dispuestas sobre un cojín rojo. No había sillas en la sala, pero sí un taburete sin respaldo, colocado a cierta distancia del trono, mirándolo de frente.

Al ser presentado, se le pedía al candidato que eligiera entre los objetos de la mesa o las vestiduras sobre el cojín. Si, contra toda expectativa, optaba por la corona y los demás atributos de poder, era inmediatamente expulsado. Pero si escogía el atuendo sacerdotal, se le dirigía la salutación: «¡Salve, noble!» y se le invitaba a sentarse en el taburete para escuchar la explicación de sus futuras obligaciones, que, como ya se había insinuado, consistían simplemente en instruir a los no iniciados.

Finalizada la lección, se abría una puerta al fondo y entraba el amigo que había presentado al candidato, ahora vestido con el atuendo sacerdotal: una toga de lana blanca que llegaba hasta los pies; el cuello y las mangas estaban ribeteados con cintas de seda escarlata, y un cíngulo de seda del mismo color ceñía la cintura. El diácono, además, llevaba una cruz roja de aproximadamente un pie de largo sobre el lado izquierdo del pecho.

Se conducía entonces al candidato a una sala interior, cuya puerta se había abierto mientras tanto. Allí había un altar cubierto con paño rojo; sobre él colgaba un crucifijo pintado o tallado. En el propio altar se hallaban el libro del ritual, una Biblia encuadernada en rojo, un pequeño cuenco de vidrio con miel y una jarra de vidrio con leche. Una lámpara encendida pendía sobre la cabeza del diácono, que se situaba frente al altar; los sacerdotes se sentaban a ambos lados en bancos con cojines rojos.

Al candidato se le amonestaba, y prometía renunciar a los enemigos de la humanidad, a los deseos malignos, al espíritu de opresión y al engaño. Tras esto, se le despojaba de sus vestiduras masónicas y, habiendo prometido ante el crucifijo fidelidad a la Orden, los asistentes le colocaban el atuendo sacerdotal. Luego se le hacía comer un poco de miel y beber un poco de leche como sello del pacto.

El signo del sacerdote consistía en colocar ambas manos en forma de cruz planas sobre la cabeza; el saludo (o «apretón») consistía en presentar un puño con el pulgar extendido hacia arriba; el otro respondía haciendo también un puño y presionándolo sobre el primero, de modo que su puño encerrara el pulgar vertical. La palabra era INRI.

A continuación se impartía una larga lección de carácter moral y científico.

355. *Iniciación en el grado de Regente.* Este grado solo se confería a aquellas personas que, por su alto nivel intelectual, posición social y fidelidad probada, se consideraban capaces de promover los objetivos de la Orden. El lugar de recepción constaba de tres salas. En la última había un trono elevado, ricamente decorado en rojo y situado bajo un dosel, destinado al Provincial; a la derecha se encontraba una columna blanca de unos dos metros de altura, sobre la cual se colocaba una corona descansando sobre un cojín rojo. De la columna colgaban un cayado de pastor hecho de madera blanca y una rama de palma artificial. A la izquierda se hallaba una mesa cubierta con un paño rojo, sobre la que se disponían las vestiduras del Regente, que consistían en una especie de coraza de cuero blanco, con una cruz roja sobre ella. Encima de esta se llevaba una capa blanca, con otra cruz roja bordada. El cuello y los puños eran rojos. Los Regentes llevaban altos sombreros blancos adornados con plumas rojas, y botines blancos con galones rojos.

La cruz en la coraza del Provincial irradiaba con rayos dorados. La sala estaba decorada con cortinajes rojos y bien iluminada. Solo el Provincial la ocupaba, sentado en el trono; los demás Regentes se encontraban en la sala intermedia. La primera sala estaba destinada a la preparación; sus paredes eran negras y, en el centro, sobre una tarima, se erguía un esqueleto humano completo, a cuyos pies yacían una corona y una espada.

El candidato era conducido a esta sala; sus manos eran engrilletadas, y se le dejaba solo por un momento, durante el cual podía escuchar la conversación que se llevaba a cabo en la sala del medio:

–¿Quién ha traído a este esclavo hasta aquí?
–Él vino y llamó.
–¿Qué busca?
–Libertad; suplica que lo liberen de sus ataduras.
–¿Por qué no acude a aquellos que lo encadenaron?
–No lo liberarán; su esclavitud les beneficia.
–¿Quién lo ha hecho esclavo?

–La sociedad, el Estado, la religión falsa...
–¿Respeta a las personas? Preguntadle quién era el hombre cuyo esqueleto ve ante él: ¿era un rey, un noble o un mendigo?
–No lo sabe; solo sabe que era un hombre como cualquiera de nosotros. Solo desea ser un hombre.
–Entonces, que sea introducido.

El candidato era conducido entonces a la sala intermedia, y finalmente a la última. Tras algunas preguntas adicionales, se le revestía con el atuendo del Regente. El signo consistía en extender ambos brazos hacia un hermano; el saludo consistía en tomarle por los codos, como para sostenerlo o levantarlo. La palabra era *Redemtis*.

356. *Los Misterios Mayores*. Tal era la iniciación en los Misterios Menores. Los Misterios Mayores, con sus dos grados de Magus y Rex, nunca fueron desarrollados plenamente por Philo, el seudónimo adoptado por el barón de Knigge. Pero, según afirmaciones halladas en los escritos de Weishaupt, el grado de Magus debía fundamentarse en los principios de Spinoza, mostrando que todo es material, que Dios y el mundo son Uno, y que todas las religiones son invenciones humanas.

El segundo grado, o Homo Rex, enseñaba que todo campesino, ciudadano o padre de familia es un soberano, como en la vida patriarcal, a la cual toda la humanidad debía ser reconducida; y que, por consiguiente, toda autoridad estatal debía ser abolida.

Weishaupt jamás pretendió que estos grados llegasen a ser conocidos por otros que no fueran los más dignos de confianza entre sus seguidores; pero el descubrimiento de su correspondencia y documentos secretos reveló también esta parte de su plan.

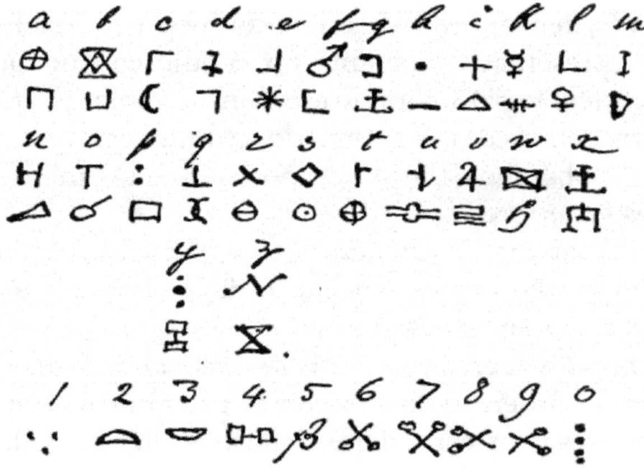

357. *Nomenclatura y escritura secreta de la Orden.* La persona más importante de la Orden después de Weishaupt fue el barón de Knigge, quien adoptó el seudónimo de «Philo». Todos los miembros prominentes adoptaban igualmente seudónimos. Así, hemos visto que Weishaupt tomó el nombre de «Spartacus», el líder de la insurrección de esclavos en tiempos de Pompeyo; Zwack, abogado, era conocido entre los iniciados como «Cato»; Nicolai, librero, como «Luciano»; el profesor Westenrieder, como «Pitágoras»; el canónigo Hertel, como «Mario»; y así sucesivamente.

Los lugares desde los cuales los miembros se escribían también eran designados con nombres ficticios: así, Baviera era llamada Acaia; Múnich, Atenas; Fráncfort del Meno, Tebas; Heidelberg, Útica; y así sucesivamente.

Los hermanos fechaban sus cartas según la era persa, llamada así por el rey que comenzó a reinar en Persia en el año 632 antes de Cristo, Jezdegerd, y para ellos el año comenzaba el 21 de marzo. Se comunicaban por escrito, al menos hasta que eran iniciados en los grados superiores, mediante un cifrado, que consistía en números correspondientes a letras, en el siguiente orden:

12	11	10	9	8	7	6	5	4	3	2	1
a	b	c	d	e	f	g	h	i	k	l	m
13	14	15	16	17	18	19	20	21	22	23	24
n	o	p	q	r	s	t	u	w	x	y	z

Una vez admitidos en los grados superiores, utilizaban uno u otro de los jeroglíficos mostrados en la página 309.

La palabra Orden nunca se escribía de forma completa, sino que siempre se representaba mediante un círculo con un punto en el centro. La Orden logró un progreso considerable, contando entre sus miembros con sacerdotes, prelados, ministros, médicos, príncipes y duques soberanos. Sin duda, pocos de ellos fueron iniciados en los grados superiores.

El Elector de Baviera, alarmado por los principios políticos revelados por algunos hermanos renegados de la Orden, la suprimió de inmediato en todos sus territorios.

358. *Documentos secretos y correspondencia.* Solo después de la supresión de la Orden se conocieron el modo de iniciación en los grados superiores y las verdaderas doctrinas allí enseñadas. Una colección de documentos originales y correspondencia fue encontrada

al registrar ilegalmente la casa de Zwack en 1786. Al año siguiente, una colección aún mayor fue hallada en la casa del barón Bassus, miembro de la Orden.

De estos documentos se desprende que uno de los principales medios recomendados por los líderes para el éxito de la Orden era ganarse a las mujeres, lo cual -si se persigue un buen fin- no es un mal plan ni reprobable.

«No hay manera más poderosa de influir en los hombres que a través de las mujeres», dice uno de los instructores. «Por tanto, ellas deben ser nuestro principal estudio. Debemos insinuarnos en su estima, darles indicios de emancipación de la tiranía de la opinión pública, y de la necesidad de alzarse por sí mismas; será un inmenso alivio para sus mentes esclavizadas verse libres de cualquier atadura, y esto las inflamará aún más, llevándolas a trabajar para nosotros con entusiasmo», etc.

Ideas similares se expresan en una carta encontrada entre la correspondencia:

> La propuesta de Hércules (un miembro no identificado) de establecer una escuela Minerval para muchachas es excelente, pero requiere precaución. (...) No podemos mejorar el mundo sin mejorar a las mujeres. (...) ¿Pero cómo acercarnos a ellas? ¿Cómo lograr que sus madres, sumidas en prejuicios, consientan en que otros influyan en su educación? Debemos comenzar con jóvenes adultas. Hércules propone a la esposa de Ptolomeo Magus. No tengo objeción; y tengo cuatro hijastras, buenas chicas. La mayor, en particular, es excelente. Tiene veinticuatro años, ha leído mucho y está por encima de todo prejuicio. Tienen muchas relaciones. (...) Puede surgir inmediatamente una sociedad muy prometedora. (...) No debe admitirse ningún hombre. Esto las hará más decididas, y llegarán mucho más lejos de lo que llegarían si estuviéramos presentes. (...) Déjales vía libre a su imaginación, y pronto inventarán misterios que nos harán sonrojar. (...) Serán nuestras grandes apóstoles. (...) La esposa de Ptolomeo debe dirigirlas, y ella será instruida por Ptolomeo, y mis hijastras consultarán conmigo. (...) Pero dudo de que la asociación sea duradera: las mujeres son volubles e impacientes. Nada las satisfará salvo ir de grado en grado (...) lo cual pronto perderá su novedad e influencia. Permanecer con seriedad en un solo rango, y guardar silencio cuando descubran que todo es un engaño (!), es algo para lo cual son incapaces. (...) Incluso hay riesgo de que decidan darle un giro opuesto a todo, y entonces, mediante las artes en las que son naturalmente expertas, podrían darle la vuelta a nuestra Orden.

Y un hecho relacionado con el carácter personal del fundador, que salió a la luz con el descubrimiento de esta correspondencia secreta -aunque totalmente ajeno a los principios promovidos por la Orden-, contribuyó tanto como cualquier otro a darle mala fama a los Illuminati.

Otro elemento fue aprovechado por los enemigos de la Orden para aplastarla: en la letra de Zwack se hallaron una descripción de una caja fuerte que, al forzarse, explotaría y destruiría su contenido; una receta para fabricar tinta invisible; instrucciones para tomar impresiones de sellos y poder usarlos luego; una colección de varios cientos de esas impresiones, con una lista de sus propietarios; una serie de retratos de ochenta y cinco damas de Múnich, con recomendaciones de algunas como posibles miembros de una logia femenina de iluminadas; órdenes a los superiores para aprender a escribir con ambas manos, y para usar más de un cifrado, entre otras cosas.

359. *Refutación de las acusaciones.* Así lo afirma Robison en su *Proofs of a Conspiracy*. Pero no menciona que ese tal Zwack -«un consejero que desempeñaba algún cargo jurídico» (en realidad, era juez y consejero electoral)- publicó una carta en la que refutaba todas las acusaciones escandalosas vertidas contra los Illuminati. En ella demostraba que la idea de utilizar la influencia de las mujeres estaba tomada de un ensayo sobre los *Mopses*, y que la lista de recetas mencionada anteriormente fue copiada por él para su propio entretenimiento e instrucción privada, como especialista en derecho penal, de las obras del jesuita Kircher y otros autores ortodoxos, sin ninguna relación con los Illuminati. En cuanto al «conjunto de retratos de ochenta y cinco damas de Múnich», fue robado por la policía del guardarropa de la esposa de Von Zwack.

360. *Supresión.* La sociedad, al haber sido fundada en el pequeño Estado de Baviera y suprimida tan rápidamente, nunca dejó una huella duradera ni en los asuntos de su tiempo ni en los del futuro. Todos los efectos terribles que Robison y otros adversarios de la Orden atribuyeron a sus doctrinas existieron más en la imaginación de estos escritores que en la realidad. Si, como sostiene Robison, los fundadores solo buscaban libertad para satisfacer su ambición y sus pasiones, podrían -y según la correspondencia secreta citada, parece que así fue- haberlo hecho sin necesidad del complejo aparato de una sociedad cuyos miembros eran tan difíciles de controlar.

Weishaupt fue destituido de su cátedra de profesor y desterrado de Baviera, aunque con una pensión de ochocientos florines, que rechazó. Se trasladó primero a Ratisbona (*Regensburg*), y posteriormente entró al servicio del duque de Sajonia-Gotha. Zwack también fue desterrado, y pasó a servir al príncipe de Salms, quien poco después tuvo un papel importante en los disturbios de Holanda.

De la sociedad alemana de los Illuminati puede decirse con justicia que se adelantó a su tiempo; todas las naciones ilustradas del presente adoptan y defienden ahora sus objetivos. No obstante, tuvo cierta influencia en la Revolución Francesa, y puede que inspirara a Bahrdt la idea de la Unión Alemana.

361. *Los Illuminati en Francia.* Ya en 1782, *Philo* y *Spartacus* (Knigge y Weishaupt) habían concebido el plan de introducir el Illuminismo en Francia, especialmente porque ya había algunos iniciados en el país. Dietrich, alcalde de Estrasburgo, era uno de ellos; Mirabeau era otro, iniciado en Berlín, ciudad a la que había sido enviado por Luis XVI en una misión secreta. A su regreso a Francia, inició al abate Talleyrand de Périgord. También participaron en la expansión Bode, consejero privado en Weimar (conocido en la Orden como *Amelius*), y William, barón de Busch, cuyo nombre en la secta era *Bayard*, quienes poco después llegaron a París y continuaron el trabajo de iniciación, eligiendo a sus adeptos principalmente entre las logias masónicas.

Los miembros más fervientes y confiables fueron organizados en un Comité Secreto de Amigos Unidos. Según un libro publicado hacia 1790, titulado *La Secte des Illuminés*, sus ritos de iniciación, juramentos y doctrinas eran de lo más espantoso. Veamos ahora algunos detalles...

362. *Ceremonias de iniciación.* La gran mansión de Ermenonville, a unos treinta millas de París y propiedad del marqués de Gerardin -quien ofreció a J. J. Rousseau un asilo en los últimos días de su vida y, posteriormente, un sepulcro en su finca- era considerada como la logia principal del iluminismo. Se decía que el famoso impostor Saint Germain presidía allí.

El día de la iniciación, el candidato era conducido por un largo pasadizo oscuro hasta un gran salón cubierto de telas negras. A la tenue luz de lámparas sepulcrales distinguía cadáveres envueltos en sudarios. En el centro de la sala se erguía un altar formado por esqueletos humanos; espectros vagaban por el lugar y desaparecían, dejando tras de sí un olor fétido. Finalmente, dos hombres disfrazados de espectros aparecían, le ataban una cinta rosa manchada de sangre en la frente -con la imagen de la Virgen de Loreto-, le colocaban un crucifijo en la mano y le colgaban un amuleto del cuello.

Sus ropas eran colocadas sobre una pira funeraria; en su cuerpo se pintaban cruces con sangre. Sus genitales eran atados con una cuerda. Cinco figuras aterradoras, armadas con dagas y vestidas con ropas ensangrentadas, se acercaban, se postraban ante él y rezaban. Al cabo de una hora aproximadamente, el candidato oía lamentos fúnebres, se encendía la pira y sus ropas eran quemadas. Una figura semitransparente y gigantesca surgía de las llamas; las cinco figuras en el suelo caían en convulsiones; y desde la bóveda resonaba la voz de un hierofante invisible, que pronunciaba los siguientes juramentos, que el neófito debía repetir:

> En nombre del Crucificado, juro cortar todo lazo que me una con padre, madre, hermanos, hermanas, esposa, parientes, amigos, amante, rey, superiores, benefactores o cualquier otro hombre a quien haya prometido fidelidad, obediencia, gratitud o servicio.
>
> Nombra el lugar donde naciste. Para vivir de ahora en adelante en otra esfera, a la cual no llegarás hasta que hayas renunciado a este globo envenenado y maldito por el Cielo.
>
> Desde este momento revelarás a tu nuevo jefe todo lo que hayas oído, aprendido o descubierto, y también te dedicarás a buscar e indagar aquello que de otro modo podría escaparte.
>
> Honra el *aqua toffana* como un medio seguro, rápido y necesario para librar a la tierra, por la muerte o el entorpecimiento, de aquellos que blasfeman contra la verdad o buscan arrebatárnosla.
>
> Evita España, Nápoles y cualquier otro país maldito; evita asimismo toda tentación de traicionar lo que acabas de oír. El rayo no cae tan rápido como la daga que te alcanzará dondequiera que estés.

Tras repetir estas palabras, se colocaba frente al candidato un candelabro con siete velas negras y un recipiente lleno de sangre humana. Debía lavarse con la sangre y beber medio vaso. Luego, se le desataba la cuerda de los genitales, era llevado a un baño y, al salir, se le ofrecía un plato de raíces.

363. *Credibilidad del relato anterior.* Sin duda, todo esto suena muy horrible, y también muy increíble. Pero en cuanto a los horrores, eran simplemente teatrales; y respecto a su credibilidad, algunos escritores cercanos a la época en que se dice que ocurrieron estos hechos los creyeron seriamente.

El abate Barruel, que ofrece algunos de estos detalles en su obra *Memorias para ilustrar la historia del jacobinismo*, no duda en considerarlos como hechos históricos. El marqués de Jouffroi, en su *Diccionario de errores sociales*, afirma categóricamente que las reuniones en Ermenonville eran escenas de la más grosera depravación. ¿Por qué deberíamos dudar de que también fueran ocasiones para toda clase de absurdos ridículos?

Nota. En el *Monthly Magazine* de Londres de enero de 1798 apareció una carta de Augustus Bottiger, rector del Colegio de Weimar, en respuesta a la obra de Robison. En ella acusaba a dicho autor de realizar afirmaciones falsas y declaraba que desde 1790 «toda actividad relacionada con los Illuminati ha cesado». Bottiger también ofrecía proporcionar a cualquier persona del Reino Unido que se sintiera alarmada por las afirmaciones erróneas contenidas en dicha obra, información correcta.

II. La Unión Alemana

364. *Declaraciones del fundador.* Esta sociedad, de la que Robison y Barruel ofrecen relatos tan terribles, no fue otra cosa que un intento de especulación comercial por parte del célebre doctor Charles Frederick Bahrdt, un teólogo alemán con gran talento literario, pero escasos principios morales. Su plan fue presentado inicialmente en un panfleto dirigido «A todos los amigos de la razón, la verdad y la virtud», en el que se afirmaba que existía una sociedad compuesta por veintidós estadistas, profesores y particulares dedicada a difundir la religión natural, erradicar la superstición y restaurar la libertad de la humanidad mediante la ilustración.

«Con ese fin», decía el panfleto, «hemos formado una sociedad secreta, a la cual invitamos a todos aquellos que compartan estos ideales y sean plenamente conscientes de su importancia». Esta sociedad debía contar con periódicos y revistas, bibliotecas y clubes de lectura -los libros leídos, por supuesto, serían los publicados bajo la dirección de los Veintidós, o en realidad, de Bahrdt.

La sociedad era, en cierta medida, una resurrección de los Illuminati. Federico Guillermo, rey de Prusia, alarmado por el avance de sus enseñanzas, permitió a su ministro pietista del Culto Público, John Christian von Wollner, publicar el notorio y retrógrado «Edicto de Religión» de 1788, el cual provocó una gran insatisfacción general y fue satirizado en un panfleto que llevaba el mismo título.

Bahrdt fue delatado como autor del panfleto por un tal Samuel Roper, a quien había acogido por caridad como secretario. Como consecuencia, Bahrdt fue encarcelado, y durante su reclusión escribió sus Memorias, que se publicaron en Fráncfort en cuatro volúmenes en 1790.

Von Wollner tenía un interés personal en oponerse a la Unión Alemana y a sus dogmas liberales, tanto en religión como en política, porque él mismo era, en secreto, un celoso rosacruz, y los rosacruces preferían actuar en la oscuridad. Un violento ataque contra la Unión Alemana apareció en un libro titulado *Más notas que texto*, atribuido por algunos a Bode, antiguo consejero privado en Weimar, y por otros a Göschen, un librero de Leipzig, quien lo publicó en 1789. Bahrdt, que como resultado del estudio y la reflexión había adoptado y defendido el deísmo puro, y que era además un político avanzado, demasiado ilustrado para su época, se ganó muchos enemigos entre la nobleza (Durchlaucht) y los burgueses dominados por el clero de las distintas ciudades donde había desempeñado cargos. Perdió paulatinamente todos esos cargos, y acabó abriendo una taberna cerca de Halle, a la que llamó «El Reposo de Bahrdt». Murió en 1793, y desde entonces nunca más se volvió a hablar de la Unión Alemana.

Es conocido en Inglaterra solo por los escritos de Barruel y Robison, y ambos lo presentan de forma desfavorable y distorsionada. Ninguno de los dos tenía un buen dominio del alemán, y tradujeron erróneamente muchos pasajes tomados de las obras de Bahrdt, y otros los tergiversaron intencionadamente para atacarlo, de modo que sus afirmaciones, en lo que respecta a Bahrdt -y podría añadirse, también a Weishaupt-, carecen de valor real.

III. Las uniones obreras francesas

365. *Organización de las uniones obreras.* El origen de las corporaciones de artesanos se remonta al momento en que los obreros oprimidos y los burgueses marginados quisieron resistir el saqueo feudal, asegurarse el fruto de su propio trabajo, aumentar su comercio, ampliar sus beneficios y establecer relaciones de camaradería. Pero aunque estas antiguas corporaciones se alzaron contra la aristocracia de sangre y de riqueza, no escaparon al espíritu oligárquico. En los primeros siglos de la Edad Media, el oficial no se separaba del maestro; vivía y trabajaba con él. No existía entonces esa distinción que más tarde se manifestó tan abiertamente; de hecho, incluso hoy, en muchas ciudades alemanas, los oficiales comen en la mesa del maestro. Entonces, el oficial era para el maestro lo que el escudero para el caballero; y así como el escudero podía ser admitido en las filas de la caballería, el aprendiz, al término de su formación, podía establecerse como maestro.

Pero con el tiempo, no bastaba con poseer bienes o habilidad para convertirse en maestro; tras el aprendizaje, se volvió necesario viajar durante dos o tres años, cuyo objetivo era -y sigue siendo- adquirir mayor destreza y conocer los diferentes métodos de trabajo adoptados en distintas ciudades dentro del mismo oficio. A su regreso, debía realizar su obra maestra; si era aprobada por un comité de maestros, era recibido entre ellos; si no, era rechazado y no se le permitía trabajar por cuenta propia. Así, los maestros se habían transformado, a su vez, en una aristocracia hostil a la mayoría, especulando con el trabajo común en lugar de administrarlo, y sus intereses se oponían a los de los trabajadores. El ostracismo que así perseguía al gran ejército de los obreros, y la segregación a la que se les condenaba, produjo necesariamente una reacción que, al no poder recurrir a una revuelta abierta, asumió la forma de una sociedad secreta, con derechos y costumbres propias. El obrero, además, a diferencia del maestro, no estaba atado a ninguna ciudad ni país, sino que podía deambular de un lugar a otro, una vida que de hecho debía preferir a quedarse para siempre en un solo taller o fábrica, donde no podía adquirir la experiencia necesaria para el maestrazgo. De ahí surgió la antigua costumbre del «Tour de France» y el multiforme *compagnonnage*, que, siendo fuente de placer para los obreros establecidos en una ciudad, se volvió una necesidad para el oficial itinerante y perseguido, que así escapaba de la legislación regular -que solo protegía al fabricante- y se unía, por decirlo así, a una asociación subterránea para protegerse a sí mismo y a sus afiliados de los agravios impunes infligidos por burgueses y maestros.

366. *Relación con la masonería.* La masonería se mezcló desde temprano con el *compagnonnage*, y la construcción del Templo, que aparece constantemente en la primera, también desempeña un papel importante en el segundo: un mito indefinido, cronológicamente irreconciliable, una ficción poética como todos los hechos llamados históricos que rodean los orígenes de las diversas sectas; porque las sectas, que existen como fuera del ámbito de la historia oficial, crean una historia propia, excluyente y opuesta al mundo de los hechos. El Salomón de la leyenda, tan distinto del bíblico, es uno de los patriarcas del *compagnonnage*; y, al igual que las ceremonias masónicas, los ritos de estas asociaciones de oficiales aluden constantemente a esa arquitectura moral que propone erigir prisiones para el vicio y templos para la virtud. Además, y de manera similar, los abrazos y besos de los artesanos recuerdan los apretones simbólicos de los masones y el beso fraternal de la antigua caballería.

367. *Decretos contra las uniones de obreros.* A menudo estamos obligados a buscar información sobre las sociedades secretas en invectivas clericales y en procesos judiciales; estos constituyen lámparas que arrojan una luz siniestra sobre asociaciones cuya existencia apenas se sospechaba. Así, el *compagnonnage* existía antes de Francisco I; pues este rey, aunque protegía a los carbonarios -e incluso introdujo el término carbonario de «primo» en el lenguaje de la Corte–, emitió un edicto contra los primeros, prohibiendo a los oficiales comprometerse mediante juramentos; elegir un jefe; reunirse en número superior a cinco delante de los talleres, bajo pena de prisión o destierro; portar espadas o bastones en las casas de sus maestros o en las calles de la ciudad; promover cualquier movimiento sedicioso; o celebrar banquetes al inicio o al fin de un aprendizaje. Una normativa posterior, del año 1723, prohíbe cualquier comunidad, cofradía, asamblea o *cabala* de trabajadores; y un decreto parlamentario de 1778 renueva la prohibición e impone a los taberneros la obligación de no acoger en sus establecimientos reuniones de más de cuatro artesanos, ni de favorecer en modo alguno las prácticas del llamado *devoir* (deber). El lenguaje del clero es igualmente enérgico. Una deliberación del clero parisino de 1655 dice:

> Este pretendido *devoir* se compone de tres preceptos: honrar a Dios, proteger los bienes del maestro y socorrer a los compañeros. Pero estos compañeros deshonran a Dios, profanan los misterios de nuestra religión, arruinan a los maestros al apartar a los obreros del taller cuando alguno de los inscritos en la *cabala* se queja de haber sido agraviado. Las impiedades y sacrilegios que cometen varían según los distintos oficios; pero tienen en común que, antes de ser admitido en la asociación, todo miembro debe jurar sobre el Evangelio que no revelará ni al padre ni a la madre, ni a la esposa ni al hijo, ni a clérigo ni a laico, lo que está a punto de hacer o verá que se haga; y para este fin eligen una taberna, a la que llaman la madre, en la que disponen de dos habitaciones: en una realizan sus abominables ritos, y en la otra celebran sus banquetes.

Incluso antes de 1645, el clero había denunciado a sastres y zapateros ante las autoridades de París por prácticas deshonestas y heterodoxas; y la facultad de teología había prohibido las perniciosas reuniones de obreros bajo pena de excomunión mayor; de modo que los compañeros, para escapar de la persecución eclesiástica, celebraban sus reuniones en los arrabales del Temple, que gozaban del derecho de asilo. Incluso de allí fueron expulsados, sin embargo, por el decreto del 11 de septiembre de 1651.

368. *Tradiciones.* Los miembros del *compagnonnage* se dividen en dos grandes grupos: los *compagnons du devoir,* o Compañeros del Deber, y los *compagnons de liberté,* o Compañeros de la Libertad. Los primeros son seguidores de Jacques y de Soubise; los segundos, de Salomón. Los primeros afirman llamarse Compañeros del Deber porque descienden de los obreros que permanecieron fieles en la época del asesinato de Hiram, mientras que los segundos sostienen que su *compagnonnage* fue instituido por el propio Salomón. Sus tradiciones están extrañamente entremezcladas. Se nos dice que Salomón edificó el Templo. Jacques, según se afirma, era hijo de un famoso arquitecto, Joachim, nacido en Saint-Romilly. Jacques, habiendo ido a Grecia, escuchó la convocatoria de Salomón y acudió a él; y habiendo recibido de Hiram el encargo de erigir dos columnas, lo llevó a cabo con tanto celo y habilidad que fue nombrado maestro y compañero de Hiram. Terminado el Templo, regresó a la Galia con el maestro Soubise, quien había sido su inseparable compañero en Jerusalén. Sin embargo, los discípulos del maestro Soubise, celosos de Jacques, intentaron asesinarlo, y este se arrojó a un pantano, donde los juncos lo sostuvieron y ocultaron, salvándole la vida; pero finalmente fue descubierto por los discípulos de Soubise -quien ignoraba su nefasta intención- y asesinado. Soubise lloró largamente a Jacques; y cuando se acercaba su fin, enseñó a los compañeros sus «deberes» y el modo de vida que debían seguir. Entre los ritos incluyó el beso de afecto fraternal y la custodia de un junco -la acacia de los masones- en memoria de Jacques. Una variante de esta leyenda representa a Soubise como cómplice del asesinato y suicida por desesperación. El lector notará enseguida que esta es la historia de Hiram, o incluso de Osiris y de todas las grandes divinidades de la Antigüedad, repetida una vez más. En la leyenda del Templo, Salomón también es cómplice del asesinato de su arquitecto.

369. *Nombres y grados.* Los hijos de Salomón adoptaron diferentes denominaciones, como «lobos» y *Gavots,* esta última porque al llegar desde Judea a Francia desembarcaron en la costa de Provenza, cuyos habitantes aún se llaman *Gavots.* Los lobos, canteros, tienen dos grados: compañeros y jóvenes. Los *Gavots,* carpinteros y herreros, se dividen en tres: compañeros aceptados, compañeros avanzados y compañeros iniciados. Todos ellos conmemoran la muerte del maestro Hiram.

Los hijos del maestro Jacques se llamaban a sí mismos con diversos nombres, como *Compagnons Passants, Dévorants,* etc. Los hijos del padre Soubise eran conocidos como «Joviales» o «Compañeros de los Zorros», o como *Drilles,* palabra antigua francesa que significa «compañeros alegres», y también con el poco deseable apelativo de «perros», en conmemoración, según se dice, del perro que descubrió el cuerpo de Hiram. Es más probable, sin embargo, que esta denominación tenga el mismo origen que la de «lobos», con los que los perros fácilmente pueden confundirse; o que se refiera a la estrella Sirio, en cuyo caso el nombre Soubise podría ser una corrupción del epíteto *Sabazius,* dado a Baco. Con esta segunda rama del *compagnonnage,* que comprendía al principio los tres oficios de cantero, cerrajero y ebanista, y con la tercera, compuesta enteramente de carpinteros, se afiliaron posteriormente otros oficios, como los de torneros, vidrieros, tejedores, zapateros, herreros, claveteros, sombrereros, panaderos, curtidores, yeseros y otros. Con ellos aumentaron tanto la probabilidad como el número de cismas; y las familias de los *Ébels, Independientes, Zorros de la Libertad* y otras surgieron casi como consecuencia natural.

370. *Costumbres generales.* La escuadra y el compás eran los símbolos del *compagnonnage*; los miembros se llamaban entre sí por el nombre de su país, porque cada uno llevaba consigo su patria, y encontraba hospitalidad y ayuda entre los hermanos a quienes se dirigía. Y la mujer que los acogía durante su recorrido o peregrinación por Francia era llamada con el afectuoso nombre de «madre» –y en verdad la asociación era para ellos una madre, que los socorría cuando les faltaba el pan y les permitía rechazar trabajos por salarios inferiores a los establecidos por la costumbre del oficio; que recompensaba a los industriosos y castigaba a los negligentes, motivo por el cual en toda Francia eran denunciados y no recibidos con agrado.

El aspirante a la iniciación debía haber terminado su aprendizaje; se le instruía en la palabra, las señales y los apretones de manos, y se le colocaba una cinta de un color determinado en la gorra y en el ojal, se le entregaba un bastón de cierta longitud, unos pendientes que representaban la escuadra y el compás, y se le marcaba en el brazo y en el pecho. Extrañas costumbres prevalecían –y aún prevalecen, según el propio testimonio del autor– en muchas regiones del continente europeo cuando un miembro iniciaba su peregrinaje. Sus amigos lo acompañaban más allá del pueblo, uno de ellos portando su mochila, y otro entonando la canción de despedida, cuyo estribillo todos coreaban. También llevaban botellas de cerveza y vasos. Al llegar a cierta distancia del pueblo, bebían la cerveza y lanzaban las botellas y los vasos a los campos vecinos. En algunos oficios colgaban una botella de un árbol para simbolizar la muerte de San Esteban, todos arrojándole piedras a la inocente botella salvo aquel que estaba por partir, quien se despedía de sus compañeros diciendo: «Amigos, me despido de vosotros como los apóstoles se despidieron de Cristo al salir a predicar el Evangelio».

371. *Costumbres entre los carboneros y leñadores.* San Teobaldo es el patrón de los carboneros, una de las corporaciones de oficios más antiguas. Existían tres grados: aspirante, maestro y leñador. El aspirante era llamado *guêpier.* Se extendía un mantel blanco en el suelo y se colocaban sobre él un salero, una copa de agua, un cirio encendido y un crucifijo. El aspirante, de rodillas, juraba sobre la sal y el agua guardar fielmente los secretos de la asociación. A continuación se le enseñaban las palabras con las que podía reconocer y hacerse reconocer por sus hermanos en el bosque, así como el significado simbólico de los objetos dispuestos ante él: el mantel representaba el sudario en el que todo hombre será envuelto; el cirio, las luces encendidas junto al lecho de muerte; la cruz, la redención del hombre; la sal, las virtudes teologales. Este ritual era austero y melancólico, como la vida de los pobres carboneros, cuyas alegrías son contadas, pero cuyas penas y privaciones son infinitas: se practicaba en el Jura, los Alpes y la Selva Negra. El catecismo de los leñadores contiene pasajes de conmovedora sencillez. Aislados en la inmensidad del bosque, dirigen la mirada al cielo y a la tierra; su religión se asemeja a la de los pilotos homéricos: la tierra y el cielo, la naturaleza y Dios, tal es su culto, del que brota una moral de tierna y apasionada fraternidad.

–¿De dónde vienes, primo del roble?
–Del bosque.
–¿Dónde está tu padre?
–Alza los ojos al cielo.
–¿Dónde está tu madre?
–Dirige la mirada a la tierra.
–¿Qué culto rindes a tu padre?
–Homenaje y respeto.
–¿Qué ofreces a tu madre?
–Mi cuidado durante la vida, y mi cuerpo después.
–Si necesito ayuda, ¿qué me darás?
–Compartiré contigo la mitad de mis ganancias del día y mi pan de aflicción; descansarás en mi cabaña y te calentarás en mi fuego.

¡Cuánta resignación en este breve diálogo, cuánta cálida ternura! Otra sociedad de leñadores, llamada la sociedad del «Hijo Pródigo», tenía un ritual aún más lúgubre. Sobre tres puertas de una torre simbólica se leían estas inscripciones: «El pasado me engaña; el presente me atormenta; el futuro me aterra». Un triángulo con las letras S.J.P. les recordaba la sabiduría de Salomón, la paciencia de Job y el arrepentimiento del Hijo Pródigo. En el mandil blanco se representaba un corazón rodeado de negro, sobre el cual rodaba una lágrima roja, una lágrima de sangre y desesperación. Los sufrimientos y miserias de la vida oprimían la imaginación de estos pobres leñadores; sin embargo, conservaban la fe en el Tiempo como restaurador de todo, y en uno de sus objetos simbólicos escribieron: *Le temps vient à bout de tout* («El tiempo lo vence todo»). Otra sociedad, de la cual se sabe muy poco, se llamaba *Moins diable que noir* («Menos demonio que negro»), como para indicar que la negrura de su exterior no impedía la bondad del corazón.

372. *Costumbres en otros oficios*. Los guarnicioneros y los zapateros tenían sus propios ritos de iniciación. En la sala donde se llevaba a cabo la ceremonia se erigía un tosco altar, sobre el cual se colocaban un crucifijo, cirios, un misal y todo lo necesario para la celebración del servicio divino. Este se realizaba intercalando muchas expresiones peculiares; tras ello, el neófito era instruido en los ritos del *devoir*, las señales y contraseñas, y el significado simbólico de los objetos y emblemas. La recepción de los sombrereros, con sus purificaciones y mito funerario, se acercaba aún más a las antiguas iniciaciones. Se levantaba un escenario o estrado en una gran sala; sobre él se colocaban una cruz, una corona de espinas, una palma y todos los instrumentos de la Pasión de Cristo. Cerca se disponía una gran pila de agua. El aspirante representaba a Cristo y pasaba por los diversos episodios de la Pasión del Redentor; finalmente, se arrodillaba ante la pila, y el agua -el bautismo de la regeneración- se vertía sobre su cabeza.

No cabe duda de que los fundadores originales de este rito tenían intenciones honestas y elevadas; pero con el tiempo todo degeneró en una farsa al estilo del *Ran-Tan Club*. En la recepción de los sastres, el candidato era conducido a una habitación en cuyo centro había una mesa cubierta con un mantel blanco, sobre la que se colocaban un pan, un salero volcado, tres terrones de azúcar y tres agujas. También pasaba por las diferentes etapas de la Pasión de Cristo. Luego era llevado a una segunda sala, donde se ofrecía un banquete y, según se afirma, se mostraban imágenes de la *vie galante* de tres oficiales sastres, agradables a los sentidos; lo cual recuerda el culto peculiar que formaba parte de todos los antiguos misterios.

Estas iniciaciones otorgaban cierta importancia a las distintas corporaciones gremiales y a sus miembros; era su patrimonio común lo que mantenía el *espíritu de cuerpo*, aunque no estaba libre de la arrogancia y exclusividad que multiplicaban los ritos, la intolerancia, los celos y las enemistades, que terminaban periódicamente en luchas sangrientas–episodios trágicos de un drama ora bárbaro, ora heroico.

Disturbios en Lyon, Marsella y Burdeos empañaron el *compagnonnage*. A mediados del siglo pasado, la rivalidad entre las dos ramas de los canteros de Lyon acabó con la expulsión de una de ellas de la ciudad, y su intento de regreso dio lugar a escenas de violencia y derramamiento de sangre de gran brutalidad. Incluso hoy en día persisten estas disputas, no sólo entre oficios rivales, sino incluso entre miembros del mismo gremio. Hace apenas algunos años, los carpinteros de París finalmente resolvieron su disputa acordando que los Compañeros del Deber trabajen únicamente en la orilla derecha del Sena, y los Compañeros de la Libertad sólo en la izquierda; y ningún miembro de una sociedad se atreve a invadir el terreno de la otra. También los recién admitidos en cualquiera de ellas son maltratados y llamados con apelativos despreciativos; por ejemplo, como entre los estudiantes alemanes, *renards*, zorros. Cuando estos últimos ya no quisieron someterse a esta injusticia, se separaron y formaron una sociedad propia, llamándose a sí mismos *Compagnons Renards de la Liberté*, aunque no consideraron incorrecto tratar a sus propios aspirantes del mismo modo cruel en que ellos mismos habían sido tratados.

La intensidad del odio entre los obreros del Deber y los de la Libertad puede deducirse de una estrofa de una canción que solía cantarse entre los primeros:

Tous ces Gavots infâmes
Iront dans les enfers,
Brûler dedans les flammes
Comme des Lucifers.

(Esos infames Gavots
Irán al infierno,
Arderán en las llamas
Como Luciferes).

IV. Gremios obreros alemanes

373. *Jerga de los Cazadores.* En los bosques infestados de bandidos encontramos los primeros indicios de estas corporaciones, con costumbres rudas pero características. Los carboneros y cazadores necesitaban medios para reconocerse entre sí y evitar estrechar la mano de un enemigo. Grimm recopiló más de doscientos términos y frases venatorias. Las preguntas y respuestas de los oficiales ambulantes tienen gran semejanza con las de los cazadores; la entonación es similar y ambos hacen amplio uso de los números simbólicos tres y siete. Las fórmulas hacían necesariamente referencia a los diversos incidentes de la vida del cazador.

> –¿Buen cazador, qué ha visto hoy?
> –Un noble ciervo y un jabalí salvaje; ¿qué más se puede desear?
> –¿Por qué se llama maestro cazador?
> –Un valiente cazador obtiene de príncipes y señores el título de maestro en las siete artes liberales. De estos sentimientos, que ennoblecen la dignidad de un arte u oficio, surge a menudo ese amor caballeresco que suaviza la vida y le da un objetivo y una recompensa dignos de ella.
> –Dígame, buen cazador, ¿dónde ha dejado a la bella y gentil doncella?
> –La dejé bajo un árbol majestuoso y voy a reunirme con ella. Viva la doncella vestida de blanco que cada mañana me trae un día de buena fortuna. Cada día la vuelvo a ver en el mismo lugar; y cuando estoy herido, me cura y me dice: «Deseo al cazador seguridad y felicidad; ¡que se encuentre con un hermoso ciervo!»

374. *La iniciación.* Los artesanos, más estrechamente unidos que los cazadores, no admitían a nuevos miembros en su hermandad sino tras largas y solemnes pruebas; sus catecismos respiran un espíritu constante de afecto fraternal y atención a los deberes morales y civiles. Estaban divididos en grados, y es notable que los obreros alemanes hayan estado familiarizados desde hace tiempo con la palabra, el signo y el saludo masónico. Los masones operativos se dividían en *Wort-Maurer* (masones de la palabra) y *Schrift-Maurer* (masones de la escritura o del diploma). Los primeros no tenían más prueba de haber sido formados en el oficio que la palabra y los signos; los segundos contaban con contratos escritos. Existían leyes que obligaban a los maestros albañiles a dar trabajo a los oficiales que poseyeran la palabra y los signos correctos. Algunas ciudades gozaban de privilegios más amplios que otras en este aspecto. La palabra

dada en Wetzlar autorizaba al portador a trabajar en todo el imperio. También entre los oficiales alemanes era condición universal el viaje de tres años en busca de perfeccionamiento, y la época habitual para emprenderlo era la primavera. El *Handwerksbursche* sigue siendo aún una institución alemana, aunque ya no se le ve con tanta frecuencia en los caminos, pues los ferrocarriles le permiten viajar más barato que a pie.

375. *Iniciación de un tonelero.* Cada oficio tiene nuevamente su propio modo de iniciación; pero como necesariamente existe una gran similitud en los rituales y ceremonias, sus detalles resultarían una repetición tediosa. Por ello, me limito a un solo gremio: el de los toneleros. Primero se solicita permiso para presentar a la asamblea de compañeros al joven que va a ser admitido, y que es llamado el «Mandil de piel de cabra». El compañero que lo presenta dice: «Alguien, no sé quién, me sigue con una piel de cabra; un asesino de duelas, un arruinador de madera, un traidor; está en el umbral y dice no ser culpable; entra y promete, después de haber sido «desbastado» por nosotros, convertirse en un buen oficial».

Concedido el permiso, el aprendiz se sienta en un taburete colocado sobre una mesa, y los compañeros tratan de hacerlo caer, pero su guía lo sostiene. A continuación, es repetidamente bautizado y consagrado con cerveza. El padrino dice entonces: «¿Cómo te llamas ahora? Elige un nombre: que sea elegante, breve, y que guste a las chicas. A quien tiene un nombre corto, todos le aprecian, y todos beben una copa de vino o cerveza a su salud. Y ahora, para pagar los gastos del bautismo, da lo mismo que han dado los demás, y maestros y compañeros estarán contentos contigo».

El candidato también recibe numerosas instrucciones sobre cómo debe comportarse durante sus años de andanza. No debe dejarse intimidar por las dificultades iniciales. Se le dice que, tras atravesar un bosque lleno de peligros, llegará a un prado agradable donde verá un peral lleno de fruta tentadora. ¿Debe tumbarse bajo el árbol y esperar a que las peras caigan en su boca entreabierta? ¿Debe trepar al árbol? No; el campesino o sus hombres lo verán y le propinarán una paliza. Debe sacudir el árbol: algunas peras caerán, con las que podrá deleitarse, dejando algunas en el suelo para otro compañero que venga detrás y que tal vez no sea lo bastante fuerte para sacudir el árbol. Más adelante, llegará a un torrente sobre el cual un tronco sirve de puente. Entonces se encuentra con una joven que lleva una cabra. ¿Qué debe hacer? ¿Empujar a la chica y a la cabra al agua para cruzar él solo? No: debe tomar la cabra sobre sus hombros, a la chica en brazos, y cruzar el puente. Luego podrá casarse con la joven, pues necesita una esposa, y matar a la cabra para el banquete nupcial; la piel le servirá para hacerse un nuevo mandil.

Al llegar a una ciudad, debe alojarse en una posada dirigida por un maestro; si la hija del maestro le muestra el camino a su habitación, ha de mantenerse vigilante. Al día siguiente, saldrá en busca de trabajo. Tal vez tres maestros le ofrezcan empleo: el primero es rico en madera y aros; el segundo tiene tres hijas hermosas y ofrece vino y cerveza en abundancia a sus trabajadores; el tercero es pobre. ¿A cuál debe acudir? Con el primero se convertiría en un tonelero excelente; con el segundo sería feliz, bailando con las encantadoras muchachas y bebiendo cuanto quisiera. ¿Y con el tercero? Ha de estar tan dispuesto a trabajar para el maestro pobre como para los ricos.

Este discurso –que aún continúa– finaliza con el intento del novato de salir corriendo a la calle gritando «¡fuego!»; pero los compañeros lo detienen y lo bautizan copiosamente con agua fría. Y, por supuesto, sigue una comida.

376. *Obras curiosas sobre el tema.* Existen en Alemania numerosas obras sobre los ritos y costumbres de distintos gremios; algunas de ellas son las siguientes: *La corona de honor de los molineros, o Descripción completa de la verdadera naturaleza de los círculos de la compañía de molineros. Por un aprendiz de molinero, Georg Bohrmann.* Aquí entramos en el simbolismo masónico. Una de las xilografías representa un círculo con frases místicas, y la explicación afirma que todo fue creado desde o por el círculo. A continuación aparece la historia de los panaderos según las Escrituras; después, un viaje descrito poéticamente con detalles sobre los molinos más célebres de Lusacia, Silesia, Moravia, Hungría, Bohemia, etc. Los nombres de los tres molineros más famosos que, según el autor, han existido jamás, se presentan en forma de triángulo; y el libro concluye con una invocación al Arquitecto del Universo.

Una obra de carácter similar se titula *Costumbres del venerable oficio de panaderos; cómo debe conducirse cada uno en la posada y en el trabajo. Impreso para uso de quienes estén por iniciar su andanza.* Otra lleva por título *Origen, antigüedad y gloria del venerable gremio de peleteros; descripción precisa de todas las formalidades observadas desde tiempo inmemorial en las iniciaciones de maestros y en el modo de examinar a los oficiales. Todo fielmente descrito por Jacob Wahrmund (Boca Verdadera).*

Todos los gremios se enorgullecen de su antigua procedencia, pero ninguno tanto como el de los peleteros, quienes afirman que Dios mismo fue en sus inicios uno de sus compañeros de trabajo, ya que la Biblia dice que Dios hizo túnicas de piel para Adán y Eva–un honor compartido por ningún otro gremio.

377. *Razón de ser del compagnonnage.* El compagnonnage puede definirse como una caballería operativa. Sus ritos, símbolos y tradiciones no son sino su forma tangible. La necesidad que tenían los obreros de encontrar, al llegar a una nueva ciudad, un núcleo de amistades, un punto de encuentro, una madre, en medio de la exclusión a la que las corporaciones de oficio los habrían condenado, fue la razón de ser de estas asociaciones.

La posibilidad de resistir, mediante la fuerza asociativa y la resistencia pasiva del número, a la opresión de los fabricantes, y de equilibrar fuerzas por lo demás desiguales, fue otra de las causas de estas fraternidades. En la Edad Media, cuando el poder central apenas bastaba para oprimir, pero no para proteger, y cuando el individuo se encontraba expuesto al trato arbitrario y desprovisto de medios de defensa, surgieron necesariamente en muchos países asociaciones secretas en nombre de la justicia, como las Santas Vehme, que velaban por la seguridad pública.

378. *Los gremios.* Los gremios tuvieron el mismo origen, aunque difícilmente pueden considerarse sociedades secretas, si bien su influencia se ejercía a menudo de manera encubierta. Los reyes frecuentemente los utilizaron en su lucha contra la aristocracia, como hizo, por ejemplo, Luis el Gordo, quien fundó una asociación llamada la «Comunidad Popular», destinada a poner fin al bandidaje de los señores feudales, cuyos castillos eran en muchos casos auténticos refugios de ladrones.

En Inglaterra, los primeros gremios de los que se conservan registros claros se establecieron en el siglo XI. Según las leyes gremiales, nadie podía ejercer un oficio si no había cumplido un aprendizaje de siete años. Pero con la introducción de la maquinaria esta costumbre fue cayendo en desuso, al disminuir progresivamente los pequeños talleres o fabricantes minoristas de antaño, y cambiarse las relaciones entre patronos y obreros–relaciones que aún hoy pueden encontrarse en algunos lugares de Alemania y Suiza, donde un maestro mantiene a un aprendiz y de dos a cuatro oficiales. Este estilo de producción también existía hasta hace no muchos años en Yorkshire, entre los pequeños fabricantes de tejidos.

Esa industria discreta fue desarticulada por la rápida introducción de la maquinaria. Los pequeños artesanos intentaron defenderse insistiendo en las antiguas normativas del oficio, pero sin éxito; ya que en 1814 todo vestigio de aquellas regulaciones había desaparecido del cuerpo legal inglés. La Ley de Coalición de 1800, no derogada hasta 1824, obligó con frecuencia a los obreros que se organizaban a actuar bajo la apariencia de sociedades de ayuda mutua (*Friendly Societies*). Sus objetivos principales eran evitar el empleo de mujeres y niños en las grandes fábricas que surgían por doquier, y hacer valer la antigua ley del aprendizaje. Al fracasar en estos fines, recurrieron a las huelgas, cuya naturaleza, funcionamiento y efectos son hoy bien conocidos.

379. *Hermanos de Calendas.* En el siglo XIII, los Hermanos de las Calendas estaban difundidos por toda Europa Central (Alemania, Francia y Hungría); practicaban la caridad, celebraban misas gratuitas por los difuntos, pero en sus reuniones también se entregaban a placeres sociales. Se reunían el primer día del mes, de ahí su nombre (los romanos, como se recordará, llamaban *Calendae* al primer día del mes, de donde procede nuestra palabra calendario). Se admitían hombres y mujeres, tanto religiosos como laicos, pero no monjes ni monjas. Los hermanos, aunque celebraban misas, no eran ascetas, como lo demuestra su código de mesa en forma de rima:

> Nuestro anfitrión servirá
> Buena cerveza, buen pan;
> Cuatro platos para el sustento,
> que no deben sobrepasar;
> Pasteles, queso, nueces y fruta
> como cierre. El vino no se disfruta
> en las Calendas, que se ofenden;
> su uso estrictamente reprenden.

Sin embargo, es dudoso que esta abstinencia del vino se respetara siempre, ya que con el tiempo los Hermanos de las Calendas fueron apodados «los Hermanos Mojados», y «hacer calendas» pasó a significar entregarse al alcohol. Tras la Reforma, la sociedad fue desapareciendo poco a poco. No se ha conservado ningún registro sobre sus costumbres, signos de reconocimiento, etc. La cárcel municipal de Berlín solía llamarse *Sala de las Calendas,* porque originalmente el edificio había sido el lugar donde los Hermanos de las Calendas celebraban sus banquetes festivos.

380. *Caballeros del Trabajo.* Fue una poderosa asociación surgida en Estados Unidos. Fundada en 1869 por Uriah Stephens, un sastre de Filadelfia, comenzó como una sociedad secreta destinada inicialmente a complementar un sindicato ya existente de cortadores

de prendas. Durante el primer año sólo se admitieron cortadores, pero más tarde se permitió el ingreso de otros trabajadores, conocidos como «sojourners» (forasteros o viajeros). En 1873 se creó un comité «para el bien de la Orden» con el fin de gestionar el crecimiento del movimiento.

Se elaboró un ritual y todos los miembros prestaban juramento de mantener en secreto su nombre, constitución y objetivos. Los cargos incluían títulos como Maestro Obrero, Capataz Digno, Sabio Venerable, Secretario de Actas, Secretario Financiero, Tesorero, Inspector Digno, Limosnero, Caballero Desconocido, Escudero Interno y Escudero Externo, entre otros. Cada industria contaba con su propia asamblea local y con sus propios oficiales; las asambleas locales y de distrito enviaban delegados a la asamblea general anual, cuya autoridad era definitiva. La estricta confidencialidad inicial se fue relajando por influencia de la Iglesia Católica, especialmente después de la renuncia de Stephens como Gran Maestro Obrero en 1879. En 1881, la Orden abandonó oficialmente su carácter secreto. Desde entonces, sus fines se alinean con los de los sindicatos laborales y las sociedades de ayuda mutua.

V. Estudiantes Alemanes

> «¿Cómo he de llamarte, vida de los años de estudiante (*Burschenjahre*), alta y áspera, noble y bárbara, entrañable, desentonada, llena de canto, repulsiva y sin embargo vivificante? ... Tu apariencia ridícula está a la vista, el profano la ve... pero tu ser interior y encantador sólo lo conoce el minero que desciende cantando con sus hermanos al pozo solitario».
>
> *Rothsceller en Bremen*, de Hauff

381. *Costumbres de los estudiantes alemanes.* Costumbres de los estudiantes alemanes. Una hermandad de naturaleza muy distinta, pero aun así una especie de compagnonnage, es la de los estudiantes en las universidades alemanas, a la que merece dedicar unas líneas. El estudiante o «Bursch» -del alemán medieval *Burse,* es decir, *Bursari,* llamándose *bursae* a los edificios universitarios- considera a los habitantes de la ciudad donde estudia, cuyo lugar él honra con su presencia, como «filisteos»; y los enfrentamientos entre la comunidad universitaria y la ciudad son tan habituales en Alemania como en otros países. Cualquiera que no sea estudiante es visto como

filisteo, ya sea rey, príncipe, noble o plebeyo. Los estudiantes se organizan en dos grandes asociaciones: las *Burschenschaften*, que agrupan a estudiantes de cualquier región, y las *Landsmannschaften*, formadas solo por estudiantes de la misma región. Cada una tiene su propio reglamento y oficiales, funcionando con estatutos propios, aunque todos reconocen también un código común denominado «Comentario». Quienes rechazan pertenecer a alguna de estas asociaciones son muy despreciados y reciben todo tipo de motes despectivos, como «camellos» (*Kamele*), «gorriones» (*Finken*, que literalmente significa «jilguero», figuradamente «individuos de baja estofa») o nombres aún más insultantes.

Los estudiantes colegiales (*sizars*), llamados «Sapos» (*Frosche*), no pueden participar en las reuniones de las *Burschen*. El estudiante nuevo solía llamarse «Pennal», del latín medieval *pennale* (un estuche cilíndrico para plumas), que llevaba tras de sí para uso de los mayores. Luego pasaba a llamarse «Zorro» (*Fuchs*), un apodo que alude tanto a la timidez del animal como a la del recién llegado, y este uso es tan antiguo que aparece en la ley sálica del siglo V, que imponía una multa por aplicarlo. También era llamado «Zorro dorado» (*Goldfuchs*) porque aún conservaba algunas monedas de oro enviadas por su familia. Tras seis meses se convertía en «Zorro quemado» (*Brandfuchs*), estado que se celebraba con ceremonias ridículas. En segundo año ascendía a «Jungbursch» (joven Bursch); en tercero pasaba a ser «Altbursch» (viejo Bursch), «altes Haibs» (vieja casa) o «musgoso cabezón» (*mooksöpfig*). Los estudiantes nativos del lugar eran llamados «Requesón» (*Quark*), porque sus madres podían enviarles ese alimento para cenar.

Para ascender, el *Fuchs* debía superar una serie de pruebas, sobre todo relacionadas con su resistencia a la bebida y al tabaco. En su primera visita al «Commerzhaus» (taberna estudiantil), se le emborrachaba sin falta por su cuenta, mientras atendía a todos los «casas viejas». A la mañana siguiente despertaba con el «Katzenjammer» (resaca). Se presentaba con atuendo estrafalario -chaqueta polaca, botas con espuelas, gorra del color de su fraternidad, enorme bolsa de tabaco en la solapa, pipa larga en la boca y bastón con punta de hierro en la mano-, esforzándose en convertirse en un *flotter Bursch*, un estudiante de pura sangre, y se enorgullecía si algún «casa vieja» lo adoptaba como su *Leibfuchs* (zorro favorito).

El filisteo que osaba ofender a los estudiantes era declarado apestado (*Verruf*), y con frecuencia los estudiantes se enfrentaban a los ciudadanos, formando junto a sus «limpiabotas» (Stiefelurichser) un contingente nada desdeñable frente a los militares. El grito «¡Burschen raus!» (¡estudiantes afuera!) inspiraba terror en las pacíficas localidades pequeñas de Alemania. A veces castigaban a la ciudad marchándose en bloque y solo regresaban si se aceptaban sus condiciones. Estas «emigraciones» ocurrieron en Gotinga en 1823, Halle en 1827 y Heidelberg en 1830.

En esta última ocasión, los estudiantes -que habían formado en secreto otra Burschenschaft- impusieron un veto al Museo local, al no gustarles las normas de gestión. Se arrestó a los líderes y se les llevó a juicio. Pero al gritar «¡Burschen raus!» todos los estudiantes corrieron, recogiendo apresuradamente sus cosas, subiéndose a carruajes, caballos o incluso sobre limpiabotas, y marcharon a Schwetzingen. Solo regresaron cuando se aceptaron sus demandas sobre el Museo. Un «éxodo» anterior ocurrió años atrás: un estudiante, al pasar junto a la garita, olvidó retirar la pipa de la boca. El guardia se lo recriminó y llamó al oficial, que lo insultó gravemente. Esto desencadenó otra emigración, aunque solo hasta un lugar a una milla de distancia. Regresaron una vez que se concedió una amnistía total y se retiraron los soldados; además, los militares tuvieron que formación en el puente y rendir honores mientras los estudiantes pasaban triunfantes al son de una banda.

Y aunque el estudiante alemán parezca solo interesado en fumar su pipa -a la que llama elegantemente *Stinktopf*-, beber cerveza, vino o ponche sin límite, cortejar a las hijas de los burgueses (a quienes llama «buitres», *Geier*) o las grisettes («escobas», *Besen*), endeudarse e insultar a sus acreedores tachándolos de maniqueos, pelear duelos -ser llamado *dummer Junge* (chico tonto) es un insulto que exige duelo- y deteriorar su salud... cuando se pone a estudiar consigue logros mentales que dejarían boquiabierto a cualquier primer clasede Oxford o alumno de Cambridge. De ese alboroto surge un buen vino: toda la grandeza intelectual de Alemania, y buena parte de su progreso político, se deben a esos fiesteros Burschen, de quienes solo puedo hablar con cierta simpatía, ya que guardo gratos recuerdos personales de ellos.

382. *Antiguo rito de iniciación.* En el siguiente relato sobre las costumbres que prevalecían aún en la primera mitad del siglo XVII durante las matriculaciones de los estudiantes alemanes, el lector podrá identificar muchas ceremonias análogas a las practicadas en las iniciaciones de los antiguos misterios.

El estudiante que aún no había comenzado su carrera universitaria era llamado *Beanus,* equivalente al «Zorro» actual. Algunos han querido derivar este término de las iniciales de la frase latina *Beani est animal nesciens vitam studiorum*, un acróstico, como puede advertirse. Pero dado que la palabra *Beanus* forma parte de la propia frase, esta etimología no aclara realmente su origen. En realidad, la palabra es una corrupción del francés *bec jaune*, abreviado en *bejaune*, que significa literalmente «pico amarillo» (el equivalente alemán es *Gelbschnabel*), término aplicado a personas jóvenes e inexpertas (pues los pájaros recién nacidos tienen el pico de ese color). En francés existe también el término *blanc-bec*, con el mismo significado de «novato». En el latín medieval, *bejaune* se transformó en *Beanus*. A veces, por variedad, se llamaba al *beanus bestia cornigera*. Parece que un vestigio de esta denominación ha sobrevivido en Cambridge, donde un estudiante que aún no ha residido formalmente en la universidad, y por tanto no puede ser considerado un «Varsity man», es simplemente tratado como una «bestia».

Al llegar a la universidad, el *Beanus* –o «Zorro» moderno– se presentaba ante el decano de la facultad de filosofía y solicitaba, por medio de la *deposición*, ser admitido entre los estudiantes. Cuando se reunía un número suficiente de *Beani*, el decano fijaba un día para celebrar la *deposición* y convocaba, además de a los propios *Beani*, al *depositor* con sus instrumentos y a un amanuense. En el día señalado, todos comparecían ante el decano; el *depositor*, en primer lugar, se vestía con un traje de arlequín, hacía que los *Beani* se disfrazaran de manera similar y les colocaba otros artículos de indumentaria ridículos, en especial sombreros y gorros con cuernos. Luego les repartía los instrumentos con los que se efectuaría la *deposición*: peines de madera tosca, tijeras, hachas, azuelas, cepillos, sierras, navajas, espejos, taburetes, etc.

A continuación, el *depositor* formaba a los *Beani* en fila, se colocaba a la cabeza del grupo y los conducía al salón donde debía realizarse la ceremonia, dirigiendo allí un discurso al decano y a los espectadores, que consistían en estudiantes. Comenzaba entonces la *deposición* golpeando a los *Beani* con una bolsa llena de arena o de salvado, obligándolos a corretear haciendo todo tipo de gestos ridículos y agachándose para esquivar los golpes. Luego les planteaba ciertas preguntas o acertijos, y aquellos que no los respondían con rapidez recibían tantos golpes con la bolsa que las lágrimas a menudo brotaban de sus ojos.

Tras esto, los *Beani* entregaban los instrumentos que habían sostenido y se tendían en el suelo de modo que sus cabezas casi se tocaran. El *depositor* procedía entonces a cepillarles los hombros, limarles las uñas, fingir que les taladraba o aserraba los pies, esculpir simbólicamente cada uno de sus miembros, romperles los cuernos de cabra y arrancarles de la boca -con unas grandes tenazas- los dientes de sátiro que previamente les habían colocado.

Acto seguido, los *Beani* debían sentarse, cada uno, sobre un taburete de una sola pata. El *depositor* les colocaba entonces una servilleta sucia, los enjabonaba con polvo de ladrillo, betún o incluso sustancias aún más viles y repugnantes, y los afeitaba tan bruscamente con una navaja de madera que las lágrimas volvían a surgir de sus ojos. El peinado con los peines de madera era igual de violento y, tras ser peinados, se les rociaba el cabello con virutas.

Tras todas estas operaciones, el *depositor* -con su bolsa de arena- los expulsaba del salón, se quitaba su indumentaria grotesca, se ponía su atuendo formal y ordenaba a los *Beani* que hicieran lo mismo. Luego los conducía de nuevo al salón y los presentaba en una breve alocución en latín al decano, quien respondía también en latín, explicando el significado de la *deposición* y ofreciendo valiosos consejos.

Lutero, quien en ocasiones presidía estas ceremonias y no estaba por encima del gusto burdo de su época, veía en la *depositio* una imagen de la vida humana, con todas sus penas y contrariedades. Finalmente, el decano ofrecía a cada uno, como símbolo de sabiduría, unos pocos granos de sal para saborear; esparcía sobre sus cabezas unas gotas de vino como señal de júbilo y les entregaba el certificado que acreditaba haber cumplido con la *deposición*.

Se dice que la última ceremonia de este tipo fue realizada por un profesor de Altdorf (Baviera) en 1763. La universidad de esa ciudad, fundada en 1622, fue absorbida por la de Erlangen en 1809. No es necesario insistir en las analogías entre esta iniciación a la vida estudiantil y los antiguos misterios o la masonería moderna: los disfraces, las pruebas, los discursos y el ceremonial entero siguen el modelo de las sociedades secretas, con muchos elementos ridículos y otros claramente bárbaros. *Lebens-Ansichten des Katers Murr* («Opiniones del gato Murr»), de Hoffmann -o, como podríamos llamarlo de forma más sucinta, *Tom Murr*- es una sátira brillante sobre la vida estudiantil alemana. El lector alemán -pues, que sepamos, no existe traducción al inglés- podrá ver allí cómo «Tommy» se convierte en un *Flotter Katzbursch*. Las asociaciones políticas secretas de la *Burschenschaft* se describen en el libro XIII.

AUTORIDADES CONSULTADAS

Misterios antiguos en general

ANQUETIL-DUPERRON, Abraham-Hyacinthe. *Zend-Avesta* [Zend-Avesta]. Paris: s. n., 1771.

APULÉE, Lucius. *Les Métamorphoses, ou l'Âne d'or. Traduites en français par Victor Bétolaud* [Las Metamorfosis, o el Asno de oro. Traducidas al francés por Victor Bétolaud]. Paris: s. n., 1873.

[Anónimo]. *Bacchus Elucidated; or, The Gospel According to the Heathen* [Baco elucidado, o el evangelio según los gentiles]. London: s. n., 1864.

BURR, F. *Ueber die Druiden* [Sobre los druidas]. Erlau: s. n., 1826.

BEAL, Samuel. *A Catena of Buddhist Scriptures from the Chinese* [Cadena de escrituras budistas desde el chino]. London: Trübner & Co., 1871.

– *The Romantic Legend of Sakya Buddha* [La leyenda romántica de Sakya Buda]. London: Trübner & Co., 1875.

RIBBING, Count M. TÖRNERHJELM. *The Theogony of the Hindoos, with Their Systems of Philosophy and Cosmogony* [Teogonía de los hindúes, con sus sistemas de filosofía y cosmogonía]. Lugar y editorial no determinados, 1884.

BOULANGER, Nicolas-Antoine. *L'Antiquité Dévoilée* [La antigüedad revelada]. 3 vols. Amsterdam: s. n., 1777.

BREDEOW, Georg Gustav. *Handbuch der alten Geschichte* [Manual de historia antigua]. Altona: s. n., 1837.

BRYANT, Jacob. *A New System of Ancient Mythology* [Un nuevo sistema de mitología antigua]. 6 vols. London: s. n., 1807. Con láminas.

CÉSAR. *De Bello Gallico,* libro VI, caps. 12–13 [Los druidas].

CATTANEO, Carlo. *Le Origini Italiche illustrate coi libri sacri dell'Antica Persia* [Los orígenes itálicos ilustrados con los libros sagrados de la antigua Persia]. Lugar y editorial no determinados, s. f.

COLEBROOKE, Henry Thomas. *Essay on the Philosophy of India* [Ensayo sobre la filosofía de la India]. Lugar y editorial no determinados, 1853.

DUPUIS, Charles-François. *Origine de tous les cultes* [Origen de todos los cultos]. Paris: s. n., 1869.

EICHBORN, J. G. *De Solo Invicto Mithras* [Sobre Mithras, el Sol Invicto]. Lugar y editorial no determinados, s. f.

FABER, George Stanley. *Horae Mosaicae* [Horas mosaicas]. Oxford: s. n., 1801.

– *The Mysteries of the Cabiri* [Los misterios de los Cabiros]. Oxford: s. n., 1803.

HAMMER-PURGSTALL, Joseph von. *Mémoire sur le culte de Mithra* [Memoria sobre el culto de Mitra]. Paris: s. n., 1833.

HEDERICUS, Benjamin. *Lexicon Mythologicum* [Léxico mitológico]. Leipzig: s. n., 1741.

HIGGINS, Godfrey. *The Celtic Druids* [Los druidas celtas]. London: s. n., 1829.

HYDE, Thomas. *De Religione Veterum Persarum* [Sobre la religión de los antiguos persas]. Oxford: s. n., 1700.

JACOBI, Hermann. *Der Buddhismus und seine Geschichte* [El budismo y su historia]. Leipzig: s. n., 1882 y ss.

– *The Kalpa Sūtra of Bhadrabāhu; or, The Jain Gospels* [El Kalpa Sūtra de Bhadrabāhu, o los evangelios jainistas]. Leipzig: s. n., 1879.

JENNINGS, David. *Jewish Antiquities* [Antigüedades judías]. London: s. n., 1766.
JONES, William. *Extracts from the Vedas* [Extractos de los Vedas]. Lugar y editorial no determinados, s. f.
KANNE, Johann Arnold. *System der Indischen Mythe* [Sistema del mito indio]. Leipzig: s. n., 1813.
LASSEN, Christian. *Gymnosophista* [Los gimnosofistas]. Bonn: s. n., 1832.
LENORMANT, François. *Il Mito di Adone-Tammuz nei Documenti Cuneiformi* [El mito de Adonis-Tammuz en los documentos cuneiformes]. Firenze: s. n., 1879.
– *Chaldean Magic: Its Origin and Development* [Magia caldea: su origen y desarrollo]. Traducido del francés. London: Chatto & Windus, 1877.
LUCIUS, P. E. *Der Essenismus* [El esenismo]. Strasbourg: s. n., 1881.
LYDE, Samuel. *The Ansyreeh and Ismaeleeh: A Visit to the Secret Sects of Northern Syria* [Los ansariyeh e ismaelitas: visita a las sectas secretas del norte de Siria]. London: s. n., 1853.
– *The Asian Mystery: Illustrated in the History, Religion, and Present State of the Ansayreeh or Nusairis of Syria* [El misterio asiático: ilustrado en la historia, religión y estado actual de los ansariyeh o nusairíes de Siria]. London: s. n., 1861.
MACKEY, Albert G. *Lexicon of Freemasonry* [Léxico de la masonería]. London: s. n., 1867.
MAURICE, Thomas. *Indian Antiquities* [Antigüedades indias]. 5 vols. London: s. n., 1792. Con láminas.
– *History of Hindostan* [Historia del Hindostán]. 3 vols. London: s. n., 1795. In quarto. Con láminas.
MEYER, J. *Der Tempel Solomons* [El templo de Salomón]. Berlin: s. n., 1830.
MÜLLER, J. *Mithras* [Mitra]. Wiesbaden: s. n., 1833.
MÜLLER, Max. *Lecture on Buddhist Nihilism* [Lección sobre el nihilismo budista]. London: s. n., 1869.
OLIVER, George. *The History of Initiation* [Historia de la iniciación]. London: s. n., 1841.
OUVAROFF, Sergey Semyonovich. *Essais sur les Mystères d'Éleusis* [Ensayos sobre los misterios de Eleusis]. Paris: s. n., 1816.
PLINIO EL VIEJO. *Naturalis Historia,* libro XVI, cap. 95 [Los druidas].
PLUCHE, Abbé Noël-Antoine. *History of the Heavens.* Traducido por J. R. de Freval [Historia de los cielos]. 2 vols. London: s. n., 1752.
PRESCOTT, William H. *History of the Conquest of Mexico* [Historia de la conquista de México]. 3 vols. London: s. n., 1852.
– *History of the Conquest of Peru.* Edición de J. F. Kirk [Historia de la conquista del Perú]. London: s. n., 1878.
PRAGON, [prob. RAGON, Jean-Marie]. *Cours Philosophique des Initiations anciennes et modernes* [Curso filosófico de las iniciaciones antiguas y modernas]. Paris: s. n., 1841.
RHODE, Johann G. F. *Die Heilige Sage* [La leyenda sagrada]. Frankfurt: s. n., 1820.

ROBIN, [Anónimo]. *Recherches sur les Initiations anciennes et modernes* [Investigaciones sobre las iniciaciones antiguas y modernas]. Lugar y editorial no determinados, s. f.

SAINT-VICTOR, Paul de. *Mystères de l'Antiquité* [Misterios de la Antigüedad]. Ispahan: s. n., 1788.

SCHELLING, Friedrich W. J. von. *Über die Götter von Samothrace* [Sobre los dioses de Samotracia]. Lugar y editorial no determinados, s. f.

SCHUBERT, Gotthilf Heinrich von. *Nachtseite der Naturwissenschaft* [El lado nocturno de la ciencia natural]. Leipzig: s. n., 1850.

SENART, Émile. *Essai sur la Légende du Bouddha* [Ensayo sobre la leyenda del Buda]. Paris: s. n., 1876.

SILVESTRE DE SACY, Antoine-Isaac. *Exposé de la Religion des Druses* [Exposición de la religión de los drusos]. 2 vols. Paris: Imprimerie Royale, 1838.

– *Essai sur les Mystères d'Éleusis* [Ensayo sobre los misterios de Eleusis]. Paris: s. n., 1816.

STEVENSON, Rev. J. *The Kalpa Sūtra and Nava Tattva, Illustrative of the Jain Religion* [El Kalpa Sūtra y el Nava Tattva, ilustrativos de la religión jainista]. London: s. n., 1848.

TÁCITO. *Annales*, libro XIV, cap. 30 [Los druidas].

VOLNEY, Constantin-François. *Ruins of Empires*. Traducido del francés [Ruinas de los imperios]. London: s. n., s. f. Con mapa.

WORTABET, John. *Religion in the East; or, Sketches of All the Religious Denominations of Syria* [Religión en Oriente; o bocetos de todas las denominaciones religiosas de Siria]. London: s. n., 1860.

WÜLLNER, A. *Fragmente über die Religion Zoroasters* [Fragmentos sobre la religión de Zoroastro]. Bonn: s. n., 1831.

YARKER, J., Jr. *Notes on the Scientific and Religious Mysteries of Antiquity, Gnostics and Modern Rosicrucians* [Notas sobre los misterios científicos y religiosos de la Antigüedad, los gnósticos y los rosacruces modernos]. London: s. n., 1872.

Antisociales

AD-LALLERKANT, F. C. B. *Die Mersener Bockreiter* [Los jinetes de cabra de Mersene]. Leipzig: s. n., 1880.

BAHRDT, Carl Friedrich. *Geschichte seines Lebens, seiner Meinungen und Schicksale. Von ihm selbst geschrieben* [Historia de su vida, opiniones y destinos. Escrita por él mismo]. 4 vols. Frankfurt: s. n., 1790.

CHRISTIANY, von L. *Eva von Buttler, die Messaline und Muckerin* [Eva von Buttler, la Mesalina y pietista]. Stuttgart: s. n., 1870.

– *Nachrichten über Schönherrs Leben und Theosophie* [Noticias sobre la vida y teosofía de Schönherr]. Königsberg: s. n., 1839.

ECKARDT, Julius. *Modern Russia* [La Rusia moderna]. London: Smith, Elder & Co., 1870.

MAFFEI, Count Andrea. *Brigand Life in Italy* [La vida de los bandidos en Italia]. 2 vols. London: Hurst and Blackett, 1865.

MAHARAJAS (atrib.). *History of the Sect of the Maharajas, or Vallabhacharyas, in Western India* [Historia de la secta de los Maharajas o Vallabhacharyas en el oeste de la India]. Con frontispicio. London: s. n., 1865.

MASTRIANI, Francesco. *I Vermi* [Los gusanos]. 2 vols. Napoli: Tipografia Flauto, 1877. (Obra sobre las clases peligrosas de Nápoles.)

MONNIER, Marc. *La Camorra* [La Camorra]. Paris: Michel Lévy Frères, 1863.

[Anónimo]. *Ramaseeana; or, A Vocabulary of the Language of the Thugs* [Ramaseeana; o un vocabulario del lenguaje de los thugs]. Calcutta: Military Orphan Press, 1836.

ROSS, David. *The Land of the Five Rivers and Sindh* [La tierra de los cinco ríos y Sind]. Con mapa. London: W. H. Allen & Co., 1883.

SLEEMAN, William Henry. *The Thugs, or Phansigars of India* [Los thugs, o phansigars de la India]. Philadelphia: Lippincott, 1839.

TAYLOR, Philip Meadows (atrib.). *Confessions of a Thug* [Confesiones de un thug]. 3 vols. London: Richard Bentley, 1839.

[Anónimo]. *Thugs: History and Practices of the Thugs* [Thugs: historia y prácticas de los thugs]. London: s. n., 1837.

VIZZINI, A. *La Mafia* [La Mafia]. Roma: Tipografia Eredi Botta, 1880.

PELIKAN, E. *Gerichtlich-medicinische Untersuchungen über das Skopzenthum in Russland. Nebst historischen Notizen. Aus dem Russischen von Ivanoff. Mit 16 Tafeln und 3 geographischen Karten* [Investigaciones médico-legales sobre el escopceísmo en Rusia. Con notas históricas. Traducido del ruso por Ivanoff. Con 16 láminas y 3 mapas]. Giessen: s. n., 1876. Formato gran folio (gr. 4to).

Cábala y gnósticos

AGRIPPA, H. C. *Die Cabbala, mit Vorwort von F. Barth*. Stuttgart, 1855. (*La Cábala, con prólogo de F. Barth*)

KNORR VON ROSENROTH. *Cabala Denudata*. 1677. (*La Cábala Desnuda*)

FREYBTADT. *Cabalistische Philosophie*. Königsberg, 1830. (*Filosofía cabalística*)

FRANX. *La Cabala*. París, 1843. (*La Cábala*)

MÜNBSTER. *Versuch über die Alterthümer der Gnostiker*. Ansbach, 1790. (*Ensayo sobre las antigüedades de los gnósticos*)

SCHMOLDT. *Ueber die Verwandtschaft der Gnostisch-theosophischen Lehren mit den Religions-systemen des Orients*. Leipzig, 1828. (*Sobre el parentesco de las doctrinas gnóstico-teosóficas con los sistemas religiosos de Oriente*)

MATTER. *Histoire critique du Gnosticisme*. París, 1847. (*Historia crítica del gnosticismo*)

JELLINEK, A. *Die Kabbala*. 1844. (*La Cábala*)

Caballería

DE VERTOT, ABBÉ. *Histoire des Chevaliers Hospitaliers de St. Jean, depuis Chevaliers de Rhodes, et aujourd'hui Chevaliers de Malte.* Siete vols. París, 1772. (*Historia de los Caballeros Hospitalarios de San Juan*)

MILLOT. *Vie des Troubadours.* (*Vida de los trovadores*)

FABRE D'OLIVET. *Poésies occitaniques du XIIIe siècle.* París, 1803. (*Poesías occitanas del siglo XIII*)

DIMZ. *Die Poesie der Troubadours.* Zwickau, 1826. (*La poesía de los trovadores*)

DINAUX. *Les Trouveurs de la Flandre et du Tournaisis.* París, 1839. (*Los trovadores de Flandes y del Tournaisis*)

HAURIEL. *Histoire de la Poésie provençale.* (*Historia de la poesía provenzal*)

GALVANI. *Osservazioni sulla Poesia de' Trovatori.* Módena, 1839. (*Observaciones sobre la poesía de los trovadores*)

BÜSCHING. *Ritterzeit und Ritterwesen.* Leipzig, 1823. (*Época y estado de la caballería*)

MILLS. *History of Chivalry.* Londres, 1825. (*Historia de la caballería*)

AROUX. *Les Mystères de la Chevalerie.* París, 1858. (*Los misterios de la caballería*)

L'Ordre Teutonique. Dos vols. Mergentheim, 1807. (*La Orden Teutónica*)

Koran of Mahommed. Traducido por G. Sale. Mapas y planos. Londres. (*El Corán de Mahoma*)

Korán, Der. Traducido por M. D. Megerlin. Fráncfort, 1771. (*El Corán*)

Talmud. Traducido por H. Polano. Londres, 1875. (*El Talmud*)

CHALCONDYLE, L. *Histoire de la Décadence de l'Empire Grec, et l'Établissement de Celui des Turcs.* Traducción de Bourbonois. Por Thomas d'Artus. Dos vols. Folio con láminas. París, 1660. (*Historia de la decadencia del Imperio Griego y establecimiento del de los turcos*)

JOSEPHUS, FLAVIUS. *The Workes of Flavius Josephus.* Traducido por W. Whiston. Retrato. Halifax, 1844. (*Obras de Flavio Josefo*)

Fellow-Crafts

PERDIGUIER, AGRICOLA. *Le Livre du Compagnonnage.* París, 1840. (*El libro del compañerismo*)

MOREAU. *Un Mot sur le Compagnonnage.* Auxerre, 1841. (*Una palabra sobre el compañerismo*)

GIRAUD. *Réflexions sur le Compagnonnage.* Lyon, 1847. (*Reflexiones sobre el compañerismo*)

SAND. *Le Compagnon du Tour de France.* (*El compañero del Tour de Francia*)

SCIANDRO. *Le Compagnonnage, ce qu'il a été, ce qu'il est, etc.* Marsella, 1850. (*El compañerismo: lo que fue, lo que es, etc.*)

GRÜNDI. *Altdeutsche Wälder.* Kassel, 1813. (*Bosques antiguos alemanes*)

BRENTANO. *Arbeitergilden der Gegenwart.* Leipzig, 1871. (*Gremios de trabajadores contemporáneos*)

BLADES, W. *An Account of the German Morality Play, entitled "Deposito Cornuti Typographici"*. Londres, 1885. (*Relato del drama moral alemán titulado «Deposito Cornuti Typographici»*)

Jueces libres

BERCK. *Geschichte der westphälischen Vehmgerichte*. Bremen, 1814. (*Historia de los tribunales secretos de Westfalia*)

KOHLRAUSCH. *Deutsche Geschichte*. (*Historia alemana*)

KOOP. *Verfassung der heimlichen Gerichte*. Gotinga, 1794. (*Constitución de los tribunales secretos*)

TROOST. *Sammlung merkwürdiger Urkunden für die Geschichte des Vehmgerichts*. 1826. (*Colección de documentos notables para la historia del tribunal secreto*)

USENER. *Die freien und heimlichen Gerichte Westphalens*. Fráncfort, 1832. (*Los tribunales libres y secretos de Westfalia*)

DE BOCK. *Histoire du Tribunal Secret*. Metz, 1801. (*Historia del tribunal secreto*)

HUTTER, R. *Das Vehmgericht*. Leipzig, 1793. (*El tribunal secreto*)

WIGAND, P. *Das Vehmgericht Westphalens*. Hamm, 1825. (*El tribunal secreto de Westfalia*)

LINDNER, THEODOR. *Die Vehme*. Münster, 1888. (*La Vehme*) Véase también "General"

General

CASTRO, G. DE. *Il Mondo Secreto*. Nueve vols. Milán, 1864. (*El mundo secreto*)
– *Le Società Segrete*. Vol. XXVII de "Civiltà Cattolica". Nápoles, 1852. (*Las sociedades secretas*)

FÉVAL, P. *Les Tribunaux Secrets*. Ocho vols. París, 1864. (*Los tribunales secretos*)

MARRAS, A. P. *Secret Fraternities of the Middle Ages*. Londres, 1865. (*Fraternidades secretas de la Edad Media*)

Ordene-Verbindungen. Das Ganze aller Geheimen Ordensverbindungen. Leipzig, 1805. (*Compendio de todas las asociaciones de órdenes secretas*)

PETRINI, O. *Storia della Società Segreta*. Dos vols. Milán, 1863. (*Historia de la sociedad secreta*)

Secret Societies of the Middle Ages. Londres, 1837. (*Sociedades secretas de la Edad Media*)

DESCHAMPS, N. *Les Sociétés Secrètes*. Tres vols. Aviñón, 1883. (*Las sociedades secretas*)

ZACCONE, P. *Histoire des Sociétés Secrètes Politiques et Religieuses*. Ilustraciones. París, s.f. (*Historia de las sociedades secretas políticas y religiosas*)

Heréticos

SOBRLOIDT, *Geschichte der Albigenser* [Historia de los albigenses]. Lugar y editorial no determinados, s.f.

TODD, James Henthorn. *The Books of the Vaudois. The Waldensian Manuscripts in the Library of Trinity College, Dublin. With an Appendix* [Los libros de los valdenses. Los manuscritos valdenses en la Biblioteca del Trinity College de Dublín. Con un apéndice]. London and Cambridge: Macmillan, 1865.

BONNI, Francesco. *L'Inquisizione e i Calabro-Valdesi* [La Inquisición y los calabro-valdenses]. Milano: Tipografia di Giuseppe Bernardoni, 1864.

CASTRO, G. de. *Arnaldo da Brescia* [Arnaldo de Brescia]. Livorno: Tipografia Giustini, 1875.

Iluminados

MEYERBEER (atrib.). *Histoire secrète de la cour de Berlin* [Historia secreta de la corte de Berlín]. París: s. n., 1789.

LUCHET, Jean-Pierre. *Essai sur la secte des Illuminés* [Ensayo sobre la secta de los Iluminados]. Paris: s. n., 1789.

ROBISON, John. *Proofs of a Conspiracy against all the Religions and Governments of Europe, carried on in the Secret Meetings of Freemasons, Illuminati, and Reading Societies* [Pruebas de una conspiración contra todas las religiones y gobiernos de Europa, llevada a cabo en reuniones secretas de masones, iluminados y sociedades de lectura]. London: T. Cadell and W. Davies, 1797.

GROLMANN, Herr von (atrib.). *Die neuesten Arbeiten des Spartanes und Philo in dem Illuminatenorden* [Los trabajos más recientes de Spartanes y Philo en la Orden de los Iluminados]. Ohne Ort (Alemania): s. n., 1793.

[Anónimo]. *Nachtrag von weiteren Originalschriften die Illuminatensekte betreffend* [Adiciones a otros escritos originales sobre la secta de los Iluminados]. München: s. n., 1787.

[Anónimo]. *Anhang zu den Originalschriften des Illuminatenordens* [Apéndice a los escritos originales de la Orden de los Iluminados]. Frankfurt und Leipzig: s. n., 1787.

[Anónimo]. *La Vérité sur les Sociétés secrètes en Allemagne* [La verdad sobre las sociedades secretas en Alemania]. Paris: s. n., 1819.

[Anónimo]. *Drei Aussagen über die innere Einrichtung des Illuminatenordens* [Tres exposiciones sobre la estructura interna de la Orden de los Iluminados]. Alemania: s. n., 1786.

[Anónimo]. *Erbte Warnung. Schreiben an Utschneider* [Advertencia heredada. Carta a Utschneider]. Alemania: s. n., 1786.

[Anónimo]. *Große Absichten des Ordens der Illuminaten* [Grandes propósitos de la Orden de los Iluminados]. München: s. n., 1786.

WEISHAUPT, Adam. *Das verbesserte System der Illuminaten* [El sistema perfeccionado de los Iluminados]. Frankfurt: s. n., 1787.

[Anónimo]. *Das Geheimniss der Bosheit des Stifters des Illuminismus* [El secreto de la maldad del fundador del iluminismo]. München: s. n., 1787.

[Anónimo]. *System und Folgen des Illuminatenordens* [Sistema y consecuencias de la Orden de los Iluminados]. München: s. n., 1787.
[Anónimo]. *Der Tempel des Vorurtheils, oder Erholungsstunden eines Illuminaten* [El templo del prejuicio, o momentos de recreo de un iluminado]. Alemania: s. n., 1794.
[Anónimo]. *Eine Rede über den Illuminatenorden* [Un discurso sobre la Orden de los Iluminados]. Regensburg: s. n., 1799.
[Anónimo]. *Über den Illuminatenorden* [Sobre la Orden de los Iluminados]. Alemania: s. n., 1799.
[Anónimo]. *Manifest der unbekannten Ordens-Obern* [Manifiesto de los superiores desconocidos de la Orden]. Alemania: s. n., 1793.

Inquisición

ACHILLI, Giacinto. *Dealings with the Inquisition* [Relaciones con la Inquisición]. London: Colburn & Co., 1851.
BEGGI, F. H. *Criminal History of the Popes* [Historia criminal de los papas]. London: s. n., 1864.
FEBRAL, M. V. de. *Mystères de l'Inquisition, et d'autres Sociétés secrètes d'Espagne, ornés de 200 dessins* [Misterios de la Inquisición y otras sociedades secretas de España, con 200 ilustraciones]. Paris: Gustave Havard, 1846.
[Anónimo]. *Misteri dell'Inquisizione* [Misterios de la Inquisición]. Parigi: s. n., 1847.
PLATINA, Bartolomeo. *The Lives of the Popes. Translated by P. Rycaut* [Las vidas de los papas. Traducido por P. Rycaut]. London: s. n., 1685.
BONNI, Francesco. *L'Inquisizione e i Calabro-Valdesi* [La Inquisición y los calabro-valdenses]. Milano: Tip. Bernardoni, 1864.
ROBERTSON, William. *History of the Reign of Charles V* [Historia del reinado de Carlos V]. London: T. Cadell, 1826.
KALTNER, B. *Konrad von Marburg und die Inquisition in Deutschland* [Konrad de Marburgo y la Inquisición en Alemania]. Prag: s. n., 1882.
LAVELLEE, Joseph. *Histoire des Inquisitions religieuses* [Historia de las inquisiciones religiosas]. Paris: s. n., 1809. 2 vols.
[Anónimo]. *Inquisizione Romana. Confessione di un prigioniero dell'Inquisizione Romana* [Inquisición romana. Confesión de un prisionero de la Inquisición romana]. Torino: s. n., 1865.
CAVAIN, H. *Histoire de l'Inquisition* [Historia de la Inquisición]. Paris: s. n., 1872.
COBIO, Bernardino. *L'Historia di Milano* [Historia de Milán]. Padova: s. n., 1646.
GIANNONE, Pietro. *Istoria Civile del Regno di Napoli* [Historia civil del Reino de Nápoles]. Napoli: Stamperia Simoniana, 1770. 7 vols., con retrato.
HOFFMANN, F. *Geschichte der Inquisition* [Historia de la Inquisición]. Bonn: s. n., 1878. 2 vols.
GIBBINGS, Richard. *Report of the Trial and Martyrdom of Pietro Carnesecchi* [Informe del juicio y martirio de Pietro Carnesecchi]. Dublin: s. n., 1856.

Ismaelitas

GUYARD, Stanislas. *Un Grand-Maître des Assassins aux temps de Saladin* [Un Gran Maestre de los Asesinos en tiempos de Saladino]. Paris: Ernest Leroux, 1877.

POCOCKE, Edward. *Specimen historiae Arabum*, ed. White [Muestra de historia de los árabes]. Oxford: Clarendon Press, 1806.

HAMMER-PURGSTALL, Joseph von. *Über den Ursprung, die Macht und den Fall der Assassinen* [Sobre el origen, el poder y la caída de los Asesinos]. En alemán. Lugar y editorial no determinados, ca. siglo XIX.

MALCOLM, John. *The History of Persia* [La historia de Persia]. London: John Murray, 1815. 2 vols.

ROUSSEAU, Jean-Baptiste. *Mémoires sur les Ismaélites* [Memorias sobre los ismaelitas]. Lugar y editorial no determinados, s. f.

SILVESTRE DE SACY, Antoine-Isaac. *Exposé de la religion des Druses* [Exposición de la religión de los drusos]. Paris: Imprimerie Royale, 1838.

SILVESTRE DE SACY, Antoine-Isaac. *Chrestomathie arabe* [Crestomacia árabe]. Paris: Imprimerie Royale, 1826–1829. 3 vols.

WOLFF, Joseph. *Drusen und ihre Vorläufer* [Los drusos y sus predecesores]. London: s. n., 1856.

BUSCH, Moritz. *Wunderliche Heilige* [Santos extraordinarios]. Leipzig: Brockhaus, 1879.

WOLF, Christian. *Manichäismus ante Manichæos* [El maniqueísmo antes de Manes]. Hamburg: s. n., 1707.

BAUR, Ferdinand Christian. *Über den Manichäismus der Katharer* [Sobre el maniqueísmo de los cátaros]. Tübingen: C. F. Osiander, 1831.

BROWN, John P. *The Dervishes; or, Oriental Spiritualism* [Los derviches o el espiritualismo oriental]. London: Trübner & Co., 1868.

ECKARDT, Julius. *Modern Russia* [La Rusia moderna]. London: Smith, Elder & Co., 1870.

Jesuitas

ANDRÉ, Antoine. *Les Jésuites* [Los jesuitas]. Paris: s. n., 1872.

Secretum Monita Societatis Jesu [Instrucciones secretas de la Compañía de Jesús]. Lugar y editorial no determinados, s. f.

D'ALEMBERT, Jean le Rond. *La destruction des Jésuites en France* [La destrucción de los jesuitas en Francia]. Paris: s. n., 1873.

GUETTÉE, Abbé. *Histoire des Jésuites* [Historia de los jesuitas]. 3 vols. Paris: E. Dentu, 1858.

[Anónimo]. *Neueste Umtriebe der Jesuiten in Deutschland* [Últimas intrigas de los jesuitas en Alemania]. Leipzig: s. n., 1851.

[Anónimo]. *Jesuita. A Glimpse of the Great Secret Society* [Jesuita. Un vistazo a la gran sociedad secreta]. London: s. n., 1868.

LUTTEROTH, H. *La Russie et les Jésuites de 1772 à 1820* [Rusia y los jesuitas de 1772 a 1820]. Paris: s. n., 1845.

MICHELET, Jules y QUINET, Edgar. *Des Jésuites* [Sobre los jesuitas]. Parigi: s. n., 1847.
PRADT, Dominique de. *Du Jésuitisme ancien et moderne* [Del jesuitismo antiguo y moderno]. Paris: s. n., 1825.
[Anónimo]. *Manifeste du Roi de Portugal, contenant les erreurs impies et séditieuses que les religieux de la Compagnie de Jésus ont enseignées aux criminels, etc.* [Manifiesto del rey de Portugal, que contiene los errores impíos y sediciosos enseñados por los religiosos de la Compañía de Jesús a los criminales, etc.]. Lisbonne: s. n., 1759.
CARTWRIGHT, William Cornwallis. *The Jesuits, their Constitution and Teaching* [Los jesuitas, su constitución y enseñanzas]. London: Longmans, Green, and Co., 1876.
CRÉTINAU-JOLY, Jacques. *The Poor Gentlemen of Liège; or, The History of the Jesuits in England and Ireland for the Last Sixty Years* [Los pobres caballeros de Lieja, o la historia de los jesuitas en Inglaterra e Irlanda durante los últimos sesenta años]. London: s. n., 1863.

Varios

BLAGDON, Francis William. *Geography of Africa* [Geografía de África]. London: s. n., s. f. Con mapa y láminas.
[Anónimo]. *Zuverlässige Nachrichten über Schonherrs Leben* [Noticias fidedignas sobre la vida de Schonherr]. Königsberg: s. n., 1839.
SOBOLEWSKI, Henry R. *History of the Iroquois* [Historia de los iroqueses]. New York: s. n., 1846.
SOBOLEWSKI, Henry R. *Algic Researches* [Investigaciones álgicas]. New York: Harper & Brothers, 1839.
BELL, Herbert J. *Obeah: Witchcraft in the West Indies* [Obeah: brujería en las Indias Occidentales]. London: s. n., 1893.
BATEMAN, Charles S. LATROBE. *First Ascent of the Kasai; being Some Records of Service under the Lone Star* [Primer ascenso al Kasai; registros de servicio bajo la Estrella Solitaria]. London: Sampson Low, Marston, Searle & Rivington, 1889.

Místicos

HARLESS, G. C. von. *Jacob Böhme und die Alchymisten. Gichtels Irrthümer* [Jacob Böhme y los alquimistas. Los errores de Gichtel]. Leipzig: s. n., 1882.
AGRIPPA, Heinrich Cornelius. *Magische Werke* [Obras mágicas]. 5 vols. Stuttgart: Scheible, 1855.
PIANCO, Magister. *Der Rosenkreuzer in seiner Blösse* [El rosacruz al descubierto]. Amsterdam: s. n., 1782.
MATTER, Jacques. *Saint-Martin, le philosophe inconnu, sa vie, et ses écrits, son maître Martinez et leurs groupes* [Saint-Martin, el filósofo desconocido, su vida y escritos, su maestro Martinez y sus círculos]. Paris: Didier, 1862.

MATTER, Jacques. *Emmanuel de Swedenborg: sa vie, ses écrits et sa doctrine* [Emmanuel Swedenborg: su vida, sus escritos y su doctrina]. Paris: Didier, 1863.

BOEHME, Jakob. *Theosophische Werke* [Obras teosóficas]. 6 vols. Amsterdam: s. n., 1682. Con láminas.

[Anónimo]. *Tratados sobre Jacob Böhme, por Andreas Freher* [Manuscrito inédito].

HAMBERGER, Johann. *Die Lehre von Jakob Böhme* [La doctrina de Jakob Böhme]. München: s. n., 1844.

JENNINGS, Hargrave. *The Rosicrucians: Their Rites and Mysteries.* 2nd ed. London: Chatto & Windus, 1879.

BUBLE, Johann Georg. *Über Ursprung und Schicksale des Ordens der Rosenkreuzer* [Sobre el origen y destino de la Orden de los Rosacruces]. Göttingen: s. n., 1803.

WAITE, Arthur Edward. *The Real History of the Rosicrucians* [La verdadera historia de los rosacruces]. London: George Redway, 1887.

NAUDE, Gabriel. *Instruction à la France sur la vérité des Frères de la Rose-Croix* [Instrucción a Francia sobre la verdad de los Hermanos de la Rosa-Cruz]. Paris: s. n., 1623.

LENGLET DUFRENOY, Nicolas. *Histoire de la Philosophie Hermétique* [Historia de la filosofía hermética]. Paris et La Haye: s. n., 1742.

BOEHME, Jakob. *The Works of Jacob Behmen. With Figures left by the Rev. William Law* [Obras de Jakob Böhme. Con ilustraciones dejadas por el reverendo William Law]. 4 vols. London: s. n., 1764.

Templarios

ANTON, Karl. *Das Geheimniss und die Gebräuche der Tempelherren* [El secreto y las prácticas de los templarios]. Dessau: s. n., 1782.

ANTON, Karl. *Versuch einer Geschichte des Tempelherrenordens* [Ensayo de una historia de la Orden del Temple]. Leipzig: s. n., 1781.

[Anónimo]. *Tempelherren Orden. Geschichte von dessen Abschaffung* [Orden del Temple. Historia de su supresión]. Altona: s. n., 1780.

MOLDENHAUER, Johann Friedrich. *Procès-verbal* [Acta oficial]. Lugar y año no determinados, ca. 1791.

[Anónimo]. *Recherches historiques sur les Templiers* [Investigaciones históricas sobre los templarios]. Paris: s. n., 1835.

MICHELET, Jules. *Histoire de France,* vol. IV [Historia de Francia]. Paris: Chamerot, ca. 1855.

JILLES, J. *Dark Scenes of History* [Escenas oscuras de la historia]. London: s. n., 1850.

NICOLAI, Friedrich. *Beschuldigungen gegen den Tempelherrenorden* [Acusaciones contra la Orden del Temple]. Berlin und Stettin: s. n., 1782.

JAMES, George Payne Rainsford. *History of Chivalry* [Historia de la caballería]. London: Smith, Elder & Co., 1830. Con láminas.

DU PAY, Pierre. *La condamnation des Templiers* [La condena de los templarios]. Paris: s. n., 1655. In folio.

ÍNDICE ALFABÉTICO